江苏文脉整理与研究工程

江苏文库

研究编

江苏文化
专门史

江苏留学史

魏善玲 著

江苏人民出版社

图书在版编目(CIP)数据

江苏留学史 / 魏善玲著. -- 南京：江苏人民出版
社，2025. 1. -- (江苏文库 / 信长星，许昆林主编).
ISBN 978 - 7 - 214 - 29958 - 1

Ⅰ. G649.29

中国国家版本馆 CIP 数据核字第 2025L7N452 号

书　　　名	江苏留学史	
著　　　者	魏善玲	
出 版 统 筹	张　凉	
责 任 编 辑	赵　嬷	
责 任 监 制	王　娟	
装 帧 设 计	姜　嵩	
出 版 发 行	江苏人民出版社	
地　　　址	南京市湖南路 1 号 A 楼,邮编:210009	
照　　　排	江苏凤凰制版有限公司	
印　　　刷	苏州市越洋印刷有限公司	
开　　　本	718 毫米×1 000 毫米　1/16	
印　　　张	25.25　插页 4	
字　　　数	362 千字	
版　　　次	2025 年 1 月第 1 版	
印　　　次	2025 年 1 月第 1 次印刷	
标 准 书 号	ISBN 978 - 7 - 214 - 29958 - 1	
定　　　价	86.00 元	

(江苏人民出版社图书凡印装错误可向承印厂调换)

江苏文脉整理与研究工程

总主编

信长星　　许昆林

第二届学术指导委员会

主　　任　莫砺锋

委　　员（按姓氏笔画排序）

邬书林　　宋镇豪　　张岂之　　茅家琦
郁贤皓　　袁行霈　　莫砺锋　　赖永海

编纂出版委员会

出版说明

　　江苏文化源远流长、历久弥新,文化经典与历史文献层出不穷,典藏丰富;文化巨匠代有人出、彪炳史册,在中华民族乃至整个人类文明的发展史上有着相当重要的地位。为科学把握江苏文化的内涵与特征,在新时代彰显江苏文化对中华文化的贡献,江苏省委、省政府决定组织实施"江苏文脉整理与研究工程",以梳理江苏文脉资源,总结江苏文化发展的历史规律,再现江苏历史上的文化高地,为当代江苏构筑新的文化高地把准脉动、探明趋势、勾画蓝图。

　　组织编纂大型江苏历史文献总集《江苏文库》,是"江苏文脉整理与研究工程"的重要工作。《文库》以"编纂整理古今文献,梳理再现名人名作,探究追溯文化脉络,打造江苏文化名片"为宗旨,分六编集中呈现:

　　(一)书目编。完整著录历史上江苏籍学人的著述及其历史记录,全面反映江苏图书馆的图书典藏情况。

　　(二)文献编。收录历代江苏籍学人的代表性著作,集中呈现自历史开端至一九一一年的江苏文化文本,呈现江苏文化的整体景观。

　　(三)精华编。选取历代江苏籍学人著述中对中外文化产生重要影响、在文化学术史上具有经典性代表性的作品进行整理,并从中选取十余种,组织海外汉学家翻译成各国文字,作为江苏对外文化交流的标志性文化成果。

　　(四)方志编。从江苏现存各级各类旧志中选择价值较高、保存较好的志书,以充分发挥地方志资治、存史、教化等作用,保存江苏的地方文献与历史文化记忆。

（五）史料编。收录有关江苏地方史料类文献，反映江苏各地历史地理、政治经济、文化教育、宗教艺术、社会生活、风土民情等。

（六）研究编。组织、编纂当代学者研究、撰写的江苏文化研究著作。

文献、史料、方志三编属于基础文献，以影印方式出版，旨在提供原始文献，以满足学术研究需要；书目、精华、研究三编，以排印方式出版，既能满足学术研究的基本需求，又能满足全民阅读的基本需求。

"江苏文脉整理与研究工程"工作委员会

江苏文库·研究编编纂人员

主　编

王月清　张新科

副主编

徐之顺　姜　建　王卫星　胡发贵　胡传胜　刘西忠

一脉千古成江河

——江苏文库·研究编序言

樊和平

"江苏文脉整理与研究工程"是江苏文化史上继往开来的一个浩大工程。与当下方兴未艾的全国性"文库热"相比，江苏文脉工程有三个基本特点：一是全面系统的整理；二是"整理"与"研究"同步；三是以"文脉"为主题。在"书目编—文献编—精华编—史料编—方志编—研究编"的体系结构中，"研究编"是十分独特的板块，因为它是试图超越"修典"而推进文化传承创新的一种学术努力。

"盛世修典"之说不知起源于何时，不过语词结构已经表明"盛世"与"修典"之间的某种互释甚至共谋，以及由此而衍生的复杂文化心态。历史已经表明，"修典"在建构巨大历史功勋的同时，也包含内在的巨大文化风险，最基本的是"入典"的选择风险。《四库全书》的文化贡献不言自明，但最终其收书的数量竟与禁书、毁书、改书的数量大致相当，还有高出近一倍的书目被宣判为无价值。"入典"可能将一个时代的局限甚至选择者个人的局限放大为历史的文化局限，也可能由此扼杀文化多样性而产生文化专断。另一个更为潜在和深刻的风险，是对待传统的文化态度。文献整理，尤其是地域典籍的整理，在理念和战略上面临的最大考验，是以何种心态对待文化传统。当今之世，无论对个体还是社会，传统已经不仅是文化根源，而且是文化和经济发展的资源甚至资本。然而一旦传统成为资源和资本，邂逅市场逻辑的推波助澜，就面临沦为消费和运作对象的风险，从而以一种消费主义和工具主义的文化态度对待文化传统和文献整理。当传统成为消费和运作的对象,其文化价值不仅可能被误读误用,而且也可能在对传统的消费中使文化坐吃山空,造就出文化上的纨绔子弟,更可能在市场运作中使文化不断被糟蹋。"江苏文脉整理与研究工程"的"整理工程"以全面系统的整理的战略应对可能存在的第一种风险,即入典选择的风险;以"研究工程"应对第二种可能的风险,即消费主义与工具主义的风险。我们不仅是既往传统的继承者,更应当是未来传统的创造者;现代人的使命,不仅是继承优秀传统,更应当创造新的优秀传统,这便是传统的创造性转化与创新性发展的真义。诚然,创造传统任重道远,需要经过坚忍不拔的卓越努力和大浪淘沙般的历史积淀,但对"江苏文脉整理与研究工程"而言,无论如何必须在"整理"的同时开启"研究"的千里之行,在研究中继承和发展传统。这便是"研究编"的价值和使命所在,也是"江苏文脉整理与研究工程"在"文库热"中于顶层设计层面的拔群之处。

一 倾听来自历史深处的文化脉动

20 世纪是文化大发现的世纪,20 世纪以来西方世界最重要的战略,就是文化战略。20 世纪 20 年代,德国社会学家马克斯·韦伯的《新教伦理与资本主义精神》,揭示了西方资本主义文明的文化密码,这就是"新教伦理"及其所造就的"资本主义精神",由此建构"新教伦理+资本主义"的所谓"理想类型",为西方资本主义进行了文化论证尤其是伦理论证,奠定了 20 世纪以后西方中心论的文化基础。20 世纪 70 年代,哈佛大学教授丹尼尔·贝尔的《资本主义文化矛盾》,揭示了当代资本主义最深刻的矛盾不是经济矛盾,也不是政治矛盾,而是"文化矛盾",其集中表现是宗教释放的伦理冲动与市场释放的经济冲动分离与背离,进而对现代西方文明发出文化预警。20 世纪 70 年代之后,亨廷顿的《文明的冲突与世界秩序的重建》将当今世界的一切冲突归结为文明冲突、文化冲突,将文化上升为西方世界尤其是美国国家战略的高度。以上三部曲构成西方世界尤其是美国文化帝国主义的国家文化战略,正如一些西方学者所发现的那样，时至今日，文化帝国主义被另一个概念代替——"全球化"，显而易见，全球化不仅是一种浪潮，更是一种思潮，是西方世界的国家文化战略。文化虽然受经济发展制约甚至被经济发展水平所决定，但回顾从传统到现代的中国文明史，文化问题不仅逻辑地而且历史地成为文明发展的最高最难的问题，正因为如此，文化自信才成为比理论自信、道路自信、制度自信更具基础意义的最重要的自信。

在全球化背景下，文脉整理与研究具有重大的国家文化战略意义，不仅必要，而且急迫。文化遵循与经济社会不同的规律，全球化在造就广泛的全球市场并使全球成为一个"地球村"的同时，内在的最大文明风险和文化风险便是同质性。全球化催生的是一个文化上的独生子女，其可能的镜像是：一种文化风险将是整个世界的风险，一次文化失败将是整个人类的文化失败。文化的本质是什么？梁漱溟先生说，文化就是人的生活的根本样法，文化就是"人化"。丹尼尔·贝尔指出，文化是为人的生命过程提供解释系统，以对付生存困境的一种努力。据此，文化的同质化，最终导致的将是人的同质化，将是民族文化或西方学者所说地方性知识的消解和消失；同时，由于文化是人类应对生存困境的大智慧，或治疗生活世界痼疾的抗体，它所建构的是与自然世界相对应的精神世界和意义世界，文化的同质性将导致人类在面临重大生存困境时智慧资源的贫乏和生命力的苍白，从而将整个人类文明推向空前的高风险。应对全球化的挑战和西方文化帝国主义的国家战略，"江苏文脉整理与研究工程"是整个中华民族浩大文化工程的一部分和具体落实，其战略意义决不止于保存文化记忆的自持和自赏，在这个全球化的高风险正日益逼近的时代，完整地保存地方文化物种，认同文化血脉，畅通文化命脉，不仅可以让我们在遭遇全球化的滔滔洪水之时可以于故乡文化的山脉之巅"一览众山小"地建设自己的精神家园和文化根据地，而且可以在患上全球化的文化感冒甚至某种文化瘟疫之后，不致乞求"西方药"来治"中国病"，而是根据自己的文化基因和文化命理，寻找强化自身的文化抗体和文化免疫力之道，其深远意义，犹如在今天经过独生子女时代穿越时光隧道，回首当年我们的"兄弟姐妹那么多"

和父辈们儿孙满堂的那种天伦风光,不只是因为寂寞,而且是为了中华民族大家庭的文化安全和对未来文化风险的抗击能力。

"江苏文脉整理与研究工程"是以江苏这一特殊地域文化为对象的一次集体文化自觉和文化自信,与其他同类文化工程相比,其最具标识意义的是"文脉"理念。"文脉"是什么?它与"文献"和文化传统的关系到底如何?这是"文脉工程"必须解决的基本问题。

庞朴先生曾对"文化传统"与"传统文化"两个概念进行了审慎而严格的区分,认为"传统文化"可能是历史上曾经存在过的一切文化现象,而"文化传统"则是一以贯之的文化道统。在逻辑和历史两个维度,文化成为传统都必须同时具备三个条件:历史上发生的,一以贯之的,在现实生活中依然发挥作用的。传统当然发生于历史,但历史上发生的一切,从《道德经》《论语》到女人裹小脚,并不都成为传统,即便当今被考古或历史研究所不断发现的现象,也只能说是"文化遗存",文化成为传统必须在历史长河中一以贯之而成为道统或法统,孔子提供的儒家学说,老子提供的道家智慧,之所以成为传统,就是因为它们始终与中国人的生活世界和精神世界相伴随,并成为人的生命和生活的文化指引。然而,文化并不只存在于文献典籍之中,否则它只是精英们的特权,作为"人的生活的根本样法"和"对付生存困境"的解释系统,它必定存在于芸芸众生的生命和生活之中,由此才可能,也才真正成为传统。《论语》与《道德经》之所以成为传统,不只是因为它们作为经典至今还为人们所学习和研究,而且因为在中国人精神的深层结构中,即便在未读过它们的田夫村妇身上,也存在同样的文化基因。中国人在得意时是儒家,"明知不可为而偏为之";在失意时是道家,"后退一步天地宽";在绝望时是佛家,"四大皆空",从而建立了与自给自足的自然经济结构相匹合的自给自足的文化精神结构,在任何境遇下都不会丧失安身立命的精神基地,这就是传统。文化传统必须也必定是"活"的,是在现实中依然发挥作用的,是构成现代人的文化基因的生命因子。这种与人的生活和生命同在的文化传统就是"脉",就是"文脉"。

文脉以文献、典籍为载体,但又不止于文献和典籍,而是与负载它的生命及其现实生活息息相关。"文脉"是什么?"文脉"对历史而言是

"血脉",对未来而言是"命脉",对当下而言是"山脉"。"江苏文脉"就是江苏人的文化血脉、文化命脉、文化山脉,是历史、现在、未来江苏人特殊的文化生命、文化标识、文化家园,以及生生不息的文化记忆和文化动力。虽然它们可能以诸种文化典籍和文化传统的方式呈现和延续,但"文脉工程"致力探寻和发现的则是跃动于这些典籍和传统,也跃动于江苏人生命之中的那种文化脉动。"江苏文脉整理与研究工程"的最大特点就在于它是"文脉工程"而不是一般的"文化工程",更不是"文库工程"。"文化工程""文库工程"可能只是一般的文化挖掘与整理,而"文脉工程"则是与地域的文化生命深切相通,贯穿地域的历史、现在与未来的生命工程。

　　"江苏文脉整理与研究工程"是"整理"与"研究"的璧合,在"研究工程"中能否、如何倾听到来自历史深处的文化脉动,关键是处理好"文献"与"文脉"的关系。"整理工程"是对文脉的客观呈现,而"研究工程"则是对文脉的自觉揭示,若想取得成功,必须学会在"文献"中倾听和发现"文脉"。"文献"如何呈现"文脉"? 文献是人类文明尤其是人类文化记忆的特殊形态,也是人类信息交换和信息传播的特殊方式。回首人类文明史,到目前为止,大致经历了三种信息方式。最基本也是最原初的是口口交流的信息方式,在这种信息方式中,信息发布者和信息传播者都同时在场,它是人的生命直接和整体在场并对话的信息传播方式,是从语言到身体、情感的全息参与,是生命与生命之间的直接沟通,但具有很大的时空局限。印刷术的产生大大扩展了人类信息交换的广度和深度,不仅可以以文字的方式与不在场的对象交换信息,而且可以以文献的方式与不同时代、不同时空的人们交换信息,这便是第二种信息方式,即以印刷为媒介的信息方式或印刷信息方式。第三种信息方式便是现代社会以电子网络技术为媒介的信息方式,即电子信息方式。文献与典籍是印刷信息方式的特殊形态,它将人类文化史和文明史上具有特殊价值的信息以印刷媒介的方式保存下来,供后人学习和研究,从而积淀为传统。文字本质上是人的生命的表达符号,所谓"诗言志"便是指向生命本身。然而由于它以文字为中介,一旦成为文献,便离开原有的时空背景,并与创作它的生命个体相分离,于是便需要解读,在解读中便可能发生误读,但无论如何,解读的对象并不只是文字本身,而是文字背后的生命现象。

文献尤其是典籍是不同时代人们对于文化精华的集体记忆,它们不仅经受过不同时代人们的共同选择,而且经受过大浪淘沙的历史洗礼,因而其中不仅有创造它的那个个体或文化英雄如老子、孔子的生命表达,而且有传播和接受它的那个民族的文化脉动,是负载它的那个民族的文化生命,这种文化生命一言以蔽之便是文化传统。正因为如此,作为集体记忆的精华,文献和典籍是个体和集体的文化脉动的客观形态,关键在于,必须学会倾听和揭示来自远方的生命旋律。由于它们巨大的时空跨度,往往不能直接把脉,而需要具有一种"悬丝诊脉"的卓越倾听能力。同时,为了把握真实的文化脉动,不仅需要对文献和典籍即"文本"进行研究,而且需要对创造它们的主体包括创作的个体和传播接受的集体的生命即"人物"进行研究。正如席勒所说,每个人都是时代的产儿,那些卓越的哲学家和有抱负的文学家却可能成为一切时代的同代人。文字一旦成为文献或典籍,便意味着创作它的个体成为一切时代的同代人,但无论如何,文献和它们的创造者首先是某个时代的产儿,因而要在浩如烟海的文献和典籍中倾听到来自传统深处的文化脉动,还需要将它们还原到民族的文化生命之中,形成文化发展的"精神的历史"。由此,文本研究、人物研究、学派流派研究、历史研究,便成为"文脉研究工程"的学术构造和逻辑结构。

二 中国文化传统中的江苏文脉

江苏文脉是中国文化传统的一部分,二者之间的关系并不只是部分与整体的关系,借助宋明理学的话语,是"理一"与"分殊"的关系。文脉与文化传统是民族生命的文化表达和自觉体现,如果只将它们理解为部分与整体的关系,那么江苏文脉只是中国文化传统或整个中华文化脉统中的一个构造,只是中华文化生命体中的一个器官。朱熹曾以佛家的"月映万川"诠释"理一分殊"。朗月高照,江河湖泊中水月熠熠,此番景象的哲学本真便是"一月普现一切水，一切水月一月摄"。天空中的"一月"与江河中的"一切水月"之间的关系是"分享"关系，不是分享了"一月"的某一部分，而是全部。江苏文脉与中国文化传统之间的关系便是"理一分殊"，中国文化传统是"理一"，江苏文脉是"分殊"，正因为如此，关于江苏文脉的研究必须在与整个中国文化传统的关系中整体性地把握和展开。其中，文化与地域的关系、江苏文化在中华文化发展中的贡献和地位，是两个基本课题。

到目前为止的一切人类文明的大格局基本上都是由以山河为标志的地理环境造就的，从轴心文明时代的四大文明古国，到"五大洲四大洋"的地理区隔，再到中国山东—山西、广东—广西、河南—河北，江苏的苏南—苏北的文化与经济差异，山河在其中具有基础性意义。在这个意义上，可以将在此以前的一切文明称为"山河文明"。如今，科技经济发展迎来一个"高"时代：高铁、高速公路、电子高速公路……正在并将继续推倒由山河造就的一切文明界碑，即将造就甚至正在造就一个"后山河时代"。"后山河时代"的最后一道屏障，"山河时代"遗赠给"后山河时代"的最宝贵的文明资源，便是地域文化。在这个意义上，江苏文脉的整理与研究，不仅可以为经过全球化席卷之后的同质化世界留下弥足珍贵的"文化大熊猫"，而且可以在未来的芸芸众生饱尝"独上高楼，望尽天涯路"的孤独之后，缔造一个"蓦然回首"的文化故乡，从中可以鸟瞰文化与世界关系的真谛。江苏独特的地域环境与江苏文化、江苏文脉之间的关系，已经不是所谓"一方水土一方人"所能表达，可以说，地脉、水脉、山脉与江苏文脉之间的关系，已经是一脉相承。

我们通过考察和反思发现，水系，地势，山势，大海，是对江苏文脉尤其是文化性格产生重大影响的地理因素。露水不显山，大江大河入大海，低平而辽阔，黄河改道，这一切的一切与其说是自然画卷和自然事件，不如说是江苏文脉的大地摇篮和文化宿命的历史必然，它们孕生和哺育了江苏文明，延绵了江苏文脉。历史学家发现，江苏是中国唯一同时拥有大海、大江、大湖、大平原的省份，有全国第一大河长江，第二大河黄河（故道），第三大河淮河，世界第一大人工河大运河，全国第三大淡水湖太湖，全国第四大淡水湖洪泽湖。江苏也是全国地势最低平的一个省区,绝大部分地区在海拔 50 米以下,少量低山丘陵大多分布于省际边缘,最高峰即连云港云台山的玉女峰也只有 625 米。丰沛而开放的水系和低平而辽阔的地势馈赠给江苏的不只是得天独厚的宜居,更沉潜、更深刻的是独特的文化性格和文脉传统,它们是对江苏地域文化产生重大影响的两个基本自然元素。

不少学者指证江苏文化具有水文化特性,而在众多水系中又具长江文化的特性。"水"的文化特性是什么?"老聃贵柔",老子尚水,以水演绎世界真谛和人生大智慧。"天下莫柔弱于水,而攻坚强者莫之能胜。"柔弱胜刚强,是水的品质和力量。西方文明史上第一个哲学家和科学家泰勒斯向全世界宣告的第一个大智慧便是:水是万物的始基。辽阔的平原在中国也许还有很多,却没有像江苏这样"处下"。老子也曾以大海揭示"处下"的智慧:"江海所以能为百谷王者,以其善下之,故能为百谷王。"历史上江苏的文化作品、江苏人的文化性格,相当程度上演绎了这种"水性"与"处下"的气质与智慧。历史上相当时期黄河曾经从江苏入海,然而黄河改道、黄河夺淮,几番自然力量或人力所为,最终黄河在江苏留下的只是一个"故道"的背影。黄河在江苏的改道当然是一个自然事件或历史事件,但我们也可能甚至毋宁将它当作一个文化事件,数次改道,偶然之中有必然,从中可以发现和佐证江苏文脉的"长江"守望和江南气质。不仅江苏的地脉"露水不显山",而且江苏的文化作品,江苏人的文化性格,一句话,江苏文脉,也是"露水不显山",虽不是"壁立千仞",却是"有容乃大"。一般说来,充沛的水系,广阔的平原,往往造就自给自足的自我封闭,然而,江苏东临大海,无论长江、淮河,还是历史上的黄河,都从这里入大海,归大海,不只昭示江苏的开放,而且演绎江苏文化、江苏文脉、江苏人海纳百川的博大和静水深流的仁厚。

黄河与长江好似中华文脉的动脉与静脉,也好似人的身体中的任督二脉,以长江文化为基色的江苏文化在中华文脉的缔造和绵延中作出了杰出贡献。有学者指出,在中国文明史上,长江文化每每在黄河文化衰弱之后承担起"救亡图存"的重任。人们常说南京古都不少为小朝廷,其实这正是"救亡图存"的反证,"天下兴亡,匹夫有责"的口号首先由江苏人顾炎武喊出，偶然之中有必然。学界关于江苏文化有三次高峰或三次大贡献，与两次大贡献之说。第一次高峰是开启于秦汉之际的汉文化，第二次高峰是六朝文化，第三次高峰是明清文化。人们已对六朝文化与明清文化两大高峰对中国文化的贡献基本达成共识，但江苏的汉文化高峰及其贡献也应当得到承认，而且三次文化高峰都发生于中国社会的大转折时期，对中国文化的承续作出了重大贡献。在秦汉之际的大变革和大一统国家的建构中，不仅在江苏大地上曾经演绎了波澜壮阔的对后来中国文明产生深远影响的历史史诗，而且演绎这些历史史诗的主角刘邦、项羽、韩信等都是江苏人，他们虽然自身不是文化人，但无疑对中国文化产生了深远影响。董仲舒提出"罢黜百家，独尊儒术"的主张，奠定了大一统的思想和文化基础，他本人虽不是江苏人，却在江苏留下印迹十多年。江苏的汉文化高峰对中国文化的最大贡献，一言概之即"大一统"，包括政治上的大一统和思想文化上的大一统。六朝被公认为中国文化发展的高峰，不少学者将它与古罗马文明相提并论，而六朝文化的中心在江苏、在南京。以南京为核心的六朝文化发生于三国之后的大动乱，它接纳大量流入南方的北方士族，使南北方文化合流，为保存和发展中国文化作出了杰出贡献。明朝是中国历史上第一次在南京，也是第一次在江苏建立统一的帝国都城，江苏的经济文化在全国处于举足轻重的地位，扬州学派、泰州学派、常州学派，形成明清时代中国文化的江苏气象，形成江苏文化对中国文化的第三次重大贡献。三大高峰是江苏的文化贡献，在重大历史转折关头或者民族国家危难之际挺身而出，海纳百川，则是江苏文化的精神和品质，这就是江苏文脉。也正因为如此，江苏文化和江苏文脉在"匹夫有责"的担当精神中总是透逸出某种深沉的忧患意识。

江苏文脉对中国文化的独特贡献及其特殊精神气质在文化经典中得到充分体现。中国四大文学名著，其中三大名著的作者都来自江苏，这就是《西游记》《红楼梦》《水浒》，其实《三国演义》也与江苏深切相关，虽然罗贯中不是江苏人，但却以江苏为重要的时空背景之一。四大名著中不仅有明显的江苏文化的元素，甚至有深刻的江苏地域文化的基因。《西游记》到底是悲剧还是喜剧？仔细反思便会发现，《西游记》就是文学版的《清明上河图》。《清明上河图》表面呈现一幅盛世生活画卷,实际却是一幅"盛世危情图",空虚的城防,懈怠的守城士兵……被繁华遗忘的是正在悄悄到来的深刻危机。《西游记》以唐僧西天取经渲染大唐的繁盛和开放,然而在经济的极盛之巅,中国人的精神世界却空前贫乏,贫乏得需要派一个和尚不远万里,请来印度的佛教,坐上中国意识形态的宝座,入主中国人的精神世界。口袋富了,脑袋空了,这是不折不扣的悲剧。然而,《西游记》的智慧,江苏文化的智慧,是将悲剧当作喜剧写,在喜剧的形式中潜隐悲剧的主题,就像《清明上河图》将空虚的城防和懈怠的士兵淹没于繁华的海洋一样。《西游记》喜剧与悲剧的二重性,隐喻了江苏文脉的忧患意识,而在对大唐盛世,对唐僧取经的一片颂歌中,深藏悲剧的潜主题,正是江苏文脉"匹夫有责"的担当精神和文化智慧的体现。鲁迅说,悲剧将人生的有价值的东西毁灭给人看。《西游记》是在喜剧形式的背后撕碎了大唐时代人的精神世界的深刻悲剧。把悲剧当作喜剧写,喜剧当作悲剧读,正是江苏文化、江苏文脉的大智慧和特殊气质所在,也是当今江苏文脉转化发展的重要创新点所在。正因为如此,"江苏文脉研究"必须以深刻的哲学洞察力和深厚的文化功力,倾听来自历史深处的江苏文化的脉动,读懂江苏,触摸江苏文脉。

三 通血脉,知命脉,仰望山脉

江苏文化的巨大魅力和强大生命力,是在数千年发展中已经形成一种传统、一种脉动,不仅是一种客观呈现的文化,而且是一种深植个体生命和集体记忆的生生不息的文脉。这种文化和文脉不仅成为共同的价值认同,而且已经成为一种地域文化胎记。在精神领域,在文化领域,江苏不仅有灿若星河的文学家,而且有彪炳史册的思想家、学问家,更有数不尽的才子骚客。长江在这片土地上流连,黄河在这片土地上改道,淮河在这片土地上滋润,太湖在这片土地上一展胸怀。一代代中国人,一代代江苏人,在这里缔造了文化长江、文化黄河、文化淮河、文化太湖，演绎了波澜壮阔的历史诗篇，这便是江苏文脉。

为了在全球化时代完整地保存江苏文脉这一独特地域文化的集体记忆，以在"后山河时代"为人类缔造精神家园提供根源与资源，为了继承弘扬并创造性转化、创新性发展中国优秀传统文化，2016年江苏启动了"江苏文脉整理与研究工程"。根据"文脉"的理念，我们将研究工程或"研究编"的顶层设计以一句话表达："通血脉，知命脉，仰望山脉。"由此将整个工程分为五个结构：江苏文化通史，江苏历代文化名人传，江苏文化专门史，江苏地方文化史，江苏文化史专题。

"江苏文化通史"的要义是"通血脉"，关键词是"通"。"通"的要义，首先是江苏文化与中国文明的息息相通，与人类文明的息息相通，由此才能有民族感或"中国感"，也才有世界眼光，因而必须进行关于"中国文化传统中的江苏文脉"的整体性研究；其次是江苏文脉中诸文化结构之间的"通"，由此才是"江苏"，才有"江苏味"；再次是历史上各个重要历史时期文化发展之间的"通"，由此才能构成"史"，才有历史感；最后是与江苏人的生命与生活的"通"，由此"江苏文脉"才能真正成为江苏人的文化血脉、文化命脉和文化山脉。达到以上"四通"，"江苏文化通史"才是真正的"通"史。

"江苏文化专门史"和"江苏文化史专题"的要义是"知命脉"，关键词是"专"，即"专门"与"专题"。"江苏文化专门史"在框架上分为物质文化史、精神文化史、制度文化史、特色文化史等，深入研究各类专门史，总体思路是系统研究和特色研究相结合，系统研究整体性地呈现江苏历史上的重要文化史，如哲学史、文学史、艺术史等，为了保证基本的完整性，我们根据国务院学科分类目录进行选择；特色研究着力研究历史上具有江苏特色的历史，如民间工艺史、昆曲史等。"江苏文化史专题"着力研究江苏历史上具有全国性影响的各种学派、流派，如扬州学派、泰州学派、常州学派等。

"江苏地方文化史"的要义是"血脉延伸和勾连"，关键词是"地方"。"江苏地方文化史"以现省辖市区域划分为界，13市各市一卷。每卷上编为地方文化通史，讲述地方整体历史脉络中的文化历史分期演化和内在结构流变，注重把握文化运动规律和发展脉络，定位于地方文化总体性研究;下编为地方文化专题史,按照科学技术、教育科举、文学语言、宗教文化等专题划分,以一定逻辑结构聚焦对地方文化板块加以具体呈现,定位于凸显文化专题特色。每卷都是对一个地方文化的总结和梳理,这是江苏文化血脉的伸展和渗入,是江苏文化多样性、丰富性的生动呈现和重要载体。

"江苏历代文化名人传"的要义是"仰望山脉",关键词是"文化"。它不是一般性地为江苏历朝历代的"名人"作传,而只是为文化意义上的名人作传。为此,传主或者自身就是文化人并为中国文化的发展、为江苏文脉的积累积淀作出了重要贡献;或者虽然自身主要不是文化人而是政治家、社会活动家等,但对中国文化发展具有重大影响。如何对历史人物进行文化倾听、文化诠释、文化理解,是"文化名人传"的最大难点,也是其最有意义的方面。江苏历史上的文化名人汗牛充栋,"文化名人传"计划为 100 位江苏文化名人作传,为呈现江苏文化名人的整体画卷,同时编辑出版一部"江苏文化名人辞典",集中介绍历史上的江苏文化名人 1000 位左右。

一脉千古成江河,"茫茫九派流中国"。江苏文脉研究的千里之行已经迈出第一步,历史馈赠我们一次千载难逢的宝贵机遇,让我们巡天遥看,一览江苏数千年文化银河的无限风光,对创造江苏文化、缔造江苏文脉的先行者们献上心灵的鞠躬。面对奔涌如黄河、悠远如长江的江苏文脉,我们惟有以跋涉探索之心,怀惕敬畏之情,且行且进,循着爱因斯坦的"引力波",不断走近并播放来自江苏文脉深处的或澎湃,或激越,或温婉静穆的天籁之音。

我们一直在努力;

我们将一直努力!

目　录

绪　论

一、选题缘起

　　章开沅先生曾言,中国人留学海外,进入他国学校、科研机构等学习场所接受教育,如果宗教信徒出国接受宗教教育的行动不算在内的话,那么严格意义上的出国留学是进入近代以后才有的事情。[①] 鸦片战争之后,西方列强以坚船利炮打开中国封闭的大门,不仅使中国的主权和领土完整受到了严重损害,而且使中国几千年的封建传统文化教育也受到了猛烈冲击。在此国势垂危、文化教育绝续存亡之际,向西方寻求救国救民真理的中国留学运动应势而生。从 1847 年容闳、黄宽、黄胜等人随同马礼逊学校的校长、美国人布朗赴美留学开始,至 1872 年第一批官派幼童从上海起程赴美留学,中国人的出国留学终于由个人行动发展到政府行为。洋务运动时期的官派幼童留美之事诞生于中国现代化的起步阶段,它不仅对后来中国的社会发展和现代化进程产生了重要影响,而且对此后中国持续不断的留学运动产生了长久影响。自此以后的一百多年间,中国人通过出国留学,求知学技,不断地接受西方文明。随着留学运动的开展,至清末新政时期,中国的留学生形成了一个不同于中国传统士大夫阶层的特殊群体,他们不仅是近代以来国人开眼看世界的产物,也是中国最早接触西方现代民主科学的知识分子群体,他们以新的思维方式探索中国救亡图存之道,在中国现代化

[①] 章开沅、余子侠主编:《中国人留学史》上册,社会科学文献出版社 2013 年版,前言。

的过程中,自觉地担负起了留学报国、促进中西文化交流的使命。进入20世纪以来,在中国的每一次变革和进步中,作为"海归"者的留学生都起了重要作用。他们在各个领域贡献自己的力量和智慧,或在军事斗争中身先士卒,或在政治变革中出谋划策,或在经济发展中攻坚克难,或在文化发展中引领潮流,或在外争国权中贡献才智。在今天出国留学已成为平民百姓普遍熟悉和积极参与的一种正常教育活动的情况下,我们有必要去总结经验、剖析历史、探索规律。可以说,留学教育史的研究值得我们去重视和深入开展。

区域研究是整体研究的一个不可或缺的部分。通过区域研究,可以从中发掘抽象规律,寻找共性特征。晚清民国时期,中国地方各省的留学教育活动表现得极不平衡。总体看来,江苏、浙江、广东、福建等沿海省份的留学教育历来位居全国前列,而西部一些地区,如新疆、西藏、青海等省则较少有出国留学者。这种留学活动的不平衡是与地方经济文化发展的不平衡紧密相联的,地方留学教育活动的特点也是区域特色的外在表现。因此,研究留学教育不能忽视区域发展的地方特点。可以说,地方留学教育的特点是地方经济文化发展的折射,同时,对地方留学教育的研究也是对全国留学史研究的一个重要补充。看历史要看主流。近代以来出国留学生日益增多,鱼龙混杂,泥沙俱下,但大浪淘沙,真金犹存。看历史要看主体性,而不是细枝末节。近代以来的江、浙、粤地区留学活动的数量与质量都占绝对优势,这些地区的留学活动持续不断,能够反映近代以来的留学发展趋势与总体特征,而不是通过西部的新、青、藏地区来窥探近代以来的中国留学教育状况。江苏省作为近代以来一直占据中国重要比例的留学大省,其留学教育活动应该被重视,也值得去研究。可以说,没有江苏省的留学史是不完整的中国留学史。

江苏省自古以来就有其发展文化教育的特殊性。从行政区划来看,近代以来的江苏省没有大的变化。1667年,清王朝将江宁、苏州、淮安、扬州、徐州、通州、常州、镇江、松江等九府组建为一个省,并在江宁府和苏州府中各取一字,定名为江苏省。新中国成立后,上海市及其郊区先后从江苏省划出,同时,安徽、山东也有个别县级行政区的变动。

江苏省地理位置优越,地处长江下游的三角洲地带,土壤肥沃,气候温润,雨水丰沛,适宜人类生存,古代就有"鱼米之乡""丝绸之乡"的称誉。江苏面临大海,处于中国大陆海岸线,成为中国面向海洋、面向世界的重要窗口。江苏背倚腹地,河流纵横,长江、淮河以及陇海铁路横越东西,京沪铁路与京杭运河纵贯南北,构成联系内地的动脉。江苏成为中国走向世界、世界走向中国的重要门户。江苏经济发展较快,从魏晋南北朝时代,南京凭借六朝都城的独特优势,成为全国的政治、经济、文化中心,诗人谢朓用"江南佳丽地,金陵帝王州"的诗句来形容其繁华;到唐代,随着京杭大运河的开通,扬州凭借南北交通枢纽和漕运中心的地位迅速崛起,"扬州富庶甲天下",成为国际性大商埠;南宋以后,江苏地区的苏州,其经济文化的发达不逊于当时的都城杭州,陆游称"苏常熟,天下足",宋代流传至今的口碑"上有天堂,下有苏杭"揭示了苏州的重要地位;明清时期,南京再度崛起,其衣冠文物之盛,尽显"天下财富出于东南,而金陵为其会"的大都市气概;鸦片战争后,中华民族陷于风雨飘摇之中,而江苏绝处逢生,迎来了一个重要的发展机遇,即上海的崛起。作为《南京条约》中的通商口岸之一,上海很快成为商贾云集之地,成为中国也是远东地区最大的经济贸易中心。这个繁华的大都市在近代以来的留学教育中一直起着领头羊的作用,对江苏及全国的留学教育都有重要影响。江苏文化繁荣,既有楚汉文化、江淮文化、金陵文化、吴越文化的差异性,也有各地文化的碰撞与融合,古代有"学甲天下之学,人才甲天下之人才"的自豪,近代有学校创办早、规模大、质量高的骄傲。在 1300 年的科举历史中,共产生 357 位状元,其中江苏就有 60 位,独占鳌头;在新中国成立后所推选产生的院士人数中,江苏又是位居之首。从古代春秋时的吴王称霸,到明朝朱元璋的定都南京,从近代孙中山在南京建立临时政府,到蒋介石的南京国民政府成立,江苏一直处于政治中心。但苏南与苏北差距较大,经济文化发展极不平衡,体现了江苏发展的示范性与典型性特征。

江苏优越的自然条件和六朝以来作为全国政治经济文化重镇的独特地位,为近代以来江苏留学教育活动的开展提供了重要条件。在近代以来的历次留学活动中,江苏省政府积极谋划,江苏学子也积极参与其中。江苏留学教育活动及全国留学教育活动的开展,为江苏也为全国培育了大批优秀人才。留学生归国后,江苏的风水宝地又吸引着包括江苏学子在内的留学精英们到江苏来建功立业。江苏省的发展需要留学精英们献计献策、贡献才智,归国留学生们也需要江苏这样能提供施展才华的平台。可以说,江苏省的发展与留学生的发展互相成就,江苏留学史的研究也是江苏历史研究不可或缺的部分。

二、学术史回顾

自 20 世纪 20 年代开始,越来越多的人开始关注留学教育,对留学活动开始了卓有成效的研究。比如,舒新城著的《近代中国留学史》(1927 年)与《中国近代教育史料》(1933 年),开始对留学活动及留学生群体进行了披荆斩棘的研究。20 世纪 80 年代以后,更多的学者为此添砖加瓦。在留学史料的整理方面,刘真主编《留学教育:中国留学教育史料》(1980 年)共 5 册,林清芬主编《抗战时期我国留学教育史料》(1994—1998 年)共 5 册,陈学恂、田正平主编《近代教育史资料汇编·留学教育》(1991 年),李滔主编《中华留学教育史录》(2005 年),陈元晖主编《中国近代教育史资料汇编·留学教育》(2007 年)等,为近代以来的留学教育研究提供了重要史料依据。有学者从宏观的历史角度审视百年来的留学大潮及其对近代社会产生的重大影响,比如,王奇生著《中国留学生的历史轨迹(1872—1949)》(1992 年),章开沅、余子侠主编《中国人留学史》上下册(2013 年),李喜所主编《中国留学通史》晚清卷、民国卷、当代卷(2010 年),谢长法著《中国留学教育史》(2006 年),冉春著《留学教育管理嬗变》(2010 年)等。有学者以断代为研究专题,比如,董守义著《清代留学运动史》(1985 年),黄福庆著《清末留日学生》(1975 年)等,都以清代留学活动为研究中心。有不少学者从留学国家的角度来研究中国的留学生群体,从出版时间来看,有日本学者实藤惠秀著《中国人留学日本史》(1960 年),中华民国留俄同学会编著《60 年来中国留俄同学之风霜踔历》(1988 年),沈殿成主编《中国人留学日本百年史 1896—1996》上下册(1997 年),美籍华人李又宁主编《留美八十年》(1999 年),德国学者韩尼胥(Thomas Harnisch)著《在德国的中国留学生：1860—1945 年间在德国的历史及影响》（1999 年），李喜所、刘集林等著《近代中国的留美教育》（2000 年），郝世昌、李亚晨著《留苏教育史稿》（2001 年），刘晓琴著《中国近代留英教育史》（2005年），孟虹著《中国人留学德国（1861—2001）：中国现代化框架下的国际留学例释》（2005 年），叶隽著《主体的变迁——从德国传教士到留德学人群》（2008 年），美国学者史黛西·比勒著《中国留美学生史》（2010年），徐志民著《近代日本的中国留日学生政策史》（2020 年），等等。这些学者都以某一个国家的中国留学生群体为研究中心。有学者以某一专题为研究中心，比如尚小明著《留日学生与清末新政》（2003 年），安宇、周棉主编《留学生与中外文化交流》（2000 年），周棉著《留学生群体与民国的社会发展》（2017 年），岑红、周棉主编《留学生与中外文化交流》（2018 年），李喜所主编《留学生与中外文化》（2005 年），元青著《留学生与中国文化的海外传播》（2014 年），张洪祥、王永祥著《留法勤工俭学运动简史》（1982 年），等等。有学者以某一学科的留学生群体为研究中心，比如，李秀云著《留学生与中国新闻学》（2009 年）、胡延峰著《留学生与中国心理学》（2009 年）、徐玲著《留学生与中国考古学》（2009 年）、裴艳著《留学生与中国法学》（2009 年），等等。此外，还有大量的相关留学研究的论文。从上述多位专家学者的研究专著可以看出，有关留学史的研究成果已成洋洋大观。通史研究有其明显的大历史感，专题研究也有其鲜明的个性特点。事实证明，分割包围、重点突破的研究战术，有利于学者专注于某一个研究领域，不断去深挖拓宽，也有利于大历史观下的百花齐放、百家争鸣。

　　近年来，以中国各省区为考察中心的区域留学研究成果也渐增。近代以来在留学教育方面一直走在全国前列的广东省，其研究成果也较多，如黄晓东主编的《珠海留学史》（2010 年），除了介绍留洋海外的历史背景及留学美国、欧洲、日本的情况之外，也注重对留学家族、留学人员的历史贡献研究；马至融、裴艳、姜清波、焦鹏著的《广东留学史》（2018 年），也分别从留学美国、欧洲、日本三个维度来论述广东社会的百年留学大潮情况；粟明鲜编著的《民国粤人赴澳大利亚留学档案全述》（2021 年）则是利用澳大利亚国家档案馆典藏的有关民国时期中国广东省赴澳大利亚留学生的档案宗卷,经过整理与研究,将中国人第一波赴澳留学潮如实地反映出来,是研究中国侨乡教育和文化交流的重要资料。浙江省也是近代以来的留学大省,浙江宁海县出国留学人员家属联谊会编写的《宁海百年留学》(2001年),主要介绍宁海县留学人物的生平事迹,尤其是留学生归国后的贡献情况;浙江侨联编写的《群星璀璨——浙江海外留学英才风采录》(2006年)主要介绍浙江留学生归国后的辉煌业绩。对地方留学研究成果较多的还有云南,杨海若编著的《寻索云南最早的留学生》(2012年),概述了清末民初的时代背景下云南早期留学生的相关情况,通过重点阐述留学生中的杰出人物来以小见大、展现当时的人与社会的基本状况;王丽云著的《留学生与云南近代化》(2013年)通过对云南各地近代留学生在政治、经济、军事、科学、文化、教育诸领域中的贡献来全面探讨近代留学生与云南近代化的关系,以此彰显学贯中西的留学生精英群体及个人在社会发展,尤其是在落后地区社会发展中的巨大作用,彰显留学生们的爱国救民精神;云南省留学人员联谊会编的《云南百年留学简史 第1辑(1896—2013)》(2016年),其研究内容包括百年留学之路的背影、清末留学潮、云南留学生在越南、留学生与云南辛亥革命、民国时期的留学运动、民国初年的云南留学生等方面;张维著的《大地茫茫任我行——云南近代留学生的历史足迹》(2018年)概述云南留学生的出国留学与归国贡献的历史足迹与历史功绩。此外,山东、山西、陕西、重庆等省市都有相关的留学史研究,如胡延峰、姚厦媛著的《近代山东欧美留学生群体研究》(2017年),重点阐述山东籍欧美留学生与中国社会变迁的互动关系;侯殿龙、孔繁珠主编《山西百年留学史(1900—2002)》(2005年)记录了山西百年留学活动的四个阶段,即清末、民国、新中国初期及改革开放时期;赵俊明著的《近代山西留学生史话》(2006年)概述从清末到新中国成立前半个世纪中山西籍留学生的出国留学与归国贡献情况;淳于森泠、潘丽霞著的《重庆留学史研究——以留学人物、留学政策为中心(1898—1966)》(2014年),重点呈现重庆地区的留学发展过程和历代重庆留学生对家乡重庆、对中国社会的贡献;韩养民、唐群著《陕西留学史话》(2016年)系统地介绍了陕西自秦汉至近代与周边各国文化教育往来的历史,对在历史上有重要影响的留学人物则予以重点介绍。从上述这些区域留学史的研究可以看出,以历史上该地区的出国留学活动为中心,以杰出留学人物的归国贡献为重点,成为区域留学史的主要模式,也为本研究的写作提供了一些思路。

在江苏留学史研究方面,除了姜新老师著的《江苏留学史稿》(2006年)之外,还有景亚南主编的《浦东早期留学人员选录 1872—1949》(2016年)和薛仲良主编的《江阴百年留学史略》(2007年),后两本专著都以县级留学教育为研究中心。这些研究成果都属于江苏省域范围内,对于江苏留学史的研究有着重要的参考价值。《浦东早期留学人员选录》与《江阴百年留学史略》两部专著主要以当地留学人物为研究中心,概述其生平事迹及其归国后的主要贡献。姜新老师所著的《江苏留学史稿》,前三编"走向美利坚""走向东瀛岛""走向欧罗巴"以留学区域为研究中心,后三编"返乡从政""返乡建设""返乡育人"以归国贡献为研究中心。作为第一部较为系统研究江苏留学史的《江苏留学史稿》,其中有些重要的史实与案例,为本人研究江苏留学史提供了重要史料,同时其文章架构也为本人研究提供了重要启示。

三、研究思路与方法

本书的研究内容是"江苏文脉整理与研究工程"的一个组成部分,应江苏省社科院文脉研究院的模式要求,研究内容以历史时段为顺序。本书以晚清时期、北洋政府时期、南京国民政府时期三个大的时段为时间节点,分为三大章来分述。每一章又分为出国留学、群体特征、海外活动与归国贡献四节内容来具体阐述。在出国留学部分,主要分析当时中央政府的留学政策及江苏省的留学政策与留学活动概况。既兼顾当时社会的发展状况及政府对留学教育的总体要求,也体现江苏地方选派留学生的特点;既使中央与地方相互印证,也体现区域留学的典型性特征。在群体特征研究中,主要分析江苏留学生所留学的国家与人数、留学学校与专业、留学生的费别与性别、留学生的具体籍贯等教育结构,以此来从总体上感观晚清、民国时期江苏留学生的群体特征。在海外留学部分,主要分析留学生在海外的学习与活动情况,包括专业学习、科学研究、参与社团及创办报刊、爱国活动等多个方面,从中体现出江苏留学生在国外的发奋图强、刻苦钻研、科学救国的报国情怀。在归国贡献部分,因江苏出国留学生人数太多,归国后在全国各地服务,如果将各个地区、各个行业的江苏留学生的归国贡献都具体分析的话,则篇幅太长,也不尽全面,故仅以江苏留学生归国后在江苏本省服务为研究中心,以在政治、经济、教育、医学等领域的贡献为分析重点,从中反映江苏学子的回馈社会、服务桑梓的留学报国情怀。

本项研究成果与《江苏留学史稿》有一些不同之处:其一,本书主要以历史时间为顺序,即以近代以来的晚清时期、北洋政府时期、南京国民政府时期三个时段为时间节点,与《江苏留学史稿》以横向的留学美国、日本、欧洲三个区域为中心明显不同;其二,在晚清时期、北洋政府时期、南京国民政府时期的每一个时间段内,分为出国留学、群体特征、海外活动、归国贡献四个部分来分别论述;其三,对留学政策的演变、留学生群体的结构特征、留学生在海外的学习与活动情况都分别进行了归纳与分析,这也是本书独创之处;在归国贡献方面,以个案分析为主,主要分析江苏籍留学生归国后在江苏本省从事各项建设工作,部分兼及在他省的服务情况,通过以小见大、见微知著的方式来呈现江苏籍归国留学生的卓越贡献。这些方面既是本项研究成果的特色,也是与前人研究成果的不同之处。

在研究方法上,主要运用历史研究法、文献研究法及数据统计法。首先按照历史研究法,将江苏留学史研究分为晚清时期、北洋政府时期和南京国民政府时期三个历史时段,以此为分界点进行留学史料的搜索与整理、归纳与分析。在研究过程中,大量运用文献研究方法,尤其是对档案文献的分析。本人利用攻读博士学位时间,在中国第二历史档案馆复印及抄写了大量的南京国民政府时期的史料档案。通过对这些档案文献第一手资料的整理与研究,进一步厘清江苏留学教育的时代背景、留学政策法规。此外,还通过对大量的资料集、工具书、回忆录、人物传记、民国报刊、地方志等文献进行归类整理与个案分析,来探求江苏留学生的留学活动足迹与归国贡献的历史功绩。因为在研究过程中,涉及大量的江苏留学生,有时个案分析不足以彰显其时代特色,尤其是关于留学生群体特征部分,多以数据分析来集中呈现,所以也运用了大量的数据统计法,使其更具有说服力和可信度。这些研究方法的运用,也体现了本项研究成果的特点之一。

四、资料说明

研究江苏留学史的资料来源,主要包括以下几种:

其一是档案资料。本项研究成果运用了部分档案史料,包括民国时期北平市政府社会局档案、国民政府教育部档案、国民党中央设计局档案、重庆卫戍总司令部档案、中国第二历史档案馆编的《中华民国史档案资料汇编》、南京市档案馆编的《民国珍档 民国名人户籍》等。这些档案史料,一部分来源于本人攻读博士学位期间,在中国第二历史档案馆复印和抄写的南京国民政府时期的史料档案,还有一部分来源于二档馆赠送的档案史料。因二档馆与本人所在的留学生研究中心有合作关系,从而为我们提供了大量的甚至尚未公开的档案史料。

其二是民国报刊。本项研究成果运用了大量的民国报刊史料,如《留美学生年报》《教育杂志》《教育公报》《申报》《教育益闻》《教育部公报》《东方杂志》《教育杂志》等。这些民国报刊所刊载的教育相关内容,具有一定的真实性和可靠性,其史料价值是毋庸置疑的。

其三是地方史志。本项研究也运用了大量的地方史志资料,尤其是江苏省各市县的地方志,如《旺山村志》《太仓文史》《宜兴文史资料》《徐州文史资料》《昆山文史》《泰州文史资料》《南京文史集萃》《建湖文史选辑》《吴江文史资料》《镇江小史》《扬州史志资料》《常熟文史》《松江县志》《金坛文史资料》《赣榆文史资料》《嘉定文史》《无锡旅情》等。因为江苏留学生来自江苏各市县,很多人在清末民国时期出国留学,归国后成为当地著名人物,当地为弘扬留学报国精神、宣传当地杰出人物,往往会为这些留学生立传,从而留下片言只语。可以说,这些地方史志也是了解江苏留学生的重要史料。

其四是工具书。这些工具书多是关于人物简介的辞(词)典,如《中国科学家辞典》《中国近代人名大辞典》《中国科学技术人物辞典》《二十世纪中华爱国名人辞典》《无锡名人辞典》《20世纪中国医学首创者大辞典》《世界物理学家词典》《中国当代教育名人大辞典》《世界当代文化名人辞典》《教育大辞典》《民国人物大辞典》《中国当代经济科学学者辞典》《世界法学名人词典》《中国近现代人物名号大辞典》《江苏历代名人词典》《中国留学生大辞典》《苏州历代人物大辞典》《中国近现代高等教育人物辞典》,等等。因江苏留学生归国后贡献突出而被载入各种各样的名人辞典,所以从这些辞典中能够发现更多的江苏留学名人。而且在辞典中所记载的人物事迹,多是经过编者多方考证史料慎重选择后才记录下来的,其可信度更强。

其五是关于个人的记述,如文集、回忆录、年谱、人物传记等。因为在研究的过程中,涉及大量的江苏留学人物,对其留学活动及归国后的贡献等情况,需要从其回忆录、别人的回忆录以及一些年谱、人物传记来详细了解。其中使用频率较高的,如《1950年代归国留美科学家访谈录》《唐文治年谱》《沈沛霖回忆录》《胡敦复 胡明复 胡刚复纪念文集》《胡彬夏文集》《徐悲鸿文集》《邹秉文纪念集》《中国科学技术专家传略》《兴化历代名人》《航空人物志》《江苏历代名人录 科技卷》《苏州通史 人物卷》《中国近代留法学者传》《当代昆山人才录》《中国科学院人物传》《当代苏州人才录》《上海高等教育系统教授录》《南京大学校友英华》《东南大学校友业绩丛书》《中国电力人物志》《院士春秋》《中国现代农学家传》《中央大学名师传略》《科学的旗帜 感动中国的100位爱国科学家》《名校精英 南京大学》《吴文化名人谱》。这些文集、回忆录、人物传记是了解、研究江苏留学人物的重要参考书。

最后是研究著作与学术论文。借鉴前人的研究成果可以开拓学术视野,获得更多的研究方法、研究内容、研究思路的启示。关于近代以来留学史的研究已有丰硕的成果,其中有不少内容在时间上、空间上都与本书的研究内容有重叠之处,可以很好地借鉴,如学术研究专著《留法勤工俭学运动》《近代中国的留美教育》《中国知识分子与西方》《江阴百年留学史略》《中国近代留洋法学博士考1905—1950》《郭秉文与东南大学》《金陵大学史》《庚款留学百年》《江苏留学史稿》《中国留学生的历史轨迹》《留法勤工俭学运动史稿》《留学教育管理的嬗变》《中国近代留英教育史》《中国人留学史》《中国留学通史》等。在学术论文方面,运用的不是很多,其中运用较多的是元青的《民国时期中国留德学生与中德文化交流》,潘越的博士论文《中国近代留学比利时研究(1903—1949)》,周棉、李冲的《论庚款留学》等。此外,还包括部分网络文献,也是其他史料的重要补充和佐证。

第一章 晚清时期的江苏留学教育

晚清时期,从留美幼童的派遣到留日大潮的涌现,在多次的留学活动中,江苏省发挥其独特的经济文化及地理优势,在出国留学、海外活动与归国贡献等方面,既表现了全国留学教育的一般特征,也体现了江苏留学教育的地方特色。

第一节 留学政策的演变与留学生的选派

晚清时期的留学活动,主要有洋务运动时期的幼童留美与军事留欧活动,清末新政时期的大规模留日与庚款留美活动。在历次公派留学活动中,留学政策的决定主要以清政府的政令为准,地方各省在服从中央政令的同时稍有机动改变。江苏省的留学教育,除了洋务运动时期的留欧教育(主要来源于福建)人数偏少之外,在留美、留日活动中都居于全国前列。

一、晚清留学政策的演变

晚清时期的留学政策文件并不多,当时地方各省基本没有自己的留学法规,故清政府的留学政策也可看作是江苏省的留学政策。晚清时期的出国留学政策,从总体来看,大约可以分为从鼓励留学到奖励留学再到有条件地限制留学这样几个阶段。

1. 鼓励留学

自鸦片战争之后，中国即有个别学生到美国、欧洲去留学，比如，江苏上海人颜永京（1839—1898），1854 年被圣公会送往美国留学，1861年毕业于俄亥俄州肯阳学院，1862 年回国。近代以来第一次官派留学活动，始于 1872 年的幼童留美事件。这一史无前例的创举，其倡导者是被称为"中国留学生之父"的容闳。容闳（1828—1912）是广东香山人，七岁入读澳门马礼逊学校，1842 年随马礼逊学校到香港读书。1846 年底，马礼逊学校的校长布朗因病准备返美，临行前表示愿带几名学生一同随往。1847 年初，容闳与黄宽、黄胜一起随同布朗夫妇赴美留学，先就读于麻省孟松预备学校，后考入耶鲁学院，1854 年以优异的成绩毕业，成为第一位毕业于美国耶鲁大学的中国留学生。容闳在美国读大学时就已萌发幼童留美计划："盖当第四学年中尚未毕业时，已预计将来应行之事，计划大略于胸中矣。以西方之学术，灌输于中国，使中国日趋文明富强之境。予后来之事业，盖皆以此为标准，专心致志以为之。朔自 1854 年予毕业之时，以至 1872 年中国有第一批留学生之派遣，则此志愿之成熟时也。"[①]容闳回国后，即着手实施其计划。1867 年，容闳在苏州谒见江苏巡抚丁日昌，力陈自己改造社会的教育计划，其中重要一条即是"选派颖秀青年，送之出洋留学，以为国家储蓄人才。派遣之法，初次可先定一百二十名学额以试行之。此百二十人中，又分为四批，按年递派，每年派送三十人。留学期限定为十五年。学生年龄，须以十二岁至十四岁为度。视第一、第二批学生出洋留学卓有成效，则以后即永定为例，每年派出此数"[②]。容闳的计划得到了丁日昌的赞许，并将其转交军机大臣文祥代奏，但由于文祥逝世而胎死腹中。1870 年，容闳利用"天津教案"的机会接近两江总督曾国藩，并趁机将选派幼童留美计划递交曾国藩，此后，曾国藩与李鸿章反复磋商幼童留美之事。1871 年 8 月，曾、李二人联袂上奏《选派幼童赴美肄业酌议章程折》，此奏折得到了总理各国事务衙门恭亲王奕䜣等人的认可，此后，1872—1875 年，每年 30 名幼童被选派到美国留学。

---

① 容闳：《西学东渐记》，中州古籍出版社 1998 年版，第 89 页。
② 陈学恂、田正平编：《中国近代教育史资料汇编·留学教育》，上海教育出版社 1991 年版，第 94 页。

从幼童留美事件可以看出,清政府本没有主动向外国派遣留学生之意,只是在容闳等人的不断努力下才有了第一次公派留学活动。此后,左宗棠、沈葆桢、丁日昌、李鸿章等清廷大员认识到培植人才的重要性,陆续上书清政府,要求派遣青年学子赴欧洲各国留学。至光绪五年(1879)十月六日,清政府谕令:"著庆春、何璟、勒方锜查照出洋章程,接续遴才,派赴英、法各国就学。以冀人才日盛,缓急有资。将此各谕令知之。"①从此谕令可以看出,清廷已经认识到派遣员生赴欧留学以培养人才的重要性。从 1877 年至 1886 年间,清政府派遣了三批留欧学生,共计 80 余名。1890 年之后还有零星派遣。从 19 世纪 70 年代到 90 年代,仅有几位热心人士在上下奔走,清政府基本没有出台留学政策文件,从政府的角度来看,还处于摸着石头过河的尝试阶段,算不上是鼓励出国留学。

真正体现清政府鼓励留学政策的是在甲午战后。1894 年的中日甲午海战,蕞尔小国竟打败了泱泱大国,这给国人带来了强烈的震撼,上自朝廷大员,下自平民百姓,无不感到激愤。日本何以能打败中国?日本是如何走上富强的? 在"师夷以制夷"的思想驱使下,更多的中国人愿去日本一探究竟。所以在 1896 年第一批 13 名留学生到达日本之后,清政府开始鼓励全国各省大量派遣留日学生。光绪二十四年(1898)六月十五日,光绪帝谕军机大臣等:"出国游学,西洋不如东洋。东洋路近费省,文字相近,易于通晓,且一切西书均经日本择要翻译。着即拟订章程,咨催各省迅即选定学生陆续咨送;各部院如有讲求时务愿往游学人员,亦一并咨送,均勿延缓。"②此谕令要求各省及各部院迅速选派留学生,尤其是向日本多派,体现了清政府鼓励留学的政策。这也是清末最后十年出现留日大潮的重要原因之一。江苏省作为当时全国的经济文化大省,自然也是积极响应清廷号召,大量向日本派遣留学生。

---

① 《著庆春等接续遴材派赴各国留学谕》,载于李滔主编:《中华留学教育史录 1840—1949》,高等教育出版社 2005 年版,第 1 页。

② 《光绪帝出国游学谕》,李滔主编:《中华留学教育史录 1840—1949》,高等教育出版社 2005 年版,第 5 页。

2. 奖励留学

在甲午战败之后,随之而来的戊戌变法、瓜分中国的狂潮、义和团运动、八国联军侵华等事件,几乎将清廷推向万劫不复之渊。为挽救大厦将倾,清政府决定实行新政,为培养更多的新政人才,清政府甚至采取奖励留学的措施,来大力提倡出国留学。

应光绪二十四年(1898)光绪帝谕令各省及中央各部院迅速选拔人才出国留学之要求,光绪二十五年(1899)七月,总理各国事务衙门奉谕拟订出洋学生肄业实业章程,其主要内容有六点:其一,请饬出使大臣就现派出洋学生督令各肄专门之学;其二,请饬选择农工商矿务各书,删繁举要,使人人易于通晓;其三,请饬疆使宽筹常年经费续派高等学生出洋肄业;其四,出使参赞随员,如有精通洋文者,亦可令肄习各学;其五,俟学生业成回华,分派各省农工等艺学堂以开风气;其六,请将业成回华得有文凭之学生,甄别优劣,分发委用,量于官职,以资鼓励。①此章程不仅提出要派遣留学生学习农工商矿等实业问题,而且还提出要奖励学业有成的回国留学生,这在传统中国十分重视科举取士的历史背景下,"量于官职,以资鼓励"是十分符合大众的心理需求的,也是鼓励出国留学的重要手段之一。

清政府决定自1901年开始实行新政,但各项改革都是需才孔亟,在此背景下,光绪二十七年(1901)五月,张之洞、刘坤一等人为培养变通政治人才,上奏清廷"奖劝游学":

> "窃谓中国不贫于财而贫于人才,不弱于兵而弱于志气。……奖劝游学……而教法尤以日本为最善,文字较近,课程较速,其盼望学生成就之心,至为恳切。传习易,经费省,回华速,较之学于欧洲各国者,其经费可省三分之二,其学成及往返日期可速一倍。江鄂等省在日本学堂者多,故臣等知之甚确,此时宜令各省分遣学生出洋游学,文武两途及农工商等专门之学,均须分门认习;但须择其志定文通者乃可派往。学成后,得有凭照回华,加以复试,如学

①《总理各国事务衙门奉谕拟订出洋学生肄业实业章程折》,李滔主编:《中华留学教育史录 1840—1949》,高等教育出版社 2005 年版,第 5—8 页。

业与凭照相符,即按其等第作为进士举贡以辅各省学堂之不足,最为善策。此时日本人才已多,然现在欧洲学堂附学者尚数百人,此举之有益可知。并宜专派若干人入其师范学堂专学师范,以备回华充各小学中学普通教习,尤为要著。再官筹学费,究属有限,拟请明谕:各省士人如有自备资斧出洋游学得有优等凭照者,回华后复试相符,亦按其等第作为进士举贡。如此则游学者众而经费不必尽由官筹,该游学外国者但筹给经费,而可省无数之心力,得无数之人才,已可谓善策矣。"①

此奏折有三大重点值得注意:一是在专业上强调"文武两途及农工商等专门之学,均须分门认习";二是学历上毕业得有文凭者加以复试可奖励相应科举出身;三是鼓励自费留学,奖励与官费留学者一样。在其影响下,八月,光绪帝即颁布上谕:"造就人才,实当今要务。前据湖南湖北四川督抚派遣学生出洋肄业,并令各省督抚一律仿照办理。务择心术端正,文理明通之士,遣往学习,将一切专门艺学,认真肄业,极力讲求,学成领有凭照回华,即由该督抚学政……据实奏请奖励。其游学经费,着各省妥筹发给,准其作正开销。"②此上谕从政府层面告之社会,若留学期间认真求学,获得真实文凭,回国可按凭证获得奖励,这又调动了青年学子出国留学的积极性。尤其是国外留学归来者,按其毕业文凭再加复试后,可获得科举相应出身或官职,这对于青年学子来说又是一个更大的激励。

此外,张百熙、荣庆、张之洞等朝廷大员还奏请奖励职官游历游学,认为"已为职官者,皆读书明理深知法度之人,令其出洋游历,最为有益无弊",认为"翰林尤宜多派,满汉皆应选派",拟请明降谕旨,"无论京外大小官员,凡能自备资斧出洋游历学者,分别从优奖励以劝之"③。此后,职官出国游历游学者也日渐增多。

---

① 《张之洞、刘坤一筹议变通政治人才为先折》,李滔主编:《中华留学教育史录1840—1949》,高等教育出版社2005年版,第8—9页。

② 《光绪帝为游学造就人才谕》,李滔主编:《中华留学教育史录1840—1949》,高等教育出版社2005年版,第9页。

③ 《张百熙、荣庆、张之洞奏请奖励职官游历游学片》,李滔主编:《中华留学教育史录1840—1949》,高等教育出版社2005年版,第13页。

随着清末新政的进程,新式学校不断增多,宪政改革提上日程,国内对教师和法政知识的需求日益增多,于是法政速成班、师范速成班也在日本出现。为吸引留学师范生归国从教,清政府甚至颁布了师范生奖励办法。为鼓励自费生努力向学,1908年还通过了《自费游学生考入官立高等以上实业学校补给办法》,可见奖励游学的措施层出不穷。从鼓励中央各部院、地方各省官费留学,到鼓励官绅留学、自费留学。1905、1906年时,出国留学已形成波涛汹涌之势,尤其是留日学生,最多时达到一年万余人。可见,鼓励留学、奖励留学政策之效果十分明显。

3. 限制留学

随着出国留学生的不断增多,"沾染习气,流弊滋多"的现象也层出不穷。早在1902年时就有多位出使大臣指出:"近年出洋学生,各省各派,各有各章,学生既未考究根底,所派之员又多不习外国语言学问,办理未能一律,废时靡费,莫此为甚。方今参酌中西政要,择善而从,宜于未派出洋之前先通中学,将派出洋之时,务毕普通之学,既派出洋之后,精求专门之学,夫而后中西可以贯通,成就可期远大。其到洋后,自禀到报名,以至送学、定课、稽查、调考、复试,迄出考咨送回华,统由使馆照章办理。"[1]可以看出,驻外使臣已经认识到加强管理、限制留学生的必要性了。经过1906年前后留学高峰的出现,留学教育中的各种弊端也纷纷暴露出来。此后,清政府相继颁布了一些加强管理的办法,比如,1907年的《咨各省督抚嗣后派遣出洋游学生应遵章切实考验文》,要求各省督抚加强对留学生的"遵章"管理。"嗣后京外派遣游学生,无论官费私费,皆应切实考验,具有中学堂毕业程度,通晓外国文字,能直入高等专门学堂者,始予给咨,非由各部暨各省将军督抚给咨者,出使大臣概不送学,此项章程无论何省及游学何国,皆应切实遵行。""凡各省咨送游学生皆应按中学堂毕业程度考验,并将试卷送部,然后给咨,无咨而出洋者,出使大臣概不得送学,并由各省地方官将此项章程出示

---

① 《外务部:奏议复派赴出洋游学办法章程折》,李滔主编:《中华留学教育史录1840—1949》,高等教育出版社2005年版,第10页。

晓谕,俾众周知,庶免内地生徒,空劳往返。"①在学历上要求"中学堂毕业程度",另外要求"无咨"不得出洋。此后,还对留学生的请假规则、学费、学科、年限也作了明确的规定。1909 年,清学部奏请禁止游学生结社演剧,1910 年通行各省限制女生游学及补给官费,1911 年限定官费留学生七年之留学年限,同年禁止东西洋游学生与外国人结婚。可见,对留学生的限制是越来越多了。不得不承认,对留学生加强管理与限制,也是提高留学质量的重要手段。

晚清政府从鼓励出国留学,到奖励优秀归国留学生,再到加强管理限制出国留学生,反映了当时中国历史发展的社会需求。中央政府的留学政策直接影响着地方各省的留学动态。虽然地方各省在留学方案上或许有稍微变化,但在总体政策方面依然以清廷中央政府决定为依据。由于地方各省的经济实力、文化水平、所处的位置不同,对留学教育的接纳水平、输出能力也各不相同。江苏作为晚清时期经济文化发达地区,其在留学教育方面表现得也比较突出。

二、江苏留学生在各地区的概况

公费留学生,一部分是由政府统一选派出国留学的,如幼童留美、庚款留学事件就是如此;二是地方各省选派的留学生,主要由地方政府的教育机构来统一选拔派遣。江苏省的教育行政机关设置情况与全国多数省份相似。虽然戊戌政变以后,畅言兴学,各省闻风响应,多以办学为急务,然其时尚未有专设教育行政机关,至光绪三十二年(1906),各省设提学使,其权限为统辖全省学务,受节制于督抚,江苏才仿布政使例,设提学使二人:一为江宁提学使,二为江苏提学使,此为江苏省创设教育行政机关之始。同年颁布劝学使章程,通饬各县设立劝学所,懂其事者为地方士绅,该管知县监督,此为县设教育行政机关之始。在清末的留学教育中,江苏省一直扮演着举足轻重的角色。从时间上来看,洋务运动时期,主要有两大留学活动,一是 1872—1875 年分四批派赴美国的幼童留美活动,二是以福州船政学堂为主要生源的军事留欧活

---

① 《咨各省督抚嗣后派遣出洋游学生应遵章切实考验文》,李滔主编:《中华留学教育史录 1840—1949》,高等教育出版社 2005 年版,第 31 页。

动;进入 20 世纪以来,主要体现为清末新政时期的庚款留美活动和大规模的留日学潮。无论是幼童留美、庚款留学活动还是清末的留日大潮,江苏留学生都在其中占据着重要的分量。

1. 江苏留美学生

晚清时期的江苏留美学生,主要分为两大类型,一是洋务运动时期留美幼童中的江苏留学生,二是清末庚款留美生中的江苏留学生。还有少量的自费留美生。

(1) 洋务运动时期幼童留美

从容闳构想幼童留美计划,到真正付诸实施,经历了漫长的岁月和许多风雨,江苏在这一过程中充当了孵化器的角色。幼童留美计划从开始筹备到付诸实践的过程都与江苏有着千丝万缕的联系。首先,介绍容闳与江苏名流认识,尤其是引荐容闳与政府大员曾国藩认识的都是江苏人;其次,将容闳计划付诸实践,与江苏巡抚丁日昌、当时任两江总督的曾国藩是分不开的。两江总督是清朝九位最高级的封疆大臣之一,驻江宁(今南京),总管江苏(含上海)、安徽和江西三省的军民政务。没有曾国藩对容闳本人及其教育计划的赏识、没有曾国藩与李鸿章两位政府大员的联名上奏,容闳的幼童留美计划不知何时才会付诸实施。

通过对 1872—1875 年间派遣的 120 名留美幼童的籍贯分析可以发现,其中江苏籍共有 22 人,在全国各省份中仅次于广东省。在此将22 名留美幼童的姓名及具体籍贯列表如下:

表 1－1　江苏籍留美幼童姓名及籍贯简表

姓名	籍贯	批次	姓名	籍贯	批次
牛尚周	江苏嘉定	第一批	祁祖彝	江苏上海	第三批
曹吉福	江苏川沙厅	第一批	康赓龄	江苏上海	第三批
钱文魁	江苏上海	第一批	吴焕荣	江苏武进	第四批
陆锡贵	江苏上海	第二批	周传谔	江苏嘉定	第四批
张祥和	江苏吴县	第二批	陆德彰	江苏川沙	第四批
沈家树	江苏宝山	第三批	陈金揆	江苏宝山	第四批
周万鹏	江苏宝山	第三批	金大廷	江苏宝山	第四批

姓名	籍贯	批次	姓名	籍贯	批次
朱宝奎	江苏常州	第三批	沈寿昌	江苏上海	第四批
曹茂祥	江苏上海	第三批	李汝金	江苏华亭	第四批
朱锡绶	江苏上海	第三批	王仁彬	江苏吴县	第四批
宦维城	江苏丹徒	第三批	周传谏	江苏嘉定	第四批

资料来源:刘真主编:《留学教育:中国留学教育史料》,台北"国立"编译馆1980年版,第34—46页。注:陈金揆,江苏宝山人,原著中写成广东香山人,有误。

从上表可以看出,在22名江苏籍留美幼童中,大多数留学生来自苏南地区,尤其是当时属于江苏省的上海县。从历史沿革来看,上海地区在明末到清朝时期一直叫松江府,到嘉庆十年(1805),上海地区基本形成10县1厅的格局,有松江府华亭、上海、青浦、娄、奉贤、金山、南汇7县及川沙抚民厅,太仓州嘉定、崇明、宝山3县。1912年中华民国成立,裁松江府、太仓州,上海地区仍属于江苏省,有上海、华亭(后改名松江)、嘉定、宝山、川沙、南汇、奉贤、金山、青浦、崇明等10县。1914年,江苏省划分为沪海等5道,其中沪海道驻上海县,辖今属上海市的上海、松江、南汇、青浦、奉贤、金山、川沙、嘉定、宝山、崇明等县以及今属江苏省的海门县。1927年7月成立上海特别市,直辖于中央政府。除中央直辖的小范围市区之外,其余地区,如南汇县、奉贤县、松江县、青清县、宝山县、嘉定县、崇明县仍属于江苏省。直到1958年,上海市区及郊区才完全成为一个独立市。总体而言,在清朝和民国时期,今天的上海地区基本属于江苏省管辖。鸦片战争后,上海成为首批被迫开放的城市,才逐渐发展成为一个繁华的商业城市。由于其独特的地理位置,再加上开放较早、接受西学东渐之风领先,造就了清末民国时期上海的繁荣,为留学教育的发展奠定了经济、思想和文化基础。

作为近代中国第一次官方有组织、有计划地派遣留学生,留美幼童的派遣无疑具有石破天惊的意义。然而由于传统思想和封建势力的严重阻碍,这些留美幼童于1881年分三批被遣送回国。历史证明,虽然这些归国留学生在当时没有得到政府重用,但他们以后在各自的岗位上兢兢业业,凭借在美国学到的先进知识,在对西方科学技术的传播中做出了一定贡献。

（2）清末新政时期庚款留美

1900年（又称庚子年）八国联军侵华，1901年签订了丧权辱国的《辛丑条约》，规定中国政府向各国赔款4.5亿两白银，分39年还清，本息共计9.822亿两白银，赔款金额大大超出了各国的实际损失。最早将庚子赔款余额用于中国留学生之用的是美国。巨额的"庚子赔款"，再加上美国试图延长排华法案，导致20世纪初在中国掀起了一场"抵制美货运动"。而与此同时，清政府鼓励青年学子留学日本，以至于在"新政"实行后的几年里，留学日本蔚然成风。美国人对此忧心忡忡，他们认为拥有中国青年犹如夺取了中国市场一样，为此在美国掀起了一场如何抢夺中国青年的议论。这场争论最终促使美国决定以庚子赔款的剩余部分来支持中国的留美学生。1907年12月3日，美国总统罗斯福在国会施政报告中宣布："我国宜实力援助中国推进教育，使这个人口众多的国家能逐渐融合于近代世界，援助的方法，宜将庚子赔款退赠一半，指导学生来美，入我国大学及其他高等学校，使他们修业成才，希望我国教育界能够理解政府的美意，同力同德，共襄盛举。"[1]1908年两国政府草拟了派遣留美学生规程：自退款的第一年起，清政府在最初的4年内，每年至少应派留美学生100人。如果到第4年就派足了400人，则自第5年起，每年至少要派50人赴美，直到退款用完为止。被派遣的学生，必须是"身体强壮，性情纯正，相貌完全，身家清白，恰当年龄"，中文程度须能作文及有文学和历史知识，英文程度能直接入美国大学和专门学校听讲，并规定他们之中，应有80％学农业、机械工程、矿业、物理、化学、铁路工程、银行等，其余20％学法律、政治、财经、师范等。美国国会正式通过该提案，罗斯福总统签署实施法令："退款从1909年元旦正式开始，到1940年结束，每年退还48万至138万美元不等。"[2]美国将尚未赔偿之庚款用于中国学生留学之用，其主观目的并不是像美国所宣称的那样帮助中国发展教育，而是为了维护美国的在华利益。留日热潮的兴起使美国担心中国的青年学子源源不断地流向

---

① 陈学恂主编：《中国近代教育史教学参考资料》下册，人民教育出版社1987年版，第257页。

② 胡适：《美国退还庚子赔款记》，载《留美学生年报》，第二年本，1913年1月。

日本,从而出现中国政府倾向日本的状况,因此也想通过吸引中国学生到美国留学来培养亲美势力,从而控制中国知识界,以达成其对中国进行长远控制的目的。

中美两国达成协议后,中国随后设立考选学生和处理留学事宜的"游美学务处"以及负责考查学生品学的"肄业馆"。对学生进行考试选拔,庚款留美学生的选派迈出了实质性的一步。最先庚款赴美的是经过考试选拔的三批"甄别生"共180人,基于当时形势,三批"甄别生"没有接受过基础的留美预备学校的补习,而是考试合格后直接赴美留学,这在中国留美史上实属特例。1909年9月,参加选拔的考生经过两段五场考试,共计录取47名,并于10月乘"中国"号轮船从上海启程奔赴美国。首批庚款留美生到达美国后,大多先进入补习类学校学习,第二年才进入大学或专门学校学习,所学习的学科大多为农、商、工、矿等实业学科。首批庚款留学生赴美后,清政府为举行第二批留美学生的招考,于1910年4月颁布了《游美学生招考办法》,作为第二届庚款留美学生的选拔规范,最终选拔出了70名,第二批庚款留美学生于1910年8月派出。1911年7月,游美学务处又进行了第三次招考,此次考试共录取考生63名,并于同年8月派遣出国。庚款留美活动逐渐步入正轨,相关留美预备机构接连成立。1911年4月,游美学务处与肄业馆并入清华学堂,校址在清华园,清华学堂正式成为留美预备学校。

利用庚款公费留学美国,如此好事,地方各省士绅奔走相告,江苏省也在积极争取名额。1909年,江苏、浙江教育总会合词呈学部:"江、浙两省风气开通较早,士绅之研究此事者亦数月矣,佥谓庚子赔款既由各省分认,则选派学生之各额自应以多寡为差。""偏僻各省,或尚无合格之学生,亦不妨暂由他省之合格较多者借补其额。此项学生必慎择品性优良、国文素有根柢,已合中学堂毕业程度,而赴美以后无须补习外国文字者,方为适宜。"①可以看出,江浙两省力图以经济文化优势多争取一些名额。经过时任两江总督端方的争取,江浙地区首批公派留学生有10个名额(包含三个女生),美国为"示好",答应江浙地区每年都有10

---

① 《江苏浙江教育总会合词呈学部请明定选派学生赴美章程》,《清华大学史料选编(一)》,清华大学出版社1991年版,第122—123页。

个名额。1909年，庚款留美计划正式启动时，清廷外务部与学部在《收还美国赔款遣派学生赴美留学办法折》中提出，将庚款留美学生的名额按照各省所支付庚子赔款的份额分摊，江苏省以250万两白银居各省赔款之首，因此在庚款留美中所分配到的留学生名额也最多。在清末的庚款留美活动中，江苏籍留学生占了相当大的比重。在1909年举行的第一次庚款留美学生选拔考试中，共录取47名甄别生，其中来自江苏的就有21名；1910年进行的第二次考试中，共录取考生70人，其中江苏籍学生29人；1911年举行的第三次考试中，共录取63人，其中江苏籍学生共15人。在1909—1911年的三批甄别留美生中（共180人），江苏籍留学生就有65人，占总数的36%①。从地域分布上可以看出，在晚清留美学生中，江苏籍学生一直占有很大的比重，且绝大部分都是来自苏南地区，这必然与苏南地区的经济发展程度是分不开的。

　　虽然美国"退还"未赔之庚款用于留学活动，其根本目的是要通过留学活动将中国青年学子引向美国，从而为美国培养亲美势力，达到从精神上、政治上控制中国目的，但是在客观上确实为中国培养了不少优秀人才，这无异于在朽木上开出绿芽，为民国建立之后的继续开展庚款留学活动及其他国家模仿学习美国起到了良好开端。

　　除了留美幼童和庚款留美生之外，这一时期江苏还有少量的自费留美学生。20世纪初，清政府对出国留学持积极支持态度，地处沿海地区、交通便捷、经济文化基础较好的地区以各种方式派遣留美学生。比如，隶属于江苏的上海地区，1905年，上海高等实业学堂派优等学生前往美国游学，计有商务二名：泰铭博、周承裕；管轮三名：林汝耀、张铸、徐恩元；驾驶三名：夏孙鹏、孙家声、任家璧；电学三名：沈宏豫、周善同及周大铨等。②清末自费留美学生，初期多由教会协助，比如颜惠庆，其英文所著 My Life，提及光绪二十一年（1895）十月某日乘船赴美，经英国伦敦至纽约，由卜舫济牧师尊翁之助，始获登岸。他说："彼时出国旅行，护照一类的证件并无专管机关颁发。"他初入圣公会中学，后入维

① 李秉谦编：《一百年的人文背影 中国私立大学史鉴 第1卷 萌芽 1840—1911》，陕西师范大学出版社2016年版，第74—84页。
② 《教育》，《东方杂志》第2年第9期（1905年9月25日），第247页。

琴尼亚大学。^①总体来看,晚清时期江苏自费留美生虽然有一些,但人数不太多。

2. 江苏留欧学生

晚清时期的江苏留欧学生,大体上可以分为洋务运动时期和清末新政时期两个阶段。洋务运动时期江苏仅有马建忠一人公派留欧,清末新政时期留欧人数明显增多。

(1)洋务运动时期留学欧洲

19世纪60年代以后,随着以"师夷制夷""中体西用"为指导思想的洋务运动的开展,洋务派逐渐认识到要建设近代化的海防,不仅要在国内创办新式学堂,也要派遣学生到先进的欧洲国家去学习驾驶、造船等先进技术。受到幼童留美之事的启发,1873年,船政大臣沈葆桢上奏《请分遣学生赴英法两国学习造船驶船折》,正式奏请从福州船政学堂中选拔学习法语和英语的学生赴英、法两国学习。1877年,清政府批准了李鸿章和沈葆桢等人一同上奏的《奏闽厂学生出洋学习折》。与此同时,李、沈二人还商定了详细的《选派船政生徒出洋肄业章程》,在留学生选拔方面,"选派制造学生十四名,制造艺徒四名带赴法国,学习制造。选派驾驶学生十二名,交两监督带赴英国学习驾驶兵船"^②。留欧学生大多来自船政学堂,因此有较好的知识储备和语言基础;在留学期限方面,留欧学生大多以三年为期,年满三年经考察合格后归国。1877年,第一批留欧学生28人启程奔赴欧洲求学。1881年和1886年又分别派出两届留学生。三批留欧学生共计81名。由于船政学堂位于福建省,因此,留欧学生以福建籍居多,其他省籍的很少。

留欧学生中只有一位江苏籍留学生,即马建忠。与其他留欧学生不同的是,他前往欧洲并非是为了学习驾驶、造船技术,而是作为留学监督的随员前往欧洲。马建忠是江苏公派留学欧洲第一人,因学界对其留学及去世时间等问题有不同看法,学者郭锡良对其生平作了一个翔实考证。马建忠(1845—1900)出生于江苏丹徒(今镇江)一个信奉天

---

① 颜惠庆:《颜惠庆自传》,传记文学社出版1973年版,第18—21页。

② 陈学恂、田正平编:《中国近代教育史资料汇编·留学教育》,上海教育出版社2007年版,第241页。

主教的商人家庭，父名松岩，以教书、行医为业；大哥马建勋，在淮军办理粮台，深受李鸿章信任；二哥马建常，即复旦大学的创始人爱国老人马相伯，也曾充当李鸿章的幕僚。十五岁以前，马建忠一直学习旧学，"通经史"，准备参加科举考试。1860 年英法联军攻陷天津、北京，清廷被迫订立了丧权辱国的《北京条约》。马建忠基于爱国热情，"于是决然舍其所学而学所谓洋务者"，不但学习了西方的自然科学和社会科学，还学会了英文、法文和拉丁文、希腊文。1870 年李鸿章调任直隶总督，马建忠随李鸿章北上天津，任翻译，帮办洋务。1876 年被派赴法国考察、留学，入法国政治学院。1877 年 5 月我国第一个驻外公使（驻英）郭嵩焘兼任驻法公使，马建忠任郭嵩焘的法文翻译。6 月马建忠以优异成绩获政治学院文学士学位，据马建忠自称，这是"东土之人"在法国第一个获得文学学士学位的人。以后两年马建忠还参加过外交、法律、政治、矿学等科的考试，也都及格，并游历西方各国。1880 年 3 月回国，由李鸿章保荐，得二品衔候补道"备充出使各国之用"。1881 年被派赴旅顺勘察军港，著有《勘旅顺记》；旋又被派赴印度访办鸦片事宜，著有《南行记》。1882 年马建忠两次出使朝鲜，第一次是协助朝鲜与英、美等国订立通商条约，第二次是处理朝鲜的政变，同觊觎朝鲜的日本正面交涉，著有《东行录》。马建忠从外交舞台上隐退之后，从事了多年的兴办实业活动。1883 年李鸿章派马建忠任上海官督民办的轮船招商局的会办，他与盛宣怀一起经营航运事业；1890 年李鸿章又派马建忠接办经营亏损的上海机器织布局。1890 年马建忠写了《富民说》，集中表现了他的经济思想，也反映了他同李鸿章的思想分歧。1890 年以后，集中精力从事著译，《马氏文通》主要就是这一时期写成的。1900 年，马建忠在上海寿昌里去世。① 从郭锡良对马建忠的介绍里可以看出，马建忠回国后主要精力在办洋务、处理外交事务及著译工作。虽不能说功勋卓著，但也确实在历史上留下了较深的印记。

（2）清末新政时期留学欧洲

清末留学热潮的兴起，也促进了留欧闸门的重新开启。1899 年 7

---

① 郭锡良：《汉语史论集　增补本》，商务印书馆 2021 年版，第 108—110 页。

月,清政府议定了派遣学生出洋分入各国学习的章程,并要求各省派遣学生出洋学习农、工、商、矿等专门之学。1900 年以前的留欧学生大都集中于英、法、德三国,1900 年之后,留欧国家的范围逐渐扩大。20 世纪初,清末"新政"开始,1902 年清政府专门饬令各省选派学生赴欧洲留学:"泰西各国或以道远费多,资送甚少,亟应广开风气。著各省督抚,选择明通端正之学生,筹给经费,派往西洋各国讲求专门学业,务期成就其才,以备任使。"①1904 年 8 月,外务部、学务大臣共同奏准了《西洋游学简明章程》,该《章程》特别强调,此后留学英、美、德、法、比五国者,应以武备、制造、农、工、商、路矿、工艺等为专业,留学者必通西文。此后,官派留欧步入正轨。1905 年,清帝再次颁布谕令,在鼓励各省派遣学生赴欧美留学的同时,号召民众自费前往,如此更促进了清末赴欧美留学人数的增多。1907 年,清政府鼓励王公子弟和贵胄学堂的高才生赴英、美、德三国学习,并在英、法、德、俄、比等国家设立游学监督,以加强对留学事务的管理。1910 年 4 月,学部又颁布了《管理欧洲游学生监督处章程》,在留学科目与经费管理方面进一步规范化。

江苏省在清末留欧教育方面的反应是非常积极而且十分迅速的。在清末曾任两江总督和江苏巡抚的端方,在任两江总督期间,积极创办新式学校,在任江苏巡抚期间,下令各州县照例奉送的红包全数退回,用作选派当地学生出国留学。所以在留学机会到来之时,能够及时抓住。1904 年,外务部与学务大臣奏准的《游学西洋简明章程》中特别提到,游学西洋必通西文,"查直隶、江苏、广东、福建等省,允设方言学堂;且有西士设馆其中,以英、法文为多,德俄较少。若出示招考,当有应选者"②。可见,清末江苏在新学、西学方面走在全国的前列,派遣出国留学的人数也较多。1907 年,端方、张之洞会奏《遴派江、鄂两省欧洲留学生监督折》中提到"各省派往欧洲英、法、比各国留学生,惟江、鄂两省最占多数",所以提出"令江苏淮扬海道蒯光典开缺,前往欧洲接充江、

---

① 上海商务印书馆编译所编:《大清新法令 1901—1911》点校本第 1 卷,商务印书馆 2010 年版,第 17 页。
②《外务部、学务大臣奏准游学西洋简明章程》,李滔主编:《中华留学教育史录 1840—1949》,高等教育出版社 2005 年版,第 70 页。

鄂两省留学生监督"①。从此奏折可以看出,清末留欧学生中,江苏留学生人数在全国位居前列。江苏不仅积极鼓励,而且还较早开始通过考试选拔的方式进行派遣留学生。1903 年,两江总督张之洞选派江南水师学堂毕业生 8 人赴英国学习海战技术。江苏不仅率先派遣留学生,还开创了教与学相结合的新方式。"1904 年德国柏林东方大学聘请 4 名中国人员教授汉语,每人每年聘金 1500 马克,江苏督抚补助每人 3840 马克,要求这些人员在教课的同时,留学学习。"②除此之外,还有相当数量的江苏籍留欧学生是由学校集体派遣的,如江南水师学堂和陆军水师学堂。尤其是成立于 1896 年的南洋公学,曾引领清末留学教育风气之先,被誉为我国早期"留学生的摇篮"。从 1898 年到 1905 年初,南洋公学共资派 7 批 47 名留学生,分布于日本、美国及欧洲各国。从留学生省籍来看,江苏籍共有 25 名,占南洋公学出国留学生的总数一半还多(53.19%)。③

从留学欧洲的国家来看,江苏留学欧洲人数较多的国家是英、法、德、比四国。从英国来看,据宣统二年(1910)11 月 30 日驻英监督高逸呈文,1910 年留学英国之官费生,其中学部派 10 人(江苏籍 5 人),邮传部派 12 人(江苏籍 9 人),商部派 1 人,奉天派遣 4 人(江苏籍 1 人),直隶派遣 6 人,山东派遣 4 人,山西派遣 22 人,河南派遣 1 人,江宁派遣 14 人(江苏籍 13 人),江南制造局派遣 5 人(江苏籍 3 人),江苏派遣 3 人(江苏籍 3 人),安徽派遣 13 人,浙江派遣 8 人,湖北派遣 3 人,湖南派遣 2 人,四川派遣 3 人,广东派遣 8 人,广西派遣 2 人(江苏 1 人),④总计共派遣 121 人,其中江苏籍共 35 人,占总数的 28.93%。仅从毕业生的角度来看,根据 1910 年统计,在总共 22 名留英毕业生中,其中江苏籍毕业生就有 11 名,占总数的一半。江苏留法学生,据中国驻法使馆 1910 年 11 月统计,中国留法毕业生有 48 人,其中江苏籍留法毕业

① 《端方、张之洞会奏遴派江鄂两省欧洲留学生监督折》,李滔主编:《中华留学教育史录 1840—1949》,高等教育出版社 2005 年版,第 73 页。
② 姜新、小雨:《江苏留学史稿》,吉林人民出版社 2006 年版,第 181 页。
③ 欧七斤:《清末留学生的摇篮——论南洋公学的留学教育》,载于《中国大学校史研究》,河南大学出版社 2020 年版,第 14—17 页。
④ 刘真主编:《留学教育:中国留学教育史料》第二册,台北"国立"编译馆 1980 年版,第 612—622 页。

生有 16 人[①]，占总人数的 1/3。江苏留德学生，据宣统元年(1909)11 月出使德国大臣阴昌呈报留学德国之学生情况，共派遣人数 77 人，其中江苏籍人数是 13 人[②]，1910 年又增加了范崇望(陆军马医大学武备专业，江南官费)、陈以临(柏林工科大学格致科，江南官费)、张星烺(柏林工科大学化学科，北洋官费)三位江苏留学生。[③]

在清末留欧的各国中，比利时"异军突起"，这与当时清廷官员的大力宣扬是分不开的。1903 年，端方在《奏派学生前赴比国游学折》中提到："比利时国在欧洲西部，其教育、工业、技术、制造、矿业各有专修学校，他如商业则高等专门学校，农业则有高等农会，矿业及其余业又有实业工所。故其工艺则机械最精，矿产则煤铁最富，其铁路通法国巴黎，长六千余里，路矿之学，尤为他国所推许。"[④]1904 年 8 月，外务部、学务大臣共同奏准的《西洋游学简明章程》中特别强调："比利时路矿工艺，素所擅长。"[⑤]同年 12 月，出使比国大臣杨晟也上奏清廷，认为比国学费较廉，故请饬各省分遣游学，"以视近年江鄂诸省派一学生，岁需银一千六七百两者，廉至三分之一。同此学费，而于彼培植一人，于此可培植三人，为数愈多，收效弥广"。他不仅大力推崇留学比利时，还专门制定了《各省派生游学比国章程》[⑥]。可见，他对留学比利时的积极支持态度。据《申报》报道，1905 年中国留比学生已达 228 人[⑦]。有学者指出，"留比人数当与留英、留法人数等量齐观"[⑧]。学者潘越通过对多种文献资料的梳理统计，筛选出资料相对较全的 88 位留比学生，其中江苏籍留学生就有 27 名[⑨]。可见，江苏留比人数之多。

---

① 刘真主编：《留学教育：中国留学教育史料》第一册，台北"国立"编译馆 1980 年版，第 636—640 页。
② 刘真主编：《留学教育：中国留学教育史料》第一册，台北"国立"编译馆 1980 年版，第 643—644 页。
③ 刘真主编：《留学教育：中国留学教育史料》第一册，台北"国立"编译馆 1980 年版，第 646 页。
④ 陈学恂、田正平编：《中国近代教育史资料汇编·留学教育》，上海教育出版社 2007 年版，第 284 页。
⑤《外务部、学务大臣奏准游学西洋简明章程》，李滔主编：《中华留学教育史录 1840—1949》，高等教育出版社 2005 年版，第 70 页。
⑥ 陈学恂、田正平编：《中国近代教育史资料汇编·留学教育》，上海教育出版社 2007 年版，第 285 页。
⑦《中国留学生之最近调查》，《申报》1905 年 10 月 29 日。
⑧ 王奇生：《中国留学生的历史轨迹》，湖北教育出版社 1992 年版，第 57 页。
⑨ 潘越：《中国近代留学比利时研究(1903—1949)》，暨南大学博士论文，2012 年，第 31—34 页。

晚清还有少量的留俄学生,主要来源于满族及东北三省距离俄国较近的地区,只有少量的其他省籍学生。从刘真主编的《留学教育:中国留学教育史料》中可以发现,至少有五名江苏籍留俄学生:魏渤(江苏海门人),1904年5月由学部官费资送,1904年8月入俄森堡大学堂学习法政专业;魏立功(江苏海门人),1904年自费赴俄,1906年4月起由江苏省改给官费,1908年8月入俄森堡商务学堂学习商务普通科;李宝堂(江苏上海人)由邮传部准给官费,1907年8月入俄国森堡铁路大学堂,学习铁路专门科;陈瀚(江苏江浦人)由总理衙门奏派,外务部官费,1899年到俄,1902年考入俄京道路学堂学习道路工程,因商部札调于1906年回国;范其光(江苏上元人)由总理衙门奉派,外务部官费,1899年11月到俄,1902年考入俄京道路学堂习桥工铁路海岸河工、机器电学营造,因商部札调,1906年回国。[1]

江苏籍留学生有的是非江苏省官费派遣,反之,江苏官费派遣的留学生也不全是江苏籍学生。比如,根据1913年2月驻德学生监督处报告,清末江苏省派遣的官费留德学生,还有安徽籍的沈刚(武备专业,江苏官费1907年遣派)、蒋兆钰(柏林农林大学农务科,江苏官费1909年遣派),以及浙江籍的王鸿铭(柏林农林大学农务科,江苏官费1909年遣派)。[2]

3. 江苏留日学生

甲午战败对于中国人来说无异于晴天霹雳,这种切肤之痛给中华民族带来了空前严重的民族危机,使得人们不得不重新审视自己的国家,也重新认识日本。于是,转师日本成为当时许多人的共识。留日热潮兴起的原因是多方面的,除了清政府的倡导和鼓励之外,一些开明人士和留日学生的号召与宣传,对留日运动的发展也起到了推波助澜的作用,如张之洞的《劝学篇》甚至被誉为"留日运动的宣言书"。日本方面对于中国留学生的积极态度也是促进留日学生增多的重要原因。而客观上,中日两国的历史文化渊源、文字相近、路近费少等客观事实也是不可忽略的重要因素。

---

① 刘真主编:《留学教育:中国留学教育史料》第一册,台北"国立"编译馆1980年版,第659—665页。
② 刘真主编:《留学教育:中国留学教育史料》第三册,台北"国立"编译馆1980年版,第1528—1529页。

在留日政策的制定与实施过程中，江苏官绅发挥了重要作用。在"新政"期间，两江总督刘坤一与张之洞领衔连续上奏三次，即著名的《江楚会奏变法三折》，江苏士绅张謇等人作为撰稿人也发表了重要意见。在清末的留日大潮中，江苏省不仅在时间上走在前面，而且留学人数也位居前列。早在 1896 年 3 月，时任驻日公使的裕庚在江苏的苏州、上海等地选拔 13 名学生前往日本留学，他们是：唐宝锷、朱忠光、胡宗瀛、戢翼翚、吕烈辉、吕烈煌、冯阊谟、金维新、刘麟、韩筹南、李清澄、王某和赵某①，留日运动便在此拉开了序幕。虽然这 13 名学生不全是江苏籍人士，但是整个留学准备工作都是在江苏进行的，为江苏此后的留学活动作了带头和示范作用。在 1896 年至 1899 年间，留日学生人数不断增加。光绪二十五年(1899)在日华学堂学习的学生共有 26 人，其中江苏籍学生就有 6 人，与广东、浙江同居于第一位。江苏籍的 6 人是：雷奋、胡祖泰、杨荫杭、杨廷栋、张奎、周祖培，多为日后江苏政治运动中的重要人物。

20 世纪初，随着清末"新政"的实行，留日教育得到清政府的大力宣扬，江苏留日人数激增。"由于我国距离日本较近，留学日本的费用相对于留学欧美国家要少些，自费留学日本的也很多，光绪二十九年(1903)就有 100 多人，于是组织江苏同乡会。到光绪三十二年(1906)的时候，留学日本的学生已经超过了 558 人。"②早期留日人员主要以青年学生为主，随着留日活动的深入发展，各阶层都开始参与其中，其中不仅包括商人、教师，还有不少官吏也打破固有的观念，东渡日本留学。例如，"1904 年 8 月，江苏即有知县王溯沂、朱筱云被批准留学日本，而且不扣除补缺的资历年限；1906 年 9 月，两淮候补官吏要求留学日本学习盐政、警政"③。随着时间的推移，江苏留日活动的规模也越来越大，从江苏前往日本留学的人数与日俱增，成为晚清留日热潮中举足轻重的组成部分。首先，从留日学生的数量上看，1901 年，江苏籍的官费与

---

① [日]实藤惠秀：《中国留学日本史》，谭汝谦、林启彦译，生活·读书·新知三联书店 1983 年版，第 1 页。

② 《教育·江苏》，载《东方杂志》光绪三十三年十一月，第四卷第十一期，第 294 页。

③ 姜新、小雨：《江苏留学史稿》，吉林人民出版社 2006 年版，第 91—92 页。

自费留日学生共有 44 人。1904 年初,江苏留日学生就已达到 175 人。从 1908 年 9 月至 1911 年 7 月,清末资料完整的官费以及自费留日学生共计 2969 名,其中,有 330 人来自江苏。其次,从地区上看,早期的留日学生大多来自开放比较早、经济比较发达的苏南地区,随着留日活动的深入,苏北学子也逐渐受到留日热潮的感召,加入东渡的队伍。"以统计资料相对完整的日本士官学校为例,第 1 期(1899 年入学)和第 2 期(1900 年入学)的江苏籍毕业生几乎全部来自上海、常州等江南市县。从第 3 期(1902 年入学)开始,苏北淮安的管云臣,徐州的崔霈、蒋廷梓,苏中扬州的方咸武等 5 人跨入士官学校。以后,更有徐州徐树铮等一批江北人士进入日本军事学校。"[1]综上可以看出,在留日活动中,江苏省不仅在留学生数量上有较大增长,而且在地域分布上较之前也有了较大突破,既体现出江苏在清末留日活动中的重要地位,也体现出了江苏对留学教育的积极态度。

江苏留日教育的蓬勃发展,其背后是各阶层的鼎力协助。首先是江苏政府的大力支持。1904 年,两江总督端方从湖北调任江苏后,就上奏清廷革除门包以发展留学教育,资助学生留学。其次,江苏媒体也十分重视留学活动,积极刊登清政府有关留学的相关奏章,以帮助人们转变观念去了解留学政策。最后,江苏士绅的慷慨解囊也促使江苏留日人数不断增加。可以说,江苏留日活动正是在社会各阶层的共同推动下,不断走向高潮的。

第二节　江苏留学生群体的结构特征

晚清时期,江苏留学生群体在留学国家与留学人数的多寡、留学学校与留学专业的选择、留学生的费别与性别差异、留学生的具体籍贯变化都有其一定的时代烙印和地方特点,通过对其分析,可以从宏观与微观上了解晚清时期的江苏留学生群体特征。

① 姜新、小雨:《江苏留学史稿》,吉林人民出版社 2006 年版,第 91 页。

一、留学国家与人数

从 1872—1875 年公派幼童留美至洋务运动后期的军事留欧活动,再到清末新政时期的留日大潮,江苏留学生的留学区域由美洲到欧洲再到亚洲,留学国家不断增多。从留学人数来看,江苏派遣的留学生人数随着留学活动的发展而不断增多,且位于全国各省前列。

1. 留学国家

晚清首次以政府公派的形式派遣留学生的活动是洋务运动时期的幼童留美事件。1872—1875 年每年选派 30 名幼童赴美留学,其中就包括 22 名江苏籍幼童,无疑这些幼童都留学美国了。第二次公派留学活动是洋务运动后期的军事留欧事件。从 1877 年到 1886 年,晚清政府派遣了三批留欧学生,留学国家主要是英国和法国。这些军事留欧学生主要来自福州船政学堂,来自江苏的很少。第三次大规模的派遣留学生活动是清末的留日大潮,包括清政府各部门的选派、各地方政府的选派及留学生的自费赴日留学,他们共同将清末留日活动推向高潮。在江苏政府的支持下,江苏公费留学日本及自费留学日本的人数都位于全国前列。第四次规模较大的公费留学活动是清末的庚款留美事件,从 1909 年到 1911 年以美国退还庚款为留学基金,清政府组织了三次较大规模的庚款生考选活动,共录取学生 180 名,其中江苏籍留学生 65 人。显然,这些留学生也都流向了美国。

对于各国留学人数的统计,不同的机构、不同的统计方式其统计结果往往不尽相同,甚至有时会出现较大的差别。尤其是对自费留学生的统计,在晚清时期管理不严的情况下往往会出现很多遗漏。关于官费生及津贴生的统计,政府有时会记录在案。根据江苏省教育厅编撰的《江苏最近教育概况》可以了解到 1903—1911 年江苏官费及津贴生在各国的具体情况,见下表:

表 1 - 2　1903—1911 年江苏省官费及津贴留学生统计表

年份	英	法	德	比	俄	美	日本	总数
1903							1	1
1904				1			10	11
1905	1	3		2			18	24
1906	6	3		6	1		28	44
1907	7	3		6	1	3	31	51
1908	10	3		6	1	3	32	55
1909	14	4	1	5	1	5	41	71
1910	16	4	1	7	1	5	46	80
1911	18	5	1	7	1	8	52	92
合计	72	25	3	40	6	24	259	429

资料来源:江苏省教育厅编:《江苏最近教育概况》,江苏省教育厅 1930 年铅印;王燕来选编:《民国教育统计资料汇编》第 18 册,国家图书馆出版社 2010 年版,第 135—137 页。

从上表可以看出,晚清留学生主要留学日本、美国及欧洲的英、法、德、比、俄等国家。从留学国别与人数来看,虽然留日活动较迟,但留学人数却最多,占到总人数的 60.37%。这与留日大潮的裹挟、中日之间路近费省与文化相近的优势、政府的鼓励与支持等诸多因素是分不开的。其次是欧洲的英国。作为欧洲老牌帝国的英国,在多次侵华的过程中已展露其先进的科学技术,这是吸引政府和留学生重视英国留学的重要因素。留学比利时的人数甚至超过了留法人数,这显然与政府及个别人士的大力宣传是分不开的。留美人数虽然不算多,但若加上庚款留美人数及幼童留美人数,总数也相当可观。仅从江苏留学情况来看,美国在清末已显现其作为留学目的国的优势,这种优势随着庚款留学活动的不断开展而表现得更为明显。

2. 留学人数

在留学美国方面,晚清时期的留美活动,主要体现在两件事上,一是洋务运动时期的四批幼童留美之事,二是清末庚款留美之事。在幼童留美事件中,江苏已经走在大多数省份的前列。1872 到 1875 年间,清政府共派遣留美幼童 120 人,其中江苏籍人数共计 22 人,占总人数的 18.3％。自 1881 年留美幼童被分批遣回后,此后 20 年间中国没有官派留美学生。晚清留美高潮的到来是在 1909 年之后出现的庚款留美事件。通过 1909 年、1910 年、1911 年三次选拔考试,共录取 180 名留美学生,其中江苏籍学生有 65 人,占总人数的 36％。由此可见,江苏留学人数在两次规模较大的留美活动中占有重要的分量。除了两次政府组织的较大规模的公费留学选拔之外,江苏自费留美活动也如涓涓细流地在进行着,比如,江苏上海人颜永京在 1854 年被圣公会送往美国留学,苏州女子曹芳云 1897 年自费赴美哥特学院学习。20 世纪初期也有一些自费留美学生,从 1904 年出版的《美洲留学报告》可以看出,20 世纪初期,稽岑孙、朱葆芬、颜庆莲三位江苏留学生都是自费留学美国。稽岑孙(江苏常熟人)光绪二十九年(1903)自费留学加利福尼亚大学商务科,光绪三十三年(1907)卒业;朱葆芬(江苏上海人)光绪二十九年(1903)自费留学加利福尼亚大学农学科,光绪三十三年(1907)卒业;颜庆莲(江苏上海人)20 世纪初自费留学弗吉尼亚女学校(专门学校)学习音乐科。① 从《留美学生年报》中可以发现,从 1903 年到 1911 年,至少有 85 名江苏籍留学生,但自费留美者仅有 10 人②,可见官费生远多于自费生。在生产力低下、经济落后的情况下,自费留学美国,不仅需要经济基础和文化支撑,更需要来自家庭的开风气之先的思想转变,因为漂洋过海到异域求学确实需要魄力和勇气。

在留学欧洲方面,洋务运动时期派遣赴欧的三批军事留学生,其生源主要集中于福建船政学堂,以隶属于福建省为最多,其他省份的留学生人数极少,来自江苏省籍的只有马建忠一人,马建忠也成为江苏官费留欧第一人。清末新政时期,为了响应清政府的号召,江苏留欧活动也随之活跃起来。1903 年,两江总督张之洞在江南水师学堂选派 8 名毕业生赴英国学习海军技术,随后又在陆师学堂选派毕业生 8 人前往德

---

① 美国留学生编:《美洲留学报告》,开明书店、作新社 1904 年出版,第 42—79 页,载于越生文化主编、田正平执行主编《中国近代教育文献丛刊·留学教育卷 08》,浙江教育出版社 2020 年版,第 48—85 页。

② 留美学生会编:《留美学生年报》,上海中华书局 1913 年版,第 17—46 页。

国学习陆军技术。同年,上海南洋公学向比利时派遣了 10 名毕业生学习工商科。1906 年,江苏选派 6 人前往英国学习兵船驾驶,又于 1908 年考选 20 名学生前往英、美、德、比留学。从具体留学国家来看,根据刘真主编的《留学教育:中国留学教育史料》数据统计,在晚清有名可考的江苏籍留欧学生中,主要涉及德、英、比、法、俄等国,其中留英人数最多。从 1910 年统计数据来看,江苏籍正在留英人数为 35 人,留英已毕业的江苏籍留学生为 11 人;1910 年留法毕业学生共有 48 人,其中江苏籍留法学生有 16 人;根据 1909—1910 年留德学生人数统计,江苏籍留德人数是 17 人;晚清江苏留俄人数较少,仅有 5 人。[1] 另外,根据潘越的博士论文数据统计,晚清江苏留比人数至少有 27 人。[2] 由上述数据可以看出,1900 年以后,江苏留欧教育,不仅人数大幅度增加,留学国家也在逐渐增多。江苏留欧教育,虽不如留美教育开始时间早,也不像留日教育那般声势浩大,但因其涉及国家较多,总体人数也不算少,在清末留学教育中扮演了重要的角色。

在留学日本方面,自 1896 年驻日公使裕庚在江苏的苏州、上海等地选拔 13 名学生前往日本留学之后,留日运动便在江苏甚至全国拉开了序幕。虽然这 13 名学生不全是江苏籍人士,但是整个留学准备工作都是在江苏进行的,经济文化以及地理位置的优势,使得江苏对此反应更为积极。1898—1899 年,位于江苏上海的南洋公学便派出了两批留日学生。此后,留日规模越来越大,据 1902 年《清国留学生会馆第一次报告》统计,江苏留日人数已达 115 人,占全国留日人数(573)的 20％[3];1904 年初,江苏留日学生就已达到 175 人,而到 1904 年的年底时已高达 280 人,总人数位居全国第二。从 1908 年 9 月至 1911 年 7 月,清末资料完整的官费以及自费留日学生共计 2969 名,其中,有 330 人来自江苏,占总人数的 11.11％,在全国众多省份中位居第二,仅次于湖北省。江苏留日人数之所以位居全国前列,与其经济文化的厚实基

---

① 刘真主编:《留学教育:中国留学教育史料》第二册,台北"国立"编译馆 1980 年版,第 612—665 页。
② 潘越:《中国近代留学比利时研究(1903—1949)》,暨南大学博士论文,2012 年,第 31—34 页。
③《清国留学生会馆第一次报告》1902 年 8 月调查,越生文化主编:《中国近代教育文献丛刊·留学教育卷 02》,浙江教育出版社 2020 年版,第 353 页。

础是分不开的,也与其交通便捷、开风气之先是密切相关的。

综上可以看出,留学国家由最初的美国及欧洲的英、法,后逐渐扩展到欧洲的德、比、俄、日等国家。从留学人数来看,虽然留美较早,但留日人数后来居上,而且遥遥领先。总体来看,各个国家的留学人数都在不断增多,处于不断上升的趋势。这不仅体现出晚清政府对于出国留学的积极态度,也反映了江苏地方政府对出国留学活动的积极支持。

二、留学学校与专业

不同的国家,接纳外国留学生的学校有很大区别,在留学专业方面也都有自己的特色。在此,仅以某个国家某些学校或某些专业情况作一概述。

1. 留学学校

从留学日本的学校来看,留日学生较多,留日学校也相对较多,这是清末留学日本的普遍现象。清末新政时期,中国发生了留日大学潮,为了迎接蜂拥而入的中国留学生,除了已有的学校之外,日本有些机构也曾临时创办了一些留学补习机构,导致留日学校非常多,留日学生的水平也参差不齐。但留学日本帝国大学则是所有留学生甚至政府都特别重视的事。在 1886—1945 年间,日本存在一个国立大学群,即"帝国大学",这些学校是日本明治维新后在其本土和殖民地上的中心城市所建立的象征国家最高荣誉的全国最顶尖的九所综合性国立大学的统称,包括东京帝国大学(1886 年成立于东京)、京都帝国大学(1897 年成立于京都)、东北帝国大学(1907 年成立于仙台)、九州帝国大学(1911年成立于福冈)、北海道帝国大学(1918 年成立于札幌)、京城帝国大学(今首尔大学,1924 年成立于朝鲜日据时期的京城府)、台北帝国大学(今台湾大学,1928 年成立于台湾日据时期的台北市)、大阪帝国大学(1931 年成立于大阪)、名古屋帝国大学(1939 年成立于名古屋)。日本战败之后,各帝国大学的"帝国"二字被迫取消。东京帝国大学是日本全国最高学府,清末时期能够进入日本东京帝国大学学习的中国留学生不算很多,其中就包括了部分江苏籍留学生。通过 1908 年对日本东京帝国大学留学生的统计,在 1908 年时仍在学者,江苏籍留学生至少有 11 名。在 1908 年统计时,已有部分留学生从日本东京帝国大学毕业回国了,比如,张奎(江苏上海人)毕业于日本东京帝国大学应用化学科,叶基侦(江苏吴县人)毕业于日本东京帝国大学农科。[①] 东京帝国大学作为日本全国最高学府,在清末中国留学生文化基础非常薄弱的情况下,能够从中顺利毕业是非常不容易的,可见,江苏留日学生的留学质量还是比较好的。

从留学美国的学校来看,清末有不少留学生在美国名校学习。晚清留美幼童因中途被撤回,所以只有个别人能进入美国高校学习。清末留美学生不断增多,尤其是 1909—1910 年三次庚款留美活动,派遣了不少基础较好的留美学生,其中就有不少是江苏籍留学生。江苏庚款留美学生的具体学校见下表:

表 1-3　1909—1911 年江苏庚款留美生的籍贯及学校情况简表

姓名	籍贯	留学学校	姓名	籍贯	留学学校
王仁辅	江苏昆山	哈佛大学	周开基	江苏吴县	哥伦比亚大学
周仁	江苏江宁	康奈尔大学	周铭	江苏泰兴	麻省理工学院
朱复	江苏嘉定	理海大学	周厚坤	江苏无锡	麻省理工学院
朱维杰	江苏南汇	科罗拉多大学、理海大学	胡明复	江苏无锡	康奈尔大学、哈佛大学
李鸣龢	江苏江宁	威斯康星大学	胡宪生	江苏无锡	康奈尔大学
吴玉麟	江苏吴县	波士顿大学	计大雄	江苏南汇	康奈尔大学
吴清度	江苏镇江	伊利诺伊大学、科罗拉多大学	席德炯	江苏吴县	麻省理工学院、哥伦比亚大学
胡刚复	江苏无锡	哈佛大学	陆元昌	江苏武进	康奈尔大学
范永增	江苏上海	麻省理工学院	庄俊	江苏上海	伊利诺伊大学
徐佩璜	江苏吴江	麻省理工学院	符宗朝	江苏江都	密歇根大学
高纶瑾	江苏江宁	密歇根大学、宾夕法尼亚大学	程延庆	江苏震泽	康奈尔大学、哥伦比亚大学
袁钟铨	江苏江宁	麻省理工学院	过探先	江苏无锡	康奈尔大学

---

① 《日本东京帝国大学中国留学生同窗录》,见越生文化主编,田正平执行主编:《中国近代教育文献丛刊·留学教育卷 04》,浙江教育出版社 2020 年版,第 52—63 页。

姓名	籍贯	留学学校	姓名	籍贯	留学学校
袁昌运	江苏无锡	威斯康星大学、普渡大学、哥伦比亚大学	杨锡仁	江苏震泽	伍斯特理工学院、哥伦比亚大学、罗威尔纺织品学校
杨永言	江苏嘉定	伊利诺大学	路敏行	江苏宜兴	理海大学
陆宝淦	江苏常熟	伊利诺伊大学、哥伦比亚大学	赵元任	江苏武进	康奈尔大学、哈佛大学
程义法	江苏吴县	科罗拉多矿业大学	郑达宸	江苏江阴	科罗拉多矿业大学
程义藻	江苏吴县	康奈尔大学	王赓	江苏无锡	普林斯顿大学
张福良	江苏无锡	耶鲁大学、哈佛大学	张廷金	江苏无锡	俄亥俄州立大学、哈佛大学
甘纯启	江苏嘉定	伊利诺伊大学	江山寿	江苏嘉定	理海大学
贺懋庆	江苏丹阳	麻省理工学院	吴致觉	江苏吴县	哈佛大学
施鋆	江苏吴县	麻省理工学院、哥伦比亚大学	胡博渊	江苏武进	麻省理工学院、匹兹堡大学
王松海	江苏丹徒	密歇根大学	戴济	江苏吴县	缅因大学
徐光	江苏宜兴	威斯康星大学、德国海德堡大学	徐书	江苏无锡	普渡大学、麻省理工学院
王预	江苏泗阳	康奈尔大学	王百雷	江苏上海	密歇根大学
毛文钟	江苏吴县	密歇根大学、宾夕法尼亚大学、弗吉尼亚大学	陈明寿	江苏吴县	麻省理工学院、哥伦比亚大学
朱进	江苏无锡	哥伦比亚大学	陆鸿棠	江苏上海	密歇根大学
陆守经	江苏青浦	威斯康星大学	章元善	江苏吴县	康奈尔大学
成功一	江苏江都	密歇根大学	费宗藩	江苏吴江	密歇根大学
何斌	江苏嘉定	瓦伯西学院、芝加哥大学	朱篆	江苏无锡	威斯康星大学、哥伦比亚大学
杨孝述	江苏松江	康奈尔大学	裘维莹	江苏无锡	康奈尔大学
李松涛	江苏嘉定	威斯康星大学、哥伦比亚大学	顾维精	江苏无锡	伊利诺伊大学、哈佛大学
吴家高	江苏吴县	伊利诺伊大学	李彬	江苏无锡	科罗拉多矿业大学

资料来源:刘真主编:《留学教育:中国留学教育史料》,台北"国立"编译馆1980年版,第174—197页;《庚子赔款留美学生列表》,个人图书馆网:http://www.360doc.com/content/12/0121/07/4310958_770320946.shtml。

通过对上表学校统计可以得出,清末留学康奈尔大学(13)、哥伦比亚大学(11)、麻省理工学院(11)、密歇根大学(8)、哈佛大学(8)、伊利诺伊大学(7)、威斯康星大学(6)、科罗拉多大学(5)、理海大学(4)等大学的人数较多,而留学宾夕法尼亚大学(2)、普渡大学(2)、波士顿大学(1)、伍斯特理工学院(1)、普林斯顿大学(1)、俄亥俄州立大学(1)、耶鲁大学(1)、缅因大学(1)、弗吉尼亚大学(1)、罗威尔纺织品学校(1)、匹兹堡大学(1)、瓦伯西学院(1)、芝加哥大学(1)则相对较少。总体来看,江苏籍留美学生所在的学校分布较广,但也相对集中,大多数留学生都在美国的著名学府留学。

晚清中国留欧学生的学校分布,因留学国家较多而显得较为分散。从留学英国来看,根据清政府学部 1910 年的调查统计,清末江苏籍官费留英学生主要集中在格兰斯哥大学、伯明翰大学、伦敦大学、曼彻斯特大学和爱丁堡大学[1],留学英国其他学校的人数较少,而且比较分散。清末江苏留比学生的所在学校情况,根据学者潘越的史料梳理,从中可以看出,清末时期江苏留比学生所在的学校也相对集中,主要在列日大学、冈城大学、鲁文大学、孟城矿业学校、鲁塞尔大学等校[2],留学其他学校的则较少。江苏留德学生的学校情况,据 1909—1910 年出使德国大臣阴昌呈报的数据来看,江苏籍留德人数除去重复登记的共有 16 人,主要集中在德国首都的一些学校,其中以留学柏林工科大学(5)、柏林炮工学堂(7)人数为最多,其余分散在柏林农务学堂(1)、柏林矿物学堂(1)、陆军马医大学(1)、夏洛顿檗工业大学(1)[3]等校。从留学学科来看,主要学习工科。再看晚清江苏留法学生的情况,据中国驻法使馆 1910 年 11 月统计,江苏籍留法毕业生有 16 人,从留法学生所在的学校来看,以电科大学、工程大学、法科大学相对较多,但总体来看,留学学校较多,但比较分散,具体留学学校情况见下表:

① 刘真主编:《留学教育:中国留学教育史料》第二册,台北"国立"编译馆 1980 年版,第 612—622 页。
② 潘越:《中国近代留学比利时研究(1903—1949)》,暨南大学博士论文,2012 年,第 31—34 页。
③ 刘真主编:《留学教育:中国留学教育史料》,台北"国立"编译馆 1980 年版,第 643—644、646 页。

表 1 - 4　清末江苏留法毕业生留学学校情况简表

姓名	籍贯	留学学校	姓名	籍贯	留学学校
范本煃	江苏上海	法国里昂丝业专校、高等商校	杨祖锡	江苏南京	贡德省理学院、土鲁士大学
徐家楣	江苏吴江	法国电科工艺大学	钱仪来	江苏嘉定	法国巴黎工程专门学校
周维廉	江苏宝山	法国兽医大学	吴凯声	江苏宜兴	法国国立孟昂大学
陶镕	江苏丹徒	法国电科大学	范静安	江苏江宁	法国工程师卒业
华南圭	江苏常州	法国工程学校	潘保甲	江苏嘉定	巴黎工程大学
王曾思	江苏青浦	法国法政大学	吴祖杰	江苏嘉定	巴黎工业专门学校
钮孝贤	江苏吴县	法国朗西大学	吴应机	江苏吴县	法国都露士大学
顾逢光	江苏松江	法国都郡电机专校	朱世全	江苏宝山	巴黎法科大学

资料来源：刘真主编：《留学教育：中国留学教育史料》第二册，台北"国立"编译馆1980年版，第636—640页。

通过对晚清时期江苏留学生在各国的学校分布情况可以发现，留学学校分布较广，但也有相对集中；既有著名学府，也不乏一些普通的专科学校。在晚清时期中国留学生普遍存在文化基础薄弱的情况下，能进入外国一些大专院校学习专门知识和专业技术，这在当时已算较高的学业追求了，与民国时期到国外追求高深学问是不可同日而语的。

2. 留学专业

不同类型的留学生所学专业有较大差别，比如官费留学生与自费留学生所学专业就有明显不同，官费留学生绝大多数学习理、工、农、医等实学类学科，学科选择多是政府根据国家社会发展的现实需要而确定留学专业的，主要从国家的角度考虑；而自费留学生学习的科目较为广泛，多是出于自身的学习兴趣、经济供应能力、毕业后的就业发展甚至是专业学习的难易度等多方面因素，因而学习专业比较广泛。留学专业也与留学国家有很大的关系，比如，留学日本的学生学习文科专业较多，而留学欧美的学生则学习理工科较多。所以留学专业的复杂性是多种因素导致的。在此以留学美国、日本、欧洲不同地区的江苏留学生所学专业来具体分析。

从江苏留美学生所学专业来看，不同类型的留美学生所学专业有较大差别。以清末庚款留美学生来看，庚款留学生所学科目以理、工、医、农等学科为主，文类学科相对较少，体现在江苏籍留学生身上亦是如此。以1910年北京选派的第二批庚款留美学生为例，详情见下表：

表1-5 1910年江苏籍庚款留美学生学科专业情况简表

姓名	籍贯	留学学校	学科与学位	学位年份
王松海	江苏丹徒	密歇根大学	机械工程 B. S.	1914
王百雷	江苏上海	密歇根大学	化学工程 B. Ch. E.	1912
王预	江苏泗阳	康奈尔大学	农林、机械	
毛文钟	江苏吴县	密歇根大学	铁道运输 B. C. E.	1915
		宾夕法尼亚大学	铁道运输 M. A.	1916
		弗吉尼亚大学	铁道运输 Special Cadet	1917
朱进	江苏无锡	哥伦比亚大学	财政 Ph. D.	1916
朱箓	江苏无锡	威斯康星大学	数学 B. A.	1913
		哥伦比亚大学	算学 M. A.	1914
成功一	江苏江都	密歇根大学	化学工程 B. S.	
何斌	江苏嘉定	瓦伯西学院	政治 B. A.	1917
		芝加哥大学	政治 M. A.	1918
李松涛	江苏嘉定	威斯康星大学	教育行政 B. A.	1913
		哥伦比亚大学	教育行政 M. A.	1914
李彬	江苏无锡	科罗拉多矿业大学	采矿 E. M.	1914
吴家高	江苏吴县	伊利诺伊大学	铁道工程 M. S.	
周仁	江苏江宁	康奈尔大学	机械 M. E.	1915
周厚坤	江苏无锡	麻省理工学院	机械工程 B. S.	1914
		麻省理工学院	造船工程 S. B.	1914
		麻省理工学院	飞机工程 M. S.	1915
周开基	江苏吴县	哥伦比亚大学	采矿 M. E.	1913

姓名	籍贯	留学学校	学科与学位	学位年份
周铭	江苏泰兴	麻省理工学院	化学 S. B.	1915
		麻省理工学院	化学 M. S.	1916
		麻省理工学院	化学 Ph. D.	1920
胡明复	江苏无锡	康奈尔大学	数理 A. B.	1914
		哈佛大学	数理 Ph. D.	1917
胡宪生	江苏无锡	康奈尔大学	森林 B. F.	1915
施銮	江苏吴县	麻省理工学院	造船工程 B. S.	1914
		哥伦比亚大学	机械工程 M. S.	1916
计大雄	江苏南汇	康奈尔大学	土木工程 C. E.	1914
席德炯	江苏吴县	麻省理工学院	采矿 B. S.	
		哥伦比亚大学	采矿 M. S.	
陆元昌	江苏武进	康奈尔大学	铁道工程 C. E.	1914
庄俊	江苏上海	伊利诺伊大学	建筑 B. S.	1914
符宗朝	江苏江都	密歇根大学	机械	
程延庆	江苏震泽	康奈尔大学	化学 A. B.	1914
		哥伦比亚大学	化学 M. A.	1915
过探先	江苏无锡	康奈尔大学	农 B. S.	1914
		康奈尔大学	农 M. S. A.	1915
杨锡仁	江苏震泽	伍斯特理工学院	电机 B. S. E. E.	1914
		哥伦比亚大学	电机 M. A.	1915
		罗威尔纺织品学校	纺织 Special Stu.	
路敏行	江苏宜兴	理海大学	化学工程 Ch. E.	1914
赵元任	江苏武进	康奈尔大学	物理 A. E.	1914
		哈佛大学	哲学 Ph. D.	1918
郑达宸	江苏江阴	科罗拉多矿业大学	采矿 M. E.	1914

资料来源:刘真主编:《留学教育:中国留学教育史料》,台北"国立"编译馆1980年版,第174—197页。

从上表可以看出，1910 年江苏庚款留美学生所学科目主要是理、工、农等实学类学科，共 24 人，而文类学科（包括哲学、教育、政治）仅有 5 人，文类与实类学科的比例相差悬殊。

1913 年江苏省曾对留学欧美日本等国的江苏留学生进行了调查，从调查结果来看，1907—1910 年江苏省官费留学美国的学生共 9 人，其学科专业情况见下表：

表 1－6　清末江苏省官费留美学生学校及学科情况简表（1913 年调查）

姓名	籍贯	留学时间	留美学校	留学科目
穆湘玥	上海	1908	威士康辛大学、伊利诺伊大学	畜牧科
张文廷	无锡	1909	伊利诺伊大学	农科
陈容	华亭	1910	哈佛大学、密歇根大学、哥伦比亚大学	教育
侯景飞	无锡	1909	康奈尔大学	机械工程科
王臻善	昆山	1905	芝加高大学、哥伦比亚大学	矿产地质、电化学
宋庆林	上海	1907	惠斯来大学	文学科
王季茝	吴县	1907	日本西京同志社女学、美国胡桃山预备科、美国惠斯来大学	绘像学
胡彬夏	无锡	1907	美国惠斯来大学	文学、哲学、政治
郭秉文	江浦	1908	美和恩太大学、纽约哥伦比亚大学	教育

资料来源：《江苏省教育行政报告书》下编，中国社会科学院近代史研究所编：《民国文献类编 教育卷 740》，国家图书馆出版社 2015 年版，第 119—125 页。

由上表可以看出，清末江苏官费留美学生的所学专业，既有文学、教育、政治等文类学科，也有理、工、农等实类学科，可见并没有相对集中。但总体而言，留美学生以学习理工科占主导，学习文科类的还是相对较少。

从江苏留日学生所学专业来看，留日学生的专业分类向来比较复杂，总体而言文类较多，这主要是因为自费留日学生较多造成的。在文类学科中尤其以学习法政和师范两科的学生为多，这是因为清末新政时期,国内正准备预备立宪运动,需要大量的法政专业人才。另外,清末新政时期大量发展新式教育,大批新学校的创建需要大量的接受新式教育的师资人才,所以留日学生中学习法政与师范教育科的人数最多。以法政专业来看,为迎合中国培养法政人才的需要,日本甚至举办了法政速成班。1904 年,日本法政大学为中国留日学生专门成立法政速成科,第一班共 94 人,1904 年 5 月开始授课,1905 年 6 月举行卒业试,上课一年时间,卒业人数 67 名,其中江苏籍留学生共 11 人;后依次开展,1906 年 7 月,留日法政速成科第二班卒业考试,江苏籍卒业生有44 人;1907 年 1 月第三班卒业考试,江苏籍留日生卒业 2 人;1907 年 6 月第四班卒业考试,江苏籍留日法政速成科学生共卒业 26 人;1907 年11 月留日法政速成科补习科卒业考试,江苏籍留学生卒业者 6 人;1908年留日法政速成科第五班卒业考试,江苏籍留学生卒业者法律部 25人、政治部 7 人;1908 年留日法政速成科第五班补习科追认卒业生,江苏籍共有政治科 2 人。① 可见,仅 1905 年至 1908 年,江苏就有 123 人卒业于法政速成科。

除了法政和师范两科人数较多之外,清末留日学生群体中军事留学生也比较多。以清末留日陆军士官学校来看,从 1899 年第 1 期到1908 年第 8 期,中国留学日本陆军士官学校的所有学员 654 人,其中江苏籍人数有 62 人②,约占全部中国学员的 9.5%。除了日本陆军士官学校之外,其他一些日本军事学校也有不少江苏籍留学生。留日军事学生的增多,与时任日本大臣并兼管留日学生事务的杨枢竭力推荐是有关系的。1904 年,他在奏陈日本学务情形时指出:"日本陆军经营数十年,成效最著,中国似宜添派学生来东,专送入陆军各学校,以期成就远大,用济时艰。""考日本陆军教育,系以忠君爱国顺服长官为宗旨,并无侈言自由与政府反对之弊。惟昌学陆军者,每岁所费较多于学文科者数倍,非自费生所能备办,似宜以官费培植之,俾资造就。即如日本,

---

① 日本法政大学史资料委员会编:《清国留学生法政速成科纪事》,裴敬伟译,广西师范大学出版社2015 年版,第 137—167 页。
② 陈予欢编:《中国留学日本陆军士官学校将帅录》,广州出版社 2013 年版,第 483—534 页。

现在尚不惜巨费,岁派成材数十人游学欧美,其用心深远,可为借鉴。"①

从留欧学生所学专业来看,根据1913年江苏省对留学欧、美、日本的学生调查,清末江苏官费留学英国的有14人,留学法国的6人,留学德国的1人,留学比利时的10人,留学俄国的1人。这些留学生都是在清末1904—1910年留学欧洲各国的,其留学时间、学校及专业情况见下表:

表1-7　清末江苏官费留欧学生情况简表(1913年调查)

国家	姓名	籍贯	留学时间	留学学校	留学科目
英	赵承嘏	江阴	1906	英国孟城大学、干尼飞大学	有机化学
	徐兆熊	吴县	1908	伦敦大学	工科
	高端	江都	1908	英格兰斯哥高等学堂、格兰斯哥大学	矿科
	王怀份	吴县	1905	伦敦中央实业校、财政学校,苏格兰实业学校	电理、国际政治
	朱锡龄	江浦	1908	爱丁堡大学	文科、法政
	金懋章	盐城	1906	英国孟城大学、马可尼无限电报厂实习	无线电报
	牛惠霖	上海	1907	英国冈桥大学、伦敦大医院	医学
	王怀曾	吴县	1905	英国佛拉台电工学校、格兰司哥大学	建筑工程
	李祖鸿	武进	1904	英格兰司哥美术学校、格兰司哥大学	理科、美术
	王鎣	吴县	1905	英格兰司哥大学毕业、电工厂实习	电工
	于基泰	江宁	1908	英格兰司哥大学	矿化学
	金绶	江宁	1906	英伯明罕大学、曼彻斯特大学	矿科
	陈世璋	嘉定	1909	爱丁堡大学	致用理科
	吴芙	武进	清末	英国东村女塾修毕、八德西比学校	化学

---

① 李滔主编:《中华留学教育史录 1840—1949》,高等教育出版社 2005 年版,第 154 页。

国家	姓名	籍贯	留学时间	留学学校	留学科目
法	潘保申	嘉定	1910	法圣他奈大学、巴黎工程学校	工程科
	陈怀谦	江浦	1907	工程专校	屋宇建筑科
	杜钧	江宁	1905	法工业学校、毕业都省大学	工业化学
	顾逢光	华亭	1905	法巴黎圣路易中学、都省大学	工业电科
	杨祖锡	江宁	1905	法化学专校、康散潘都大学	化学
	钱仪来	嘉定	1909	巴黎工科大学	工程科
德	贝寿同	吴县	1909	日本早稻田大学,柏灵帝国工科大学	建筑科
比利时	翟宗照	靖江	1906	比蒙司商校修业、岗省铁路大学	桥路工程
	蒋琪	常熟	1906	比蒙司商校修业、比蒙司矿校	矿科
	郭祖元	吴县	1906	比蒙司商校修业、比蒙司矿校	电科
	刘家骥	宝山	1906	蒙司矿校	矿科
	万明范	六合	1904	比蒙司矿校、黎业斯大学	电科
	荣光	江宁	1905	比京化学专门学堂、三河士厂实习	专门化学
	陈说	江浦	1908	比京化学专修学校、黎业斯大学	植物化学科
	张玉林	上海	1910	日本高等中学,日本仙台高等工业学校、比京大学	电气机械处
	朱鹤翔	宝山	1909	罗文大学	矿质科
	翁为	武进	1906	黎业斯大学	电学、物理、算学
俄	魏立功	海门	1904	俄京商务学校、中央陆军军医高等大学校	医科专门

资料来源:《江苏省教育行政报告书》下编 第七章《外国留学》,中国社会科学院近代史研究所编:《民国文献类编 教育卷740》,国家图书馆出版社2015年版,第119—125页。

从上表可以明显地看出,清末留欧各国的江苏官费留学生,其留学专业主要是理、工、医、农科,只有个别人涉及文类学科。虽然留欧自费生可能所学专业相对复杂一些,文类比例稍高一些,但从整体来看,清末时期,留欧学生所学专业还是以理工科为主,尤其是工科较多。这与清政府对公费留学生的限制及自费留学生的鼓励是有关系的。比如

1910 年 4 月,清学部在《管理欧洲游学生监督处章程》中规定:"游学欧洲之官费学生,以已入大学习医、农、工、格致四科之专门学者为限,习法政、文、商各科者,虽入大学,不得给官费。自费生能考入大学专门学校习农、工、格致、医科,经监督处查明,能循分力学,成绩优异者,由监督处咨明本省,酌量补助学费。"[1]可见,清政府还是希望学生多选修理、工、医、农等实类学科的,并以给予奖励来督促学生学习理工类学科。

综合上述江苏留学生的留学学校与留学专业来看,留学日本和法国的学校多而分散,留学美国、英国、德国、比利时等国的中国留学生相对集中。总体而言,留学于各国的名校较多,这是由留学的本身性质决定的,因为出国留学多是到发达国家的著名学府学习先进的科学知识,再加上公费留学多由政府或单位选派,目标学校也多是名校,所以相对而言,留学于名校多于留学于普通学校。从留学专业来看,留学日本与留学欧美有显著差别,留日学生学习文科相对较多,而留学欧美者则多数学习理工农等实学类学科。这也是由经费的多少、现实的需要与兴趣爱好等多种因素决定的。

三、留学生费别与性别

在晚清社会转型期,出国留学生由于提供经费的来源不同,可以将其划分为官费生与自费生两大类别。从性别来看,出国留学生中男性与女性的人数差异较大。江苏留学生的费别与性别也存在着类似的区别。

1. 留学生费别

官费留学生分为两种,一种是由政府出资,通过选拔考试派遣出国留学的;还有一种是先自费出国留学,然后根据政府的申请补助的条件再申请官费津贴,这类留学生也被称作津贴生。官费生与津贴生在经费的数额上有较大差别,一般通过考试选拔出来的官费生补助金额要多于津贴生。

从官费留学来看,晚清洋务运动时期两次较大规模的幼童留美和

---

[1] 陈学恂、田正平编:《中国近代教育史资料汇编·留学教育》,上海教育出版社 2007 年版,第 305 页。

军事留欧活动都是以政府官派的形式进行的,与地方各省政府没有多大关系。到清末新政时期,清政府鼓励地方各省积极派遣留学生,江苏省资派的官费留学生越来越多。根据《江苏省教育行政报告书》的统计数据可知,在1901—1911年间,江苏官费(包括津贴生)留学英国的15人、法国6人、德国2人、比利时11人、俄国1人、美国9人,共44人。再加公费留日学生79人,留学欧美日公费生共123人[1]。

江苏留学日本的学生,无论是公费生还是自费生人数都是最多的。不同的数据来源,得出的结果会有较大差别。比如在日本方面的调查,光绪壬寅年(1902),"经去年12月调查,共269人,刊为《同瀛录》,其中江苏44人,官费者16人,自费者28人"[2]。可以看出,自费者远多于官费者。但根据清政府登记在册的留学证书号统计,1908年9月至1909年7月,江苏留日毕业生共118人,其中自费者56人,公费者(包括官费生、津贴生)62人,公费生略多于自费生;1909年7月—1910年6月,江苏留日毕业生共184人,其中自费者86人,官费生(包括津贴生)共98人,官费生仍然略多于自费生;1910年6月—1911年7月,江苏省留日毕业生共93人,其中自费生62人,官费生(包括津贴生)31人[3],则自费生人数几乎是官费生的二倍。根据上述数据来看,自1908年9月至1911年7月,江苏留日毕业生共有395人,其中官费生(包括津贴生)共191人,自费生204人,自费生与公费生相差不大。事实上,这些登记在册的有证书号的毕业生仅是留日学生中的一部分,众所周知,留日学生中一人留学多个学校、未毕业即回国者大有人在,尤其是自费生更是如此,因为政府对自费生的管理相对宽松,出国未领留学证书、回国不登记者比比皆是,所以上述数据是不完全统计,仅能代表部分留学生。

由上可知,不同的调查方式、不同的数据来源,得出的数据会有较大的差距。总体上来看,江苏留学欧美地区的学生,官费生远多于自费

---

[1]《江苏省教育行政报告书》,中国社会科学院近代史研究所编:《民国文献类编 教育卷740》,国家图书馆出版社2015年版,第119—125页。

[2]《日本留学生调查录》1902年,见陈学恂、田正平编:《中国近代教育史资料汇编·留学教育》,上海教育出版社2007年版,第388页。

[3] 刘真主编:《留学教育:中国留学教育史料》第一册,台北"国立"编译馆1980年版,第429—564页。

生,而留学日本的自费生较多于官费生,这也是晚清时期整个中国的官费生与自费生的比例特点。之所以出现这样的现象,主要是因为晚清时期,总体经济发展水平较低,自费留学所需的高昂经费不是一般普通的家庭能负担得起的,而留学日本路近费少,所需留学经费也较欧美地区少,再加上文化相近,所以多数自费留学生会自愿到日本留学。而欧美地区距离中国路远费多,文化相异,再加上晚清时期大多数青年学子的文化基础知识薄弱,所以到欧美自费留学的较少。

2. 留学生性别

在 20 世纪之前,很少有女性出国留学。随着留学日本的人数不断增多,女子留学的呼声也越来越强。早期进入日本的江苏女性留学生更是极力鼓吹,为女子留学摇旗呐喊,如胡彬夏、曹汝锦在 1903 年《江苏》第 2 期上发表《论中国之衰弱女子不得辞其罪》《爱国及自爱》等文章,呼吁中国妇女同胞起来求学问、尽义务、享权利、救祖国。受社会舆论的影响,江苏女性留学从被动转向主动,一批勇敢的女性为丰富自己的知识、观察广阔的世界,筹集资金买舟东去。自费留学的女生也逐渐增加,成为留日女生的重要组成部分。有人统计,在 1906 年至 1911 年留日毕业生中,官费、自费大约各占一半。如果考虑到早期女子留日多为自费,没有取得毕业证书的留学生中也多为自费,可以推断自费留日女生超过了其他类型的留学女性。迫于各方面的压力,清政府同意派遣女子留学日本的要求,1905 年,第一批官费留日的湖南省女生到达日本。接着,许多省份纷纷派出女子赴日留学。江苏的王季昭和杨荫榆等人也都被官派东渡留学。通过留学,她们走出了狭窄的闺房,加入江苏走向世界的行列。清政府不仅派遣女子留学,还派遣女子出国考察。苏绣大师沈寿就是清政府派遣赴日本考察职业培训的第一位妇女,也是中国近代史上第一位受政府派遣出国考察的妇女。

据不完全统计,1906 年至 1911 年,中国有 100 多位女子毕业于日本的各类学校,其中江苏籍妇女计有 18 人。根据江苏省教育厅的统计,从 1903 年至 1911 年,江苏省官费及津贴生中的男女性别情况见下表:

表1-8 1903—1911年江苏省官费及津贴留学生性别统计表

年份	欧美														日本		总数	
	英		法		德		比		俄		美		总数					
	男	女	男	女	男	女	男	女	男	女	男	女	男	女	男	女	男	女
1903															1		1	0
1904							1						1		8	2	9	2
1905	1		3				2						6		15	3	21	3
1906	6		3				6		1				16		25	3	41	3
1907	7		3				6		1		1	2	18	2	26	5	44	7
1908	10		3				6		1		1	2	21	2	27	5	48	7
1909	14		4		1		5		1		3	2	28	2	36	5	64	7
1910	16		4		1		7		1		3	2	32	2	41	5	73	7
1911	18		5		1		7		1		6	2	38	2	47	5	85	7
合计	72		25		3		40		6		14	10	160	10	226	33	386	43

资料来源：江苏省教育厅编：《江苏最近教育概况》，江苏省教育厅1930年铅印，见王燕来选编：《民国教育统计资料汇编》第18册，国家图书馆出版社2010年版，第135—137页。

从上表可以看出，自1903年至1911年，江苏官费生及津贴生中的女性留学生主要集中在美国（10人）和日本（33人），留欧各国中则罕见女性公费留学生。若从总人数来看，则男（386人）与女（43人）比例约为9∶1，也即男性约是女性的9倍。此数据仅以公费留学生作为参考，若加上自费生统计，可能会出现一定的差别。

四、留学生具体籍贯

江苏留学生的籍贯，若从全国的角度来看，江苏省是其省籍；若仅从江苏省来看，则可以将留学生按照江苏省内的各个市县来进行对比分析。总体来看，晚清时期江苏省的留学生人数位居全国前列，若从江苏省内来看，则苏南地区的各市县留学人数远多于苏北地区。

1. 江苏位居全国前列

近代以来，江苏的出国留学人数，无论是从纵向的各个历史时期来看，还是从横向的留学欧、美、日等国家来看，虽不能说一直处于数一数二的地位,但能够确定的是一直位于全国各省的前列。

从晚清留美学生来看,晚清著名的留学事件之一就是1872—1875年间的幼童留美活动。在120名留美幼童中,属于江苏省籍的共有22人,留美幼童派遣人数在各省份中仅次于广东省,位居全国第二,占总留学人数的18.3%。[1] 随着清末留日大潮的到来,留美人数也出现了一个小高潮。据1910年《留美学生年报》统计数据,在当时所能统计到的在美留学生490人中,江苏108人[2],江苏留美人数遥居全国各省前列,占全部留美人数的22.04%。从总体上看,除了江苏优越的经济条件之外,江苏出洋留学生众多也得益于其独特的区位优势,尤其是上海,便利的海运、襟江带海的地理位置使得上海成为联系南北、沟通内外的关键。此外,上海在当时只是一个小县城,远离政治中心,在那里进行留学教育受到的阻力也比较小。

从晚清留欧学生来看,1900年之前,江苏留欧人数很少,而在1900年之后,随着清末留学大潮的到来,江苏留欧人数不断增多,而且位居全国前列。从1908年《留学苏格兰学生姓氏录》来看,在33名留学生中,江苏留学生最多(13名),其次是广东(9名)和福建(7名),江苏留学生人数占总数的39.39%。根据宣统二年(1910)驻英监督高逸呈留学英国之官费生履历清册及教育部档案室部分资料,1910年留学英国之官费生,总计共派遣113人,其中江苏籍共35人,占总数的30.97%,即约占总数的1/3;再以留英毕业生来看,据1910年统计,留学英国毕业生共22人,其中江苏籍就有11人[3],占总数的一半。再从留德学生来看,1909年留德学生77人,广东16人位居第一,其次就是江苏13人[4],位居第二。上述数据可以说明,在清末留欧学生中,江苏籍留欧学生人数也是位居全国前列的。

从清末留学日本学生来看,江苏不仅开留学风气之先,而且留日学生数量也遥遥领先。据1902年《清国留学生会馆第一次报告》,江苏留

① 姜新、小雨:《江苏留学史稿》,吉林人民出版社2006年版,第12—13页。
② 李喜所、刘集林等:《近代中国的留美教育》,天津古籍出版社2000年版,第94页。
③ 刘真主编:《留学教育:中国留学教育史料》第二册,台北"国立"编译馆1980年版,第612—624页。
④ 刘真主编:《留学教育:中国留学教育史料》第二册,台北"国立"编译馆1980年版,第640—644页。

日人数 115 人,占全国留日人数(573)的 20％①,遥居全国各省之首。到 1904 年的年底时,江苏留日人数已高达 280 人,总人数位居全国第二。从 1908 年 9 月至 1911 年 7 月,清末资料完整的官费以及自费留日学生共计 2969 名,其中有 330 人来自江苏省,占总人数的 11.11％,在全国众多省份中位居第二,仅次于湖北省。

由上可知,晚清时期,无论是留欧、留美还是留日学生人数,江苏都位居全国前列,有时甚至遥居全国各省之首。江苏留学人数之所以位居全国前列,这无疑是与江苏得天独厚的优势密切相关的。江苏的经济发展在晚清时期位居全国之首;江苏文化发达,在全国素有"学甲天下之学,人才甲天下之人才"的美誉。经济和文化基础是开展出国留学教育必不可少的两大支柱,再加上江苏地区交通便捷,尤其是江苏的上海地区,开放较早,思想开风气之先,很多人都是从这里走向世界的。最后不得不提的是,江苏的执政者,如清末时期曾任两江总督和江苏巡抚的端方,都积极支持留学,并采取一些措施鼓励江苏学子走出国门,这种政策导向更推动了经济富足的江苏学子敢于走向世界。

2. 苏南远远多于苏北

江苏省如果以长江为分界线,则可以分为苏北和苏南两大板块。苏南地区包括南京、苏州、无锡、常州、镇江等市,再加上民国时期属于江苏的上海县及其周围地区;苏北地区包括扬州、泰州、南通、徐州、连云港、宿迁、淮安、盐城八个地级市。

江苏省教育厅编写的《江苏最近教育概况》(江苏省教育厅 1930 年铅印),将 1903 年至 1928 年间江苏各县的官费生及津贴生情况作了一个详细的统计,其具体县别、国别、人数情况见下表:

表 1 - 9　1903—1928 年江苏省各县官费及津贴留学生统计表

县别	英	法	比	德	俄	美	日本	总计
吴县	5	4	3	1		10	19	42
无锡	1	8	1	1		7	15	33

①《清国留学生会馆第一次报告》,越生文化主编:《中国近代教育文献丛刊·留学教育卷 02》,浙江教育出版社 2020 年版,第 353 页。

县别	英	法	比	德	俄	美	日本	总计
武进	3	8	2	1		2	15	31
上海	2	4	1	1		2	15	25
江宁	2	7	1	1		2	6	19
宜兴	1	7		1		1	6	16
江阴	1	3				2	10	16
崇明						2	10	12
嘉定	1	5				2	2	10
常熟				1		2	6	9
宝山	1	3	1	1		1	2	9
松江		3				1	4	8
镇江						1	5	6
南汇		2		1			3	6
泰兴		2				1	3	6
海门					1		4	5
吴江						1	4	5
淮安		3					2	5
盐城	1	2					2	5
江都	1	1		1		1	1	5
铜山							5	5
江浦	1	1	1			1	1	5
太仓		2					2	4
溧阳		2					2	4
六合			1				3	4
金山				1			2	3
昆山		1				1	1	3
如皋							3	3
淮阴							3	3

县别	英	法	比	德	俄	美	日本	总计
仪征		1		1			1	3
泰县				2			1	3
砀山				1			2	3
丹阳		2						2
金坛	1	1						2
青浦							2	2
奉贤				1			1	2
南通		1				1		2
东台		1				1		2
宝应		1				1		2
高邮		2						2
川沙							1	1
靖江							1	1
涟水							1	1
兴化						1		1
萧县		1						1
邳县						1		1
宿迁		1						1
灌云		1						1

备考:1. 本表依据中央大学区行政周刊第 47 期附表编列。

2. 原表共计 364 人,又未详籍者 24 人,本表未曾列入。

3. 依原表统计,江苏各县如句容、溧水、高淳、扬中、泗阳、阜宁、丰、沛、睢宁、东海、沭阳、赣榆 12 县未有留学生,本表以人数多寡为先后次第,故未列入。

4. 原表凡曾经受过津贴者无论时期久暂均经列入,本表亦仍其旧。

资料来源:江苏省教育厅编《江苏最近教育概况》,江苏省教育厅 1930 年铅印,载于王燕来选编《民国教育统计资料汇编》第 18 册,国家图书馆出版社 2010 年版,第 121—140 页。

上表中官费生及津贴生人数较多的县是吴县（今苏州市）、无锡、上海、武进、江宁、宜兴、江阴等县。这些县都位居江苏的江南部分，素来经济发达。而苏北地区甚至有多个县 25 年间没有出国留学生，可见其巨大差距。

根据上表数据，可以统计出江苏各个市（以当前 13 个市为基准）的留学人数：上海地区（上海 25，崇明 12，嘉定 10，宝山 9，松江 8，南汇 6，奉贤 2，青浦 2，川沙 1）共 75 人，苏州市（吴县 42，常熟 9，吴江 5，太仓 4，昆山 3）共 63 人，无锡市（无锡 33，宜兴 16，江阴 16）共 65 人，常州市（武进 31，溧阳 4，金坛 2）共 37 人，南京市（江宁 19，江浦 5，六合 4）共 28 人，镇江市（镇江 6，金山 3，丹阳 2）共 11 人，泰州市（泰兴 6，泰县 3，靖江 1，兴化 1）共 11 人，南通市（海门 5，如皋 3，南通 2）共 10 人，淮安市（淮安 5，淮阴 3，涟水 1）共 9 人，盐城市（盐城 5，东台 2）共 7 人，扬州市（江都 5，仪征 3，宝应 2，高邮 2）共 12 人，徐州市（铜山 5，砀山 3，萧县 1，邳县 1）共 10 人（砀山县和萧县在 1955 年之前属于江苏省徐州市），宿迁市（宿迁 1）共 1 人，连云港市（灌云 1）共 1 人。合计 340 人。苏南地区共计 279 人，占江苏省总数的 82.06%；苏北地区共计 61 人，占江苏省总数的 17.94%。苏南与苏北之比约是 5∶1。将上述江苏各市留学生的人数以数据图的形式展示则更为明显，见下图：

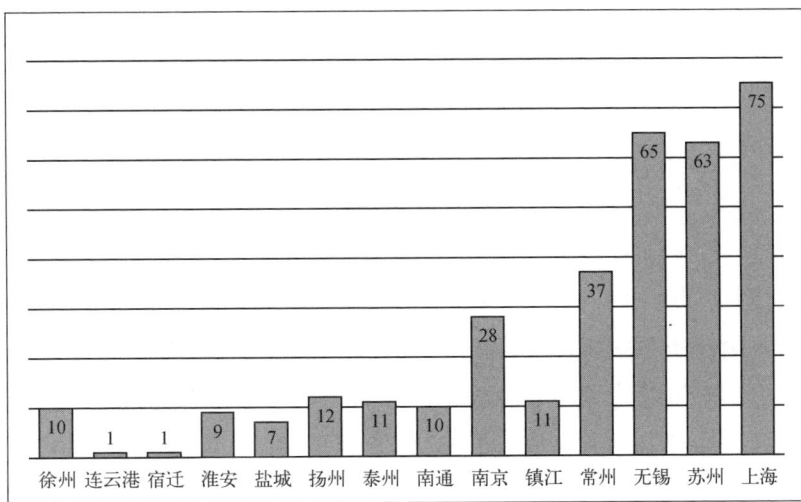

图 1-1　1903—1928 年江苏官费生与津贴生各市分布图

从图 1-1 可以明显地看出,在 1903—1928 年间,官费留学人数最多的是江苏上海地区和苏州、无锡地区。上海地区具有优越的地理位置,这是无可置疑的,上海位于长江入海口处,是中国东部沿海地区重要的交通要道,拥有得天独厚的地理位置,便于其与国内外其他城市进行交流。除了交通便捷,其经济发展非常迅速,清朝末年,上海成了中国对外开放的重要窗口,独特的地理位置使得上海成了国际贸易和金融的中心,上海通过与世界各地的贸易往来,吸收了丰富的文化和科技资源,经济实力不断增强,为中外文化交流、特别是出国留学方面奠定了坚实的基础。此外,上海是鸦片战争后开放的第一批城市,中国对外开放的重要窗口,开风气之先,西化程度快,国际化程度高,在新式教育方面走在全国的前列。而且上海是一个多元文化的城市,拥有众多不同的文化群体,这种多元文化氛围使得上海成了中国文化的重要代表之一,为留学教育提供了良好的文化底蕴。苏州与无锡地区距离上海很近,交通发达,自明清以来,其经济发展一直位居全国之首,从"苏湖熟,天下足"之语可见其经济发展程度之高。经济基础决定上层建筑,苏南地区不仅经济发展快,而且文化基础较好,这些都是留学教育所必备的有利条件。

有一种地域文化的外在表现,即来自同一地区的人从事同一行业的比较多。一群人所做的事情受周围环境的影响很大,即所谓"近朱者赤",受耳濡目染、潜移默化的影响,个人在这个"圈子"中会获得相对较多的信息,或慢慢对其产生兴趣,或由于别人太优秀而产生压迫感,从而走上相同道路。从留学教育来看,如果某个人身边有较多的人出国留学,受其影响,也会产生出国留学的念头。小到一个家庭,大到某个省、市、县,个人会受到家长和兄弟姐妹的影响,也会受到同村邻居的影响、身边同学的影响、同城文化气息的影响,从而走上出国留学之路。江苏地区由于其特殊的地理位置,较好的经济文化基础,受西学东渐之风影响,更是受近代留学教育政策的驱动,出现一个村镇多人留学、一个家庭多人留学、一个家族几代人留学的现象,这种现象聚集成了江苏留学大省的形象。

以具体事例来看,晚清时期江苏上海地区就出现一个家族多人出国留学的现象。比如江苏嘉定的张嘉森、张嘉璈、张嘉玢三兄妹都在清末民初出国留学。张嘉森（1887—1969），字君劢，1906年入日本早稻田大学学习法律与政治学，1910年毕业，获政治学学士学位，1913年进入德国柏林大学攻读政治学博士学位，1920年再次赴德留学，1922年回国经办上海中国公学，1925年任国立政治大学校长，是中国政治家、哲学家，现代新儒家的代表之一；张嘉璈（1889—1979），字公权，1906年入北京高等工业学堂，旋留学日本庆应大学攻读经济学，回国后任北京《国民公报》编辑、邮传部《交通官报》总编辑，民国成立后曾任中国银行副总裁、总经理等职，南京国民政府时期曾任铁道部长、国民政府财政部财政顾问、中央银行副总裁、交通部长、中央银行总裁等职，是民国时期银行家的杰出代表；张嘉玢（1899—1988）女，字幼仪，1912年入苏州第二女子师范学校，1920年随丈夫徐志摩去英国，离婚后去德国留学，1926年回国，任苏州东吴大学德语教师，曾任上海女子商业银行总裁、云裳时装公司总经理，她引进欧美时装并加以改良，"云裳"遂成为沪上著名品牌。[①] 嘉定县张氏三兄妹在清末民初都留学国外，这既与清末上海地区的区域环境有一定的关系，也与家族的思想开放、经济基础及文化基础有重要关系。

江苏无锡的"一门四博士"是苏南地区一个家族多人留学现象的典型案例。江苏无锡的礼社村历来重教兴学，所以人才辈出。薛光锷、薛光琦、薛光钺、薛光钊一门四兄弟，都是清末出国留学生，回国后均有所建树。薛光锷，1904年毕业于日本早稻田大学法律系，回国后曾任福建省高等法院院长，后升任南京国民政府检察院首席检察官；薛光琦，1909年毕业于英国剑桥大学，回国后在北洋政府国务院任职，南京国民政府时期曾在教育部任职，曾创办翻译学校，首创青城市自治促进会，创办立达中学并亲任校长，开玉祁中学教育之先河，引进西方先进的教育思想，开设数学、英语、音乐、美术等与时代适应的课程，为家乡培养人才；薛光钺，1909年毕业于日本明治大学，被当时的清朝政府看作是"睁眼看世界"的改革人物之一，回国后任工商部七品京官，后任江

---

① 倪所安主编：《嘉定县简志》，方志出版社2008年版，第307—308页。

苏省长公署参议、财政部金事、赋科司科长等职;薛光钊,1915 年毕业于日本早稻田大学,回国后在中央大学任教授,一生从事医学教育事业,为国家培养了大批人才。①

　　江苏无锡的"胡氏三杰"也是家喻户晓的典型留学家族。胡敦复、胡明复、胡刚复兄弟出身于教育世家,早年就读于南洋公学,青年时代官派留美,归国后投身教育,先后执教于交通大学,是 20 世纪上半叶中国科学界、教育界的知名人物,受家庭和时代思潮的影响,三人抱有强烈的科学与教育救国的共同理想,携手共进,呕心沥血,在当时影响甚大,被誉为"胡氏三杰"。胡敦复(1886—1978)是著名的数学家、教育家,1907 年留学美国康奈尔大学,1909 年毕业回国,1910 年出任游美学务处肄业馆教务提调,1911 年夏创立了立达学社,1912 年与立达学社同仁在上海创办私立大同学院(大同大学前身),两度出任校长,长达 20 年,1930—1945 年任交通大学数学系教授、系主任,1935 年参与发起组织中国数学会并任董事会主席;胡明复(1891—1927)是著名的数学家,1910 年庚款留美,先后就读于康奈尔大学和哈佛大学,1917 年毕业回国,是中国第一个现代数学博士,中国科学社和《科学》杂志的重要发起人和组织者,他参与大同大学的建设,并先后任大同大学、交通大学、东南大学等校教授;胡刚复(1892—1966)是著名的物理学家,我国最早从事 X 射线的研究者和实验物理学的奠基人,1909 年首届庚款留美生,就读于哈佛大学,1918 年毕业回国,是哈佛大学第一个获得物理学博士的中国学生,在美期间与任鸿隽、杨全等中国留学生创立科学社和《科学》杂志,回国后,先后在南京高等师范学校、大同大学、交通大学、厦门大学、第四中山大学、浙江大学、北洋大学、天津大学、南开大学等校任教授、物理系主任、理学院院长、工学院院长、校长等职,1927 年 6 月溺水而死,为纪念他,当时教育界筹建了"明复图书馆"。②"胡氏三杰"是中国近代数学和物理学教育的先驱者和奠基人,他们为中国的科教事业做出了巨大贡献。

① 徐耀新主编:《历史文化名城名镇名村系列　礼社村》,江苏人民出版社 2017 年版,第 52—53 页。
② 蔡西玲:《胡敦复、胡明复、胡刚复——数理学界的"胡氏"三杰》,陆阳、胡杰主编:《胡敦复 胡明复 胡刚复纪念文集》,线装书局 2014 年版,第 19 页。

诸如上述嘉定的张氏三兄妹、无锡的"一门四博士"和"胡氏三杰"这样，一个家族出现多人留学的现象还有许多，这种现象既是清末民初社会转型期科举废除之后的另一条谋生之路，也是在清末留学大潮的带动下，社会环境的驱使和家族经济文化影响之下的诞生物。家族留学，在清末民初时期的江南富庶地区已不是个别现象了。

第三节　江苏留学生在海外的学习与活动

留学生到达国外之后，除了正常的专业学习之外，还会有一些诸如实习考察、学术交流、参与社团、创办报刊等多方面活动。这些学习与活动构成了留学生在海外的生活内容，从中也透视出晚清时期江苏学子的家国情怀。

一、专业学习

每个留学生都是一个特殊的个体，留学于不同国家、不同学校、不同专业的学生所学的专业课程也有较大差别，有的人专注于一门专业，而有的人却广泛涉猎，求学经历可能会大相径庭，但也有一些相似之处，比如，他们多是努力向学，取得了优异的成绩，也都有一些实习与考察的经历等。这些专业学习情况体现了留学生抱有的科学救国的情怀。

1. 专业课程

不同时期、不同国家、不同学校、不同专业的留学生，入学的要求是不一样的，所学的专业课程也有较大差别。以日本来看，清末留日学生最多，江苏留日学生也不例外。早期留日学生因基础知识薄弱，所以到达日本后往往要补习语言与基础知识。比如，1899 年 2 月，南洋公学派遣的 6 名学生到达日本，进入日华学堂补习语言文字及各学科基础知识。"学堂课程分为正科、另科，正科则有普通预备科、高等预备科，另科则有预备选科、日语专修科，使学生量力修业以培其基，而后再进入大学或高等各学以治专门之学。"①20世纪初期,因清末新政立宪运动需要,到日本学习法政专业的特别多,因此1904年,日本法政大学为中国留日学生专门成立法政速成科,法政速成科原定修业年限为一年,分为两个学期,学科课程包括"法学通论及民法""国法学""刑法""裁判所构成法""经济学""商法""行政法""民刑诉讼法""财政学""监狱学"等。然而从第一学期经验来看,以一年为期修完全部课程并使卒业比较困难,同时亦感必要增设一些学科,于是,将修业年限改为一年半,增加学科学时,分三个学期完成。1905年,将法政速成科分为法律部与政治部,法律部入学时间为每年四月,政治部入学时间为每年十月,修业年限为一年半,分为两个学期完成。每年6月举行卒业试,因不得已之缘故无法参与考试者,可以另行追加试验。由于法政速成科仅一年半就卒业,还有许多科目没有修完。有人认为"若更假以一年之日月,就各科目中,学生之未修者,或已修而未深造者而补足之,庶几可以无憾""顾仅以一年之补修,而其效果,必有较一年半之所得而犹大者,盖无所于疑也"②。故日本法政大学又专为已经卒业于法政速成科的中国留日学生增设补修一科,以一年为期。

因不同国家的入学要求是不一样的,所学的专业课程也有较大差别,所以早期出国留学者,为方便国内学子到国外很快融入、适应当地学校的生活,便会精心制作一些"游学指南",也就是在外留学者的学习心得和经验总结,可以为即将出国留学者提供指导和帮助。清末赴日本留学者最多,游学指南亦不胜枚举,其代表性著作有章宗祥的《日本游学指南》。清末留欧者虽不算很多,但也不在少数,比如林汝耀等编写的《苏格兰游学指南》,就比较详尽地介绍了留学英国的诸多注意事项,从中也恰好可以看出清末留学英国的现状。林汝耀(江苏金坛人)1905年留学苏格兰格拉斯哥大学,学习工科船政。他在1909年春亲赴苏格兰各地进行大学教育调查。《苏格兰游学指南》不仅分类介绍了苏格兰大学的数量、学期、考试、科目、工厂实习、进校试题、游学路线及其

① 陈学恂、田正平编:《中国近代教育史资料汇编·留学教育》,上海教育出版社2007年版,第348页。
② 《大日本法政大学纪要》,日本法政大学史资料委员会编:《清国留学生法政速成科纪事》,裴敬伟译,
　　广西师范大学出版社2015年版,第18页。

费用等,而且还附有《英国全境大学调查》《英国船政小史》《船政之学法》等文章,对欲前往英国留学者提供了有力的指导和借鉴。[1]《苏格兰游学指南》主要是为赴苏格兰留学者提供帮助和指导,书中介绍了苏格兰四所大学的历史,并对其专业设置及特色进行了专门介绍,"如工学诸门,以格兰斯哥大学,最为详备。而爱丁堡大学之医科,则为全英首屈一指者也。欲习工学者,惟格兰斯哥大学是归;欲习医科,舍爱丁堡大学,莫能或胜矣"。苏格兰大学考试分为进校试(即入学考试)、班试、学位试。无论文科、理科,进校试都要考高等英文,考试内容有论文、文法、字源、英国历史、地理(包括英国地理、世界地理)等,拉丁文或希腊文(习文科者必须),高等算术(习理科者必须),他国文(法文、德文、意大利文均可)。引人注目的是,中文、日文也列入了"他国文",但要提前两月通知校方以便准备试题。南洋公学毕业生可以免试英文、算学、力学三科,但中文仍须考试。《苏格兰游学指南》还介绍了爱丁堡大学和格兰斯哥大学的课程设置。从学习专业来看,他指出中国作为一个农业大国,出国学农者却很少,"国人之负笈英国者,无虑百数,而学农者惟一人"。作者林汝耀还呼吁要重视卫生医学,"医之为用,治病于病之已发;卫生为用,除病于病之未生"。他将医学和公共卫生学区别开来,并且指出公共卫生学的功用"胜于良医十倍"。

每个国家、每个学校都有其专业特色,以晚清留学生来看,留学比利时的学生主要集中在比利时的列日大学、布鲁塞尔大学、鲁文大学、冈城大学,这四所大学是比国科目设置较为完备的大学,其教学领域各有所长。其中,布鲁塞尔大学以政治、经济方向为最强,冈城大学以土木工程和铁路最强,列日大学则以机械、电科为最强,鲁文大学以医科、政治、经济为最强。晚清留比学生由于语言基础较差,抵比后多要进行或长或短的语言训练,并通过入学考试后,方能进入比国大学。从留学专业来看,留比学生中实类专业的人数要远大于文类专业,其中工科所习人数最多,占了所习专业人数的一半以上。工科方向尤以地质(包括采矿)、机电为最多,这与晚清派遣留比学生的初衷是相符的。由于晚

① 马勇、余冬林、周霄:《中国旅游文化史纲》,中国旅游出版社 2008 年版,第 416 页。

清政府的孱弱腐败,致使列强纷纷抢夺在国内开矿建厂的权利,而中国传统社会并不重视这种实用技术,使得筑路采矿等举措大部分依赖西方技术。留比教育正是应运而生,所学专业也反映出了这一时代背景。在文科方面,留比学生集中在商业经济类,而在法政方向则多留学法国。

有些留学生的专业选择带有一定的民族情结,不以自己的喜好而是以国家的需要为选择专业的标准。比如,冶金学家周仁院士(江苏南京人)1910 年公费留学美国,与赵元任、胡明复等同行,同入美国康奈尔大学,当时他的数学和文学水平较高,但他选择的却是机械学,因为他坚信"强国必先利器"。1914 年他以优异成绩毕业后考取研究生,所选的专业和研究方向是冶金,他感到一个国家没有钢铁就像人没有了骨架是一样的。1915 年获得康奈尔大学硕士学位,为了中国早日有钢铁,他毅然放弃攻读博士学位,谢绝美国摩尔公司的重金聘请,于同年 8 月回国。从周仁的专业选择可以明显地感受到他的爱国情感。

由上可知,晚清时期的留学生所留学的国家、学校的选择都有一定的社会因素,而所学专业的课程也是各校都有自己的特色。中国留学生多数是入乡随俗,按照所留学学校的安排来进行专业学习,当然也有学生不放弃自己的原则,从国家、个人的喜好来选择学校和专业课程。

2. 广泛涉猎

大多数人出国留学之后,选准一个专业,然后不断深入研究,以获得学士、硕士甚至博士学位。但也有不少留学生,学习兴趣广泛,在国外留学期间,学习多个专业方向。比如,江苏苏州人邹树文,既是我国植保事业主要奠基人,也是我国近代昆虫学的主要奠基人之一,这与其留美期间所学的专业课程有重要关系。1908 年冬,他考取公费赴美留学,1909 年进入康奈尔大学农学院,攻读经济昆虫学,1912 年到伊利诺伊大学研究院专攻昆虫学,获科学硕士学位,后师从动物学家 Admas、植物学家 Cowles 二教授研究生态学。① 如此成就了他归国后在植保事业和昆虫学研究方面的事业。再如江苏苏州人吴家高,1907 年自费留

---

① 中央大学南京校友会、中央大学校友文选编纂委员会编:《南雍骊珠 中央大学名师传略再续》,南京大学出版社 2010 年版,第 325—329 页。

学美国，入加利福尼亚大学攻读机械工程，1910 年获得庚款资助，转入伊利诺伊大学攻读铁路工程，1913 年毕业获学士学位后又入哥伦比亚大学修习物理、数学，获科学硕士学位。[1] 可见，吴家高利用出国留学的大好时机，尽可能地涉猎多个专业科程。留学生在国外所学专业多样化，决定其归国后的职业选择和研究方向是多样化的，为国家做出的贡献也必然是多方面的。

3. 学业优秀

晚清时期大多数江苏留学生在国外都是努力向学的，有些留学生在外国刻苦学习的精神就连外国人也自叹不如，比如清末留学日本的顾宝瑚（江苏金山县人），在日本东京高等物理学校从事数理研究三年，1907 年以最优等成绩毕业，日本的学生对他非常佩服，称他为"中国之怪物"。同样是清末留学日本的钱旭琴（江苏苏州人），1905 年随父赴日留学，毕业于日本丽则女子学校，1907 年入东京私立女子美术学校西洋画科，次年转学，毕业于青山女子学院理科，1910 年官费留学东京女子医学专门学校，1915 年毕业，入东京帝国大学三井病院、慈惠病院实习，获登报赞扬并获成绩优良嘉奖。1917 年《妇女杂志》曾选登其照片。[2] 他们通过自己的学习成绩，赢得了外国人的尊重。

获得学习奖学金，能充分说明该生成绩优秀，也是学校对留学生的充分肯定。清末留学生出国前大多数学业基础较差，能在国外顺利毕业已是难得，能获得学业奖学金者说明非常优秀了。清末江苏留学生获得学业奖学金的不乏其人，比如，江苏嘉定人孙凤珠，1910 年自费留学美国雅典学校本科艺术系主攻钢琴专业，同时选修音乐理论和家政艺术课，因在留学期间学业成绩优秀，曾得到雅典学院颁发的奖学金，1914 年度还因是享受奖学金学生中全班成绩最好且品行俱佳的四个学生之一而获奖，1914 年 6 月 3 日《彭萨科拉日志》以《孙凤珠从雅典学院毕业》为题进行报道，称她"是高年级荣誉奖获得者"，得学士学位证书。[3]

① 李峰、汤钰林编：《苏州历代人物大辞典》，上海辞书出版社 2016 年版，第 316 页。
② 李峰、汤钰林编：《苏州历代人物大辞典》，上海辞书出版社 2016 年版，第 766 页。
③ 宫宏宇：《清末留美乐人考（1900—1910）》，《中国音乐学》2020 年第 4 期，第 9—11 页。

江苏留学生无论是留学欧美还是留学日本,在海外留学期间因努力学习、研究而获得各种荣誉奖项的比比皆是。留美学生向来以爱国不忘读书而著称,学习刻苦、成绩优秀是众所周知的。比如清末 1904 年赴美留学的施赞元(江苏苏州人),先毕业于美国华盛顿中央中学,1908 年进入乔治华盛顿大学医学预科,1913—1914 年连续两次获得该校医学院的"奥德诺奖",所著论文被评为全院之冠,1914 年获医学博士学位,成绩名列前茅,为华人争了光。① 此外,还有不少留学生获得了"金钥匙"奖。比如上文提及的我国昆虫学主要奠基人之一的邹树文(江苏苏州人)留美期间获得科学硕士学位,也是我国最早留美取得硕士学位的昆虫学家,为美国大学科学荣誉学会会员,并因成绩优秀而荣获西格玛·赛(Sigma-Xi)金钥匙奖。

有些留学生在留学期间不仅学业成绩优秀,而且做出了一些特殊贡献。比如,江苏昆山人朱文熊在留学期间对中国的汉字改革就做出了杰出贡献。朱文熊 1904 年官费留学日本,先入弘文学院学习日语,后又入东京高等师范学校攻读物理、化学。留日期间,即 1906 年设计出用拉丁字母改造汉字方案《江苏新字母》,自费由日本同文印刷舍出版。书中指出:"日本以假名书俗语于书籍报章,故教育亦普及。而近更注意于言文一致,甚而有创废汉字及假名而用罗马拼音之议者,举国学者,如醉如狂。以研究语言文字之改良,不遗余力,余受此刺激,不觉将数年来国文改良之思想,复萌于今日矣。"朱文熊指出,文字改革是"世界潮流势不可遏",汉字改革与教育普及、文化发达、国家强盛关系密切。所提出的"与其造世界未有之新字,不如采用世界通行之字母"观点,成为后来拉丁化拼音运动的一个重要原则。朱文熊是最早提出"新文字"和"中国文字之改革"概念的人,也是最早提出"普通话"的人。②

4. 实习考察

任何知识都源于实践又最终归于实践,实习是检验书本知识与理论正确与否的重要途径。所以有许多专业学科的学习,无论是国内还

---

① 江苏省苏州市吴江区震泽镇编纂委员会编:《震泽镇志》,方志出版社 2017 年版,第 189 页。
② 李峰主编:《苏州通史 人物卷 下》,苏州大学出版社 2019 年版,第 95—96 页。

是国外都需要实习这一环节，尤其是工科和医学科。以医学科为例，留美医学生施赞元（江苏苏州人）早在1904年就赴美留学，在美国华盛顿中央中学毕业后，1908年进入乔治·华盛顿大学医学预科，1914年获医学博士学位，1916年初到乔治华盛顿大学医院及哥伦比亚妇科医院实习，并任万国医学红十字会中国代表。①

　　考察是到某一地方或单位去学习、了解做某事的做法、经验，具有实地观察调查、深入细致地观察之意。出国留学生常常利用在外留学期间或回国途中，到一些国家考察与自己所学相关专业的发展情况，具体了解其发展状况，以便回国后进一步学习借鉴和取长补短。江苏留学生利用留学之机进行考察学习的比较多，比如江苏川沙人杨月如，1902年到日本东京弘文学院师范科留学。在当时的清朝，新旧两种教育制度并存，肇始于洋务运动时期的少量新学普遍被视为非正途，只有传统科举才是正途并占据绝对正统地位。新式教育创办十分艰难，教师更是奇缺。杨月如受托在日本调查与清朝私塾科举截然不同的"单级小学"教育体系。在听课之余，杨月如用心参观考察日本当时的许多学校和企业，"见日本国势之强盛，默查本国之情形。其后受世界潮流之刺激，觉有无限之危险。非从教育入手，断不可以求进步。乃顿起兴学之观念"。归国不久，杨月如即与他人在上海合作办学，"奠定新学之起点"，学校名为"廿二铺小学堂"。1904年1月，杨月如参与创设上海速成师范讲习所，学制半年。是年秋，大名鼎鼎的"龙门书院"改为龙门师范，杨月如负责实际筹划。民国成立后，杨月如应聘为江苏省立第一师范学校校长。1912年她还创设女子师范讲习所。②杨月如是近代中国新式教育的开拓者和奠基人之一，其所造就人才遍于大江南北。

二、科学研究

　　晚清时期留学生在海外求学，其主要任务是学得专业知识，并能顺利毕业。只有少量留学生，在留学期间发表科研论文，出版科研专著，甚至有一些科研成果的发明等。

---

① 江苏省苏州市吴江区震泽镇编纂委员会编：《震泽镇志》，方志出版社2017年版，第189页。
② 景亚南主编：《浦东早期留学人员选录 1872—1949》，上海大学出版社2016年版，第149—150页。

1. 科研著述

发表论文是最常见的科研成果表现形式。除了学位论文之外,也有个别留学生在留学期间在国外期刊上发表论文,比如留学日本的华鸿(江苏无锡人),1903—1905 年自费游学日本,1906 年 3 月以江苏省官费生再度赴日留学,同年 8 月考入千叶医学专门学校药科,1907 年 1 月在《医药学报》创刊号上发表《脑髓之进化》文章,1909 年 10 月毕业回国①;再如,王季同(江苏苏州人)1909 年任驻欧洲留学生督署随员赴英国,后入英吉利电器公司及德国西门子电机厂学习,攻读电机工程,1911 年在《爱尔兰皇家学会会报》第 29 期 A 辑发表的论文《四元函数求微方法》,是中国数学家在国际数学杂志上最早发表的论文。②

除了发表论文,还有少量留学生在留学期间出版研究专著,比如中国会计学家、中国第一位注册会计师谢霖(江苏武进人)1905 年赴日留学,在明治大学学习期间专攻商科,注重研究簿记学说,留心考察簿记实务。1906 年,他与孟森合作编纂《银行簿记学》一书,1907 年春在东京出版,该书是继《连环账谱》之后,由我国学者撰写的第二部介绍借贷复式账法的著作。1909 年获日本商学士学位后回国③。朱文鑫(江苏昆山人)获得江苏官费于 1908 年赴美国留学,入威斯康星大学,攻读天文和数理科。留学期间撰写《中国教育史》和《攀巴斯切园奇题解》,并对 18 世纪法国天文学家梅西叶所发表的 103 个星团和星云的位置进行重测,作《星团星云实测录》。1910 年毕业并获理学学士学位,留校任助教。1912 年回国④。

在国外举行的专业学术年会上宣读自己的论文,是学术交流的一个重要形式。我国植保事业奠基人之一的邹树文(江苏苏州人)1909 年进入美国康奈尔大学农学院攻读经济昆虫学,1911 年在全美科学联合年会上宣读论文《白蜡介壳虫》,为中国学生在美读宣读昆虫学论文第一人;1912 年在伊利诺伊大学研究院专攻昆虫学,在全美科学联合

---

① 曹晖:《中国药学会创始会员生平史料考略》https://www.docin.com/p-503470764.html.
② 李峰主编:《苏州通史 人物卷 下》,苏州大学出版社 2019 年版,第 54 页。
③ 郭道扬主编:《会计百科全书》,辽宁人民出版社 1989 年版,第 91 页。
④ 李峰主编:《苏州通史 人物卷 下》,苏州大学出版社 2019 年版,第 90—91 页。

会上宣读《鳞翅目幼虫毛序同源的研究》论文。[1] 能被外国学术年会邀请并宣读自己的学术论文,这本身就说明其研究成果值得学术界的重视。

2. 科研发明

将科研理论成果用于科学实践并最终成就科学发明,这也许是科研的最终目的和最高境界。晚清时期江苏出国留学生,在留学期间有重要研究成果的,有两个人值得一提。一是被誉为"工业明星"的周厚坤(江苏无锡人),他在1910年赴美国麻省理工学院学习,留美期间著有《创制中国打字机图说》一文。1915年以全美国第一个航空工程硕士的身份毕业,并发明中文打字机,被誉为"中国打字机之父"[2]。王季同(江苏苏州人)在清末留学英国期间,发明转动式变压器,并于英国申请得专利。利用留学期间来搞科学发明,这不是一般人所能做到的,这显示了部分留学生的聪明才智,更体现了其勤奋钻研的精神。

晚清中国学生知识基础十分薄弱,能在国外学校顺利毕业已属非常难得,能在国外留学期间发表论文、出版研究专著是非常少见的,能有科学发明更是罕见,这些都充分体现了江苏留学生的刻苦钻研精神。

三、参与组织

晚清时期江苏留学生在海外留学期间参与各种社团组织也是非常普遍的事情,有的参与中国人创办的各种党派性质的社团组织,如中国同盟会,有的参与中国留学生创建的各种社团组织,也有一些留学生,因在国外留学期间专业学习表现优异而被吸纳进一些外国的学术组织。

1. 加入同盟会

中国革命同盟会由兴中会、华兴会、光复会合并而成,简称同盟会,是清末时期由孙中山领导和组织的第一个全国性资产阶级革命政党,其革命宗旨是以革命手段推翻腐朽的清王朝,建立一个独立自主的新

① 中央大学南京校友会、中央大学校友文选编纂委员会编:《南雍骊珠 中央大学名师传略再续》,南京大学出版社2010年版,第325—329页。
② 陆阳:《唐文治年谱》,上海三联书店2013年版,第130页。

中国。清末江苏留日学生中,有不少人接触到同盟会之后,因感悟中国被帝国主义侵略的悲惨历史和清王朝的腐朽统治,在爱国与救国心的驱使下选择加入同盟会。比如,蔡寅(江苏苏州人)清末留学日本早稻田大学法政科,留学期间结识孙中山、黄兴、陈其美等人,遂加入同盟会,完成学业后回国①;周积芹(江苏苏州人)清末留学日本高等警察学校暨日本大学专门部法律科,在日本加入中国同盟会②;韩照(江苏无锡人)清末留学日本法政大学,加入同盟会,1911 年毕业归国③;柳伯英(江苏苏州人)1905 年奉派留学日本专攻体育专业,在东京结识孙中山,加入同盟会④;乔憩林(江苏上海人)1896 年留学日本,在日期间加入同盟会,1901 年回国⑤;顾实之(江苏常州人)清末留学日本,获日本帝国大学法学、文学学士学位,在日本参加同盟会⑥;俞剑华(江苏太仓人)1903 年至 1906 年留学日本,期间加入中国同盟会⑦。从上述事例可以看出,清末留日学生中,有不少人是因接触同盟会的组织者孙中山才加入的同盟会。同盟会成立的地点及主要活动场所在日本东京,因而留学日本的学生特别容易接触同盟会的活动及其思想宣传。尤其是留日学生有学习不忘爱国的传统,民族情感比留学欧美的学生更胜一筹,因而留学期间加入同盟会的主要是留日学生。

2. 参加中国留学生社团

在血缘、地缘、学缘等基础上集会结社,这本是我国宗法社会的传统,国内各种同乡会、联谊会比比皆是,其功能主要为联结家族、乡土情谊与利益。戊戌以来,打破传统宗法、区域观念,传播新思想、新观念、新知识,弘扬群体、民族、国家的新学会开始兴起,国内新知识群体成为其中的主导力量,作为新知识阶层精英的留学生群体,耳濡目染西方学生团体发达的情形,更出于联络各地学子砥砺学识、凝聚民族群体意

---

① 李峰主编:《苏州通史 人物卷 下》,苏州大学出版社 2019 年版,第 41—42 页。
② 江苏省苏州市吴江区震泽镇志编纂委员会编:《震泽镇志》,方志出版社 2017 年版,第 199 页。
③ 陈玉堂:《中国近现代人物名号大辞典 续编》,浙江古籍出版社 2001 年版,第 306 页。
④ 李峰主编:《苏州通史 人物卷 下》,苏州大学出版社 2019 年版,第 116 页。
⑤ 景亚南主编:《浦东早期留学人员选录 1872—1949》,上海大学出版社 2016 年版,第 141 页。
⑥ 赵贤德:《现代语言学家苏培成》,汕头大学出版社 2021 年版,第 226 页。
⑦ 张明观、张慎行、张世光编:《南社社友图像集》,上海人民出版社 2019 年版,第 428 页。

识、寄托漂泊海外的情感需要,加上留学人数的日益增多,在组织成员上也具备组织团体的条件,于是纷纷自发组织了各种学生团体。很多江苏留学生也成为其中的成员。

中国留美学生创建和参与留学生社团非常频繁,他们之所以热衷于组织社团生活,与江苏川沙县人(今属上海)朱庭祺有一定的关系。朱庭祺1906年留学美国,入哈佛大学深造,留美期间积极创办学生团体,1910年秋成立了留美学界的第一个学术社团——中国学会留美支会,并编印有关刊物。在1911年6月出版的《庚戌年留美学生年报》,刊有朱庭祺的《美国留学界》一文,他在文中说:"美国学堂及美国社会之最有影响于我国留学生者,是美国人之团结力及美国学生之团结力,即以哈佛大学一校而论⋯⋯文学有会、运动有会、出报有会、专门有会、演戏学有会、宗教有会,以至同省及旧同学等皆有会。有会故有事业,有事业故学堂有美国精神、学生有生气。有精神有生气,故五六千人对学堂有爱校之心,对同学有同学之谊。故爱校之心及同学之谊,真美国学堂之特色,非吾国学堂之学生所能膜想者也。"①由此可以看出,他积极创办中国留学生社团,是由于受美国精神的影响,是美国人的"团结力"培养了中国学生的团结力。朱庭祺本人在留美期间被选为中国留美学生联合会主席。此后,中国留美学界社团如雨后春笋般地层出不穷。江苏留学生或参与学生社团组织的创建,或成为其中的一员。比如,吴家高(江苏苏州人)1907—1914年留学美国,留美期间曾任中国学生会会长、会计,世界会、青年会职员及铁路会会员,《留美学生月报》经理②;朱文鑫(江苏昆山人)1908—1910年以江苏官费留学美国威斯康星大学攻读天文和数理科,获理学学士学位,留美期间被选为中国留美学生会会长③;程义藻(江苏苏州人)1909—1914年庚款留学美国康奈尔大学,留美期间为中国留美学生会职员;程义法(江苏苏州人)1909—1914年庚款留学美国期间被推为中国留美学生会会长。此外,留学生还成立一些专业性较强的学会,如清末留美学生成立了中国学

---

① 景亚南主编:《浦东早期留学人员选录 1872—1949》,上海大学出版社2016年版,第11—12页。
② 李峰、汤钰林编:《苏州历代人物大辞典》,上海辞书出版社2016年版,第316页。
③ 李峰主编:《苏州通史 人物卷 下》,苏州大学出版社2019年版,第90—91页。

生农学会,陆宝淦(江苏常熟人)1909 年庚款留学美国,1913 年获伊利诺伊大学农科学士学位,次年获哥伦比亚大学土壤化学科硕士学位,留美期间 1910 年即成为伊利诺伊大学中国学生农学会首批会员。[1]

　　欧洲各国政治体制、社会结构、风俗人情、意识形态并不一致,体现在留学生身上,也相应具有不同的风貌。端方认为:"留德学生冷而傲,留法学生热而嚣,留英学生温而严谨。"[2]虽然留学欧洲不同国家的学生都有自己的独特之处,但他们也有一些共同特征,比如他们积极组织学会团体,发行刊物,联络情谊,提高学术,活跃留学氛围。因欧洲国家较多,留欧学生比较分散,在此主要以江苏留英学生为例。留英学生较早建立的学生社团是在伦敦组织建立的"留英学会",该学会设有俱乐部,宗旨以联络情谊、交换智识为要。学会由会员热心捐输而成,凡入会者,每年捐会费两镑,而非会员不得来学会享受利益,仅可偶尔参加活动。学会章程虽"明订与政治问题无涉",实际上他们非常关心国内外政治事件,常因政治见解不同而引起冲突。[3] 除了留英学会,"留苏中国学生会"也较出名。1908 年,在苏格兰爱丁堡大学有中国学生 11 人,格拉斯哥大学有中国学生 16 人,是年春,两大学中国留学生联合成立"留苏中国学生会",以王兼善(爱丁堡大学,江苏上海人)为总书记,林汝耀(格拉斯哥大学,江苏金坛人)为副书记。其活动宗旨有八项:一、竭力援助从祖国来苏格兰者;二、为来苏者访寻妥当寓所;三、详细介绍有关学校情形;四、为之介绍中国学生及其他英国友人;五、作为中国留学生的团体之一;六、有要事开会沟通,发表意见;七、每年年终举行大集会,宴饮留影;八、学生会寄活动报告或摄影照片给各地团体,以结交友谊。学生会活动经费由会员自愿捐助。[4] 这个学会主要目的是为欲来、初来苏格兰留学的学生提供相应服务,很少有集体的日常活动。为向国内学子介绍苏格兰高等学校的情况,当年林汝耀等人"就各人所肄业、所

---

[1] 李峰、汤钰林编:《苏州历代人物大辞典》,上海辞书出版社 2016 年版,第 481 页。

[2] 李喜所主编:《中国留学通史　晚清卷》,广东教育出版社 2010 年版,第 293 页。

[3]《记事·欧美留学界》,《教育杂志》第 2 年第 8 期(1910 年 9 月 13 日);《留英中国学生代表会议摄影》,《教育杂志》第 3 年第 3 期(1911 年 4 月 8 日)。

[4]《教育》,《东方杂志》第 2 卷第 11 期。见李喜所主编《中国留学通史　晚清卷》,广东教育出版社 2010 年版,第 294 页。

阅历可以为来学助者,类集条分",编成《苏格兰游学指南》并在国内发行,为国内学子的出国留学作了重要的参考准备。

清末时期,江苏留日学生在日本创建了多个留学生社团组织,比较出名的如 1903 年在日本东京成立的"留日江苏同乡会"。至 1903 年时,江苏籍的留日学生已有 100 多人,当年 1 月,江苏留日学生钮永建、史久光、秦毓鎏、叶澜、汪荣宝、张肇铜等人,与 10 多名来自横滨的江苏商人一起,在东京召开"中国留日学生江苏同乡会"成立大会,会上通过了《江苏同乡会公约》。《公约》规定"以厚笃乡谊,培进人格,开发本省之文明事业,以共谋本省之乐利为宗旨",机构设出版、调查、教育、实业 4 部;职员分事务员、监察员、评议员 3 类,都由投票公举,半年改选,连举者连任。会务包括 7 个方面:救助会员在东洋遇疾苦者;救助会员无故受人侮辱及遭不测者;纠正会员有失德者;招待乡人将到东洋者;扶助指导担保会员入学校者;为年幼会员照料经理;为内地乡人访事购物。经费有常年捐、特别捐、募、公捐 4 种。会员每季各开大会一次,春秋季为恳亲会,夏冬季为谈话会。该会本部设在东京神田区骏河台铃木町 18 番地中国留学生会馆内,并逐渐在各府、州、县建立支会。[①] 该会还决定由该会出版部编辑出版《江苏》杂志。

与留学欧美学生不同的是,留学日本的学生成立政治性较强的革命团体较多。1900 年,东京留日学生成立了第一个团体"励志会",开留学界创设团体之先例。该会以"联络感情,策励志节"为宗旨,其纲领是:"研究实学,以为立宪之预备;养成公德,以为国民之表率;重视责任,以为办办之基础。"江苏籍留日学生杨荫杭、雷奋、杨廷栋等都参加其中。1902 年成立于日本东京的"东京青年会"是清末留日学生第一个具有革命倾向的小团体,由秦毓鎏(江苏无锡人)、张继、叶澜、陈独秀等人发起,"以民族主义为宗旨,以破坏主义为目的",编刊《法兰西革命史》《中华民族志》,鼓吹进行反清的民族革命,会员共计 20 余人,多是早稻田大学的学生。1903 年其主要成员加入了拒俄义勇队。江苏留学生参与发起或加入东京青年会的比较多,比如秦毓鎏便是主要发起

---

① 蔡鸿源、徐友春主编:《民国会社党派大辞典》,黄山书社 2012 年版,第 257—258 页。

人之一。秦毓鎏1902年留学日本早稻田大学政治科,1902年6月,清政府驻日公使蔡钧禁止各省自费学生学习陆军,引起江苏留日学生吴敬恒(江苏常州人)等人不满,于是进入东京使馆与公使蔡钧争闹,蔡钧唆使日本警局将吴敬恒等人强行押解回国。此事激起了中国留日学生的强烈公愤。吴敬恒的常州府同乡、早稻田大学的留日学生秦毓鎏"与诸同学诣公使馆诘问,再三往,拒不见,且使日警署加以逮捕,毓鎏愤焉。……于是叹异族之压制,而时事日非也,乃与张继、叶澜等创青年会"。秦毓鎏后又接任《江苏》杂志总编。青年会是留日学生中第一个明确表明反清革命的激进学生组织,为反对沙俄侵占东北,发起组织拒俄义勇队,继而从事反清活动。① 除了秦毓鎏、吴敬恒之外,清末留学日本的江苏学生吴传绂(江苏苏州人)、汪荣宝(江苏苏州人)都在1902年参与创建东京青年会。江苏留日女学生也积极成立社会团体,如胡彬夏(江苏无锡人)1902年留学日本,在日求学期间,适逢日俄战争爆发,胡彬夏等留日女生成立了女性自己的组织"共爱会",支持国内的"拒俄运动"。②

留日学生成立文艺团体的也比较多,比如吴我尊(江苏武进人)1906年公费留学日本东京高等商业学校,学习经营管理,迷上日本流行的新剧(话剧),后与李叔同、曾孝谷等创办春柳社,以演艺改良社会。1907年6月1日演出《黑奴吁天录》,借美国黑人的不幸遭遇警俗劝世,曾轰动日本。吴我尊在剧中扮演威立森、黑奴、醉客等角色。接着,又与欧阳予倩、陆镜若等同台合演《热泪》《桑园会》《鸣不平》等剧目,在日本产生了重要影响。③

四、创办报刊与译述书籍

1. 创办报刊

早期江苏留日学生创建的比较有影响的期刊是《译书汇编》。1900年12月6日,杨荫杭、雷奋、杨廷栋、周祖培等江苏留日学生主持创办

① 徐诚东、徐辉强:《无锡旅情》,江苏凤凰文艺出版社2021年版,第90页。
② 陆阳、胡杰主编:《胡彬夏文集》,线装书局2014年版,第191—192页。
③ 虞新华主编:《武进掌故 上》,中国文史出版社2000年版,第54页。

了《译书汇编》。《译书汇编》的宗旨是"采择东西各国政治之书","务播文明思想于国民"。该刊主要译介欧美与日本的政法学术名著,冯自由在《革命逸史》中对该刊有较为详细的介绍:"留学界之有志者尝发刊一种杂志,曰《译书汇编》,庚子下半年出版。江苏人杨廷栋、杨荫杭、雷奋等主持之。杨、雷亦励志会会员。此报专以编译欧美法政名著为宗旨,如卢骚之民约论,孟德斯鸠之万法精理,约翰穆勒之自由原论,斯宾塞之代议政体,皆逐期登载。译笔流丽典雅,风行一时。时人咸推为留学界杂志之元祖。自后各省学生次第倡办月刊,吾国青年思想之进步,收效至巨,不得不谓《译书汇编》实为之倡也。"[1]该刊虽不直接面对中国现实,却介绍宣传了近代先进的个人自由与政治民主等思想,对闭塞落后的中国民众具有重大的启蒙意义。其社员多来自"励志会",而励志会"研究实学""重视责任"的精神始终贯穿于《译书汇编》的编集过程之中。译书汇编社的成员,不少是江苏人,且大多是东京专门学校的学生,如杨廷栋、杨荫杭、雷奋、周祖培等均是。杨廷栋即是卢梭《民约论》的译者。[2] 译学汇编社译刊书籍对当时的革命思想传播有很大影响。梁启超在《清议报第一百册祝辞并论报馆之责任及本馆之经历》中评论当时(1901年)的译书汇编社时说:"今春以来,日本留学生有《译书汇编》……等之作。《译书汇编》至今尚存,能输入文明思想,为吾国放一大光明,良好珍诵。"[3]

　　1901年5月10日,杨荫杭、雷奋、杨廷栋等江苏留学生又参与东京《国民报》的编辑出版工作。这是留日学生中第一个有着比较鲜明的反清革命色彩的刊物,由秦力山(江苏吴县人)创办并任总编辑。1901年4月,秦力山"联络戢翼翚、沈翔云等人,在孙中山资助下,创办留日学界第一份革命刊物《国民报》(月刊),自任总编辑。该报大倡革命排满学说,措辞激昂,每期输入上海逾2000份,影响及于东南各省。还组织国民会小团体,其宗旨在宣扬革命、仇满两大主义,拟运动海外华侨与

① 冯自由:《革命逸史》初集,中华书局1981年版,第99页。
② 邬国义:《历史的碎片 国义文存 第2集》,上海人民出版社2016年版,第334页。
③ 梁启超:《饮冰室文集类编 上》,(东京)下河边半五郎1904年发行,第794页。

内地志士联合一体,共图进行"①。1901 年 8 月,该刊第四期发表《亡国篇》,大胆地提出"一国可以无君却不可以无民",尖锐地号召,满清政府对中国人民"既奴之二百余年矣,则必荡涤其邪秽,斩绝其根性,斩之以刃,荡之以血,夫而后可以言治也"。该期还发表了章太炎的《正仇满论》,更鲜明地将尖锐的攻击矛头指向满洲贵族与清政府。

1903 年 1 月,江苏留日学生在东京召开"中国留日学生江苏同乡会"成立大会,会上通过了《江苏同乡会公约》,决定由该会出版部编辑出版《江苏》杂志,由秦毓鎏、汪荣宝、张肇铜等人主持,秦毓鎏任总编辑,参与编辑、撰稿的有陈去病、金松岑、柳亚子、丁祖荫、刘光汉、张肇桐、黄宗仰、丁文江、汪荣宝等人。1903 年 4 月 27 日,《江苏》杂志在东京创刊,第一期出版,设有社说、学说、时论、译丛、小说、记言、记事等栏目。该杂志是宣扬爱国主义精神和民主革命学说的一份期刊,旨在报道国内外的新现象、新思想,积极地宣扬新民主与革命,每册 50 余页。该刊以政论为主,除自撰的文章外,也译载日本报纸对中国时局的评论,曾发表过何香凝所写的《敬告我同胞姊妹》和柳亚子以亚卢凡笔名所写的《中国立宪问题》《台湾之百年史》《续史界尘录感赋》《磨剑室读书记》《郑成功传》等。②《江苏》使用黄帝纪元而不是满清王朝的年号,除在日本东京、神户、横滨等地发行,还在上海设立总经售处,在江苏与国内其他一些城市设立分售处,在当时如雨后春笋般涌现的留日学生刊物中独树一格,很快吸引了江苏各地的知识阶层,特别是青年知识分子的加入。虽然江苏留日学生后来分化为两派,但《江苏》杂志一直掌握在反清民主革命者手中,高举反清民主革命的大旗。在 1903 年 6 月第三期以后的《江苏》杂志,列在卷首的图画,尽是宣扬汉族历史与反清的英雄人物,并在这些像后附以鲜明的反清文字。《江苏》第三期发表《政体进化论》,满怀信心地预言:中国在"二十世纪中,必现出一完全无缺之民族的共和国"。《江苏》第四期发表陈去病(江苏苏州人)写的社说《革命其可免乎》,以种种事实揭露清政府的内外反动政策,论证

---

① 湖南省地方志编纂委员会编:《湖南省志 第 30 卷 人物志 上》,湖南出版社 1992 年版,第 714 页。

② 杨力:《海外华文报业研究》,燕山出版社 1991 年版,第 193 页。

中国的革命不可避免，文章的结尾是两句气势磅礴、激动人心的诗句：
"满珠王气今已无，君不革命非丈夫！"该期《江苏》还发表了杂剧《新中
国传奇》，别出心裁，借在戊戌政变中被清廷杀害的谭嗣同之口说："革
命，革命！自由，自由！"热情赞颂了正在上海遭受迫害的反清革命志士
邹容、章太炎，热烈鼓吹反清民主革命。1903年7、8月间，秦毓鎏、钮永
建、陈去病等人热心于革命，无意留学，于是从日本回国，投入反清革命
的实际斗争中去。在秦毓鎏等人回国后，《江苏》杂志继续高举反清民
主革命大旗。1903年9月，《江苏》第六期发表柳亚子（江苏苏州人）的
《中国立宪问题》，批判流亡海外的康有为等人迷恋清廷的立宪改革，主
张暴力反清革命。《江苏》一直到1904年3月17日停刊。它传播的民
主革命思想在江苏各地发生了广泛的影响。

杨延栋、杨荫杭等江苏留日学生不仅为《译书汇编》《国民报》《江
苏》等刊物编辑撰稿，而且还为创办于国内的刊物《励学译编》译介文
章。《励学译编》是我国早期的翻译刊物之一，1901年4月由包天笑（江
苏吴县人）创刊，也是苏州第一家刊物。励学译编社成员大都是苏州地
区人，具有地方性团体的特点。值得注意的是励学译编社与日本留学
生及《译书汇编》的联系。据包天笑回忆说："那时有几位朋友，留学日
本，我们常与他们通信。并且苏州设立了日本邮便局，我们常委托他们
邮寄书报，在文化交通上较为便利""那时中国政府派出去的留学日本
的很不少，而自资留学者也很多。我们所认识的有杨廷栋、周祖培诸
君，他们都是学法政的。"在创办刊物时，"我们这一群朋友中，便与这班
留日学生联络起来，常常通信。他们在书信中，告诉我们种种事情"①。
这里所说的杨廷栋、周祖培（江苏苏州人）等人都是早期的江苏留日学
生，1899年即留学日本。励学译编社与他们相互熟悉，有着经常的通
信与业务上的联系，不仅《励学译编》上的译著大半是译自日文，他们在
日本所设的代售处即是东京《译书汇编》发行所。

留美学生中比较有影响的刊物是《留美学生季报》，它的创建与发
展也与江苏籍留学生息息相关。自1909年起，留美学生自发组织了学

① 包天笑：《钏影楼回忆录》，中国大百科全书出版社2009年版，第197页。

生会并开始主办《美国留学报告》杂志,1911 年 6 月更名为《留美学生年报》(1912 年空缺一期),1914 年 3 月再次更名为《留美学生季报》,每年一卷,分春、夏、秋、冬四个季号出版。刊物在美国编辑,然后邮送国内并在上海出版,由中华书局发行,后于 1917 年改由商务印书馆印行,直至 1928 年停刊。这份刊物既是中国国内了解美国社会及西方文化的窗口,同时也是留美学生讨论中国问题及展开中西思想文化比较的重要阵地。朱庭祺(江苏川沙人)曾明确指出创办此刊物的宗旨,乃在于"使国内人略知美国及留学界情形,故一年一报而用中文"[①]。《留美学生季报》有编辑部总编辑一名和数名编辑(亦称撰述)、干事部主干一名和数名干事,第一任总编辑是江苏无锡人胡彬夏,她和后来成为其丈夫的留美学生朱庭祺(江苏川沙人)均曾在《年报》第一期上撰文,分别介绍留美学生及其组织的情况。《年报》《季报》的主要撰稿人有江苏武进人洪深等,总干事有江苏丹徒人贺懋庆(1914)、江苏无锡人过探先(1915)等。[②]

由于清末江苏留日学生与留美学生相对多一些,尤其是留日学生因与中国距离较近,对国内信息了解较多,再加上孙中山等革命党人以日本为宣传革命思想的主要场域,因而留日学生接受爱国革命思想宣传的机会也多,创办报刊尤其是具有政治性倾向的革命刊物较多。而晚清时期留学欧美地区的江苏留学生相对较少,再加上欧美地区距离中国较远,留学生对国内时事关注较少,因而在创办刊物方面也相对较少,充满革命火药味的政治性较强的刊物更少。

2. 译述书籍

江苏留学生除了参与创办报刊,也亲自撰写或翻译一些著名作品。清末留学生译介书籍最多的当数留学日本的范迪吉(江苏苏州人)。范迪吉在清末留学日本,1905 年毕业于日本同仁医学校,留日期间,他翻译了大量日本书籍。有学者指出:"清末翻译日本书籍最多的留日学生是范迪吉,他在日本成立了东华译社,主持翻译了《普通百科全书》,其

---

① 周宁:《中外文学交流史 中国—美国卷》,山东教育出版社 2015 年版,第 95 页。
② 《〈留美学生季报〉及其相关情状——解读民国时期留美学生创办的刊物》,《嘉兴学院学报》2006 年第 18 卷第 S1 期,第 244 页。

原本分别是日本富山房的初级读物、中学教科书和大学的教学参考书，按政治、法律、哲学、历史、地理、数学、理学、工学、农学、经济学、山林学、教育学分类，以三个系列由浅入深地编排。"①范迪吉在翻译书籍的过程中得到了较多江苏同乡的支持和帮助。学者黎难秋在《中国科学翻译史》中对范迪吉及其同人的译书情况作了更为详细的介绍，他指出，由于1903年会文学社出版了"普通百科全书"的100种日文译书，因此，该年成为清末期间出版日文译书最多的一年。会文学社得以在一年内出版100种译书，最大的功劳应归于当时的中国留日学生范迪吉。范迪吉应会文学社之请，负责编译此100种书籍。为此，他在日本还专门成立了东华译社，自任总译述。编辑则有江苏长洲人（今属苏州）黄朝鉴、江苏元和人（今属苏州）李思慎、鄞县张振声、江苏上元人（今属南京）顾福嘉等人。另有校阅上元人（今南京）顾厚煜、长洲人（今苏州）郑绍谦。李思慎在"普通百科全书"的序言中称，范迪吉"以一人一手，更数寒暑，译录百科之巨册"。据此可知，编译此100种书籍主要出自范迪吉一人之手。上述其他人氏仅负编辑、校阅之责而已。关于该全书翻译出版的意义，郑绍谦在"普通百科全书"的序言中提出，以往同文馆、江南制造局翻译馆所译诸书，只是"一麟一角，貌豹未全"，"夫百科书，东邦巨籍也，亚欧菁英于斯荟萃，今发见于中国，则东西文明之程度虽足尽其蕴，固已有学皆臻，无科不备，可以研精，可以互证"。同文馆出版的译书仅数十种，品种少，且质量不高。制造局翻译馆出版译书一百八十余种，但品种主要涉及兵工、军事、测量及化学、化工类。与它们相比，会文学社此套"普通百科全书"遍涉哲学、自然科学、社会科学及实业诸领域的许多学科，且近三分之二选自日本的大学教科书。因此，品种较全、内容较深是"普通百科全书"的两个特点。总之，1903年时范氏致力译介此套"普通百科全书"，对于国人了解西方近代科学是有很大意义的。②

在译述方面有较大贡献的还有许多，比如，有"工科翰林"之称的清末民初知名实业家季新益（江苏海门人），1900年留学日本名古屋工业

① 郭蔚然：《晚清汉译历史教科书研究》，光明日报出版社2021年版，第50页。
② 黎难秋：《中国科学翻译史》，中国科学技术大学出版社2006年版，第333页。

大学高工色染科。在日留学期间，积极给留日江苏同乡会创办的《江苏》杂志撰稿，1902年翻译了由开明书店出版的《普通选举学论》，向国人传播日本的选举制度；1903年又翻译了《教育学原理》，明确提出"教育学者，论究所以教导人之科学也。科学者，谓就一特殊事实，精密观察之，明确解说之。……教育学者，研究教育之目的及其方法之科学也"，对教育学作了明确的定义。其翻译的《教育学原理》在当时影响很大，成为师范学校的教科书。他强调教育学学科的独特性，主张站在教育学的立场去吸收相关学科的成果。①

江苏无锡人杨荫杭（杨绛之父）在为《译书汇编》《国民报》《江苏》编辑撰文的同时，也翻译了部分外国书籍。据考证，现存署名为杨荫杭的译述有两部：一部为日本加藤弘之《物竞论》的中译本，另一部为《名学》。《物竞论》以"生存竞争、优胜劣汰"的进化论来否定"天赋人权"，其巧妙融合了日本经验的西方朴素法政思想，让强权观念不断刺激着渴望拥有实权的人，颇有"王侯将相宁有种乎"的味道。在翻译过程中，杨荫杭常感叹此书"其义富，其词危，务使人发奋图强以图进取"。《名学》则是杨荫杭在读书之余，将日文版西方逻辑学之著作与中国典籍的典故相结合编译而成的。由此，杨荫杭认为"名学"即"推理之学及推理之术"，还曾把名学称为"学问中之学问，智门之键、哲理之冠、智力之眼、心意之灵药、智海之明灯、真理发见之技术"。《名学》加深了以往民众对西方制度的浅显认知，将民众的注意力更集中在思想和精神层面。② 杨荫杭通过译书著述的方式，从深层次的视角探讨西方强大之原因，并且鞭策国民救亡图存，可谓视角独特且一针见血。

同样为《译书汇编》《国民报》《江苏》编辑、撰文、翻译做出突出贡献的还有杨廷栋（江苏苏州人），他在1898年以南洋公学中院官费生留学日本早稻田大学法政科，留学期间加入励志会，于东京创办《译书汇编》月刊，又与秦力山、沈云鹏等创办《国民报》，1902年翻译《路索民约论》，为卢梭《社会契约论》第一个完整中译本。杨廷栋翻译的《民约论》是晚清士人借以了解卢梭理论的主要书籍，也是刘师培社会契约思想

① 陶建明：《工科进士实业家季新益》，《钟山风雨》2021年第2期，第29—31页。
② 沈玮玮：《悠然见南山：中国法律史释疑50例》，华南理工大学出版社2022年版，第261—262页。

的主要来源。杨廷栋根据日本人原田潜的《民约论覆义》译出了《路索民约论》,其译文以直译为主。该译本 1900—1901 年连载于《译书汇编》,但未译完。杨廷栋的译本在当时风靡一时,刘师培称:"吾国学子,知有'民约'二字者,三年耳,大率据杨氏廷栋所译和本卢骚《民约论》以为言。"①杨译本一出,引无数文人学者竞相研读,视之为救国良方。刘师培的《中国民约精义》就是在杨译本《民约论》的影响下,结合中国思想精华形成的一部奇作。刘师培在《中国民约精义》中毫不掩饰其对杨译本《民约论》的信服与欣赏。

仅从上述季新益、杨荫杭、杨廷栋三位江苏留日学生的译述可以看出,在清末中国立宪运动、反清革命运动高涨的时代,在各种西方思想交错汇集的日本,江苏留日学生的著译工作为国外民主思想及各种专业知识传入中国做出了重要贡献,为清末的民主革命、新式教育的社会转型提供了重要的学术依据。

五、留学期间的爱国活动

在晚清最后的十余年中,社会动荡不安,既有外国侵略问题,也有国内反封建的政治问题,无论是民族革命还是民主革命问题,对海外留学生的冲击都很大,尤其是留日学生反应更为明显。在民族情感和民主思想的驱使下,海外留学生的爱国活动层出不穷。在此仅以留日学生参与的"拒俄运动"和支持国内的辛亥革命作为重点进行论述,以此窥豹一斑。

1. 在日本参加"拒俄运动"

1903 年 4 月,俄国撕毁中俄《东三省交收条约》,并提出七项无理要求,中国人民为此集会、游行、通电以表示反对,拒俄运动爆发。上海中国教育会、爱国学社和广大群众召开拒俄大会,会上决定成立上海拒俄义勇队,蔡元培还宣读了东京留日学生的来电,并复电东京留日学生表示支持。后北京、武昌等地学生集会抗议,罢课示威。在日本的留学生召开 500 余人的抗俄大会,会后成立了"拒俄义勇队",每日操练不懈,

---

① 狄霞晨:《博学于文:中外思想学术交汇下的刘师培文论》,广陵书社 2021 年版,第 219—220 页。

准备回国参加斗争,并派代表回国活动,要求政府出兵拒俄,表示愿"为火炮之引线,唤起国民铁血之气节","宁为亡国鬼,不为亡国人"。

留日江苏同乡会在创办《江苏》杂志时,正逢拒俄运动掀起。1903年4月29日,秦毓鎏与钮永建等人在东京组织一些留学生,成立"拒俄义勇队";5月2日,将"拒俄义勇队"更名为"学生军",拟以军事行动抗俄,推钮永建为区队队长。5月10日,议决派遣钮永建、汤尔和为特派员,回国请见直隶总督、北洋大臣袁世凯,请其主战,推举秦毓鎏等8人起草特派员"北行公约"。5月11日,秦毓鎏等人再将"学生军"更名为"军国民教育会"。1903年7月5日,钮永建回到东京,向"军国民教育会"全体大会报告北洋之行,此次大会上还宣读了秦毓鎏起草的《发起军国民教育会意见书》,明确宣布将"军国民教育会"的原订宗旨"实行爱国主义",改为"养成尚武精神,实行民族主义",即反清民族民主革命。江苏留学生加入"拒俄义勇队"的很多,除了上述提及的留学生之外,比如,上文提及的吴传绶1902年在东京参与发起成立中国留日学生第一个革命团体"青年会",1903年参加拒俄义勇队、学生军,转入军国民教育会;华鸿1903年5月2日参加留日学生组织的"拒俄学生军",分在乙区队三分队①;彭敏伯(江苏苏州人),清末留学日本弘文书院、千叶医药专科学校,留日期间1903年参加拒俄义勇队,转入留日学生军事本部办事,1908年加入中国药学会。② 姑且不论拒俄运动成效如何,江苏留学生积极参与拒俄运动,在民族大义面前,救亡图存、舍生忘死、勇敢面对,体现的是强烈的爱国情怀,这一点是毋庸置疑的。

2. 支持国内辛亥革命

国内爆发辛亥革命时,不少海外留学生以各种形式支持国内运动。尤其是距离中国比较近的留日学生,他们在参加国内一些革命运动后,又很快返回日本留学。比如,1903年由京师大学堂派赴日本留学的王曾宪(江苏南汇人),先在东京第一高等学校读书,后升入东京帝国大学医学专业学习。武昌起义时,留日学生积极行动,组织了"留日医药界红十字团"回国参加救护活动,并制订出《中国红十字会留日医药界红

---

① 曹晖:《中国药学会创始会员生平史料考略》https://www.docin.com/p-503470764.html
② 李峰、汤钰林编:《苏州历代人物大辞典》,上海辞书出版社 2016 年版,第 906 页。

十字团章程》,1911 年 11 月 18 日,该团在团长王曾宪带领下由东京启程,19 日在横滨登上"博爱丸"号轮,11 月 26 日到达上海。该团先后分队到镇江、湖南、江北等前线,开办临时医院,救护伤兵。1912 年 2 月之后,该团学生回日本继续其学业。[1] 再如,1905 年经两江总督端方考试录取公费送往日本留学的许汉珊(江苏泰县人),先在东京明治大学附中读书,后进千叶医科大学学习。留日期间 1911 年辛亥革命爆发,留日医业同学组织红十字救护队归国救护,当时参加救护的共一百多名留日医业同学,分成两个队,一队赴临淮关,一队赴长沙,许汉珊编在长沙队。救护结束后,全体同学仍返校读书。[2] 作为医学专业的留学生,奔赴国内战场,主要通过医学专业知识,为前线受伤将士服务。像上述王曾宪、许汉珊这样积极参与国内辛亥革命的例子举不胜举,因篇幅关系不再多赘。

江苏留学生的爱国活动,是典型的读书不忘爱国的表现,体现的是中国学子在民族大义面前、在大是大非面前,不畏困难、舍生忘死、勇于奉献的爱国精神,这种民族情怀,尤其在海外留学生身上表现得淋漓尽致,江苏留学生的爱国活动只是其中的一个缩影。

第四节　江苏留学生的归国贡献

晚清民国时期,江苏留学生或取经于西方,或探宝于东瀛。归国之后,有的利用自身优势传播中外文化,有的通过丰富学识为科学发展建功立业,有的在政治上献计献策,有的为经济发展呕心沥血。他们顺应了中国社会进步的需要,推动着中国及江苏社会政治、经济、文化教育的发展。由于江苏归国留学生人数较多,如果从服务全国的角度来探讨,则势必长篇累牍,由于篇幅关系,在此仅以晚清时期江苏留学生归国后对江苏本省的服务为重点,包括政治、教育、医学、经济等几个方

---

[1] 景亚南主编:《浦东早期留学人员选录　1872—1949》,上海大学出版社 2016 年版,第 151 页。
[2] 中国人民政治协商会议江苏省扬州市委员会文史资料委员会:《扬州史志资料 第 7 辑》,1988 年版,第 136—137 页。

面,来考察江苏留学生归国后的贡献情况。

一、返乡从事政治建设

晚清时期,江苏留学生的返乡从政情况主要包括两个方面,一是参加政治革命情况,尤其是在辛亥革命中的表现;二是归国后从事行政工作,主要以在江苏本省从事行政工作来进行重点分析。

1. 归国后参加辛亥革命

辛亥革命时期,江苏籍留学生赵声、翁之谷、蔡绍忠等人都积极响应并参加起义行动。中国近代民主革命运动的先驱者赵声(江苏丹徒人)1901年秋考入江南水师学堂,毕业后赴日留学,其间结识黄兴、何香凝等人。1903年2月再次东渡日本考察,回国后任南京两江师范学堂教员和长沙实业学堂监督,积极宣传革命思想。课余时间秘密创作《保国歌》,这是一篇以诗歌为载体的资产阶级民主革命宣言书。1905年秋入江南新军,先后担任参谋、教练、管带、标统等职。1906年加入同盟会后,倾力培植革命力量。1910年担任总指挥领导广州起义,史称"庚戌广州新军之役"。1911年担任总指挥领导革命党人士第三次广州起义即"黄花岗之役"。广州两次起义均失败,忧愤成疾,在香港病逝。民国元年被南京临时政府追赠为陆军上将[①]。翁之谷(江苏常熟人)1905年被陆军部奏派留学于日本东京陆军士官学校第四期炮兵科,1908年毕业,赏陆军炮兵科举人,授协军校衔,出任江苏新军第九镇管带。1909年调军咨处,派任九镇正参谋官,与九镇统领岳父徐绍视起兵响应武昌起义[②]。蔡绍忠(江苏宿迁人)1903年赴日本留学,1909年由士官学校毕业归国,受陆军步兵科举人,后返鄂充督练公所兵备处炮兵科科员。辛亥年,委管理湖北敬慎库军火之责。自此与同志者往还密谋,武昌起义时,任民军第三协统领,继调军务部副部长,对武昌起义的贡献较为卓越。[③] 仅从上述三位留学生就可以看出,江苏留

① 中共芜湖市委党史研究室编:《先驱的足迹 芜湖革命史党员干部教育读本》,安徽师范大学出版社2014年版,第197—198页。
② 李峰、汤钰林编:《苏州历代人物大辞典》,上海辞书出版社2016年版,第820页。
③ 湖北省地方志编纂委员会:《湖北省志人物志稿 第4卷》,光明日报出版社1989年版,第1770页。

学生在广州起义、武昌起义中出谋划策、积极参与,贡献良多。

江苏留学生在辛亥革命中为江苏地区,如太仓、南京、无锡等地的光复行动都做出了杰出贡献。在辛亥革命中,三位太仓籍留学生冯平、闻天斋、俞剑华一致行动,对于光复太仓起了重要作用。冯平(江苏太仓人)1905年东渡日本,留日期间受孙中山影响并加入同盟会,结识了很多民主革命先辈,经常在一起鼓吹革命,1909年遭到清政府追捕。1911年武昌起义成功,冯平和俞剑华集合青年群众二三百人冲进州县衙门,逼令交出印信,宣布太仓光复。① 与冯平一起参与太仓光复活动的还有闻天斋(江苏太仓人),他也是在清末留学日本,参加中国同盟会,1912年与冯平创建万国统一天民党,以扶持人道主义、增进道德、提倡民生、谋社会最大福利为宗旨,后任国民党太仓县党部负责人②。俞剑华(江苏太仓人)1903—1906年留学日本,加入中国同盟会,1906年归国,历任上海《民国日报》等编辑。武昌起义爆发,奉命返回太仓策动光复事宜,声威大振。③ 三位太仓籍留学生在光复太仓及反封建的民主革命中做出了重要贡献。

江苏籍留学生沈同午、柳伯英、闵仲谦等人在辛亥革命中积极参加南京地区的光复行动。辛亥革命起义军官沈同午(江苏常熟人)1904年赴日留学,1907年毕业于日本陆军士官学校第五期,回国后分发至江苏第九镇新军,任正参谋官。1911年武昌起义爆发后,沈同午率兵起义,守卫南京雨花台。南北和议后,任职于北京陆军部,晋级为少将。④ 柳伯英(江苏苏州人)1905年奉派留学日本并专攻体育专业。在东京结识孙中山后加入同盟会。回国后,曾任南京实业学校教员,不久在上海设立中国体操学校,收罗有志青年,灌输革命思想,辅以军事训练,以为革命之准备。辛亥革命时期,柳伯英对策反江苏巡抚程德全、光复苏州、组织革命军会攻南京做出了重要贡献。⑤ 闵仲谦(江苏常州人)1903—1908年先后在日本陆军士官学校、警监学校学习,留日期间

加入中国同盟会。归国后任两江师范教员。辛亥革命爆发,被委为江苏都督府高级参谋兼江浙联军司令部特别顾问,苏军攻宁炮队指挥等职。①

此外,江苏上海县人李显议为光复上海、江苏无锡人秦毓鎏为光复无锡都做出了重要贡献。李显议 1902 年与吴稚晖、胡汉民等 26 人一同赴日本留学,申请入成城学校遭清廷公使阻挠,1907 年 12 月再次东渡日本,进陆军士官学校第六期骑兵科,至 1908 年 12 月毕业,1910 年回国,清廷钦赐武举人,任新军书局编译长、新军第九镇马标第一营管带。随后,参加了光复上海之役,成为辛亥革命闯将。② 秦毓鎏 1902—1904 年留学日本早稻田大学政治科,1904 年回国后,与黄兴等人在长沙成立华兴会并任副会长,其后辗转长沙、上海、广西从事地下工作,1907 年追随黄兴参加镇南关起义,事败后回乡避难,其间九死一生。1911 年 11 月 5 日晚,从上海返回家乡,在佚园秘密召集数十位进步人士深夜议事,商讨辛亥革命无锡起事之大计。次日上午,起义力量与数千群众在城中公园多寿楼前誓师出征,奔赴无锡、金匮两县县署,宣布废除宣统年号,改用黄帝纪年,并通电各地,宣告无锡独立。这是其人生最光辉的一页。起义成功后,秦毓鎏被推举为锡金军政分府总理,后称司令。南京临时政府成立时,被孙中山任命为总统府秘书,负责编练锡军,参与北伐。③

从上述多位江苏留学生的归国军事活动可以看出,江苏籍留学生或在本省参与光复行动,或在外省参与辛亥革命活动,总之,以积极参与军事行动或政治行动来反对封建统治,争取民主革命的最终胜利。

2. 归国后从事行政事务

清末新政时期因国内立宪运动的需要,出现大批法政专业的留学生,这些留学生归国后,有不少从事行政工作。这些法学专业的留学生,归国后或在中央政府任职,或在家乡江苏省各地任职,也有不少留学生归国后在外省从政,总之,因清末民国时期对法学知识的需求,他

---

① 徐友春主编:《民国人物大辞典》,河北人民出版社 1991 年版,第 1204 页。
② 张乃清:《海派乡土文化》,中西书局 2018 年版,第 70—71 页。
③ 徐诚东、徐辉强:《无锡旅情》,江苏凤凰文艺出版社 2021 年版,第 90 页。

们在各自岗位上做出了应有的贡献。

江苏籍法政专业的留学生,归国后在本省从事行政工作的特别多。在此以列表形式呈现部分江苏籍法学专业留学生归国后在本省从政情况。见下表:

表 1－10　部分江苏法政专业留学生归国后从政情况简表

姓名	籍贯	留学经历	在江苏省从事行政职务
钱崇威①	江苏苏州	1906年官费留学日本,东京法政大学法科毕业	1910年回国曾任江苏省咨议院咨议,民国初年曾任江苏省高等检察厅检察长
朱文鑫②	江苏昆山	1908—1910年以江苏官费留学美国威斯康星大学	归国后曾任江苏省建设厅秘书兼第一科科长、江苏省土地局局长、江苏通志编募委员会委员兼总务主任等职
陶基祖③	江苏常熟	清末毕业于日本大学专门部法律科	归国后曾为国民党常熟县党部委任为财政兼公安委员,改任县临时行政委员会委员、公安股股长
叶玉森④	江苏镇江	清末留学日本早稻田大学、明治大学法律专业	回国后曾任镇江县议会议员、苏州高等法院检察庭长等职。
杨荫杭⑤	江苏无锡	1907年获日本早稻田大学法学学士学位,1910年获美国宾夕法尼亚大学法学硕士学位	辛亥革命后先后出任江苏高等审判厅厅长兼司法筹备处处长、浙江高等审判厅厅长、京师高等审判厅厅长和京师高等检察长等职
潘承锷⑥	江苏苏州	1904年官费留学日本,日本法政大学法律科毕业	1909年当选江苏咨议局议员,1911年江苏任省临时议会议员,任苏州地方审判厅推事,1912年当选江苏省议会议员,1922年当选国会参议院议员
戴忠骏⑦	江苏常熟	1907年日本东京法政大学毕业	1912年夏任江苏吴县洞庭东山检察厅首任检察长,1925年任江苏全省清乡总办公署第三股长,1927年夏任江苏松江县长兼省民政厅视察员

姓名	籍贯	留学经历	在江苏省从事行政职务
钱崇固⑧	江苏苏州	1906年赴日本留学,毕业于东京法政大学法律速成科,1908年回国	辛亥革命时首倡吴江独立,1912年任南京临时政府内务部民政科科长,后当选江苏省第一届省议会议员、副议长、代议长、议长,第二届省议会议长。曾任民国大学校长
韩照⑨	江苏无锡	清末留学日本法政大学,1911年毕业归国	曾任江苏高等审判厅推事,1927年任江苏高等法院分院院长
冯国鑫⑩	江苏常熟	1909年从日本法致大学毕业	民国初任武进县检察厅厅长,升任江苏省高等分厅监督检察官。二次革命时,黄兴委任其代理江苏都督

资料来源:①《吴江文史资料 第13辑 吴江近现代人物录》,政协吴江市委员会文史资料委员会1994年版,第220—221页;②李峰主编:《苏州通史 人物卷 下》,苏州大学出版社2019年版,第90—91页;③⑥⑦⑧李峰、汤钰林编著:《苏州历代人物大辞典》,上海辞书出版社2016年版,第855、994、1010、774页;④宋林飞主编:《江苏历代名人词典》,江苏人民出版社2019年版,第304页;⑤《无锡词典》编委会编:《无锡词典》,复旦大学出版社1990年版,第333页;⑨陈玉堂编著:《中国近现代人物名号大辞典 续编》,浙江古籍出版社2001年版,第306页;⑩刘国铭主编:《中国国民党百年人物全书(上册)》,团结出版社2005年版,第319页。

晚清民国时期,行政官员的流动性非常频繁,这使得江苏籍留学生归国后经常在中央或地方各省市流动,从上表中多位归国留学生的行政履迹都可以看出。再如孙观圻(江苏无锡人),清末毕业于日本中央大学并获法学学士学位,归国后1913年出任江苏高等审判厅推事,1917年调升大理院推事,1921年出任天津地方审判厅厅长,1922年再次奉调大理院任推事,1928年暂代北平地方法院院长,1945年以后被国民政府司法行政部任命为天津地方法院院长。① 归国后一直在江苏履职的不乏其人,但大多数情况下,作为社会精英阶层,归国留学生一生中会在多个地方任职则是常态。

其他专业的留学生,归国后从政的也不乏其人。比如在经济学专

① 何德骞:《法官兼律师的孙观圻》,郝树龙、杨红杰主编:《天津审判文化》,天津古籍出版社2019年版,第128—129页。

业方面,经济学家陆鸿吉(江苏苏州人)1908—1913年留学日本明治大学攻读商科,回国后主要从事行政工作,曾任北京政府审计院审计官,后任南京国民政府财政部赋税司科长。抗战后回到苏州,当选吴县参议员,为中共地下党举办的文心图书馆董事。新中国成立后,曾被聘为苏州市文管会委员,参加中国民主促进会,当选市政协委员①。金融学专家陈宗潘(江苏苏州人)1907年日本明治大学商科毕业,回国后主要从事行政与金融业,曾任邮传部主事,供职于图书通译局,辛亥革命后曾任国务院参事、北平市参议员等职,1914年任审计院第三厅主任,1916年派任文官高等考试襄校官,后任上海沪宁、沪杭甬铁路管理局总务处处长等职。② 经济学自身的专业特点,尤其是金融学和财政学等应用学科较强的专业,其社会服务性功能更强,所以应用经济学专业的留学生归国后从事行政工作,尤其是与金融财政相关的职业比较多。他们在行政岗位或金融财政等岗位上,利用专业的经济学知识,更好地为社会服务,体现了学以致用的专业特点。

二、返乡从事经济建设

江苏全省基本处于平原地区,农业非常发达,晚清以来江苏人到外国学习农学相关专业的留学生也不少。他们归国后引领时代发展潮流,将国外所学的先进科学知识运用于经济发展实践,以理论知识推动实践,将实践效果又不断地推广出去,对于国家经济建设,尤其是对江苏本省的工农业发展做出了重要贡献。他们或者在科学技术方面做技术领导者,或者投身于地方工商业发展,或进一步开发地方农业以增产创收,在经济建设方面投桃报李、回馈桑梓。

1. 做科技领先人

晚清出国留学生,很多都是工科出身,在科学技术方面不仅理论精湛,而且实践技术先进,在科技领域做专业工程师,将科学技术与实业发展结合起来,为中国的科技兴国大业做出了卓越贡献。在此仅以冶金与机械技术的进步为例,简列数例以兹说明。

① 李峰、汤钰林编:《苏州历代人物大辞典》,上海辞书出版社2016年版,第486页。
② 李峰、汤钰林编:《苏州历代人物大辞典》,上海辞书出版社2016年版,第520页。

在冶金技术方面,钢铁冶金界的先驱吴健(江苏上海人)1902—1908年留学英国雪菲尔德大学学习冶金专业。1908年归国后,历任汉阳铁厂技师、总办,大冶铁厂总办,汉冶萍煤矿公司技术部长等职。1909年他被聘为汉阳铁厂工程师,是当时厂里唯一的中国工程师,也是我国第一位钢铁冶金工程师。辛亥革命之后,他主持了第一次全部由我国技术人员独立完成的、当时亚洲最大的钢铁冶金企业——汉阳铁厂的修复和投产工作;组织了汉阳铁厂鼎盛时期的生产和扩建工作;主持了大冶钢铁厂筹建工作的全过程,组织了当时全国最新、最大的450吨高炉的投产工作①。金其重(江苏松江人)1905年留学日本,1917年日本帝国大学冶金工程系毕业后回国,任汉冶萍公司汉阳铁厂化铁工程师。后调至大冶铁厂,担任技术行政工作,前后达20年,对该厂的采矿工程、高炉建设等做出了很大改进。抗战开始后随国民政府迁去重庆,不久参与兴建大渡口钢铁厂,为负责人之一,主管该厂技术工作。1948年任西南水泥公司厂长②。钢铁冶金学家、我国钢铁冶金先驱者之一严恩棫(江苏宝山人)1906—1912年留学日本东京帝国大学矿冶工程系并获学士学位。归国后参加了汉阳铁厂的修复、扩建和生产,负责我国当时最新最大的大冶铁厂1号、2号高炉开炉的技术工作;抗日战争初期,负责汉阳铁厂、大冶铁厂、六河沟铁厂拆迁四川大渡口的技术工作;规划大渡口钢铁厂的建设;他是云南钢铁厂的主要创建人,对我国抗日战争前和抗日战争期间的钢铁事业做出了贡献。③

在机械技术方面,钱汉阳(江苏常熟人)1904—1909年官派留学日本,毕业于大阪高等工业学校机械科,归国后长期从事机械研制,1911年任天津北洋铁工厂机器师,仿制国外新式枪炮,设计新式农具。1922年被天津裕大纱厂聘为机械技师,将该厂手摇纺车改装为机械化,设计制造工具机、喷雾机等配套设备,使该厂生产率跃居同类企业之首。1927年发明制造胜于美国柯达沙克梯镜箱的新式转镜"景华"环像摄

---

① 吴仲贤编:《吴氏名人录》,四川科学技术出版社1994年版,第217页。

② 何惠明、王健民主编:《松江县志》,上海人民出版社1991年版,第1041页。

③ 中国科学技术协会编:《中国科学技术专家传略工程技术编·冶金卷1》,中国科学技术出版社1995年版,第23页。

影机。1929年在上海设厂制造"景华"环像摄影机,获工商部专利执照。1930年被聘为工商部南京度量衡制造所第二厂主任兼度量衡检定所教授,规划仿制刻度机。1933年发明制造国内首台手摇计算机,1936年获实业部注册国家专利及美国注册专利。1934年与高鲁合作制成"天璇"式手提中文打字机。①上述累累硕果,足可见钱汉阳在机械设计研制方面的成就。

仅从上述几位江苏留学生可以看出,江苏归国留学生中的科技领先人,或服从于全国科技发展需要,或在外省做科技领导者,或服务于本地方的科技发展,总之,他们在清末民国时期的科技兴国方面做出了应有的贡献。

2. 发展地方实业

晚清江苏出国留学生,归国后以其留学期间所学的专业知识,结合彼时彼地的实际情况,在发展地方实业方面做出了突出贡献。在此以实业家童世亨、穆藕初、诸文绮等人为例。

实业家童世亨(江苏嘉定人,今属上海)1905—1911年留学日本东京高等工业学校电气机械专业。他是民间最早提出"开发浦东"的人。作为浦东电气公司创始人,童世亨在浦东地区用他的大半生致力于开拓上海民族电力工业。他归国后开始重视研究电灯、电话和电气力学。1912年任南京第一工业大学校长,后改任为南京电灯厂厂长。1919年初,他与黄炎培、穆藕初等人集资10万银元,联合创办"浦东电气股份有限公司",在张家浜开设发电所,童世亨任总经理兼技术主任。1920年12月21日,张家浜发电所第一台120千瓦煤气发电机装竣发电,成为当时浦东地区第一家民营电气公司。除开办"浦电"外,1925年他在闸北顾家湾独资开设铸丰塘瓷厂,身兼"浦电"和"铸丰"两公司总经理,后兼董事长。由于他经营有方,善于管理,注重培养人才,推进了"浦电"的发展,到1936年"浦电"的股本总额已达150万元,并收买和归并了十余家电灯、电气公司。供电范围扩展到川沙、南汇、奉贤和上海等四县境内,供电面积1450平方公里。同时,他还积极着手筹建王家渡

① 李峰主编:《苏州通史 人物卷 下》,苏州大学出版社2019年版,第67页。

发电厂,向英商和德商签订了购买 10000 千瓦发电机设备的合同。抗战期间,正在建造的发电厂厂房遭日机炸毁,童世亨毅然关闭张家浜发电所,宣布"浦电"歇业。抗战胜利后,他被国民政府委任为接收委员,接管了被日伪华中水电株式会社侵吞的"浦电"所有资产,1945 年 9 月宣布"浦电"复业。后与童受民一起组织筹划扩大"浦电"事业。1947年 7 月在张家浜发电所安装一台 2500 千瓦列车发电机组恢复发电。1948 年至 1951 年又开设新场发电所,安装一台 800 千瓦柴油发电机组,并与浦东鸿丰、恒大等纺织厂自备发电设备联合并网发电,增加了浦东地区供电范围。童世亨一生经历了封建社会、半殖民地半封建社会和社会主义社会三个历史阶段。从一个普通的学者,进而成为一位爱国的民族企业家,大半生为开发上海电气事业、发展民族工业做出了卓越的成绩。① 童世亨作为江苏嘉定县人,在家乡开发浦东电力,不仅是为国家发展,也是心系乡民的表现。今天上海的大部分地区在民国时期都属于江苏省,从地理区位来说,童世亨对江苏地区的电力发展做出了杰出贡献。

著名的民族企业家穆藕初(江苏吴县人)1909—1914 年留学美国,先后就读于威斯康星大学、伊利诺伊大学及得克萨斯农工专修学校,从事农科、制皂、纺织及企业管理的研究,并获得农学硕士学位。回国后,1915 年在上海开办了他的第一家纱厂——德大纱厂。1918 年又在上海创办厚生纱厂,1920 年在郑州建成规模宏大的豫丰纱厂,同年他还组织成立了上海华商纱布交易所。1921 年集股创办了中华劝工银行。穆藕初的三家纱厂最多时拥有八万只纱锭、数百台织机,当时有"棉纱巨子"之称。他将企业管理鼻祖泰勒的《科学管理法》首次译成中文,介绍给国人,这对我国企业管理发展起了很大的作用。其主要思想,一是以科学为原则的企业管理思想。穆藕初经过研究和实践,将科学管理的原则归纳为五个方面:纪律化、标准化、专门化、简单化、艺术化。二

---

① 沈晓阳:《浦东电力工业开拓者——童世亨》,政协上海市南市区委员会文史委员会、上海市南市区志编纂委员会:《南市文史资料选辑 第 3 辑 纪念上海建城七百周年》,政协上海市南市区委员会文史委员会,上海市南市区志编纂委员会 1991 年版,第 108—110 页。

是以量才录用为特点的人才思想,在用人上主张"用人唯才"和"学以致用"。① 穆藕初提倡现代化经营管理,振兴民族企业,他为提高民族企业经营管理水平进行了有益的探索,其理论思想及其丰富的实践经验为后世留下了宝贵的财富。

色织工业先驱诸文绮(江苏武进人)1906—1910 年留学日本名古屋高等工业学校,1910 年归国后曾任无锡县梁立实业学校校长,1911 年任江苏省立工业学校染色科主任教员兼教全校英文课程。任教期间,他研究纺织机械设计和制造,制成棉线丝光机并试制丝光线获得成功,于是他决定投身经营实业。1913 年创办启明丝光染厂,1916 年兼并合资创办的大立布厂,改名为启明染织厂。据当时《申报》记载:"启明厂营业数最初不过数万元,而至 1917 年底已超过百万元。"启明染织厂的生产规模,在当时上海染织工业中名列前茅。1919 年秋,诸文绮先后与人合资创办永元机器染织厂和大新染厂。1923 年他又集资 10 万元创办大中染料厂,同年又合资创立万源白织厂和上海万源二分厂。在经营规模日益扩大的同时,诸文绮深感金融调剂对企业的发展关系重大。当时帝国主义凭借不平等条约,在中国租界设立银行,控制上海金融。诸文绮于 1927 年先后创办浦海银行和中国染织银行,任董事兼经理,致力于调剂同业间的资金往来,博得同行的好评。诸文绮深知企业要发展,同业必须协力合作,他于 1919 年创议组织染织同业公会。公会成立后,他被推举为主任委员。诸文绮除经商外,以百年树人、造福桑梓的胸怀,用经营实业所得,建设学校,培育人才。1936 年,诸文绮在闵行镇东首黄浦江边购地 30 余亩,捐资兴学,筹建文绮染织专科学校。1946 年建成开学,自兼校长。该校是一所三年制专科学校,招收高中毕业生,传授纺织、印染技术,1950 年,学校并入私立上海纺织工学院,之后又经院系调整,并入华东纺织工学院(即今中国纺织大学)。1947 年,他又在闵行创办文绮高级中学。当时闵行全镇仅此一所高级中学,为闵行地区初中毕业生升学增添了机会,地方乡亲感激不

---

① 苏东水总主编、苏勇卷主编:《中国管理通鉴 人物卷》,浙江人民出版社 1996 年版,第 440—442 页。

尽。① 可以看出,诸文绮不仅善于经营管理,更注重技术革新、提高生产效率,不仅发展自己,也联合同行业发展,更有造福桑梓的情怀。

实业家张新吾(江苏浦东人)1903 年毕业于日本帝国大学应用化学科,是中国人攻读应用化学科第一人。回国后创办天津工艺学校,并亲自授课;后调北京任清廷商部主事兼进士馆教习、北京高等实业学堂教师和农商部主事等职。国民政府成立后,历任农商部首席参事、代理次长、代理总长等职。在商部任职时,他见进口火柴使每年一千万两白银流入日本,于是建议开办中国火柴厂。一次,在官方现场,用几根牙签配制一些化学物品,制出了火柴样品,得到官方赞许,于是官商合办了丹凤火柴公司,张新吾任技术顾问。1918 年,丹凤火柴厂与天津华昌火柴厂合并,改为丹华火柴公司,张新吾任董事长。在农商部任职时,铁价飞涨,张新吾又创办官商合办的龙烟铁矿及附设石景山炼铁厂(首钢前身),出任总经理,并建造了该厂第一座五百吨炼铁炉。此后又创办了六河沟、怡立、永安等煤矿,出任董事长或董事。其间,在北京还开办玉泉黄酒公司,名噪一时。张新吾是一位爱国者,在任驻日商务参赞时,正值全面抗战前夕,他设法联络日本实业界反对日本帝国主义侵华,并向民国政府报告多个日本机密文件。全面抗战期间,多次拒绝与日本三菱财阀合作,保持中国人的民族气节。他平生研究学问,不慕名利,孔祥熙等曾多次邀他参加政府工作,主持农商部,他均婉言谢绝,稍有积蓄全部投入实业。② 张新吾作为一名归国留学生,在发展实业的同时,也展现了浓厚的爱国情怀和民族气节。

3. 开发地方农业

晚清江苏出国留学生,归国后在发展江苏农业方面也贡献卓越。著名的有农学家过探先、育蚕学家郑辟疆、害虫防治专家邹树文、水产教育家李东芗等人,他们在保进农业科技进步、培育农业科技人才及增产创收方面都有突出成绩。

农学家过探先(江苏无锡人)1910 年庚款留学美国,先后在威斯康

---

① 张连红、严海建主编:《民国财经巨擘百人传》,南京出版社 2013 年版,第 195—196 页。
② 景亚南主编:《浦东早期留学人员选录 1872—1949》,上海大学出版社 2016 年版,第 145—146 页。

星大学、康奈尔大学攻读农学专业并获硕士学位。1915年回国后曾担任江苏省立第一农业学校校长,并发起创设江苏省教育团公有林,为全省教育之基产,中国近代大规模造林自此肇始。1916年,过探先奉命筹备省立第一造林场,今之南京中山陵园即其一区。1919年,应华商纱厂联合会之聘,于南京洪武门外开辟植棉总场,输入新种,改良栽培。他在1921年创办国立东南大学农科,1925年在金陵大学创立农林科,造就了一批早期的农林科技教育人才,他掌校的江苏省立第一农校是全国模范中等农业学校,培养出郑万钧、吴福桢、秦仁昌、陈植等优秀毕业生。在先后主持国立东南大学、金陵大学的农林科期间,他广泛聘请从国外学农归来的学者教授,实施教学、研究、推广互为推动促进的制度,使之在作物育种、植物病理、农业昆虫、园艺与森林等学科方面在全国处于领先地位。他还在开创江苏教育团公有林、建立植棉总场和开拓我国棉花育种工作方面做出重要贡献。过探先是我国棉花育种与推广事业的创始人之一。他与美国植棉专家共同进行"全国美棉品种试验",引进8个早熟、大铃、短绒、细绒标准品种,在长江、黄河流域8个棉场进行试种,得出的结论对我国棉业生产有重要意义。1921年,他又主持选出了江阴白籽棉、孝感光子长绒棉、改良小白花棉,在此基础上选出一种新的优良棉花品种。后来,为了纪念他,命名该棉花品种为"过字棉"。过探先目光远大,热爱祖国,为了发展中国的民族棉纺织业,他说服上海纺织界巨头,拨款给国立东南大学、金陵大学农科作研究费用,使学校得以购置工地和租借农场,开展研究与推广工作。他自己也积极从事研究工作,先后发表了《改良推广全国棉作的计划》《爱字棉纯化育种报告》《中国农业问题》等论文20余篇。① 过探先是我国造林事业的先驱者和实干家,他提出了江苏省农林业发展的具体方案,建议在南京紫金山设立江苏第一林场,在徐州云龙山设第二林场等;他与陈嵘先生一起选定江浦县北的老山作为植林研究基地,老山为公有林第一林场,汤山为第二林场。老山地区现已成为国家自然景观保护区和森林公园,过探先的创始筹划之功不可没。江苏省教育团公有林的

① 尹艳秋编:《近现代苏南教育家概览》,苏州大学出版社2013年版,第142页。

建立,开创了我国近代大规模植树造林事业的先河。过探先是真正将教学、科研、实验与技术推广结为一体的科学家。

育蚕学家郑辟疆(江苏苏州人)1903年赴日本爱知、群马、长野、静冈诸县主要蚕区调研考察与学习蚕丝业应用的先进科学技术。她受到黄炎培等知识界进步人士的影响,认为振兴蚕丝业必先提倡蚕丝教育,培养实干人才。1918年,郑辟疆接任江苏省立女子蚕业学校校长,以培养蚕丝界技术人才为教学宗旨,要求学生知行合一,学以致用。她积极推行传统蚕丝业改革,不仅在校创办了蚕桑试验场、原蚕种部、蚕丝推广部、制丝实习厂,还建立了众多校外制丝所和实习基地,并派胞妹郑蓉镜去日本学习蚕种培育技术。1925年又聘请日籍教师来校协助蚕种改良,创建国内第一座天然冰库,试行冷藏盐酸人工孵化,并厉行蚕室、蚕具消毒和检查,减轻蚕病之威胁。1926年与蚕业专家邵申培集资创办大有蚕种场,注册"虎"字蚕种商标。为确保蚕丝业的健康发展,1930年初商请江苏省农矿厅颁布了《江苏省蚕业法规》,从此使蚕种生产有了法规保障。蚕种培育和养蚕技术的创新,使蚕农经济效益大为改观,带动了江南经济的发展。同时郑辟疆又致力于制丝技术的改进,先后派费达生、张复升等人去日本学习,在校增设制丝科和制丝实习厂。1935年创办江苏省立制丝专科学校,开创中国制丝专业的高等教育。1937年又增设养蚕专科,将学校改办为蚕丝专科学校。汪伪政权建立后,郑辟疆将学校迁至四川乐山,并协助乐山蚕丝实验区开展蚕丝改良工作。1945年抗战胜利后,郑辟疆回苏州许墅关艰苦复校,并协助中蚕公司接收日商瑞丰丝厂,改为苏州第一丝厂。1950年江苏省立蚕丝专科学校和江苏省立女子蚕业学校合并为苏南蚕丝专科学校。1954年郑辟疆参加第一届全国人民代表大会,毛泽东和周恩来勉励其把我国的蚕丝业发扬光大。1956年蚕丝分校,即苏州蚕桑专科学校和苏州丝绸工业专科学校分别建校。郑辟疆一直担任两校校长。1960年,苏州丝绸工业专科学校升格为苏州丝绸工学院,逐步发展成制丝、丝织、印染整理、染织美术等专业配套齐全的高等学府。[1] 郑辟疆

---

① 李峰主编:《苏州通史 人物卷 下》,苏州大学出版社2019年版,第76页。

被尊称为"中国蚕丝教育界泰斗",她将育蚕事业与育蚕教育事业紧密地结合起来,以培育专业育蚕人才为第一要务,这是她将育蚕事业不断发扬光大的重要原因之一。

我国植保事业主要奠基人邹树文(江苏苏州人)1909—1915年留学美国康奈尔大学、伊利诺伊大学并获科学硕士学位。1915年回国后,曾任南京金陵大学教授,国立东南大学农科教授,江苏省昆虫局技师、代理局长,江苏省农民银行设计部主任,国立中央大学农学院院长,中山陵园管理委员会委员等职。他曾在南通设立棉虫研究所,研究防治红铃虫、地老虎等害虫;把稻虫研究所从下蜀迁往昆山,研究螟虫、稻飞虱的生活习性和防治方法;在无锡设桑虫研究所;在苏北灌云(后迁南京)设蝗虫研究所,并在徐州、海州、淮阴分设捕蝗所。安排高年级学生暑期接受训练后,分赴各县担任技术指导。害虫研究及防治工作均取得良好效果。他先后指导编印发行《蚊蝇》及有关稻虫、棉虫、桑虫等专门书籍、报告、防治图说等十余种。1924年为我国近代昆虫科学史上首创以虫治虫获得成功的范例。他直接指导青年教师、学生进行害虫试验研究,调查虫害防治情况,积累药物治虫经验。1926年到苏北灭蝗四千余担,同年在昆山、吴江协助除螟,减少稻米损失25万余担。他还培训技术人员,举办讲习宣传等活动。他所撰的论文《亲自经历治虫事宜》对推动全国病虫防治起了重要作用。此外还著有《中国昆虫学史》《昆虫》《浙江省稻作栽培概况》等。[①]

水产教育家李东芗(江苏崇明人,今属上海)1907—1911年在日本农商省东京水产讲习所渔捞科学习。李东芗热心水产教育事业,重视培养水产技术人才。1915年任江苏省立水产学校渔捞科主任,为中国近代水产事业培养了一批技术人才。抗战胜利后,曾任江苏省渔业改进委员会委员、江浙区渔业改进会委员等职。李东芗为江苏的教育事业及渔业发展做出了重要贡献。20世纪50年代初,日本渔轮对中国海区侵渔频仍。李东芗以其反对日本侵渔的一贯思想,为国家和华东地

① 中央大学南京校友会、中央大学校友文选编纂委员会编:《南雍骊珠 中央大学名师传略再续》,南京大学出版社2010年版,第325—329页。

区主管部门提供有关资料和对策建议,深得主管部门重视。①

上述各位江苏农学专家,归国后在江苏乃至全国积极推广农业先进科学技术、引进外国优良品种、培育农业科技人才方面不遗余力,将教育、科研、实践与推广结合起来,为江苏的农业发展、增产创收做出了应有的贡献。

三、返乡教书育人

归国留学生从事教育行业的人数最多,无论是在晚清还是在民国时期都是如此。他们归国后或从事一线教学工作,或从事教育行政工作,有的还创办新式学校,编写新的教材,创新教育理论,在教育方面的贡献非常卓著。大多数留学生归国后会在全国各地流动性地从事教育教学工作,在此仅以晚清时期的江苏出国留学生归国后在江苏本省的教育服务为中心来具体分析。

1. 从事一线教学

晚清时期出国留学的江苏留学生,归国后从事教育教学工作的非常多,这是由清末民初社会转型期新式教育崛起从而需要更多的新式师资这个大环境决定的。江苏留学生归国后,有的在外省从教,也有很多人选择在家乡从教。

江苏留学生归国后在外省从事一线教学工作,或任教育领导,管理系科、学院、学校事务,有的还创办新学校,设立新系科,编写新教材,为清末民初国家的教育发展做出了重要贡献。以个例来看,叶汉丞(江苏南汇人)1904—1911年留学日本,回国后,1913年开始在浙江公立医学专门学校任教。任职期间,他多方奔走,呼吁在江、浙两省医学专科学校设立药科。1913年浙江公立医学专门学校增设了药科,后改名为浙江省立医药专科学校。叶汉丞时时不忘药学教育事业,他曾建议五洲药房总经理项松茂捐款资助浙江省立医药专科学校,从而使该校师资雄厚,设备较齐全,当时一些著名学者均先后在该校执教。1921年他去北京大学化学系任教。在他的建议下,化学系设立了药学专业课程,

---

① 顾惠庭主编:《上海渔业志》,上海社会科学院出版社1998年版,第547—548页。

他不但亲自授课,还编写了《制药化学》《卫生化学》《裁判化学》等学科讲义,这些讲义成为我国早期药学的专业著作。他也是我国早期介绍法医学的教授之一,为早期现代法医学的传播做出贡献。① 像叶汉丞这样的江苏留学生归国后在外省从事教育教学工作的还有很多,在此以表列形式呈现部分江苏留学生在外省从教情况,见下表:

表 1 – 11　部分江苏留学生归国后在外省从教情况简表

姓名	籍贯	留学经历	在外省从教情况
朱文熊①	江苏昆山	1904—1910 年留学日本	先后受聘于吉林省两级师范学堂、吉林省立法政专门学校、北京高等师范学校等
王文显②	江苏昆山	1908 年毕业于英国伦敦大学文学系,1926 年又留学美国耶鲁大学	1915 年归国后任职于清华学校,1928 年从美国归国后返任清华大学外文系教授,抗战期间任上海圣约翰大学教授
李毅士③	江苏常州	1903 年留学日本,1904—1916 年自费留学英国,在格拉斯哥大学美术学院学习西洋画五年,1916 年学成回国	归国后曾任职于北京大学、北京高等师范、北京美术专科学校西画科主任,1924 年任上海美术专科学校教务长、透视学教授,1927 年任南京国立中央大学教育学院艺术专修科教授兼主任,1929 年起兼任工学院建筑系教授
王学文④	江苏徐州	1910 年留学日本同文书院、京都帝国大学等校,1927 年回国	曾在上海艺大、中华艺大、华南大学等院校讲授政治经济学课程,1937 年春到延安,先后担任中央党校教员、高级班班主任、教务主任,中央马列学院副院长等职,传授马列主义的基本原理和文化知识,1948 年担任华北财经学院院长
谢霖⑤	江苏武进	1905—1909 年留学日本明治大学商科并获商学士学位	曾先后在四川、明德、北京、复旦、光华、华西诸大学和上海商学院任教授、系主任、院长等职,还创办了"公正则会计补习学校",培训会计人才,影响遍及全国

① 景亚南主编:《浦东早期留学人员选录 1872—1949》,上海大学出版社 2016 年版,第 189—190 页。

第一章　晚清时期的江苏留学教育

姓名	籍贯	留学经历	在外省从教情况
王仁辅⑥	江苏昆山	1909年留学美国哈佛大学,攻读数学专业并获硕士学位	回国后历任北京大学、北京师范大学、辅仁大学教授、数学系主任,一生从事高等学校的数学教学和研究工作,培养学生遍布全国各地
吴家高⑦	江苏苏州	1907—1913年留学美国加利福尼亚大学、伊利诺伊大学、哥伦比亚大学,获科学硕士学位	回国后任上海吴淞水产学校数学、物理教员,上海青年会日校、南洋公学英文教员,1915年任南京高等师范学校数学教员,任交通部唐山工业专门学校数学教授
薛德焴⑧	江苏江阴	1905年留学日本,1913年毕业于日本帝国大学动物系	历任江西高等师范学校、国立武昌高等师范学校、北京师范大学、北京大学、安徽大学、浙江大学等动物系教授、系主任。抗战胜利后任同济大学教授、理学院院长、校务委员会常委
丁文江⑨	江苏泰兴	1904—1911年在英国剑桥大学、格拉斯哥大学修动物学、地质学并获学士学位	1912年任教于上海南洋公学,1918年兼课于国立北京高等师范学校,1931年秋任国立北京大学地质学系研究教授,讲授地质学通论等课程
李宗恩⑩	江苏武进	1911年留学英国格拉斯哥大学医学院,1922年获伦敦大学硕士学位	1923年回国任教于北京协和医学院,1937年秋赴贵阳筹办贵阳医学院,1938年任贵阳医学院院长兼热带病学系主任,1947年任协和医学院院长,1957年后任职于昆明医学院

资料来源:①②李峰:《苏州通史 人物卷 下 中华民国至中华人民共和国时期》,苏州大学出版社2019年版,第95、115页;③宋林飞主编:《江苏历代名人词典》,江苏人民出版社2019年版,第286页;④吴太昌、张卓元、吴敬琏等编:《影响新中国60年经济建设的100位经济学家6》,广东经济出版社2009年版,第192页;⑤郭道扬主编:《会计百科全书》,辽宁人民出版社1989年版,第91页;⑥周治华主编:《当代苏州人才录》,上海三联书店1999年版,第359页;⑦李峰、汤钰林编:《苏州历代人物大辞典》,上海辞书出版社2016年版,第316页;⑧薛仲良主编:《江阴百年留学史略》,人民日报出版社2007年版,第16页;⑨⑩周川主编:《中国近现代高等教育人物辞典》,福建教育出版社2018年版,第2、223页。

江苏留学生既是江苏省培育的精英人才,也是国家培育的精英人才,回国后,他们在全国各地从事教育工作,反哺国家与社会,为国家培育了大量人才。

学成归国、学成返乡,这是大多数出国留学生的内心愿望和行动方向。江苏留学生归国后,反哺家乡教育,在家乡从事教育教学工作的更是比比皆是。

赵承嘏(江苏江阴人)1905—1914 年留学英国曼彻斯特大学、瑞士苏黎世工业大学、瑞士日内瓦大学并获理学博士学位,1922 年回国,任国立南京高等师范学校数理化部教授,后任国立东南大学理学院化学系教授。1925 年任北平协和医学院药学系教授,兼代主任,主要从事中草药化学成分研究①。儿童音乐教育家李虞贞(江苏苏州人)幼年留学日本,1905 年自日本广岛女学校回国,1908 年赴美国人乔治亚州的拉格朗日学院学习音乐及文学,回国后曾在苏州英华女校、南京汇文女子大学等校任音乐教师,主要从事儿童音乐教育。1915 年她应苏州英华女校附设幼稚园的洋人校长之托,编印了一本《共和幼稚歌》,这是我国最早以五线谱介绍西洋歌集之一②。会计学家、财政学家贾士毅(江苏宜兴人)1908—1911 年留学日本明治大学并获政治学士学位,回国后曾任教于苏州法政专科学校,1915 年后,曾在民国大学、法政专科学校和财政讲习所做兼职教师,1944 年后曾兼任中央大学和中央政治学校经济学教授。③ 畜牧学家、中国畜牧学创始人汪德章(江苏苏州人)1908 年赴美留学,先后在伊利诺伊大学、康奈尔大学学习,获得畜牧专业硕士学位,是中国最早一批赴外国学习畜牧科学技术的留学生,1917年至 1951 年的 30 余年间,曾任江苏省立第一农业学校教授、江苏省立第三农业学校教授、南京高等师范院校教授、东南大学教授、河南农业专门学校教授、南通大学教授、中央大学农学院教授、南京大学农学院教授,并且还兼任一些其他院校的系主任、校长。其中,1926—1929年,他曾任江苏省立苏州中学教员兼事务主任、南通中学教员兼事务主任等职。教学之余,他于 1922 年创办了南京鼓楼奶牛场,并先后于1935 年、1936 年和 1950 年,举办乳牛训练班、耕牛赛会和畜牧兽医训练班,以培养畜牧业人才。几十年中,他始终奋斗在畜牧学的教学岗位

---

① 周川主编:《中国近现代高等教育人物辞典》,福建教育出版社 2018 年版,第 456 页。
② 高春明主编:《上海艺术史 上》,上海人民美术出版社 2002 年版,第 381 页。
③ 陈元芳:《中国会计名家传略》,立信会计出版社 2013 年版,第 154—155 页。

上，他对教学认真负责，并重视对教学资料的搜集，著有《家畜饲养全书》。[①]

由于人才的流动性，留学生归国后可能会在多所学校任教，汪德章如此，"胡氏三杰"之一的胡刚复（江苏无锡人）也是如此。胡刚复1909—1918年留学美国，回国后即投身于开创、发展我国的物理学和科学教育事业，历任多所高校教授。1918—1922年间先后任国立南京高等师范学校、上海私立大同大学、国立同济大学物理系教授，1922—1926年先后任南京东南大学物理系主任、上海交通大学物理系教授，1927年任南京国立第四中山大学高等教育处处长、理学院院长，1928—1931年协助创立中央研究院物理研究所并任该所研究员，1931—1936年复任上海交通大学物理系教授，1936—1949年任国立浙江大学理学院院长。他十分注重对学生实际动手能力的培养，率先在南京高等师范学校（后改为东南大学）及大同大学等校创建了物理实验室，培养了吴有训、严济慈、赵忠尧、施汝为、钱临照、余瑞璜等著名物理学家。[②] 胡刚复在不同时期任教于位于江苏的中央大学、南京大学、东南大学、南京高等师范学校等校，还担任学校教育行政工作，不仅为国家做出了贡献，也为江苏省的教育工作和培育人才做出了贡献。

有留学生回国后直接回到家乡本地从事教育工作，比如薛学海（江苏无锡人）1914—1918年留学美国威斯康星大学并获法学士学位。回国后在体育方面贡献很大，尤其在家乡无锡的贡献更是显著。1931年返回家乡无锡，热心发展家乡体育事业。作为田径名指导，1933年无锡梁溪体育会成立，他任会长，兼任梁溪田径队指导和上海白虹田径队顾问。在他的指导下，梁溪田径队在参加江苏省运动会和第五届全运会以及奥运会预选赛中，都取得好成绩。队员张嘉夔曾作为中国体育代表参加在德国柏林举行的第十一届奥林匹克运动会。1934年3月，他出资邀请上海白虹田径队来无锡，在社桥省立教育学院与无锡梁溪田径队进行对抗赛。薛学海担任筹委会主任兼总裁判，观众达5000余

---

① 汪天云、汪滨编：《浪花礼赞 汪氏现当代名人录》，上海交通大学出版社2021年版，第1—2页。
② 尹艳秋编：《近现代苏南教育家概览》，苏州大学出版社2013年版，第152页。

人,盛况空前,推动了无锡田径运动的开展。1936年,他邀请菲律宾华侨群声篮球队来无锡,与梁溪篮球队进行友谊赛,轰动锡城。他精于田径理论,著述颇丰。常为上海《时报》《东南日报》撰写体育理论和介绍欧美体育等文章。后由东南日报社编印成《百米缤纷录》《薛学海体育论文集》。[1] 可以看出,薛学海在家乡无锡发展体育事业,将无锡地区的体育运动推向全国甚至参与国际体育活动,其影响是可想而知的,其体育理论更是民国时期体育事业的宝贵财富。

2. 从事教育行政

归国留学生以其渊博的学识、开放的学术视野、国外丰富的阅历,使其归国后在教育管理方面能大展身手。在此仅以郭秉文、蒋凤吾、王季绪三位具有代表性的归国留学生为例。

教育家郭秉文(江苏南京人)是中国现代高等教育事业的先驱,被称为"中国现代大学之父"。他于1908年赴美留学,1914年获哥伦比亚大学教育学博士学位,回国后即参与南京高等师范学校的创办,1915—1919年先后任南京高等师范学校教务主任、代理校长、校长。1920年4月7日,郭秉文提出建立东南大学的建议,并决定自1920年暑期正式招收女生、开放"女禁"。1921年9月国立东南大学正式成立,"南高""东大"实行双轨制运行,郭秉文同时兼任两校校长。1921年"东大"成立后,郭秉文开始积极推动两校的合并,1923年6月"南高"正式并入"东大"。郭秉文主持的国立东南大学被教育界称为"中国第一所现代国立高等大学",成为中国最早的现代意义上的大学。[2] 虽然郭秉文当时主政的"南高""东大"表面上属于国立学校,但这两所学校位于江苏地区,其对江苏地区的辐射影响是不容置疑的。

清末民初教育家蒋凤梧(江苏常熟人)1908年自日本弘文师范学校教育科毕业回国后,任苏州公立第一中学堂监督,后任苏州铁路学堂监督。民国成立,先后任常熟县立女子高等小学校长、江苏省第一与第九师范学校校长以及县教育局董事会主席等职,1917年任福建省教育厅厅长。抗战胜利后,参与创办常熟私立中山中学,两度出任校长。去

① 高国强、蔡贵方主编:《吴文化名人谱 无锡编》,黑龙江人民出版社2003年版,第318页。
② 东南大学高等教育研究所编:《郭秉文与东南大学》,东南大学出版社2011年版,第147—157页。

世后中山中学为其立碑纪念。① 在清末民初的社会转型期,蒋凤梧在创办学校、从事教育工作及教育行政管理方面都有杰出贡献。

我国最早的机械工程专家之一王季绪(江苏苏州人)清末留学日本东京帝国大学,后又留学英国剑桥大学,1912年毕业并获得工科博士学位。回国后任国立北京工业专门学校机械系教授,兼系主任,曾代理校长。后任国立北洋大学工科教授兼教务长。1931年代理北洋工学院院长,主持校务。抗战爆发后回苏州,任安定职业中学校长。1946年出任东山莫厘中学首任校长。1949年后任天津大学机械系教授。在大学生涯中,王季绪为国家培养了许多人才,他在投影几何和机械制图的形象化教学等方面有突出贡献。②

江苏籍留学生归国后或任大学校长、代理校长、教务长、院长、系主任等教育行政职务,或任中小学校长,有的还任省教育厅行政职务。他们将国外所学与国内教育实际结合起来,呈现出更多的教育创举,体现了新式教育的魅力,在教育行政方面呈现了卓越的管理才能。

3. 创办新式学校

在清末民初社会转型时期,中国的小学教育、中学教育特别欠缺,因此晚清出国留学生,在国外经历了欧风美雨之后,尤其是大规模的留日学生归国后,在家乡开创了许多新式学校,有中小学,也有少量的大学。江苏留学生在此方面也有杰出表现,在此列举数例以兹说明。

实业家尤怀皋(江苏苏州人)清末游学日本东京明治大学,1909年留学美国。归国后,1936年他在家乡旺山村(时称薛家湾)捐资创办薛家湾乡村小学,1936—1952年间,旺山村学童在他创办的学校里享受免费教育③。钱崇威(江苏苏州人)1906—1910年官费留学日本东京法政大学,归国后热心家乡地方教育,在当时私塾遗风盛行之际积极提倡社会办学,先在松陵西门与王荚一起办爱德女校,与费伯埙先生共议筹

---

① 浦薛凤:《音容宛在》,商务印书馆2015年版,第221页。
② 周川主编:《中国近现代高等教育人物辞典》,福建教育出版社2018年版,第47页。
③ 本书编委会:《旺山村志》,方志出版社2018年版,第292—293页。

建吴江中学①。徐锷(江苏宜兴人)清末留学日本明治大学攻读法律，1912年3月集资创办大浦小学堂，动员大浦镇上及附近农民子弟入学读书，他还协助亲戚沈企唐在家乡南留村办了小学堂②。教育家韩志正(江苏铜山县人)1906年携长女韩中英留学日本，入宏文学院学习师范教育，后又入东洋大学学习法政。归国后，1909年，韩志正和其长女韩中英在徐州创办了铜山县第一所女学堂——坤城女学堂，堂长由其长女韩中英充任，开启淮海地区现代教育的先河。③ 夏嵩(江苏建湖人)1907年东渡日本，入东京早稻田大学读法律，二年期满，获学士学位后回国。在故乡大兴实业，置土地千亩，兼营商贾。并与李一山、乔炳等人创办开明小学，自兼校长，亦执教课务。1916年该校改名为盐城县立第四高等小学。1921年，夏嵩利用自己的影响，向地方商贾劝募集资，筹办私立群英中学。他自献百亩良田，自绘图纸，在建造校舍时，亲临监工，在四百多亩土地上，砌了三座大楼。他还打破旧俗，将夏氏宗祠改为学生宿舍，并以重金聘用教员。1925年7月，群英中学正式成立。夏嵩既是该校校董会的董事长，又是校长。由于教员教学勤奋，学生苦读，教学质量不断提高。省督学称赞该校"办学严谨，教学有方"。群英中学的学生每年考入高中的几乎达百分之百，而且多半升入省立中学。当地有些穷苦子弟交不起学费，免费入学，使该地青少年蔚成读书之风④。单毓华(江苏泰州人)清末官费留学日本东京法政大学，1909年毕业回国。曾担任震旦大学、法政学院、法学院等校教授。又创办江苏法政大学于南京，任教务长。抗战期中与友人合办三吴大学于上海法租界，任法学院长。为培植后进，慨助巨资，充清寒子弟奖学金⑤。柳伯英(江苏苏州人)1905年留学日本，回国后曾任南京实业学校教员，不久在上海设立中国体操学校，收罗有志青年，灌输革命思想，辅以军

① 政协吴江市委员会文史资料委员会：《吴江文史资料　第13辑　吴江近现代人物录》，1994年版，第220—221页。
② 陈玉堂编：《中国近现代人物名号大辞典 续编》，浙江古籍出版社2001年版，第261页。
③ 田秉锷、张瑾：《书香徐州》，南京出版社2015年版，第61—62页。
④ 张友武：《夏嵩生平事略》，《建湖文史选辑 第3辑》，政协建湖县委员会文史资料征集研究委员会1989年版，第15—19页。
⑤ 中国人民政治协商会议江苏省泰州市委员会文史资料研究委员会：《泰州文史资料　第5辑》，政协江苏省泰州市委员会文史资料研究委员会1991年版，第130—132页。

事训练,以为革命之准备。因反对袁世凯复辟帝制为袁氏政府所不容,遂再次东渡日本。1918 年回国后,出资创设苏州私立中华体育学校,亲任校长。倾注心血于校务,为筹集办学资金,常至典产露业。国民革命军北伐战争势如破竹,柳伯英与中共苏州独立支部书记汪伯乐建立迎接北伐军中心组,以学校为联络基地,出任指导,在校内发展 30 多名成员。1926 年被军阀孙传芳秘密杀害。1927 年苏州各界为柳伯英隆重举行追悼会,决议将私立中华体育学校更名为成烈体育专门学校,以资纪念。① 作为清末民初的体育教育专家,柳伯英在创办新式体育学校、培育体育专才方面做出了卓越贡献,其民主革命的精神更为江苏及全国的精神财富。

清末民初大多数归国留学生在家乡创办的新式学校以小学、中学居多,大学较少。这与当时中国普遍的教育水平是密切相关的。在中国的大多数地方,新式学校欠缺,归国留学生以其在国外所学的新学知识,归国后或充任教师,或创办新式学校,弥补了当时地方教育的空缺。这些归国留学生在家乡创办小学或大学,来提高当地教育水平,这种教育反哺现象与中国留学生之父容闳选派幼童留美事件有异曲同工之处。留学生们以自己在国外获得先进的知识和开阔的眼界,使他们认识到教育的重要性,少年强则国强,所谓百年大计教育为本,要想富强,首先就必须要搞好基层教育,这应该是他们回乡创办新式学校的初衷。

4. 创新教育理论

江苏归国留学生以新式教育思想、教育方法、教育行政来改进中国及江苏的教育工作,尤其在教育理论方面有全新的认识。比如教育家郭秉文(江苏南京人),1908—1914 年留学美国并获哥伦比亚大学教育学博士学位,是中国最早的教育学博士,也是在美国最早获得博士学位的中国学者之一。其教育思想从其发表的教育著作中能够体现出来。他在 1914—1925 年间发表了很多教育著作,比如《学校管理法》(1914年)、《中国现今教育问题之一》(1915 年)、《德法教员之状况》(1915年)、《战后欧美教育近况》(1919 年)、《记欧美教育家谈话》(1919 年)、

---

① 李峰主编:《苏州通史 人物卷 下》,苏州大学出版社 2019 年版,第 116 页。

《欧美教育新资料》(1919年)、《美国全国道德教育会宣言》(1919年)、《十年度之高等教育》(1922年)、《十年之教育调查》(1922年)、《对于孟禄中国教育讨论之感想》(1922年)、《民国十一年之高等教育》(1923年)、《一个中国人所见的中国问题》(1925年)等。① 他在教育理论上的贡献非常丰富。在师资方面,他认为一所大学的师资力量是其存在的前提和发展的保证,办学的首要任务是聘请优秀教师,并为此不遗余力。在创立东南大学之初,郭秉文广延名师,聘请一流的教授、学者到校任教,每个学科基本上都有多位学术水平出色的专家学者。他不仅广延具有真才实学的留洋博士、硕士来校任教,延聘国内著名学者来校任教、讲学,还亲自到国外邀请世界知名大师来校讲学。郭秉文认为治理大学应该力求达到四个"平衡",即通才与专才平衡,科学与人文平衡,师资与设备平衡,国内与国际平衡。他认为大学应设立多种学科,培养多种类型的人才,"一个综合大学的好处,通才与专才相互调剂,使通才不致流于空疏,专才不致流于狭隘。大学生都应成为平正通达的建国人才"。他认为,一所综合大学,可以既设偏重学理的学科,同时又设偏重应用的学科,两者互补,相得益彰,使人文与科学达到平衡。郭秉文执掌东大,贯彻实施"三育并举"的办学宗旨。"三育并举"包括三方面:一是坚强的体魄,二是充实的精神,三是道德、学术和才识。"三育并举"旨在促使学生养成完善的人格,成为一个对国家负责的国民。郭秉文认为要培养高质量的教师,必须将高等师范学校并入综合大学,将师范教育放在综合大学教育的大背景下,使学生获得更全面的发展。因此,他效仿母校哥伦比亚大学兼办师范学院的办学模式,提出"寓师范于大学"的观点。郭秉文主张大学自治,办学独立,学校为教育和学术的神圣殿堂,应独立于党派,不应与任何党派发生纠葛。郭秉文倡行学者治校,发展民主治校体制,形成校董会制、校长制与"三会制"并存的学校治理模式,即校董会决定学校大政方针,校长总事校务,评议会、教授会、行政委员会各司其职,评议会议处理学校重大事宜,教授会议管理全校教学、研究及学科建设事宜,行政委员会统辖学校行政事宜。

① 周洪宇、李永:《郭秉文画传》,山东教育出版社2018年版,第196—198页。

郭秉文提倡学术自由,东大当时包容着持有各种主张的师生,成为自由思想的堡垒。郭秉文提出"自动主义",培养学生的独立人格和自治素养。① 另一位教育家朱经农(江苏宝山县人),1904 年留学日本,后又留学美国哥伦比亚大学师范学院,获教育学硕士学位,归国后虽然大部分时间从事教育行政工作,但也留下了不少教育著作。比如,他曾与人合编《平民千字课本》,译有杜威的《明日之学校》,著有《现代教育思潮》《教育思想》《中国教育思想史》《教育大辞书》等。② 郭秉文、朱经农等教育家,不仅有丰富的教育教学及行政管理经验,而且给后人留下了丰富的教育理论,不仅对江苏教育,而且对全国的教育发展都功莫大焉。

不仅是教育理论,在学科教学方面,每个专业都有新的教学思想和教育内容。比如在工商管理学专业方面,谢霖(江苏武进人)1905—1909 年留学日本明治大学商科,归国后在教学之余,著有《实用会计》《簿记学》《实用银行簿记》《公司法要义》《票据法要义》《海商法》《银行会计》《铁道会计》《会计学》《成本会计》《审计学》以及《中国之会计师制度》等著作。其中《实用会计》一书,为中国会计学引入了"借""贷"两词和"借贷记账法",从而奠定了中国现代会计学的基础。他与孟森合著的《银行簿记学》在日本东京出版,并在中、日两国同时发行,成为中国学者所撰的第二部系统介绍西方复式簿记的会计学著作。③

上述江苏籍归国留学生,或在家乡从事一线教育教学工作,或在本省从事教育行政职务,领导管理学校的发展,或创建新式学校、编写新式教材、创新教育理论,总之,在教书育人方面真正地体现了教育反哺与回馈桑梓的报恩情怀。

四、返乡治病救人

虽然中国的医学知识博大精深、源远流长,但晚清时期江苏仍然有一些青年学子走出国门去寻医问道。他们回国之后,或创办医院、开设诊所治病救人,或从事医学教育,培育医学专业人才。他们与中国的传

---

① 东南大学高等教育研究所编:《郭秉文与东南大学》,东南大学出版社 2011 年版,第 158—159 页。
② 周川:《中国近现代高等教育人物辞典》,福建教育出版社 2018 年版,第 125 页。
③ 陈元芳编:《中国会计名家传略》,立信会计出版社 2013 年版,第 401—409 页。

统中医相辅相成、相得益彰,在治病救人、寻医问药方面为病人解除痛苦、延长生命做出了杰出贡献。

1. 创办医院或医学院

晚清时期出国学习医学专业,归国后创办新式医院者不乏其人,他们往往将开创医院、诊治病人与培育医学人才相结合起来,在救死扶伤的实践中多方向发展。

在开办地方医院方面,熊辅龙(江苏南通人)1904—1911 年留学日本千叶医学专门学校并获学士学位,1911 年回国后任南通军政府军医处军医,参与创办通州(南通)医院和通州医院附设医科学校,任医院主任兼医校第一主任。熊辅龙内外兼治,能医治不少疑难病症,病人常登报鸣谢。1911 年 12 月 6 日,熊辅龙成功施行南通历史上首例乳癌切除术。其研制的戒烟丸,通如海泰城乡戒烟局无不采用,一年中使得戒脱者不下两千余人,极大地推动了戒烟运动。1915 年 4 月 30 日,熊辅龙作了南通历史上第一次尸体解剖示教,在当时影响颇大,前来观看者达700—800 人之众,对开化社会风气、推进医学事业及医学教学发展发挥了积极作用。[1] 戴棣龄(江苏镇江人)1904 年考入日本长崎医学专门学校,1910 年回国,曾任南京军医学堂教员,后曾再度赴日深造。1927 年回到镇江担任私立弘仁医院院长。弘仁医院为贫民专设减免名额,门诊每天 50 个减免号,住院 80 张病床中设 10 张减免病床。又在院中开办护士学校,前后共办 3 期,培训护士约百人。他协助培训农村护理人员,多次选派本院医生到南京、上海等地进修深造,使医院的业务水平不断提高。全面抗战爆发后,他以弘仁医院为战时伤兵医院,并进一步联系有关单位组织救护队,支持七里甸后方医院和火车站急救站。直到 12 月 7 日医院被炸,他才离开镇江。抗战胜利后,他回到镇江,恢复弘仁医院。新中国成立后,他当选为镇江市人民代表,历任镇江专员公署卫生科长,苏南卫生建设协会主任委员,苏州医士学校、镇江医士学校校长等职。[2] 葛成勋(江苏嘉定人)1908—1911 年留学日本东京慈惠医学专门学校并获得医学士学位。留日期间,1909 年和

① 景为民主编:《南通大学附属医院志》,方志出版社 2011 年版,第 345 页。
② 董晨鹏:《冲天》,江苏人民出版社 2019 年版,第 103 页。

1910年暑假回国设诊行医,求医者日必一二百人,造福乡里,全县民众信仰西医也由此开始。1911年毕业返国时适值辛亥革命,便与旅日医界同仁一起组织红十字会参加战地救护工作。中华民国成立后,任南京卫戍医院院长,继任陆军第二师军医长。1923年8月返回嘉定,在城中开设时疫医院,任时疫医院主任。1926年8月将时疫医院改组为存仁救护所,同年9月又把存仁救护所改称为存仁医院,他自任院长。1928年4月,嘉定"五抗"暴动时,葛氏成功抢救成活多名在外冈、葛隆一役中受枪伤的民众。他是嘉定县最早的西医外科医师,撰有《外科总论》等著作。① 吴传绌(江苏苏州人)1903年毕业于日本爱知医学专门学校并获医学士学位,1914年任江苏公立医学专门学校细菌学教员兼内科医长,1915年兼分院医长,1920年任吴县县立苏州医院筹备主任、院长,1930年任吴县救济院第一医院兼第一施医所主任,1936年任苏民医院内科医师。②

除了开设医院等医疗机构之外,也有一些归国留学生创办医学学校,以培养医学专业人才。比如,瞿绍衡(江苏上海县人)1909年与妻子姚英同赴日本,就读大阪医科大学专门攻读产科学。他早年与其妻共同创立妇产科医院及女子产科学校,诊病救人,造福当地民众,并致力于妇产科学在中国的推行与旧式产科的改良。1916年从日本毕业归国后,在北京与友人合作创办慈惠学校,设于京师首善医院并任产科学讲师。1923年7月至1924年4月被派赴欧洲,先后在瑞士及德国研习妇产科学。回国后,在瞿氏夫妇医院设立女子产科学校,培养助产士。③ 范绍洛(江苏无锡人)1901年留学日本东京第一高等学校,1905年又入名古屋爱知县立医学专门学校习内科医学。1914年回国后长期在苏州担任医学教育工作,任江苏省立医学专门学校校长多年,并曾在苏州行医,长于内科、小儿科。④

---

①《嘉定卫生志》编纂委员会编:《嘉定卫生志》,学林出版社2011年版,第396—397页。

② 李峰、汤钰林编:《苏州历代人物大辞典》,上海辞书出版社2016年版,第303页。

③ 景亚南主编:《浦东早期留学人员选录 1872—1949》,上海大学出版社2016年版,第195页。

④ 赵永良主编:《无锡名人辞典 首编》,南京大学出版社1989年版,第156页。

2. 返乡开设诊所

医学留学生归国后开设诊所、治病救人是最司空见惯的事情。开设诊所,一般选择在人流量较多的中大型城市,也有在自己的家乡开设诊所行医的。在此以回国后在自己家乡开设诊所的几位留学生为例。

解剖学家朱缙卿(江苏无锡人)1909 年留学日本,毕业于名古屋爱知县立医学专门学校。他精于解剖学,回国后在苏州执教,后回无锡在东大街设诊所开业。1926 年任无锡医师公会副会长。[1] 眼科名医周复培(江苏无锡人)1908 年留学日本,毕业于名古屋爱知县立医学专门学校眼科专业,1918 年回国在苏州任江苏省立医学专门学校眼科教授兼附属省立医院眼科主任医师。1921 年回无锡自设眼科诊所。他是无锡最早的西医眼科名家。周复培医术高明,取费甚廉,贫病不计,以是求诊者户限为穿,赠匾额、送书画以留纪念者不可胜数。[2] 许汉珊(江苏泰县人)1905—1915 年留学日本东京明治大学、千叶医科大学,1915 年毕业归国,在江苏公立医学专门学校任教九年。执教期间,教材均由其从日本医学教科书翻译编成。1923 —1953 年多次在扬州开业行医,其间曾任泰县县立医院院长、江都县卫生院院长兼护士学校校长、江都县医师公会常务理事、江都县参议员等职。在扬州开业期间,他重视吸取西方先进医疗器械如显微镜、人工太阳灯等,对消毒和无菌操作极为严格,并亲自编写讲义教授学生。1953 年 6 月,他任扬州中心诊所特约医师。1956 年 8 月,经扬州市卫生科介绍至扬州保健院任儿科主治医师。[3] 成颂文(江苏苏州人)1897—1902 年在苏州博习医学堂学习,1908—1909 年由教会资助到美国费城进修。回国后他在苏州开业设诊,是当时苏州著名的内儿科医师。他还曾兼任东吴大学校医。成颂文在苏州积极参加卫生公益活动,如会同杨济之等在夏秋发起创建时疫医院(传染病医院),专治痧症、泻症、痴症病人,病人入院治疗概不收费,并承诺每天要为 12 名病人免费诊病给药。他在 90 岁高龄

① 赵永良主编:《无锡名人辞典 首编》,南京大学出版社 1989 年版,第 145 页
② 赵永良主编:《无锡名人辞典 首编》,南京大学出版社 1989 年版,第 169 页。
③ 中国人民政治协商会议江苏省扬州市委员会文史资料委员会:《扬州史志资料 第 7 辑》,1988 年版,第 136—137 页。

时仍在施诊。①

　　从上述几位江苏籍归国留学生可以看出，医学留学生归国后，多在自己家乡开业设诊，治病救人。他们常怀悬壶救世之心，其高尚的医德、精湛的医学技术赢得了家乡人民的赞誉，真正地展现了回馈乡梓的报恩情怀。

---

① 中华医学会编：《百年魂　中国梦　纪念中华医学会百年诞辰征文集萃》，中华医学电子音像出版社
2015 年版，第 255 页。

第二章　北洋政府时期的江苏留学教育

　　自 1912 年南京临时政府成立,至 1927 年北京政权覆灭,这一时期虽然执政者几易其手,但总体上处于北洋军阀轮流执政状态,故将其称为北洋政府时期。这一时期虽然军阀之间时常混战,但总体上没有大规模的外来侵略战争,出国留学教育得以持续进行。江苏以其独特的经济文化及地理等方面的优势,在留学教育方面仍然居于全国前列,既有时代的烙印,也体现了地方留学教育的特点。

第一节　留学政策的演变与留学生的选派

　　这一时期由于教育方针、教育宗旨的进步,留学教育受到较大的重视,中央和地方各省都设置了专管留学的教育机构,先后颁布了各种有关留学的政策,不断加强对留学生的管理。在留学生的选派方面,中央官费生的派遣虽较前减少,但地方各省时有公费生名额的设置,各庚款机关也经常举办公费留学考试,自费出国留学也逐年增加。但因政局不稳,留学教育也存在一定的不稳定性。在这种时代大背景下,江苏的留学教育状况成为全国留学教育的缩影。

一、北洋政府留学政策的演变

　　民国初年,北洋政府公布《教育部官制》,确立了教育部组织制度,其中就设置了专门教育司,下设"留学科",用以专门分管留学生事项。

同时,北洋政府对省级教育机构也进行了改革,设置了教育厅,厅下的第三科专门主管留学教育等事务。如此,从中央到地方两级教育行政机关,均设有留学教育主管部门,为留学教育的发展提供了组织保证。这一时期,虽然政权更迭频繁,社会不太稳定,但在留学政策、留学生的管理方面相继颁布了许多规章,为留学教育的开展提供了一些保障和依据。

1. 限额官费留学政策

南京临时政府及北洋政府统治时期,相继出台了一系列留学生政策,在官费留学方面,可将其分为特别官费留学政策和一般公费留学政策。作为有政府机构资助的官费留学生,在留学资格、各省留学人数、留学期间的管理上都有特别的规定。在特别官费留学方面,有三个重要表现。一是稽勋留学政策。辛亥革命之后,根据孙中山的建议,临时稽勋局拟选拔对革命有功的青年赴欧美日等各国留学,以资奖励。1912 至 1913 年,临时稽勋局相继派遣了三批共 179 名有功人员出国留学。二是海军留学政策。为了培养海军人才,北洋政府沿袭清末的海军留学政策,对海军留学生给予特别官费,从 1913 年到 1925 年,北洋政府相继派遣了 19 名海军留英学生[①],同时也派遣了一些留美海军学生。三是派遣优秀教员出国留学进修政策。为加强高校师资队伍建设,北洋政府教育部决定从大学和各专门学校中选拔优秀教员赴欧美各国学习。1917 年 6 月颁布两道训令:"留日官费生,本部额现酌留十名作为各直辖学校教员出洋研究定额。"[②]"本部欧美官费学额内特留二十四缺作为各直辖学校教员出洋专额。"[③]1918 年 4 月又颁布训令:"留学外国官费部额前经核准,特留欧美官费部额二十四缺、日本官费部额十缺,作为专额令行各校遵照。"[④]1918 年选派了 24 人,其中就有江苏

① 陈书鳞、陈贞寿编:《中华民国海军史》,海潮出版社 1993 年版,第 91—92 页。

② 《本部留日本官费生十名为直辖各学校教员出洋研究专额》,李滔主编:《中华留学史录 1840—1949》,高等教育出版社 2005 年版,第 256 页。

③ 《留本部欧美官费学额二十四缺为直辖各学校教员出洋研究专额》,李滔主编:《中华留学史录 1840—1949》,高等教育出版社 2005 年版,第 256 页。

④ 《直辖各学校请派教员出洋留学应先期呈报》,李滔主编:《中华留学史录 1840—1949》,高等教育出版社 2005 年版,第 255 页。

无锡人、时任北京女子高等师范学校学监的杨荫榆。1919 年 3 月公布了《专门以上学校酌派教员出洋留学研究办法》①，但可惜的是，此留学计划并未被继续执行下去。总体看来，特别官费留学政策资助的人数并不多，而且比较零散，计划性不强，但其中也涌现了一些著名的学者和知名人士。

一般公费留学政策，主要表现在 1914 年 7 月制颁的《各省官费留学生缺额选补规程》，其主要内容包括以下几点。其一，规定各省留学官费生之定额"以民国三年六月前各该省核留之额数为准"；其二，留学经费："留学官费生额数经核定后，按年应由各该省如额给费，不得减少"；其三，官费生缺额："各省巡按使遇有留学官费生缺额时，应即咨陈教育部办理""凡留学官费生有缺额时，由教育总长选补之"；其四，选补缺额官费生资格及办法："（一）在国内充任中小学校教员，或中等以上学校教员三年以上者。（二）曾任教育行政职务三年以上者。（三）以自费留学已入外国大学或专门学校肄业者。（四）在本国大学预科或公私立专门学校毕业者。"符合资格者，由各省巡按使或各国驻在公使"检齐证明书类，加具考语送部以备选补"。符合（一）（二）两条者"非经考试不得选补"；其五，选补官费留学生的学科："应就平日所认之科继续学习，或依部定之科学习，不得任意移转更换"；其六，选补官费留学生的学校："在留学国肄业之学校应禀经教育部认可"；其七，选补官费留学生的管理："按年应将修学状况报告教育总长""选补官费之留学生，应受本国驻在公使或留学生经理员之监督。"②该《规程》的最大特点就是选派留学生以省派为主，中央对各省每年公费留学生的派遣规定了具体名额（比如 1914 年规定江苏省的公费名额是 85 人），各省根据下达的名额进行选拔，经费由各省划拨，一般情况下不允许超额。

1914 年的《各省官费留学生缺额选补规程》对留学生的招考、留学经费、留学科目、学习年限等都没有做出详细的规定。1916 年 10 月 18

---

① 《专门以上学校酌派教员出洋留学研究办法》，李滔主编：《中华留学史录 1840—1949》，高等教育出版社 2005 年版，第 255 页。

② 《各省官费留学生缺额选补规程》，李滔主编：《中华留学史录 1840—1949》，高等教育出版社 2005 年版，第 244 页。

日，教育总长公布《选派留学外国学生规程》，其内容共有十条。关于留学资格："一、曾任本国大学教授或助教授继续至二年以上者。二、曾任本国专门学校、高等师范学校教授继续至二年以上者。三、曾经留学外国大学高等专门学校、高等师范学校本科毕业者。四、本国大学本科毕业生。五、本国专门学校、高等师范学校本科毕业生。"要求最低限度是本国专门学校毕业。关于留学考试问题，规定出国留学考试分为两试，第一试由各省行政长官行之，其试验科目包括国文和外国文。第二试由教育部在京行之，其试验科目包括国文、外国文、调验成绩、口试等内容。第一试不及格者不得与第二试，其第一试合格之试卷由省行政长官咨送教育部复核。关于留学生名额：每届选派学生，先期由教育部议定应派名数、留学地方、留学年限、研究科目及各省应送备选学生名数，并第二试在京举行日期列表公布。教育部议定前项应派名数，即以1914年6月以后各省咨报教育部核定的留学名额为范围。关于留学生管理问题：留学生由教育部特派监督管理。留学生遇须实习等各种请示事项，应呈由监督核办。关于留学经费：留学生应支治装费、往返川费及每月学费数目及管理。治装费（国币200元）及出国川资（国币500元）到各国留学是相同的，每国学费因国情不同有所区别。治装费及出国川资由教育部在京发给，每月学费由监督查明该生行抵留学国之日起算，按月发给，不得预领。回国川资由监督于填发证明书时发给。关于出国手续：选拔合格之学生，于揭晓后一个月内，连同最近半身相片三张，缴具留学愿书、呈部领凭出国。留学生行抵留学国时，应将在部所领凭证缴由监督汇送教育部。关于留学生在国外的学习管理：留学生自出国之日起至归抵本国之日止，每月应将留学日记呈部或转由监督送部考核。其有取得学位之论文或他项著述及考察报告，并应随时送部考核。留学生有成绩特优者，应由部给予褒状，并得酌奖书籍费。①此外，还有关于留学期间请假问题、关于毕业证明及归国任用问题、关于违规惩罚问题等内容。从上述这些内容可以看出，北洋政府注重选派质量，提高了留学资格，加强了对留学生的管理，在留学科目上有一

①《选派留学外国学生规程》，李滔主编：《中华留学史录1840—1949》，高等教育出版社2005年版，第245页。

定的自由性,并未作专门的强制或鼓励倾向。按上述《规程》规定,从1917 年至 1925 年,北洋政府共进行了 6 次考试,1917 年录取 34 人,1918 年录取 9 人,1919 年录取 21 人,1920 年录取 43 人,1922 年录取25 人,1925 年录取 22 人。

2. 鼓励自费留学政策

1916 年公布的《选派留学外国学生规程》主要是针对官费留学生的,在自费留学生方面,因为自费留日人数较多,早在 1914 年 1 月,教育部就专门制定了《管理留学日本自费生暂行规程》,规定自费留学生必须具有中学以上学历。[1] 1918 年 10 月,北洋政府教育部公布自费留学保证书式校,要求所有前往欧美自费留学者必须填具保证书。[2]

1924 年 7 月,北洋政府教育部公布《改订管理自费留学生规程》,其主要内容包括:①留学资格:中学以上学校毕业者;办理教育事务二年以上者。②"自费留学生均须领取留学证书。"③呈验证书:"自费生抵留学国后,应将所领留学证书向驻在该国办理学务机关呈验报到","自费生毕业回国时,应将毕业证书呈请管理机关验明;如果成绩相符,由管理机关发给证明书。"④奖励:"凡经本部认为合格之自费生,毕业回国后得与官费毕业生受同等之待遇","自费生自入校至毕业历次考列优等者,由管理机关报告本部查核,给予褒状以示优异。"⑤惩戒:"自费生如有不守规则或不名誉之行为,管理机关应随时劝诫;如屡戒不悛,应报告本部严予制裁以示惩戒","自费生如有向管理机关无理请求任意滋闹等情,得报告本部转饬家属,勒令回国。"[3]从上述内容可以看出,北洋政府对自费留学生采取的是支持和鼓励政策,同时对自费留学者也提高了资格,加强了管理。

3. 加强对留学生的管理

在海外留学生管理方面,北洋政府颁布了许多管理办法,由于政权

① 《管理留学日本自费生暂行规程》,李滔主编:《中华留学史录 1840—1949》,高等教育出版社 2005 年版,第 285 页。

② 《教育部公布自费留学保证书式样布告》,李滔主编:《中华留学史录 1840—1949》,高等教育出版社 2005 年版,第 249 页。

③ 《管理自费留学生规程》,李滔主编:《中华留学史录 1840—1949》,高等教育出版社 2005 年版,第252—253 页。

更迭频繁,管理留学生的方案也频繁更替。在留日学生的管理方面,1914年1月,以教育部部令第三号颁布了《管理留学日本自费生暂行规程》,同一天以教育部部令第四号颁布了《经理留学日本学生事务暂行规程》,同年12月,又颁布了《管理留日学生事务规程》,规定:"留日学生事务,由教育部及各省行政长官分别派员管理,教育部派监督一人,各省派经理员一人,或数省合派一人,由各生活上查核留学生人数酌量办理。"①1917年北洋政府教育部颁布《留日新生限制发费办法》,1918年颁布《留日官费生实习及巡历规则》,同年公布《修正留日官自费生奖励章程》及《留日官自费生奖励章程施行细则》,1919年3月,教育部颁布《留日官费毕业生续留研究暂行规则》,1925年又颁布《管理留日学生事务规程》,此规程共31条,可谓事无巨细。

在留欧学生的管理方面,北洋政府早在1913年8月就制定了《经理欧洲留学生事务暂行规程》,规定"欧洲留学生监督裁撤后,由教育部特派留学生经理员一人经理留学各国学生学费事项",除了学费事项之外,还有涉及留学生管理的诸多事务。1915年8月,北洋政府教育部颁布《管理留欧学生事务规程》,规定:"教育部及各省所派之留欧学生事务,由留欧学生监督管理之,留俄学生事务,仍由驻俄使馆经理。"②此规程共27条,内容十分详细,应该是民国前期关于留欧学生事务管理最为详细的办法了。1918年9月,北洋政府教育部制定了《留欧官费生呈送学业成绩办法》,1919年10月,又制定公布了《留欧学生监督整理留欧学务训令》。

在留美学生管理方面,国家少,事务相对简单,颁布的管理法规也相对少一些。1913年9月,北洋政府决定派黄鼎为驻美留学生经理员,并颁布《暂行办法》22条,规定美洲留学生经理员由教育总长委任外交部驻美学生监督兼充。1914年8月,北洋政府教育部又颁布了《经理美洲留学生事务暂行规程》,规定美洲留学生经理员由教育部特派,经理

---

①《管理留日学生事务规程》,李滔主编:《中华留学史录1840—1949》,高等教育出版社2005年版,第291页。

②《管理留欧学生事务规程》,李滔主编:《中华留学史录1840—1949》,高等教育出版社2005年版,第313页。

教育部及各省派遣留学生学费事项,与留学生相关的事务也都由经理员办理。1916年3月,教育部制定《管理留美学生事务规程》28条,并仿照日本、欧洲之例,改设留美学生监督,其经费以旧时经理员费改拨,规定教育部及各省所派之留美学生事务,由留美学生监督管理。[1] 1918年3月,教育部指令留美学生监督处《限制发给学生旅费办法》,在留学生旅费方面进行了严格限制。在自费留学生管理方面,1918年10月,北洋政府教育部要求自费赴欧美各生应比照留日办法,一律取具保证书并请领留学证书。

除了上述针对留日、留欧、留美学生专门制定管理法规之外,还专门于1924年7月26日公布《管理自费留学生规程》,规定"自费留学生均须领取留学证书",7月28日又专门公布了《发给留学证书规程》,规定"凡官自费生留学外国者,须遵照本规程之规定领取留学证书"。"领取留学证书后,方可持向上海特派交涉员(或他省交涉员)公署请求发给护照,并向有关系国之领事馆请求签字。""领取留学证书后,出国期以六个月为限。""留学生领取证书行抵留学国后,应将证书呈送各驻在国管理学务机关验明。""自费留学生领取留学证书后,如有改国情事应将原领证书呈部注销,改给新证书。""凡未领留学证书径赴外国留学者,应受下列之制裁:一、不得用留学生名义请领护照;二、不得请补官费;三、不得请求送学;四、回国时呈验文凭不予注册。"[2]通过颁发留学证书这一手续,更加强了对留学生尤其是自费留学生的管理,在提高留学质量方面无疑是有益的。

除了上述管理留学生法规之外,北洋政府还颁布了一系列留学相关规定,比如,1917年颁布了《国外留学生医药费发给规则》《限制留学生兼校办法》,1918年颁布《限制留学生研究学术巡历地方办法》《限制留学生与外人结婚办法》等。

从总体来看,北洋政府时期颁布的留学管理法规是比较系统、完善

① 《管理留美学生事务规程》,李滔主编:《中华留学史录 1840—1949》,高等教育出版社 2005 年版,第 270 页。
② 北洋政府教育部档案:《发给留学证书规程》,李滔主编:《中华留学史录 1840—1949》,高等教育出版社 2005 年版,第 254 页。

的,既有针对所有留学事务和全体留学生的统一规定,也有留学欧、美、日地区的专门管理规章。在军阀混战、政局不稳的历史条件下,能够颁布和实施如此多的留学规章,这是应该值得肯定的。

二、江苏省对留学教育的管理

民国成立之后,教育机构与晚清时期有较大差别,各省与各县专设机关办理教育行政,其组织机构也屡有变迁。以江苏来看,1911 年 10 月,江苏都督府成立,设教育科,隶属于民政司;1912 年 3 月,江苏省暂行省官制度,仍按前制设教育科;1913 年 12 月,设教育司,隶属于江苏省行政公署;1914 年 6 月,教育司制度废除,又改成教育科,隶属于巡按使公署政务厅,其后巡按使改称省长,科制仍按旧制;从 1917 年 12 月开始,江苏省管理教育的专职机构——教育厅正式成立,直至 1927 年试行大学区制才结束,关于教育行政机关的各科、股的具体事务有明确的规定,其中有关留学事务规定:"关于专门教育、留学历象及各种学术会等事项,第二科掌之。"①从上述教育机构的沿革可以看出,在 1917 年 11 月之前,管理教育的机构有专门的教育科,在 1917—1927 年间,设立了专门管理教育的机构——教育厅,教育厅下第二科掌管留学教育事务。在北洋政府教育部的政策统领之下,在江苏省教育厅的具体负责管理之下,江苏的留学教育得到了较好的发展。

1. 颁布留学法规

颁布江苏省费留学规程。在留学政策方面,1913 年 4 月 7 日,"为办理留学一切事务之根据,而东西洋留学生所共同遵守者",江苏省以省政府令的形式颁布了《江苏省费派遣留学欧美日本学生规程》,其主要内容包括:留学目的"以养成专门人才供给地方需要";留学学科与名额"视地方需要随时以省令定之";选拔方式"用竞争试验法,定期试验决定揭示,但先经私费留学者请求改给省费时,如所习学科合于省令所规定,并查明成绩实系优异者,亦得改给一部分或全额之省费";费额及支给方法"别以命令定之";留学年期"至短以三年为限,至长以八年为

---

① 江苏省公署教育厅编印:《江苏教育近五年间概况》,甲编省教育概况第 1—2 页,上海商务印书馆,1916 年出版。

限,其原系私费改给省费者,应将私费留学之年并入计算,如满八年犹不能毕业时,停给省费。但因特别情事以及毕业后须实地练习或特别考察研究,经省公署特许者不在此限";在海外留学生管理方面:"省费留学生在欧美应受本省所委托管理机关,在日本应受本省留学生经理员之监察","省费留学生遇升级或毕业时,应将所受证书在欧美送委托管理机关,在日本送经理员察核后发还,并汇报省公署备考。其毕业回国者,应面递省公署察核后发还",暑假及年假时,应将修学之所得、实习之所得、所在学校之状况及其所学对于所在国事业调查所得之状况等方面情况填具报告书于省公署;"省费留学生得以省公署之委托担任各种调查事项";"省费留学生如受升级试验连续落第及二次者暂行停给省费";"省费留学生派定后不得中途改留他国他校,或改习他科";"省费留学生除实系重病经医生验明不能修学外,不得私自辍学回国";省费留学生有不遵本规程之规定者,经省公署查明,则给予训诫、停给省费、追缴历年所给费等相应惩戒;在回国服务方面:省费留学生毕业后,应自受毕业证书之日起算,查照下列各款年期在本省服务:甲 省费留学六年以上者服务六年,乙 省费留学三年以上未满六年者服务四年,丙 省费留学未满三年者服务二年;"省费留学毕业生因特别情事不能服务时,得以省公署之特许酌量减免之";"省费留学生在服务期限内非经省公署之特许,不得舍其所学以营他业。"[①]此《规程》是针对江苏省费留学欧美日所有地区的留学生而言的,虽然在对江苏省费留学生的管理方面非常具体,但没有对留学资格做出具体规定。因北洋政府教育部统领全国留学教育,可以想见,江苏省费留学生的留学资格应与北洋政府所制定的一般官费留学资格是一致的。

颁布江苏省费留学生经费方法。上述《江苏省费派遣留学欧美日本学生规程》在"费额及支给方法"中提到"别以命令定之",就在同一天,即1913年4月7日,又专门颁布了《江苏省费留学日本学生经费方法令》,其主要内容包括:凡以江苏省费留学日本者,其给费额遵照部令,"甲 帝国大学本科肄业生每人每月学费日币四十二圆。乙

① 《江苏省教育行政报告书》,中国社会科学院近代史研究所编:《民国文献类编 教育卷 740》,国家图书馆出版社 2015 年版,第 85—87 页。

其他私立大学及各高等专门学校并帝国大学选科肄业生，每人每月日币三十六圆"。"凡省费生遇有死亡给抚恤费日币二百圆。""凡省费生派遣起程赴日时，每人给川资银七十圆，其私费留学改给省费者无庸补给起程川资。""凡省费生毕业回国每人给川资日币七十圆。"上列诸费除赴日川资由省公署支给外，均由留学经理员按照本令规定之数分别支给，具领纸按期汇缴省公署备查取。① 上述留学费用主要是针对留日学生的学费、川资及死亡抚恤费，对于江苏省费留学欧美学生则未见具体规定。

江苏省续派留学计划无疾而终。根据 1913 年 6 月以前数据调查核计，江苏省至此已派留学人数：文科生 5 名，理科生 12 名，法科生 7 名，商科 4 名，医科 33 名，农科 10 名，工科 43 名，美术 1 名，师范 3 名，未分类及预备入校者 7 名。自《江苏省费派遣留学欧美日本学生规程》颁布以后，即依照留学规程第二条，计划将留学欧美人数派足 50 名，日本派足 100 名。由于考虑到本省前期制定的计划是否如本省所需？究以何项学科为要？以及某科应派几名为适当？赴何国学习为最宜？为使所订计划符合现实需要，于是广征意见，汇集讨论，于 1913 年 6 月 25 日调制省费派遣留学科目及人数表，分送本省各机关，"请就意见所及，于添派人数栏内填入，并酌注理由。如有学科为原表所未载者，可于表尾添列，于 7 月 10 日以前送署汇核公布，借为派遣及补费标准"。最终征集意见结果，共得书 22 份。据此 22 份意见书可以看出，按照拟定的培养留学生计划，续派留学生的国家主要是英、法、德、俄、比、意、何、瑞士、美、日本等国，留学科目包括文（18 人）、理（17 人）、法（13 人）、商（34 人）、医（22 人）、农（109 人）、工（112 人）、美术（43 人）、音乐（19 人）、师范（67 人）、特种（22 人）、其他（4 人），如此总计达 480 人。② 但可惜的是，江苏省续派留学计划未来得及公布实行，因二次革命爆发，"兵事起而议中辍，事既定，未及续前议"③。而且此时北洋政府教育部

①《江苏省教育行政报告书》，中国社会科学院近代史研究所编：《民国文献类编 教育卷 740》，国家图书馆出版社 2015 年版，第 90—91 页。

②《江苏省教育行政报告书》，中国社会科学院近代史研究所编：《民国文献类编 教育卷 740》，国家图书馆出版社 2015 年版，第 97—119 页。

③ 江苏省公署教育厅编印：《江苏教育近五年间概况》，上海商务印书馆 1916 年版，第 12 页。

将停补官费的文件一再送达,1914 年 7 月,教育部制定的缺额选补规程又正式颁布,江苏省办理留学事务只能按照中央政令执行。

2. 加强留学管理

北洋政府时期,江苏省按照中央教育部的要求,也在不断地加强对留学生的管理。首先是按照民初教育部的要求,派遣驻日留学生经理员。民初各省留日学生仍然很多,北洋政府教育部希望各省能派员专门管理各省留日学生之事。1912 年 11 月 28 日,江苏省接到教育部咨行经理留学日本学生规程事,并请派遣经理员。12 月 20 日,又接驻日代表函,催促年前派经理员东渡日本。江苏省因当时遴选员未定,依据规程第二条,暂派吉林留日学生经理员言微兼任江苏留日学生经理员,月支俸给公费 100 圆银。随后,委派袁希洛为驻日经理留学事务兼常任调查教育委员,于 1913 年 1 月 16 日颁给任命状,赴日接办,并向教育部咨询备案,同时制定职务纲要和经费概算书。江苏省驻日经理员主要职务包括:经理留学生学费事项、管理自费学生送学事项、招待国内新派赴日学生入学事项、调查报告留学生在学状况事项、招待本省行政官及特派员赴日调查事项、调查报告驻在国现在教育状况事项、担任本省行政机关临时委托调查事项等。[1] 但半年之后,驻日留学经理员袁希洛辞职,嗣后关于留学事宜随时直接办理,原有经理机关暂不派员接办,并将此事详情咨教育部备案。

其次是对江苏留学生的调查统计。辛亥革命之后,各省情形变化多端,对海外留学生的调查,其主要目的是了解具体情形之后,对符合要求者继续给予提供经费,对不合要求者则不再提供经费,甚或对于违反规定者给予一定的惩戒。正如《江苏省教育行政报告书》所说:"曩者派遣留学,未有一定标准,致毕业回国,学非所用,虚糜经费,消耗人才,至为可惜。光复后,本省对于留学事宜,以调查为入手办法,于请补公费及续派留学种种事宜。一出以郑重之态度严整之手续,诚以省费有限,学额无多,非实际地方需要明定方针,不足以养真才而供任使。此外给费服务之年期,稽查成绩之方法,转学辍学之取缔,停费赏费之罚

①《江苏省教育行政报告书》,中国社会科学院近代史研究所编:《民国文献类编 教育卷 740》,国家图书馆出版社 2015 年版,第 91 页。

则,以及惩戒抚恤,亦均明白规定,次第实行。"[1]

（1）民初对留日学生的管理

续补江苏留日学生官费。江苏省派遣往日本的留学生,自辛亥革命事起纷纷归国,而留学日本未回的诸多留学生学费,有的未能继续提供。因战争之故,中华民国临时政府成立后,留学案牍散佚尤多,无从稽考。1912年夏,江苏省专门制定调查表,调查内容包括：姓名、年岁、籍贯、何年月由何处派送、现在何校及入校年月、现习何科、每年学费数及以前学费拨解处所、预计毕业年月、以前经历之学校等[2]。函请驻日代表查明填寄并登报布告各留学生,要求在1912年6月20日前,各留学生自行照表式填报,以便政府制定详细的续补给费办法。之后根据在日各生迭陈经济危机情形,江苏省政府民政部于5月17日汇集维持费3600元,请驻日代表查明,仍在日留学的"旧时宁苏及江苏五校官费生"按月平均发给,暂资接济。至调查截止之期后,江苏省民政部教育科合并驻日代表填寄之表及留学诸生自开之履历,进行详情审核。凡表式开写完全,并查明确系向领江苏官费或五校官费者,共有70名。[3]然后具体规定给费办法,并函知驻日代表,同时仍登报布告留日各生,限9月15日以前向驻日使署报到。过期不到,即认为无意继续留学,官费名额即取消。有些留学生,虽然是属于江苏省籍的,但其被派遣留学时所领取的官费并不是江苏省的官费,而是由其他机构,比如教育部、交通部或别省提供官费。对于这类留学生,若想获得江苏省的官费供给,必须经以前提供官费的机构声明已经停给经费,或经查明确实已经停止供给经费,而且学业尚未完成,志愿继续留学者,江苏省方准供给经费补贴。按照这样要求,后经过排查证明,合格者仅有两名。经过前期对收到的申请表、履历表进行调查统计并发放一部分经费之后,后

①《江苏省教育行政报告书》,中国社会科学院近代史研究所编:《民国文献类编 教育卷740》,国家图书馆出版社2015年版,第84页。

②《江苏省教育行政报告书》,中国社会科学院近代史研究所编:《民国文献类编 教育卷740》,国家图书馆出版社2015年版,第88页。

③《江苏省教育行政报告书》,中国社会科学院近代史研究所编:《民国文献类编 教育卷740》,国家图书馆出版社2015年版,第89页。

续又收到多名留学生送来的申请表,继续准给公费学生 10 名。① 除了续补江苏省官费之外,还有一部分江苏籍留日学生出现特殊情况,如官费生逾期不到而未请假者四名,逾期不销假而停给公费者有三名,查明学费已归部发而停给官费者一名等。②

提供江苏留日学生经费的办法。江苏留日学生的经费,包括经费的费额及期限都有明确的规定。在费额方面分为三等:"甲 文部省直辖各大学每人每月日币四十圆;乙 各种高等专门学校习实科(理农工医等)者每人每月日币三十五圆;丙 各种高等专门学校习文科(政法文商经济等)者每人每月日币三十圆。除毕业回国酌给川资外,医药杂费不另支给。"在提供经费的期限上,规定"除前发维持费外,一律从九月份起支给,如过九月十五日不亲赴驻日代表署报到者,即系无意继续求学,不再给费"③。从发放经费的费额区别可以看出,对于留学生所在的学校级别及所学科目,都有明确区分,可见江苏政府对名校及理工医农等实类学科的重视。根据 1913 年 7 月江苏省对留学欧、美、日本的学生调查,江苏官费留学日本的学生共有 79 人。④

江苏省对于自费留日学生的管理。根据江苏省教育行政报告,江苏省自费留日学生人数颇多,限于财力,请补官费的学生未能全部核准。于是特别选择成绩较优者及所习科目确为江苏本省所需要者斟酌给予补助。又因为本省河海工程极为重要,前期曾派遣杜志诚、吴鼎赴白河工程实习,后改派赴日本留学土木科。后来由于留学规程颁布,停止派遣。有申请志愿者,一律以后议决预算并遵照规程规定留学科目及名额来具体解决。按照上述要求,以自费改补给公费的留学生主要

---

① 《江苏省教育行政报告书》,中国社会科学院近代史研究所编:《民国文献类编 教育卷 740》,国家图书馆出版社 2015 年版,第 90 页。

② 《江苏省教育行政报告书》,中国社会科学院近代史研究所编:《民国文献类编 教育卷 740》,国家图书馆出版社 2015 年版,第 90 页。

③ 《江苏省教育行政报告书》,中国社会科学院近代史研究所编:《民国文献类编 教育卷 740》,国家图书馆出版社 2015 年版,第 89—90 页。

④ 《江苏省教育行政报告书》,中国社会科学院近代史研究所编:《民国文献类编 教育卷 740》,国家图书馆出版社 2015 年版,第 119—125 页。

有陆爽、钱旭琴、杨霁、王容善、杜志诚、吴鼎等6名。① 除了对部分留学生续补公费之外,也对部分留日学生进行抚恤。留学生在海外,随时会遇到天灾人祸等各种意外情形,江苏省在救助发生意外情况的留学生方面,也多有善举,在此以三个案例来说明。1913年2月7日,驻日使署报告,江苏省费留学东京药学校学生张震东,以肺疾殁于镰仓养生院。当准将张震东的医费及身后用费照拨,先后共支日币279元,并准将正月学费移作办理追悼之用。2月27日,据江苏驻日经理员报告,本月20日东京神田区大火,江苏留学生之被焚者,计公费生3名,自费生13名。当即查照使署,订定火焚维持办法,分别抚恤,其外每名借款30元概予免扣。5月13日,据驻日经理员报告,自费生陶廷枋于4月20日晨,因邻居失慎殃及全家,因陶生全家被灾,情殊可悯,其经理员借给之200元,准免偿还。② 上述三例,皆是典型的天灾人祸,政府出于人道主义,伸出援助之手,虽然微薄,但也能体现出政府的关怀。

（2）民初对留学欧美生的管理

民初对江苏留学欧美官费生的管理。辛亥革命之后,关于欧美留学事宜,其案牍也多散佚,为了解具体情形,须先从调查入手。于是在1912年4月25日,订定表式分送驻英、法、德、比、美各国游学监督,请其转饬苏宁两属官费学生填寄汇核,并据此来继续筹费。嗣后驻欧美各国代表及游学监督将留学生调查表先后填就寄到,通过详加审核,凡表式填写完全,并查明确系向领江苏官费尚未毕业应继续给费者,计英国16名,法国11名,德国3名,比国11名,俄国1名,美国10名。③ 其学费即按照各生原额,每半年准寄一次。经费交由驻欧美各国代表或转游学监督分别代发,并由收款机关印制回照备查。另外,通过对留学生填表调查,还获得一些江苏籍留学生的其他情况,比如,查明留奥学武备应归都督府军务司拨费者3名,查明留德学武备应归都督府军务

---

① 《江苏省教育行政报告书》,中国社会科学院近代史研究所编:《民国文献类编 教育卷740》,国家图书馆出版社2015年版,第92—93页。

② 《江苏省教育行政报告书》,中国社会科学院近代史研究所编:《民国文献类编 教育卷740》,国家图书馆出版社2015年版,第94页。

③ 《江苏省教育行政报告书》,中国社会科学院近代史研究所编:《民国文献类编 教育卷740》,国家图书馆出版社2015年版,第95—96页。

司拨费者七名,查明留美学农业应由皖省拨款者一名。① 根据 1913 年 7 月江苏省对留学欧美日本的留学生调查,江苏官费留学英国的共 15 人,留学法国的共 6 人,留学德国的共 2 人,留学比利时的共 11 人,留学俄国的 1 人,留学美国的共 9 人,以上诸国共 44 人。留学日本的共 79 人。欧美日所有江苏派遣的留学生共 123 人。②

民初江苏省对于留学欧美自费生的管理。与对待留日自费生相似,即对于留学欧美自费生请补公费者,在留学规程颁布以前,择其成绩较优者,及所习学科确为本省需要者酌予准补。其中补给公费的英国 2 名,法国 1 名,德国 2 名,比利时 3 名,美国 1 名。③

江苏省对于欧美留学生的惩戒管理。江苏省通过对欧美留学生调查,发现欧美留学生中"专心求学者固多,然亦间有托名留学,或毕业后诡称实习,担任他项职务,博取外人薪水"。因此,针对仍然领取本国本省学费者,一经查明立予停止公费。1913 年 3 月 23 日,江苏省教育科以此分函驻欧美各国代表及游学监督,希望其注意考察诸生品学,随时报告,并将停费诸生姓名表通告各地区。据此被停发公费的留学生,留英生 2 名,留法生 2 名,留德生 2 名,留比生一名。④ 被停发公费诸生,有的确实与江苏省费颁发条件不符。比如留学德国的浙江绍兴人王鸿铭与安徽歙县的蒋兆钰确实与江苏省的官费发放要求不符。此情形也可以说明,驻各国代表及游学监督的调查取证作用是非常重要的,尤其在奖惩方面,可以奖励品学兼优者,也可以翔实取证,惩戒不合发给公费要求者。

（3）北洋政府中期对留学生的调查与管理

江苏省教育厅编印的《江苏教育近五年间概况》1916 年 10 月由上海商务印书馆出版发行,此书对民国成立以来江苏省的留学教育作了

---

① 《江苏省教育行政报告书》,中国社会科学院近代史研究所编:《民国文献类编 教育卷 740》,国家图书馆出版社 2015 年版,第 96 页。

② 《江苏省教育行政报告书》,中国社会科学院近代史研究所编:《民国文献类编 教育卷 740》,国家图书馆出版社 2015 年版,第 119—125 页。

③ 《江苏省教育行政报告书》,中国社会科学院近代史研究所编:《民国文献类编 教育卷 740》,国家图书馆出版社 2015 年版,第 96 页。

④ 《江苏省教育行政报告书》,中国社会科学院近代史研究所编:《民国文献类编 教育卷 740》,国家图书馆出版社 2015 年版,第 97—119 页。

详细的数据统计,据此可以了解北洋政府中期江苏留学生的状况,包括官费留学名额与留学经费的发放管理,留学生毕业人数、在学人数、自费生的统计等。此外,《江苏省教育行政报告书》下编《外国留学》部分也对江苏的出国留学教育作了一些统计,据此可以了解民国前期江苏的留学教育情况。

江苏省的官费留学名额与留学费额。根据《江苏教育近五年间概况》,1912 年 4 月,江苏省曾讨论维持留学教育的办法,决定对江苏省官费留学生名额进行一次调查,并陆续给予续补官费,其间日益增加少数官派留学生及新补由自费转为官费生。至 1913 年 7 月,经调查统计最终获得官费生数字为欧美 44 人,日本 79 人。正在讨论增加官费留学生名额之际,二次革命爆发,江苏受到影响甚大,北洋政府教育部也下令各省暂停续补公费。待 1914 年制定的《各省官费留学生缺额选补规程》颁布后,依《规程》所定的现有名数即为江苏省官费留学生名额。至 1915 年 2 月,明确江苏欧美官费生为 25 人,日本官费生为 60 人。这期间,江苏欧美官费留学生名额正好符合规定,而日本官费留学生名额缺少两名。经过多次咨询教育部获准,留待特约四校新生补入。[①] 民初江苏省议决欧美留学名额 25 名,日本 70 名,1917 年复议欧美增 3 名,即 28 名,日本减 10 名,即 60 名。当时选补名额由教育部决定后,行知省长汇寄留学经费。1921 年以后,各省欠解留学经费,引起纠纷,江苏因于 1922 年 1 月先订留日官费生支给学费办法,1923 年 1 月续订欧美留学补费暂行办法,次第施行。后因江苏省战事爆发,财政厅发款延期,欧美留学生因经费关系,选派一次之后,遂即停止,日本留学人数亦逐年减少,原有官费生多予改给庚款补助,至 1921 年度留学欧美日本各国学生学费,仅列四万余元,尚难如期发放,留学事项渐陷于停滞状态。[②]

关于"五校特约"与"特约四校",在此作一说明。1907 年中日签订"五校特约"协议,主要内容包括:从 1908 年开始,以 15 年为限(至 1922

---

① 江苏省公署教育厅编印:《江苏教育近五年间概况》,上海商务印书馆 1916 年版,第 12 页。
② 江苏省教育厅编:《江苏最近教育概况》,1930 年铅印本,见王燕来选编:《民国教育统计资料汇编》第 18 册,国家图书馆出版社 2010 年版,第 115 页。

年),日本五校包括第一高等学校每年 65 人(学生毕业后可以升入东京帝国大学),东京高等师范学校每年 25 人,东京高等工业学校每年 40 人,山口高等商业学校每年 25 人,千叶医学专门学校每年 10 人,每年共招收中国留学生 165 人,为此,清政府支付日方培养费;中方按照大省、小省分配各省学生名额,经费由各省分担;入学考试由各校分别实施,学生入学后每年缴纳 650 日元(包括学费和培养费)。民国成立后,"五校特约"仍有效。从 1913 年起,除山口高商因有特别事故停送学生外,其余四校仍照特约选送新生,故称为"特约四校"。

江苏省发给官费留学生的费额。根据 1916 年公布的《江苏教育近五年间概况》可知,在教育部章程未定以前,江苏省初发维持在外留学生费用,从 1912 年 9 月起,留学日本每生费用,以每月统一发放,分为三个等次。日本文部省直辖各大学 40 元,高等专门学校习实科者 35 元,习文科者 30 元,皆以日币计算。欧美各生仍照旧额,以每年统一发放一次。留英学生每生每年 192 磅,留法学生每生每年 4800 佛郎,留德学生每生每年 3540 马克乃至 3840 马克,留比学生每生每年 4800 佛郎,留俄学生每生每年 1660 卢布,留美学生每生每年发给美金 960 元,女生与男生相比,数额较减,为 880 元。后来教育部颁布章程,按照规定,发放给留学生的经费数额稍有变化,其留学日本者,仍以每月发放,留学日本帝国大学本科生日币 42 元,特约四校生 33 元,其他学生 36 元。留学欧美的学生经费也随之改为月给,留英学生每生每月 16 磅,留德学生每生每月 320 马克,留学法国、比利时的学生都是每月 400 佛郎,留俄学生每生每月 135 卢布,留美学生每生每月美金 80 元,而女生仍然依照每年发给之数,月均支 72 元。留学瑞士的学生,教育部未定费额,江苏省有以英法留学改赴瑞士的学生,暂依原派留学国之费额发给经费,现已一律改为 400 佛郎。[①]

江苏省留学经费的发放与管理。留日学生的学费,最初寄请驻日代表转发。自江苏省设置经理员之后,由经理员转发。经理员被裁撤之后,则由省巡发放。在复设经理员之前,省巡发放如故,1916 年 9 月

① 江苏省公署教育厅编印:《江苏教育近五年间概况》,上海商务印书馆 1916 年 10 月版,"留学"第 12 页。

才改由经理员转发。欧美留学生的学费亦多委托转发,有时委托使馆发放,有时委托留学生监督发放,或有时委托在欧留学经理员或委托教育部派遣的经理员发放。中央管理留学制度屡屡改变,因而江苏省委托发费机关亦于是乎屡屡更改。至 1915 年前后,留学经费的发放,欧洲地区委托教育部代理发放,而留美学生经费的发放则委托给留学生监督转发。只是江苏省派遣欧美留学之专门学校教员,其经费由省巡发放,系特别规定。此外,当留美管理机关中断时,费用曾由江苏省发放,不久亦改为转发。留俄学生向托使馆转发。至于发费日期,日本每两月发放一次,欧美从前每半年发放一次,后改为三月发放一次。可见,江苏省留学生的经费发放,时间、委托者都在不断变化,这与北洋政府教育部不断更改留学制度是有重要关系的。

江苏省对欧美留学生的管理。江苏省没有管理欧美留学生的专员,关于对留学诸生的品学考察,开始委托各位驻外代表及游学监督管理,后来委托诸公使及经理员管理。除俄国以外,全部依赖教育部所派的留学生监督来管理。留学日本学生,自省派经理员定下来之后,管理留日学生之责就有了专属管理人员。最初由吉林经理员兼任江苏省经理员,后来江苏省又专门特派经理员管理。不久特派经理员被裁撤。裁撤之后,只有省机关摇领管理留日学生之事。至 1915 年 5 月,江苏省派经理员续设,负责管理留学生之事。部派留日学生监督所不及者,全部由省派经理员来管理。除了发费送学以外,凡编制学籍、报告成绩及意外抚恤之事均由经理员负责处理。

关于江苏留学人数与学科的调查统计。据《江苏教育近五年间概况》数据统计,留学欧美及日本留学毕业生,就省属可稽者,自 1913 年 1 月,迄于 1916 年 9 月,英国 10 人,法国 4 人,德国 2 人,比利时 6 人,美国 8 人,日本 50 人,共 80 人。其留学学科,毕业欧美者,文科 4 人,理科 6 人,法科、商科各 2 人,医科 1 人,农科 3 人,工科 11 人,美术专业 1 人。留学日本毕业生,文科、理科各 1 人,法科 5 人,商科 4 人,医科 18 人,农科 2 人,工科 15 人。师范科 4 人。① 从毕业生留学国家来看,仍

---

① 江苏省公署教育厅编印:《江苏教育近五年间概况》,上海商务印书馆 1916 年版,第 13 页。

以日本、英国、美国较多;从留学专业来看,官费生所学学科以工科和医科、法科、师范科较多。从当时在学人数与学科来看,据 1916 年公布的《江苏教育近五年间概况》统计,在学人数略多于毕业人数:英国 5 人,法国 7 人,德国、比利时各有 3 人,俄国 1 人,瑞士 2 人,美国 4 人,日本共 58 人。欧、美、日合计 83 人。其留学学科,留学欧美地区的学生,文科 2 人,理科 7 人,法科 3 人,医科 4 人,工科 8 人,其中一人学习美术。留日学生,文科、法科各 1 人,医科 11 人,农科 3 人,工科 22 人,师范 7人,美术 1 人,各高等学校 11 人。日本补费生仅限于四校新生,补费学生都集中于四校(第一高等学校、东京高等师范学校、东京高等工业学校、千叶医学专门学校)。留日 57 人中,留学上述四校中得补费者有 40人。[①] 在学人数与毕业生人数有相似之处,留学国家仍以日本较多,留学科目仍以工科、医科、师范科较多。

关于江苏自费生的管理。欧美留学生的管理,江苏省向无专员负责,故自费生之人数,亦无稽核过。日本自费生人数,1915 年 9 月,由教育部派留日学生监督调查报告一次,计江苏省自费生有 79 人。据省派经理员报告,1915 年 3 月,已有自费生 84 人,近期达 90 余人。中间不乏肄业私立大学者及专门学习法政的学生,而入中学及预备学校者人数,则尚居少数。[②] 如上所述,留日自费生人数远多于公费生。留学欧美自费生人数可以类推。自费生中有以申请补公费者,分别存记咨询中央教育部,通过披览省牍,发现江苏留欧学生有 11 人、留美学生 10人、留日学生有 43 人曾向教育部申请补助,教育部虽已自行存记,但并未实施补费之举。

三、江苏留学生在欧美日各地区概况

北洋政府时期江苏留学生在美国、日本、欧洲各国的状况有较大的差别,这与当时的社会背景、留学国家的国情等因素都有密切关系。比如当时的稽勋留学活动、庚款留学活动、国际上的第一次世界大战等国内外社会环境都对留学国家、留学人数有较大的影响。

---

① 江苏省公署教育厅编印:《江苏教育近五年间概况》,上海商务印书馆 1916 年版,第 14 页。
② 江苏省公署教育厅编印:《江苏教育近五年间概况》,上海商务印书馆 1916 年版,第 15 页。

1. 江苏留美学生

民国前期,稽勋留学活动与庚款留学活动对中国的留美教育都有较大影响,同样,对于江苏省的留美教育也不例外。首先从稽勋留学来看,南京临时政府成立之后,临时稽勋局局长冯自由呈请教育部,将效力民国人员资送东西洋留学,教育部认为,此事"实由酬勋起见,似宜仍归临时稽勋局办理"①。按照当时政府公报的数据,稽勋局共选派三批留学生,1913 年 2 月公布第一批稽勋留学生共 35 人,1913 年 7 月 2 日公布第二批共 53 名,1913 年 7 月 18 日公布第三批共 66 名。② 事实上,稽勋留学生名单有很多重复之名,而且在正式派出之时有较大的变动。第一批真正派出的只有 25 名,包括江苏留学生谭熙鸿(留法学习经济)、宋子文(留美学习机械)、熊传第(留日学习文科)。③ 据上海《民立报》记载,第一批由沪出发的稽勋留学生,江苏籍的还有李文彬(留日)与何寿同(留日)。1913 年 7 月,第二期留学生正式出发时只有 26 人,包括江苏籍留学生裘祝三(江苏无锡人,留学英国)等。④ 1913 年 11 月,教育部发布公告称:"临时稽勋局第三期学生,前由该局呈请批准交部派遣,嗣因人数较多,需款较巨,际以库款支绌,此项经费实属无筹措,业由本部会同财政部呈明大总统,将此项学生暂缓派遣,以纾财力。"所以第三期留学生"决定停派"⑤,原本计划中的第三期江苏籍留学生,如朱葆康(江苏,留学美国)、汤达(江苏,留学日本)、王传熊(江苏,留学美国)、俞铸(江苏,留学日本)⑥等,也因政府决定停派而丧失留学机会。稽勋留学活动原本属于酬勋性质,个别人因有功于民国而得此资助出国留学,这种留学活动只是当时的特殊公派,不属于政府的一般正常留学教育活动。

从庚款留学活动来看,1912 年 10 月 17 日,清华学堂更名为清华学校,1928 年 8 月 17 日,清华学校又更名为清华大学。这一时期清华学

---

① 李滔主编:《中华留学教育史录 1840—1949》,高等教育出版社 2005 年版,第 237 页。
② 刘真主编:《留学教育:中国留学教育史料》第三册,台北"国立"编译馆 1980 年版,第 990—996 页。
③《稽勋局选派留学生》,《教育杂志》1912 年第 10 号。
④ 刘真主编:《留学教育:中国留学教育史料》第三册,台北"国立"编译馆 1980 年版,第 1524 页。
⑤ 李滔主编:《中华留学教育史录 1840—1949》,高等教育出版社 2005 年版,第 243 页。
⑥ 刘真主编:《留学教育:中国留学教育史料》第三册,台北"国立"编译馆 1980 年版,第 995 页。

校的性质是留美预备学校,通过它向美国输送优质的生源。这一时期也基本处于北洋政府时期,通过庚款留美学生的数据来看,在1912—1929年间,共派遣庚款留美生1130人,其中江苏籍有209人,占总人数的18.50%,[1]在全国位居第一。各年派遣的庚款留学生人数原有定数,事实上真正派遣时各年人数变化不定,江苏籍庚款留学生各年派出的人数也有较大差别,比如1921年有97名,而在1912年仅有一名。

除了上述两项留美活动之外,江苏籍留学生通过江苏省费、教育部官费、交通部官费等多种途径留学美国,比如通过交通部公费留学美国的有张行恒(江苏松江)、郭守中(江苏上海)、尤乙照(江苏无锡)等人,通过省费留学美国的有王季茞(江苏吴县)、瞿祖辉(江苏崇明)、汪懋祖(江苏苏州)等人。[2] 这一时期,自费留学美国的江苏留学生也不在少数,根据刘真主编的《留学教育:中国留学教育史料》提供的数据来看,仅1918—1924年间核准的江苏自费留美学生就有39人。[3]

留美学生的质量向来比较高,这可以从留美麻省理工学院中国学生会书记胡博渊的函文中得到证明。1915年夏,他在函文中说,自欧学东渐以来,我国学生留学外洋者日多一日,然进完善学校者少,进完善学校而毕业者尤少,此所以留学生车载斗量而仍有人才缺乏之叹也。美国麻省理工学院课程高升,声誉卓著,我国有志学子,毕业该校者颇不乏人,数年间相继毕业人数已在四五十人以上,皆成绩优美,与西人并驾齐驱。今夏又毕业325名,我国学生有13人。内硕士五人,余皆学士。由麻省理工毕业的中国13名学生中,有5名是来自江苏,其中徐志莘(江苏上海人,学习电学专业)与周厚坤(江苏无锡人,学习飞艇专业)2人获硕士学位;高汝纲(江苏上海人,学习机械)、席德炯(江苏苏州,学习矿科)、周铭(江苏泰兴人,学习化学)三人获得学士学位。[4]

---

[1] 李喜所主编、元青等:《中国留学通史·民国卷》,广东教育出版社2010年版,第21页。
[2] 刘真主编:《留学教育:中国留学教育史料》第三册,台北"国立"编译馆1980年版,第1032—1043页。
[3] 刘真主编:《留学教育:中国留学教育史料》第三册,台北"国立"编译馆1980年版,第1573—1659页。
[4] 《教育杂志》第7卷第8号,1915年,见陈悰、田正平编:《中国近代教育史资料汇编·留学教育》,上海教育出版社2007年版,第217页。

2. 江苏留欧学生

通过 1913 年欧洲留学生经理员对中国留欧官费学生的调查,江苏省选派的官费留学生主要集中在比利时、法国、德国、英国等国。[①] 20世纪 20 年代中后期,也有少量留学苏联的学生。

从江苏留法学生来看,主要集中在一战后的留法勤工俭学运动中。从 1919 年初到 1920 年底,先后共有 20 批 1800 多人到达法国。留法勤工俭学生来自全国 18 个省,各省输入法国的人数也有较大差异,其中以四川、湖南、广东、河北等省较多,江苏作为近代以来的留学生输出大省,在留法勤工俭学运动中表现并不突出。根据《申报》及姜新老师所著的《江苏留学史稿》数据统计,江苏籍勤工俭学生人数为 73 人。[②]但根据郑名桢编著的《留法勤工俭学运动》中的数据统计,江苏赴法勤工俭学人员却有 86 人[③],此 86 名江苏籍留学生中,可能包含了来自上海周围地区的 13 人。事实上,上海各地区在民国时期(1912—1949 年)隶属于江苏省,上海各地区,如松江、嘉定、宝山及上海市区的出国留学生都应算在江苏省内。赴法勤工俭学者年龄多在 16—30 岁之间。他们到法国后,有的先工后学,有的先学后工,有的边工边读。据调查统计,当时有四五百人进入 70 多家工厂,还有的当散工、干杂活。约 670人进入巴黎及各地 30 多个学校,其中多是首先补习法文,然后进入工业实习学校及其他学校学习。候工的勤工俭学生只靠微薄的维持费度日,生活极为艰苦。此时,江苏籍留法勤工俭学生团结起来,组织江苏旅法勤工俭学会,并派人向江苏省政府请求经济援助,在一定程度上缓解了部分勤工俭学生的困难。留法勤工俭学生沈沛霖是江苏旅法勤工俭学会的主要组织者,据其回忆:

> 自 1919 年 5 月,国内第一批留法勤工俭学生,经英国抵法后,至 1920 年 11 月第十七批学生到法,各省赴法学生已近 2000 人。以省籍观之,湘川两省籍人数最多,大多数同学生活困难。后来,成立了名为"中法留法青年监护委员会"组织,负责接济困难学生,

---

① 刘真主编:《留学教育:中国留学教育史料》第三册,台北"国立"编译馆 1980 年版,第 1525 页。
② 姜新、小雨:《江苏留学史稿》,吉林人民出版社 2006 年版,第 217 页。
③ 郑名桢编:《留法勤工俭学运动》,山西高校联合出版社 1994 年版,第 431—437 页。

然亦是杯水车薪,不能根本解决问题。于是,有人提议,学生应该以省籍为单位,开展自救活动。时江苏留法勤工俭学生(不包括公自费生)约有40余人,多居巴黎及其附近地区,俭学者、勤工者皆有之,且大多已川资耗尽,生活困难。为联络乡谊,我与江苏同学吴琪、张为昆、于履中、郑异升、朱藻儒、杨品荪、盛成、马铁群等,于巴黎集会数次,一致议决组织江苏同学会团体,以维护吾苏籍同学权益为宗旨。并决定:①印发同学履历表分发各同学填写,其项目有来法时间、法文熟练程度、目前经济状况、有否觅工觅学、将来志愿等内容,至为详尽。②发起各同学连署呈请江苏省长公署并省议会,请拨款接济同学。③加入中国留法勤工俭学会为团体会员。会中同学公推吴琪为书记,我副之,并以吴琪为驻中国留法勤工俭学会代表(总会书记为任卓宣)。请款连署后经众同学签名后,以电文形式发出。为使其早日得以实现,又推举吴琪同学回国催促,几经往返,加上呈请连署同学中有几位是江苏省议员的子女或亲戚,嗣经省议会批准,由江苏省财政厅汇款13.8万法郎给驻法公使馆转苏籍各位同学。款到后,公使陈箓通知我前往办理(时我代理江苏旅法同学会书记)。我当即前往,将款领出,往返车费亦自己贴出,分配亦由我负责,一丝不苟,各同学平均每人分得3600多元,故深得同学信任。①

由留法勤工俭学生组织的"江苏同学会"通过齐心协力,求得了江苏省政府的经济救济,其中徐悲鸿、蒋碧微夫妇就接受了江苏省政府的接济。从中也可以看出彼时的江苏省政府对海外江苏籍学子的关心和爱护。

在留比学生方面,留法勤工俭学生除了大部分继续留在法国攻读之外,还有数量不少的勤工俭学生转到邻近的比利时、德国等国家学习,先后进入大学和中等专业学校。其中,中国勤工俭学生人数最多的学校之一是比利时的沙洛瓦劳动大学,该大学的创办与留法勤工俭学运动有着极为密切的关系,并直接受影响于里昂中法大学的筹议。按

---

① 沈沛霖口述、沈建中整理:《耆年忆往:沈沛霖回忆录》,江苏文史资料编辑部1998年版,第22—23页。

照《中法教育界》第 12 期刊登的《比利时晓露槐中国同学录》（晓露槐即沙洛瓦旧译，此处即指沙洛瓦劳动大学）所刊姓名、籍贯，至 1926 年，在该校毕业或曾经就读该校的留法勤工俭学生人数为 73 人，其中江苏籍 3 人。[1] 此外，这一时期还有一些江苏留学生在比利时各学校留学，根据潘越的《近代中国留学比利时研究（1903—1949）》数据统计，北洋政府时期至少有 20 名江苏籍学生留学比利时。[2]

在留德学生方面，留法勤工俭学生因法国出现困难情况，一部分留学生转赴比利时，另有少数勤工俭学生转至德国，主要进行俭学。此外，因法国社会局势变化，里昂中法大学入学形势严峻，原赴法勤工俭学的中国留学生纷纷转向比利时和德国，比如，江苏籍学生李其苏、金绍祖于 1922 年 4 月赴德留学。[3] 所以在 20 世纪 20 年代留德学生的数量出现骤然增长的趋势。这固然与法国当时的情形有重要关系，另外，转赴德国留学生的增多，也与当时德国的社会状况有一定的关系。第一次世界大战结束后，作为主要参战国的德国，其经济与社会发展都受到了极大的创伤。这一时期内马克贬值、失业率增加，经济总值急剧下降。但随着德国自身的"愈合能力"以及原有经济实力的加持，仅用了几年时间德国便恢复到战前状态。再加上德国精良的工业技术与先进的武器备受中国人的欢迎，更加激起了人们对德国军事的向往。江苏留德学生的生源还有一部分来自德国企业资助的留学生。北洋政府时期有一些德国企业为培养人才需要而资助中国学生赴德留学，比如德国西门子电器公司就曾出资帮助了一批中国学生赴德留学。德国柏林西门子电器厂在上海九江路设有分厂，1921 年资助 22 名中国男女学生去德国留学："一面入学肄业，一面入该总厂实习，期限约四五年回国。"[4] 此 22 人中，2 名是女生，有 1 人信息不明，从籍贯来看，其中安徽 2 人，广东 2 人，贵州 2 人，浙江 1 人，其他 14 人均为江苏籍。[5] 这一时期通过官费或自费留学德国的江苏留学生尚有许多。仅从自费生来

---

① 鲜于浩：《留法勤工俭学运动史稿》，巴蜀书社 1994 年版，第 208 页。
② 潘越：《近代中国留学比利时研究（1903—1949）》，暨南大学博士论文，2012 年，第 122—142 页。
③ 越生文化主编：《中国近代教育文献丛刊·留学教育卷（10）》，浙江教育出版社 2020 年版，第 205 页。
④《西门子电器厂派送学生赴德》，《申报》1921 年 11 月 5 日。
⑤ 章开沅、余子侠主编：《中国人留学史 上册》，社会科学文献出版社 2013 年版，第 249 页。

看,通过刘真主编的《留学教育:中国留学教育史料》可以看出,自1919年至1927年,至少有16名江苏籍留学生通过政府的核准而自费出国留学。[①]

留英学生方面,上海留英同学会编的《留英同学录》记载了清末民国时期留英学生的具体情况,从中可以发现,从1912年至1926年,至少有18名江苏籍留学生。[②]自费留英的学生向来比较少,从刘真主编的《留学教育:中国留学教育史料》中可以发现,这一时期也有一些江苏籍自费留学生,比如,王述之(江苏上海人)1920年10月核准自费赴英国伦敦大学留学,季警洲(江苏崇明人)1924年1月核准自费赴英国学习政治学,张训坚(江苏江宁人)1927年11月核准自费赴英学习政治经济。[③]总体看来,这一时期江苏留英学生不算很多。

从留学苏俄学生来看,这一时期留俄学生增多与俄国的十月革命及国内的国共合作有重要关系。辛亥革命之后,民主共和的观念深入人心,但袁世凯窃取政权后,掀起了尊孔复古的逆流,甚至答应日本灭亡中国的"二十一条",国内外知识分子纷纷寻求救亡图存的新路径。俄国十月革命之后,马克思主义传入中国,让中国人看到了新的希望。尤其是苏俄政府对中国人民的友好态度更加强了国人对苏俄的好感,1919年7月25日,苏俄政府发表了第一次对华宣言,在中国引起了极大的轰动。随后签订的《中俄解决悬案问题大纲》基本得到了落实,极大地维护了中国的国家利益,这在中国知识界引起了极大的反响,到苏俄留学、向苏俄学习逐渐成为一股潮流。以孙中山为首的资产阶级革命派也主动向苏俄靠拢,1924年国民党一大的召开,确立了联俄、联共、扶助农工的三大政策,国共两党实现了第一次合作。此后,在1924—1928年间,出现了国共两党共同选派或分别选派的多批留苏学生。留苏学生主要在莫斯科东方大学和莫斯科中山大学进修学习。莫斯科东方大学设立于1921年秋,是苏联一所培养革命干部的党校,分

[①] 刘真主编:《留学教育:中国留学教育史料》第三册,台北"国立"编译馆1980年版,第1573—1659页。

[②] 上海留英同学会编:《留英同学录》,见越生文化主编:《中国近代留学教育文献丛刊 留学教育卷11》,浙江教育出版社2020年版,第1—156页。

[③] 刘真主编:《留学教育:中国留学教育史料》第三册,台湾"国立"编译馆1980年版,第1573—1659页。

为国内班和国外班,国外班以国家名称命名,中国班就是在这个时候发展起来的。该学校创立几年间,一般招收中共党员,为中国共产党培养革命干部。第一批赴苏留学成员以刘少奇、罗亦农等 26 人为代表,第二批赴苏留学成员有不少人是由德、法转道苏联学习,比如赵世炎、王若飞、邓小平等,还有以其他身份赴苏留学,比如瞿秋白(江苏常州人)以新闻记者身份赴苏留学。1921 年,该校中国班大约有 36 名中国学生,到 1923 年,增加到 52 名。① 1924 年,由苏联赞助筹办、在国共合作的背景下黄埔军校创立,培养了大量军事政治人才,其中有部分人经过考试选拔赴苏留学。1925 年 3 月孙中山(号逸仙)先生逝世,为纪念孙中山先生,经苏联与广州国民政府商议,1925 年 10 月在莫斯科创办了莫斯科中山大学。经广州国民政府选拔,最终录取了 300 多名学生,其中在江苏省上海市录取了 50 名。② 这些学员由中共党员和国民党成员组成,进入莫斯科中山大学学习。正在北伐战争如火如荼地开展的时候,1927 年,以蒋介石为代表的国民党右派公然发动了"四一二"反革命政变,并在 1927 年 7 月 26 日正式发表声明,决定取缔莫斯科中山大学并与之断绝一切关系,令各地不得再选派学生。③ 此后,赴苏留学的大部分国民党成员回国,只有少数人选择继续留在中山大学学习。两党关系的破裂以及国民党政府停止派遣留苏学生,使莫斯科中山大学的办学宗旨与发展发生了颠覆性的变化。1928 年,莫斯科中山大学更名为"中国共产主义劳动者大学",莫斯科东方大学的中国班也并入莫斯科中山大学。1930 年后,苏联"清党"运动的开展以及对托派主义的打击,苏联政府决定停办莫斯科中山大学,莫斯科东方大学也停止了对中国学生的招生工作,剩余留学生进入列宁学院学习。从上述留俄运动的开展可以看出,留学教育的开展与国内外的政治运动及国家间的外交关系有着重要的关联。

3. 江苏留日学生

江苏留日学生的状况与当时全国的留日教育是密切相关的。民国

① 留学生丛书编委会:《中国留学史萃》,中国友谊出版公司 1992 年版,第 70 页。
② 蒋晓星:《民国时期的留苏学生》,《世纪风采》2017 年第 12 期,第 17—21 页。
③ 雷辉志:《莫斯科中山大学往事》,《领导之友》2017 年第 4 期,第 67—69 页。

建立之后,国内时局相对稳定,留日人数不断增多,在 1913—1914 年又出现了一个留日小高潮。但 1915 年日本驻华公使向袁世凯提出"二十一条",在国内外引起了极大愤慨,留日学生纷纷回国,在日人数急剧减少。1918 年,日本与北洋政府签订中日共同防敌军事协定,妄想掌握中国的军事大权,干涉中国内政。留日学生获知此消息后纷纷罢课回国,东京罢课者达 96% 以上,回国人数达到几千人。[①] 1919 年五四运动爆发,留日学生又一次回国支援,留日学生又急剧减少。留日学生向来以"读书不忘爱国"而著称,其政治敏感性远甚于欧美留学生,再加上日本与中国路近费少、消息易得,因而留日学生动辄回国,无事则回到日本继续学习。随着一战后中国留学欧美人数不断增加,欧美对华的影响力也不断扩大,而彼时留日人数的增长却相对减缓,且"来日之中华民国留学生归国后,多成为排日论者,而留学美国之归国者却多成为亲美论者",由此引起了部分日本政府官员的不满,于是日本政府决定"为中国留日学生之学习谋求种种便利,将来渴望渐渐产生更多实效"[②],此后,日本政府迅速做出反应,为留日中国学生办理留学事宜的"日华学会"也随之成立。日本政府出台了相关怀柔政策,使日华学会每年获得 15 万日元,用于改善留日中国学生的宿舍条件。1923 年,日本国会通过退还庚款用于中国留日事业的提案,日本文部省专门成立对华文化事业部,用于处理庚款事宜。[③] 通过这一系列的举措,留日人数再次显著增加,但从总趋势来看,仍然处于下降的状态。

北洋政府时期的留日人数随着国内的政治运动而波澜起伏,江苏留日人数也在不断发生变化。仅从官费生来看,1914—1915 年,江苏官费留学日本学生是 57 人,占总人数的 5.1%;1924 年,江苏官费(日本政府资助)留学人数是 27 人,占总人数的 8.9%;1921—1925 年每年官费(省费)留学生 60 人,占总人数的 5.58%。[④] 除了官费生以外,这

① 王奇生:《中国留学生的历史轨迹 1872—1949》,湖北教育出版社 1992 年版,第 103 页。
② [日]实藤惠秀:《中国留学日本史》,谭汝谦、林启彦译,北京生活·读书·新知三联书店 1983 年版,第 98 页。
③ 王奇生:《中国留学生的历史轨迹 1872—1949》,湖北教育出版社 1992 年版,第 112 页。
④ 姜新、小雨:《江苏留学史稿》,吉林人民出版社 2006 年版,第 137—141 页。

一时期也有许多自费留日学生,通过对刘真主编的《留学教育:中国留学教育史料》数据统计,仅 1918—1927 年间,江苏就有 20 余人获得政府核准自费留学日本。[1] 事实上,由于日本对中国留日学生的要求不太严格,比如,有些自费留学生没有留学证书也准许入学,所以有不少留学生没有从政府获取留学证书也自费留学日本,这种情况在留日学生中比比皆是,江苏籍自费留学生也不例外。

第二节　江苏留学生群体的结构特征

北洋政府时期的江苏籍留学生群体,在留学国家与人数、留学学校与专业、留学生费别与性别等方面,与晚清时期有很多相似之处,但也有稍微的变化。江苏留学生群体特征体现了时代背景在江苏留学生身上的反应,比如一战后的留法勤工俭学、北洋政府对官费留学生名额的分配等对江苏留学教育的影响,再如苏南与苏北经济文化发展程度不同对江苏留学教育的影响等,都有一定的时代烙印。

一、留学国家与人数

1. 留学国家

北洋政府时期,虽然执政者更替频繁,但留学教育总体上赓续未绝。从留学国家来看,依然是留学美洲的美国,亚洲的日本,欧洲的英、法、德、比、俄、瑞士等较为先进发达国家,这也正体现了留学教育的本质,向科技文化先进的国家、学校、专业学习,以取长补短。

这一时期江苏留学生的留学国家与人数情况,根据江苏省教育厅1930 年出版的《江苏最近教育概况》,可以统计出 1912—1927 年间江苏省在各国的官费生及津贴生人数,具体情况见下表:

---

① 刘真主编:《留学教育:中国留学教育史料》第三册,台北"国立"编译馆 1980 年版,第 1573—1659 页。

表 2 - 1 1912—1927 年间江苏省在各国官费及津贴生统计表

年份	英	法	德	比	俄	瑞士	美	日本	总数
1912	17	6	1	9	1		9	52	95
1913	16	6	2	11	1		11	87	134
1914	13	6	5	10	1		6	100	141
1915	10	8	3	6	1	1	4	80	113
1916	5	8	3	8	1		4	72	101
1917	5	6	2	11	1		3	59	87
1918	4	7	1	12	1		2	69	96
1919	6	4	1	2			10	68	91
1920	6	3	4	1			15	59	88
1921	6	4	4				17	58	89
1922	3	4	4				17	43	71
1923	3	3	6				21	30	63
1924	1	2	3				18	23	47
1925			6				18	18	42
1926			4				15	15	34
1927	2	11	2	1			5	11	32
合计	97	78	51	71	7	1	175	844	1324

资料来源:江苏省教育厅编:《江苏最近教育概况》,江苏省教育厅 1930 年铅印,见王燕来选编:《民国教育统计资料汇编》第 18 册,国家图书馆出版社 2010 年版,第 135—137 页。

从上表可以看出,1912—1927 年间,江苏省在各国的官费及津贴生总数为 1324 人,其中留学日本人数最多,844 人,占总数的 63.75%,可见留日人数的比例之大;留美人数 175 人,占总数的 13.22%,留欧各国人数之和占总数的 23.03%。欧洲各国中又以留英人数最多,约占留欧总人数的三分之一;其次是法、德、比三国人数,差别不是太大,而留学人数较少的国家是俄国和瑞士。由此可以看出,官费生及津贴生主要留学日、美、英、法、德、比等国,这无疑是与这些国家的经济、文化发达有关。留日人数之所以居高不下,这与民国时期对留日官费生的政策倾向有关。1916 年,北洋政府规定江苏出国留学生官费定额 85 名,其中日本 60 名,占全国总数的 6%,居第 10 位;欧美国家共 25 名,占全国总数的 8%,居第 3 位。可见,无论是从全国还是从江苏的角度来看,留日公费生的人数定额比例都较高,这种政府层面的政策倾斜是导致留日人数居高不下的重要原因之一。

2. 留学人数

由于统计方式或获得数据的来源不同,对公费生人数的统计有一定的差别。根据 1930 年出版的《江苏最近教育概况》,可以清楚地看出 1912 年到 1927 年各年间的公费生(官费生与津贴生)人数情况(见表 2 - 1)。关于北洋政府时期江苏公费生的数据,另有学者统计,除去自费和中央各部选送的留学生之外,这一时期江苏选派的公费留学生,从 1914 年到 1927 年,约有 1000 人(1919 年除外)。具体各年选派人数如下表:

表 2 - 2　1914—1927 年江苏选派的公费留学生各年人数表

年度	1914	1915	1916	1917	1918	1919	1920
人数	141	113	101	87	96	?	88
年度	1921	1922	1923	1924	1925	1926	1927
人数	89	71	63	47	42	34	28

资料来源:陈乃林、周新国主编《江苏教育史》,江苏人民出版社 2007 年版,第 387 页。

另外,根据江苏省教育厅编的《江苏教育概览(二)》也可以得出与上表相似的数据,见下表:

表 2 - 3　1912—1927 年间江苏公费留学生人数表

年别	人数	年别	人数	年别	人数
1912 年	95 人	1913 年	134 人	1914 年	141 人
1915 年	113 人	1916 年	101 人	1917 年	87 人
1918 年	96 人	1920 年	88 人	1921 年	89 人
1922 年	71 人	1923 年	63 人	1924 年	47 人
1925 年	42 人	1926 年	34 人	1927 年	28 人

资料来源:江苏省教育厅编:《江苏教育概览(二)》,江苏省教育厅 1932 年铅印本,载于王燕来选编:《民国教育统计资料汇编》第 17 册,国家图书馆出版 2010 年版,第 537—538 页。注:自费及庚款稽勋者暂未列入。

根据表 2-3 数据可知,1912—1927 年(1919 年除外)江苏公费留学生也即江苏省官费与津贴生(不包括自费与庚款、稽勋留学生)共1229 人,与表 2-1 中统计的 1324 人(包括 1919 年)相差不大。

通过对较为完整的江苏公费生数据进行图表分析可以发现,1912年到 1927 年间,公费生人数处于不断下降的趋势,见下图。

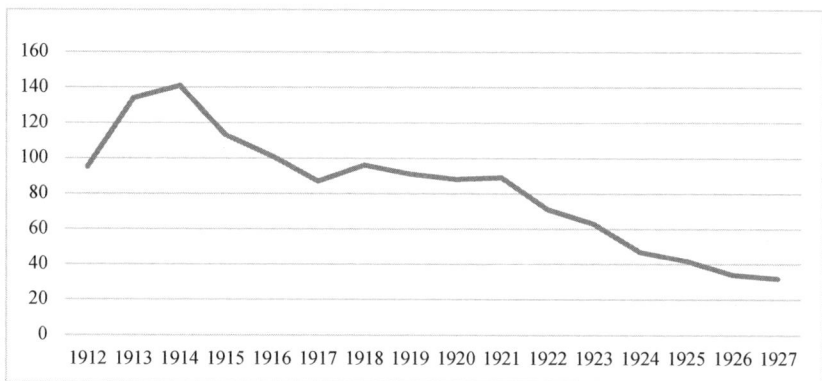

图 2-1 1912—1927 年江苏公费生(不包括庚款生、稽勋人员)数据图

除了 1913 年、1914 年、1915 年、1916 年每年超过百人之外,其余各年都在百人以下,甚至出现逐年下降的趋势,这显然与当时军阀混战的局势是有重要关系的。战争频繁,经费短缺,留学教育被边缘化,也正是那个时代的真实写照。

上述数据主要是针对江苏公费生而言的,事实上,这一时期江苏自费留学生也不在少数。从留美自费生来看,通过刘真主编的《留学教育:中国留学教育史料》可以发现,仅 1918—1924 年就有 39 名申请自费留美的学生通过了北洋政府教育部的核准而得以出国留学。[①] 从留欧自费生来看,这一时期由于受赴法勤工俭学潮的影响,江苏自费赴法留学生也比较多,据统计,在 1809 名留法学生中,江苏籍留学生至少有73 人,若加上江苏上海(上海各地区在民国时期隶属于江苏省),则江苏自费留法学生至少有 86 人。再从留日自费生来看,根据刘真主编的《留学教育:中国留学教育史料》数据统计,仅 1918—1927 年间,就有 20

① 刘真主编:《留学教育:中国留学教育史料》第三册,台北"国立"编译馆 1980 年版,第 1573—1659 页。

余人获得政府核准自费留学日本。① 事实上，由于日本对中国留日学生的证书审核不严，导致许多自费留学生未领取留学证书就留学日本，因此，自费留日学生远比政府登记在册人数多得多。由于自费留学人数未能获得确数，所以无法确定这一时期江苏出国留学生的总数。

二、留学学校与专业

1. 留学学校

同一时期留学不同国家的学校、人数有一定的波动，总体看来，江苏留学生留学国外的名校较多。首先来看留学日本学校情况。北洋政府时期，随着日本国内学校的增多和发展，中国留日学生所在的学校也在不断扩展。从江苏籍留学生来看，在1912—1917年间，江苏籍留日毕业学生所在学校及学科情况见下表：

表2‐4 1912—1917年江苏籍留日毕业生情况简表

毕业学校	学科	人数	毕业年
东京帝国大学	史学科	1	1912年毕业135人
东北帝国大学	采矿学科	1	
东京高等师范学校	本科博物学部	1	
东京高等工业学校	色染科	1	
	纺织科	1	
	应用化学科	1	
第一高等学校(预科)	第一部特预科	2	
第八高等学校		1	
熊本高等工业学校	机械科	1	
东京高等女子师范学校		1	
日本大学	法律科	14	
	政治科	6	
	专门部法律科	1	

---

① 刘真主编：《留学教育：中国留学教育史料》第三册，台湾"国立"编译馆1980年版，第1573—1659页。

毕业学校	学科	人数	毕业年
中央大学	专门部法律科	6	1912年毕业 135人
明治大学	大学部法科	1	
	专门部法科	46	
	大学部政经科	1	
法政大学	大学部法律科	1	
	专门部法律科	40	
	专门部政治科	7	
青山女子学院(1907)、东京女子高等师范学校	理化博物科	1	
东京高等工业学校	电气科	1	1913年毕业 64人
日本大学	大学部法律科	2	
	专门法律科	5	
	专门政治科	22	
中央大学	经济科	1	
	专门部法科	1	
明治大学	法学科	1	
	专门部法科	10	
	专门部政经科	1	
	商科大学商学科	1	
	专门部商科	1	
法政大学	大学部法律科	5	
	专门法律科	6	
爱知县立医学专门学校		2	
鹿儿岛高等农林学校	林学科	1	
京都高等工艺学校	色染科	1	
第一高等学校	二部预科	2	
第七高等学校	二部农科	1	

第二章　北洋政府时期的江苏留学教育

毕业学校	学科	人数	毕业年
东京高等师范学校	本科数物化学部	1	1914、1915 年度 毕业 32 人
明治大学	专门部法科	4	
中央大学	大学部法科	1	
	专门部经济科	1	
法政大学	专门部法律科	1	
日本大学	大学部商科	1	
	专门部法律科	1	
东京帝国大学	医科大学医学科	1	
长崎医学专门学校	药科	3	
	医科	1	
爱知县立医学专门学校	医科	1	
千叶医学专门学校	医学科	4	
大阪府立高等医科学校		1	
私立东京农业大学	本科	1	
东京高等工业学校	色染科	1	
	应用化学科	1	
	电气科	1	
第一高等学校	预科第二部	3	
	预科第三部	1	
第七高等学校	第二部农科	1	
第八高等学校	第三部	1	
成城学校		1	
千叶医学专门学校	医学科	1	1916 年度 毕业 34 人
大阪高等工业学校	造船科	1	
长崎医学专门学校	医学科	2	
爱知医学专门学校	医学科	3	
日本大学	专门部政治科	2	
	专门部法律科	6	

毕业学校	学科	人数	毕业年
东京府立第一中学		1	1916 年度 毕业 34 人
东京帝国大学	冶金学科	1	
	法科大学法律科	1	
	兽医学选科	1	
东京高等工业学校	应用化学科	1	
	机械科	1	
	电气科	1	
第一高等学校	预科第三部	2	
第四高等学校	英法科	1	
京部府立医学专门学校		1	
私立关西大学	法律科	1	
私立早稻田大学	专门部政治科	2	
私立中央大学	专门部法科	2	
	专门部经济科	1	
私立日本大学	专门部法律科	1	
私立法政学校	政治经济专修科	1	
东京帝国大学	农科大学农学	1	1917 年度 毕业 8 人
东北帝国大学	冶金	1	
第七高等学校	英法科	1	
第八高等学校	第二部丙	1	
法政大学	大学部法律科	1	
明治大学	大学部商科	1	
法政学校	政治经济科	2	

资料来源：根据刘真主编《留学教育：中国留学教育史料》第三册（台北"国立"编译馆 1980 年版）第 1318—1364 页整理编制。

从江苏留日学生毕业学校来看，毕业于明治大学（67 人）、日本大学（60 人）、法政大学（61 人）、东京高等工业学校（10 人）、第一高等学校(10人)、东京帝国大学(6人)、长崎医学专门学校(6人)、中央大学(4人)等校人数较多,其他学校人数较少。从学习专业来看,以学习法律(176人)为最多,占毕业人数(273人)的64.47%,可见学习法律人数之多。其次是学习政治经济科(包括商科)共48人,再次是与医学相关的学科共19人。由此可见,留日学生所学专业也相对集中,文类学科占绝对比重,而实类学科占比较少,这与整个清末民国时期留日学生的学科特点是非常相似的。

其次,从留学美国学校来看。民国初期,清华学校派出了多批留美学生,从1913年至1916年派出的留美学生中,至少有48名来自江苏的留学生,他们留美的学校分布在美国各地,相对较多的是麻省工业(应是麻省理工)、康奈尔、本薛文尼、普渡、耶鲁、哥伦比亚、哈佛、威斯康星等大学,与清末的庚款留美生有相似之处,具体情况见下表:

表2-5 1913—1916年清华学校派遣的江苏留学生留学学校情况简表

姓名	省籍	肄业学校	姓名	省籍	肄业学校
裘维裕	江苏	麻省工业	叶德镕	江苏	麻省工业、哥伦比亚
薛次莘	江苏	麻省工业	马国骥	江苏	哈佛、哥伦比亚
王成志	江苏	麻省工业	王国钧	江苏	普林斯顿
潘承圻	江苏	麻省工业	许鼎基	江苏	威斯康星、普林斯顿
程宗阳	江苏	麻省工业	薛学海	江苏	威斯康星
缪恩钊	江苏	麻省工业	汤蔼琳	江苏	白来福特、威尔斯立
陆凤书	江苏	康奈尔	林荀	江苏	丹纳女学、威尔斯立
许坤	江苏	康奈尔	孙恩庐	江苏	伊里诺爱、路易西亚那
李铿	江苏	康奈尔	吴惠荣	江苏	伊里诺爱、纽约
茅以升	江苏	康奈尔	张绍连	江苏	理海
顾振	江苏	康奈尔	赵师复	江苏	匹兹堡、阿利革尼
李广勋	江苏	本薛文尼	薛挂轮	江苏	科罗拉多矿业
瞿锡庆	江苏	本薛文尼	陆锦文	江苏	哲佛森医科
潘协安	江苏	本薛文尼	潘文炳	江苏	米尼苏达

姓名	省籍	肄业学校	姓名	省籍	肄业学校
姚尔昌	江苏	本薛文尼	朱中道	江苏	哈佛
何孝沅	江苏	哥伦比亚	张可治	江苏	卡匿奇工业
张光圻	江苏	哥伦比亚	洪深	江苏	鄂海阿省立
顾子毅	江苏	普渡	葛祖良	江苏	西徐
程瀛章	江苏	普渡	方连珍	江苏	布拉佛
何杰才	江苏	耶鲁	蔡秀珠	江苏	拉德瓦女学
陈俊	江苏	耶鲁	袁世庄	江苏	卧那山
李达	江苏	腓办爱斯	吴遵淮	江苏	罗威纺织
陈衡哲	江苏	瓦撒	廖世承	江苏	布朗
曹麓明	江苏	安洛斯	凌其峻	江苏	伊瓦省立

资料来源:根据刘真主编的《留学教育:中国留学教育史料》第三册(台北"国立"编译馆 1980 年版)第 1110—1125 页编制。

1919 年,欧美考察教育团在美国考察期间,所到之处将中国在美国各高校的学生名录编印成册,从中可以发现,江苏籍留美学生在各高校的分布情况,其中芝加哥大学 4 人、康奈尔大学 4 人、哈佛大学 4 人、麻省理工学院 3 人、哥伦比亚大学 4 人、纽约大学 2 人、骆威尔纺织专门学校 2 人、维斯康辛大学 2 人、司丹佛大学 1 人、加利福尼亚大学 1 人、瓦沙女子大学 1 人、乔治亚省立大学 1 人、马利兰省立大学 1 人、劳斯安基连斯私立大学 1 人、欧伯林大学 1 人。[①] 由此发现,位于前列的还是康奈尔大学、哈佛大学、麻省理工学院、哥伦比亚大学、芝加哥大学,这些高校不仅在美国非常出名,在世界上的排名也非常靠前。

再次,从留学欧洲各国的学校来看。北洋政府时期,江苏留英学生所在的学校与晚清相似,依然是以伦敦大学、伯明翰大学、格兰斯哥大学为较多,这通过留英同学会编的《留英同学录》可以明显地看出来。江苏留英学生的姓名、籍贯及留英学校见下表:

---

① 谈锡恩、袁希涛、陈宝泉等合编:《八年欧美考察教育团报告》,商务印书馆 1920 年版,载于越生文化主编:《中国近代教育文献丛刊:留学教育卷 18》,浙江教育出版社 2020 年版,第 363—381 页。

表 2 - 6　1912—1926 年江苏留英学生留学学校情况简表

姓名	籍贯	留学学校	姓名	籍贯	留学学校
丁燮林	江苏泰兴	伦敦大学、伯明翰大学	叶少英	江苏	亚伯丁大学、牛顿大学
胡筠庵	江苏上海	格兰斯哥大学	张星华*	江苏泗阳	伦敦皇家科学院
王文奎	江苏川沙	波尔敦工学院	翁谊安	江苏武进	多咸大学
王文显	江苏昆山	伦敦大学	周振禹	江苏镇江	爱丁堡大学
吴锦庆	江苏上海	伦敦大学	程锡庚	江苏镇江	伦敦经济学院
张迭生	江苏泰兴	格兰斯哥大学、利兹大学	陈源	江苏无锡	爱丁堡大学、伦敦大学
施学诗	江苏吴江	格兰斯哥大学	席德懋	江苏吴县	伯明翰大学
牛惠珍*	江苏上海	路敦咸女学、伦敦音乐学院	于云峰	江苏江宁	格兰斯哥大学、伯明翰大学
翁为	江苏	卫斯汀好司电机制造厂实习	吴庆源	江苏江阴	威或爵士公司及南方铁路实习

资料来源：上海留英同学会编：《留英同学录》，出版单位不详，1934 年出版，载越生文化主编：《中国近代留学教育文献丛刊 留学教育卷 11》，浙江教育出版社 2020 年版，第 1—156 页。注：标注 * 为女性留学生。

　　再看这一时期的江苏留德学生所在学校情况。通过对 1912 年至 1926 年部分留德学生姓名的搜索可以发现，这一时期留德学生所在的学校主要是德国柏林大学、柏林工业大学。

表 2 - 7　1912—1926 年江苏留德学生留学学校情况简表

姓名	籍贯	留学国家	姓名	籍贯	留学国家
张君劢	江苏宝山	德国柏林大学	陈翰笙	江苏无锡	德国柏林大学
凌翼支	江苏江都	德国柏林大学	周昌芸	江苏泰兴	德国柏林大学
汪元臣	江苏仪征	德国柏林大学	黄鸣龙	江苏扬州	德国柏林大学
黄瑛	江苏扬州	德国柏林大学	阮尚介	江苏奉贤	柏林工业大学
孟心如	江苏武进	德国柏林大学	丁文渊	江苏泰兴	德国法兰克福大学

姓名	籍贯	留学国家	姓名	籍贯	留学国家
萧乃震	江苏苏州	德国柏林大学	孙云铸	江苏高邮	德国哈勒大学
宗白华	江苏常熟	德国法兰克福大学、柏林大学	屠开元	江苏上海	德国柏林大学、奥地利维也纳大学

资料来源:1. 中国社会科学院近代史研究所编:《民国文献类编·教育卷(740)》,国家图书馆出版社 2015 年版,第 95—119 页;2. 元青:《民国时期中国留德学生与中德文化交流》,《近代史研究》1997 年第 3 期,第 237—256 页;3. 刘悦、杜卫华:《近现代柏林中国学人考》,浙江大学出版社 2018 年版,第 101—179 页;4. 杜卫华:《柏林大学中国留学生题名录(1898—1949)》(英文),德国柏林 MenschBuch 出版社 2012 年版;5.章开沅、余子侠主编:《中国人留学史(上册)》,社会科学文献出版社 2013 年版,第 249 页。

北洋政府时期江苏留比学生所在学校情况,通过潘越的博士论文《近代中国留学比利时研究(1903—1949)》可以从中窥豹一斑。见下表:

表 2-8　1912—1926 年江苏留比学生留学学校情况简表

姓名	籍贯	留学学校	姓名	籍贯	留学学校
邱陵	江苏	维城纺织学校	蒋鲁仪	江苏	列日大学
傅锦舟	江苏	鲁文大学	李蟠	江苏	布鲁塞尔大学
耿嘉基	江苏	布鲁塞尔罗伯学院	胡永龄	江苏	沙尔圣善巴第学校
金其毅	江苏	冈城大学	刘之谋	江苏	鲁文大学
马光辰	江苏	沙城劳工大学、布鲁塞尔大学	马光南	江苏	桥梁建筑学校、沙城皇家学院
马光启	江苏	沙城劳工大学、沙城高等工业学校	张燊	江苏	列日大学、布鲁塞尔大学、冈城大学
王懋章	江苏	冈城大学	余后乐	江苏	冈城大学
薛承莱	江苏	圣米舍公学、鲁文大学	张家杰	江苏	冈城大学、布鲁塞尔理工学院
余华生	江苏	安特卫普高等商业学院	朱亚舫	江苏	沙城工学院、皮埃罗艺术职业学校
陈庭辉	江苏	冈城大学			

资料来源:根据潘越的《近代中国留学比利时研究(1903—1949)》(暨南大学 2012 年博士论文)第 122—142 页资料整理编制。

从上表可以看出,北洋政府时期的江苏留比学生,留学学校主要集中在鲁文大学、冈城大学、列日大学和布鲁塞尔大学。可见比利时这几所比较著名的大学无论是晚清还是民国时期,都是中国留比学生所青睐的学校。

2. 留学专业

不同时期留学不同国家甚至不同学校,所学专业往往会有较大的差别,尤其是留美学生与留日学生在留学专业方面会有明显的倾向性。

北洋政府时期,庚款留美学生是由清华学校组织派遣的。有学者统计,在 1911 年至 1925 年的 14 年中,清华留美预备学校派送的 1200 名留学生中,自愿选学理科和工科的占 41%,选学农、医、经济及商业的各占 11%,其余 15% 是学政、法及文、史、哲等专业。[①] 这种情况反映在江苏留美学生身上也是非常相似的。在此将清华学校 1914 年、1915 年、1916 年派出的江苏籍留学生学科专业情况列表如下:

表 2 - 9　1914—1916 年清华学校派遣的江苏留美学生学科情况简表

姓名	省籍	留学学科	姓名	省籍	留学学科
张绍连	江苏	化学工程	陆锦文	江苏	医科
赵师复	江苏	石油工程、经济	李广勋	江苏	医科
程宗阳	江苏	采矿冶金	姚尔昌	江苏	医科
程瀛章	江苏	化学工程	葛祖良	江苏	医科
薛挂轮	江苏	矿业工程	孙恩庐	江苏	农学
顾振	江苏	机器工程	许鼎基	江苏	农学、文科
顾子毅	江苏	土木工程	薛学海	江苏	经济学
陆凤书	江苏	土木工程	朱中道	江苏	经济学
缪恩钊	江苏	土木工程	瞿锡庆	江苏	经济
潘文炳	江苏	化学	陈俊	江苏	经济学
潘承圻	江苏	化学工程	李达	江苏	文科
吴遵淮	江苏	纺织工程	汤蔼琳	江苏	预科、文科
张可治	江苏	冶金学	林荀	江苏	预科、文科

[①] 程新国:《庚款留学百年》,东方出版中心 2005 年版,第 32 页。

姓名	省籍	留学学科	姓名	省籍	留学学科
张光圻	江苏	建筑科	陈衡哲	江苏	历史学
洪深	江苏	化学陶业	曹麓明	江苏	文科
凌其峻	江苏	化学工程	王国钧	江苏	经济学、历史学
裘维裕	江苏	电气工程	廖世承	江苏	教育
许坤	江苏	机器工程	何杰才	江苏	政治学
李铿	江苏	土木工程	何孝沅	江苏	政治学
茅以升	江苏	桥梁工程	吴惠荣	江苏	经济、银行及簿记
薛次莘	江苏	土木工程	方连珍	江苏	文科
王成志	江苏	机器工程	蔡秀珠	江苏	文科
潘协安	江苏	经济及铁路运输	袁世庄	江苏	教育
叶德銒	江苏	机械管理、商业			

资料来源:根据刘真主编的《留学教育:中国留学教育史料》第三册(台北"国立"编译馆1980年版)第1110—1125页编制。

从上表可以明显地看出,清华学校派出的江苏籍留美学生以学习理工科为最多,其次是学习经济和医科,而学习文、史、教育的人数则比较少。这种情况与全国留美学生的情况是非常相似的。

留日学生的学科分类向来比较复杂,总体而言文类较多,这主要是因为自费留日学生较多造成的。自费留日学生在学科选择上没有限制,只要基本符合出国留学条件即可,而公费留学生多有学科限制,不能随便选择或更改。若仅以公费留学生来看,还是实类学科(主要是理、工、医、农等学科)占多数。根据《江苏教育近五年间概况》统计,留学欧美及日本留学毕业生,就省属可稽者,自1913年1月迄于1916年9月共80人,其中日本50人。其留学学科情况,留学日本毕业生,文科、理科各1人,法科5人,商科4人,医科18人,农科2人,工科15人,师范科4人。[①] 留学日本的官费毕业生,文类(包括文1、法5、商4、师范4)共14人,实类(包括理1、医18、农2、工15)共36人,实类与文类相比

---

① 江苏省公署教育厅编印:《江苏教育近五年间概况》,上海商务印书馆1916年版,第13页。

约为 3 : 1。再从《江苏省教育行政报告书》中的数据来看,1913—1916 年的江苏省费留日毕业生各学科人数,文科类(历史 1、英法文学 1)共 2 人,理科类(数学 1、理数 1)共 2 人,法学类(法政 5、法律 1)共 6 人,商学类(商业 4)共 4 人,医学类(医学 22、药学 2)共 24 人,农学类(农学 2、林学 1、兽医学 1)共 4 人,工学类(土木工学 1、工程 2、机械 1、船用机关 1、电气机械 4、电气化学 1、建筑学 1、应用化学 4、探矿冶金 2、色染 4、纺织 2)共 23 人,师范类(理化博物 1、物理化学 2、博物 1)共 4 人。[①] 从上述数据来看,江苏省费留日毕业生中,以医学类和工科类人数较多。若以大文科类(包括文、法、商、师范)和大理科类(包括理、医、农、工)相比较的话,则理与文比例约为 3 : 1。与留学欧美学生的学科(理与文比例约为 5 : 1)相比较,可以看出,文类学生在日本相对较多,在欧美地区相对较少。

从军事留日学生来看,从 1913 年至 1927 年,共有 25 名江苏籍学员留学日本士官学校学习军事相关科目。[②] 除了日本陆军士官学校之外,北洋政府时期,留日军事学校在增多,军事学科类别也有增加,这从《中华民国留日陆军学生同学录》中可以明显地看出来,具体情况见下表:

表 2 - 10 《中华民国留日陆军学生同学录》中的江苏籍留学生

学校	入学时间	学科与留学生姓名
陆军士官学校	第十期(1913 年入学)	步兵科:杨允华(江苏铜山)
		炮兵科:王柏龄(江苏扬州)、戴师韩(江苏江宁)
	第十一期(1914 年入学)	炮兵科:缪庆润(江苏江阴)
	第十二期(1917 年入学)	炮兵科:钱大钧(江苏吴县)
	第十四期(1921 年入学)	炮兵科:张季英(江苏萧县)
陆军步兵学校	第二期(1918 年入学)	王文英(江苏江宁)

①《江苏省教育行政报告书》,中国社会科学院近代史研究所编:《民国文献类编 教育卷 740》,国家图书馆出版社 2015 年版,第 119—125 页。

②陈予欢编:《中国留学日本陆军士官学校将师录》,广州出版社 2013 年版,第 483—534 页。

学校	入学时间	学科与留学生姓名
陆军骑兵学校	第二期(1917 年入学)	战术科马术科:潘毅(江苏武进)
陆军野战炮兵射击学校	第二期(1918 年入学)	张修敬(江苏江宁)
陆军经理学校 学生班	第五期(1911 年入学)	顾琳(江苏)
	第六期(1914 年入学)	殷同(江苏武进)
陆军经理学校学员班	第一期(1915 年入学)	闻春荣(江苏镇江)
	第二期(1917 年入学)	殷同(江苏武进)
	第四期(1920 年入学)	殷澐(江苏武进)
陆军军医学校	第二期(1917 年入学)	戴棣龄(江苏丹徒)
陆军大学校	第二期(1918 年入学)	刘光(江苏扬州)

资料来源:《中华民国留日陆军学生同学录》,载于越生文化主编、田正平执行主编:《中国近代教育文献丛刊·留学教育卷 04》,浙江教育出版社 2020 年版,第 271—293 页。

留日学生学习军事学在晚清时期就比较多,进入民国之后,以袁世凯为首的北洋军阀轮番掌握着北京政权,其军人出身和军事争夺的现实需要,更重视对军事人才的培养,因而民初政权依然重视对留日军事留学生的选派。江苏作为留学教育的大省,自然在军事留学方面也不落后。

日本不同学校学科专业化倾向十分明显。比如日本明治大学是一所私立大学,毕业于日本明治大学的中国留学生非常多,仅从江苏留学生来看,从 1908 年到 1928 年,毕业于日本明治大学的江苏留学生至少有 190 人[1],其所学专业主要是法科、商科和政治经济科,典型的文科大类,连少量的其他理工类学科都没有。而与明治大学不同的是,日本东京工业大学,其所设专业主要是理工科类的,毫无疑问,这与该校本身的专业性是密切相关的。

---

[1] 中华留日明治大学校友会编:《中华留日明治大学校友录》,1930 年出版,第 40—118 页,载于越生文化主编,田正平执行主编:《中国近代教育文献丛刊·留学教育卷 06》,浙江教育出版社 2020 年版,第 68—146 页。

北洋政府时期江苏留学生在欧洲各国所学专业情况,可以从《江苏教育近五年间概况》中窥豹一斑。据统计,自 1913 年 1 月至 1916 年 9 月,留学欧美毕业生,就省属可稽者,英国 10 人,法国 4 人,德国 2 人,比利时 6 人,美国 8 人。其留学学科,毕业欧美者,文科 4 人,理科 6 人,法科、商科各 2 人,医科 1 人,农科 3 人,工科 11 人,美术专业 1 人。① 从留学专业来看,官费生所学学科以工科和医科、法科、师范科较多。留学欧美国家的大文类学生(文 4、法 2、商 2、美术 1)共 9 人,实学类学生(理 6、医 1、农 3、工 11)共 21 人,亦即实类与文类相比 2.3∶1,而留学日本的官费毕业生,实类与文类相比 2.6∶1。仅从上述数据来看,留学欧美与留学日本的官费生差别不大。

再从《江苏省教育行政报告书》中的数据来看,从 1913 到 1916 年,江苏省费留学欧美毕业生学科情况,大文类(包括文 5、美术 2)共 7 人,实学类(包括理科 14 人,医学 3 人,农学 2 人,工科 18 人)共 37 人②,则实学类与文类比例约为 5∶1。亦即实学类学科的学生远多于文类学生。相比来看,1913—1916 年的江苏省费留日毕业生各学科人数,大文科类(包括文、法、商、师范)和实类学科(包括理、医、农、工)相比,比例约为 3∶1。③ 可以看出,江苏省费留学者,文类学生在日本相对较多,而在欧美地区相对较少。

根据民国教育部编写的《中华民国第四次教育统计图表》(1916 年)与《中华民国第五次教育统计图表》(1917 年),从中摘录江苏官费留学生的国别与科别统计表如下:

表 2 - 11　1915 年度江苏省官费生国别、科别统计(1915.8—1916.7)

学科/国别	英国	法国	德国	瑞士	比利时	美国	日本	总计
文				1				1
理	1					1		2

① 江苏省公署教育厅编印:《江苏教育近五年间概况》,上海商务印书馆 1916 年版,第 13 页。
② 《江苏省教育行政报告书》,中国社会科学院近代史研究所编:《民国文献类编 教育卷 740》,国家图书馆出版社 2015 年版,第 119—125 页。
③ 《江苏省教育行政报告书》,中国社会科学院近代史研究所编:《民国文献类编 教育卷 740》,国家图书馆出版社 2015 年版,第 119—125 页。

学科/国别	英国	法国	德国	瑞士	比利时	美国	日本	总计
法		2				1	4	7
医	1	1					15	17
农							3	3
工	3	4			3		27	37
预备						3		3
师范							7	7
其他							1	1
总计	5	7	0	1	3	5	57	78

资料来源:民国教育部总务厅文书科编:《中华民国第四次教育统计图表》(1915.8—1916.7),教育部1916年铅印本,见王燕来选编:《民国教育统计资料汇编》第三册,国家图书馆出版社2010年版,第733—738页。

表 2-12　1916年度江苏省官费生国别、科别统计(1916.8—1917.7)

科别/国别	英国	法国	德国	瑞士	美国	日本	总计
文				1			1
理	1	1					2
法		2			1	1	4
医	1	1			1	11	14
农						2	2
工	3	4		3		24	34
师范						4	4
预备						13	13
其他						2	2
总计	5	8	0	4	2	57	76

资料来源:教育部总务厅统计科编:《中华民国第五次教育统计图表》(1916.8—1917.7),教育部1917年铅印本,见王燕来、谷邵军辑:《民国教育统计资料续编》第5册,国家图书馆出版社2012年版(2016年重印),第618—623页。

从上述两表可以明显地看出,1915 年度(1915 年 8 月至 1916 年 7 月)和 1916 年度(1916 年 8 月至 1917 年 7 月)的江苏官费留学生,包括留学欧(英、法、德、瑞士、比利时)、美、日在内的所有国家,除去预备和其他项,大文类学科(包括文、法、商、师范等专业)共 24 人,大理类学科(包括理、工、医、农)共 111 人,则理与文的比例约为 5∶1。从上述两表也可以看出,学习医科与工科的人数特别多,尤其是在日本。

三、留学生费别与性别

1. 留学生费别

官费生(由省政府机关直接官费派遣)和津贴生(由省政府补助已在国外留学的留学生)涉及政府的财政补贴,因而政府往往会对这些留学生进行汇总统计。江苏以省费派遣和资助的留学生可称之为江苏公费生。根据民国教育部总务厅文书科编写的《中华民国第四次教育统计图表》(教育部 1916 年铅印本),1915 年度(即 1915 年 8 月至 1916 年 7 月)江苏官费生共 78 人,其中英国 5 人,法国 7 人,瑞士 1 人,比利时 3 人,美国 5 人,日本 57 人;按学科来看,文科 1 人,理科 2 人,法科 7 人,医科 17 人,农科 3 人,工科 37 人,师范科 7 人,预备者 3 人,其他 1 人。[①] 由此可见,官费生中留日者最多,学习工科者最多。根据教育部总务厅统计科编写的《中华民国第五次教育统计图表》附表,1916 年度(1916 年 8 月至 1917 年 7 月)江苏官费生共 76 人,其中留学英国 5 人,法国 8 人,瑞士 4 人,美国 2 人,日本 57 人;从学科来看,文科 1 人,理科 2 人,法科 4 人,医科 14 人,农科 2 人,工科 34 人,师范 4 人,预备 13 人,其他 2 人。[②] 由此可见,江苏官费生留学日本者最多,学习工科者最多。

通过江苏省教育厅编写的《江苏最近教育概况》可以看出,自 1903 年始,至 1929 年止,江苏曾对官费及津贴生作了一个详细统计。

[①] 民国教育部总务厅文书科编:《中华民国第四次教育统计图表》(1915 年 8 月至 1916 年 7 月),教育部 1916 年铅印本,见王燕来选编:《民国教育统计资料汇编》第 3 册,国家图书馆出版社 2010 年版,第 733—738 页。

[②] 教育部总务厅统计科编:《中华民国第五次教育统计图表(五年八月至六年七月)》附表,见王燕来、谷邵军辑《民国教育统计资料续编》第 5 册,国家图书馆出版社 2012 年版,第 618—623 页。

1903—1929 年江苏公费生共 1855 人（男 1737 人，女 118 人），从国家来看，留日公费生最多，1130 人（男 1055 人，女 75 人），占总数的 60.92%；其次是美国 216 人（男 196 人，女 20 人），占总数的 11.64%；留学欧洲国家，英国 171 人（男 160 人，女 11 人），法国 146 人（男 141 人，女 5 人），德国 62 人（男 55 人，女 7 人），比利时 116 人（男 116 人），俄国 13 人（男 13 人），瑞士 1 人（男 1 人）。江苏留欧公费生人数占江苏总数的 27.44%。从历年官费生人数来看，1903 年 1 人，1904 年 11 人，1905 年 24 人，1906 年 44 人，1907 年 51 人，1908 年 55 人，1909 年 71 人，1910 年 80 人，1911 年 92 人，1912 年 95 人，1913 年 134 人，1914 年 141 人，1915 年 113 人，1916 年 101 人，1917 年 101 人，1917 年 87 人，1918 年 96 人，1919 年 91 人，1920 年 88 人，1921 年 89 人，1922 年 71 人，1923 年 63 人，1924 年 47 人，1925 年 42 人，1926 年 34 人，1927 年 32 人，1928 年 45 人，1929 年 57 人。[1] 从上述数据可以看出，江苏公费生人数在 1914 年达到最高，但是在北洋政府的后期，公费生人数降到最低。国民政府成立之后，对地方各省的公费生名额（包括欧美与日本）曾有限制，但到北洋政府后期，战争频繁，教育被边缘化，即使政府限定的公费生名额也不能完成。南京国民政府成立之后，因政府财政困难，把留学教育选派权继续下放给地方，江苏公费生人数又出现上升趋势。

北洋政府时期，江苏自费生人数也出现大幅度上升的现象。据 1922 年统计，江苏留日学生总数有 343 人，其中官费生 62 人，自费生 281 人。[2] 自费生出国留学，虽不需要统一考试，但需要提供材料证明，包括留学资格（毕业学校）、留学经费准备情况及担保人情况等，经民国教育部核准之后领取留学证书才准出国。据不完全统计（因为有些留学生出国前未在政府登记），1924—1927 年间，江苏省至少有 88 人被核

① 江苏省教育厅编：《江苏最近教育概况》，江苏省教育厅 1930 年铅印，见王燕来选编：《民国教育统计资料汇编》第 18 册，国家图书馆出版社 2010 年版，第 121—140 页。
② 《留日中国学生之总数》，《中华教育界》第 11 卷第 11 期，1922 年。见陈学恂、田正平：《中国近代教育史资料汇编·留学教育》，上海教育出版社 2007 年版，第 390 页。

准自费留学。[①] 这些被核准出国的自费留学生,其意愿自费留学的国家主要是亚洲的日本,美洲的美国,欧洲的英、法、德三国。学习的科目相对平衡,文科类与实科类都有,相差不大。自费留学生在出国留学之前已应政府的要求筹备好留学期间的经费,避免留学期间经费困难带来不必要的麻烦。

2. 留学生性别

北洋政府时期社会比较混乱,男性留学生尚且不易出洋留学,更不用说女性留学生了。但中华民国成立之后,女性社会地位相比于晚清时期有了较大提升,女性走出国门的机会因而更多一些。比如在第一次世界大战结束之后,中国掀起了留法勤工俭学潮,除了大批男性留学生赴欧求学之外,一些中国女性留学生也出现在法国。以江苏留学生来看,在 86 名赴法勤工俭学生中就有 5 名女性留学生,即吴佩如(1920年 9 月赴法)、张近煊(1920 年 9 月赴法)、郑璧芋(1920 年 9 月赴法)、蒋碧薇(1919 年 3 月赴法)、廖世劭(1919 年 4 月赴法)。[②]

自费留学的女性留学生在政府中登记在册的比较少,官费留学或由政府津贴的女性留学生,往往会在政府档案中留下痕迹。根据江苏省教育厅编写的《江苏最近教育概况》来看,自 1912 年至 1927 年,江苏籍官费留学生及津贴生中有一小部分女性留学生,具体情况见下表:

表 2‑13　1912—1927 年江苏省官费及津贴留学生性别统计表

年份	欧美																日本		总数	
---	英		法		德		比		俄		瑞士		美		总数		日本		总数	
	男	女	男	女	男	女	男	女	男	女	男	女	男	女	男	女	男	女	男	女
1912	17		6		1		9		1				7	2	41	2	47	5	88	7
1913	15	1	6		2		11		1				9	2	44	3	81	6	125	9
1914	12	1	6		5		10						6		40	1	94	6	134	7
1915	9	1	8		3		6		1		1		4		32	1	76	4	108	5
1916	4	1	8		3		8		1				4		28	1	68	4	96	5

① 刘真主编:《留学教育:中国留学教育史料》第三册,台北"国立"编译馆 1980 年版,第 1573—1659 页。

② 郑名桢编:《留法勤工俭学运动》,山西高校联合出版社 1994 年版,第 431—437 页。

年份	欧美																日本		总数	
	英		法		德		比		俄		瑞士		美		总数					
	男	女	男	女	男	女	男	女	男	女	男	女	男	女	男	女	男	女	男	女
1917	4	1	6		2		11		1				3		27	1	57	2	84	3
1918	3	1	7		1		12		1				2		26	1	67	2	93	3
1919	5	1	4		1		2						10		22	1	67	1	89	2
1920	5	1	3		4		1						15		28	1	59		87	1
1921	5	1	4		4								17		30	1	57	1	87	2
1922	2		4		4								17		27		42		69	
1923	2	1	3		5	1							21		31	2	28	2	59	4
1924	1		2		1	2							18		22	2	22	1	44	3
1925					4	2							17	1	21	3	17	1	38	4
1926					2	2							14	2	16	4	14		30	4
1927	2		10	1	2		1						4	1	19	2	10	1	29	3
合计	86	11	77	1	44	7	71		7		1		168	7	454	26	806	38	1260	64

资料来源:江苏省教育厅编:《江苏最近教育概况》,江苏省教育厅1930年铅印,王燕来选编:《民国教育统计资料汇编》第18册,国家图书馆出版社2010年版,第135—137页。

　　1903—1929年江苏公费生共1855人,其中男性为1737人,女性为118人。则男女比例为15∶1。仅从上表可以看出,1912—1927年,官费生及津贴生中,英国女性留学生11人,法国1人,德国7人,美国7人,日本38人。可见留日女性最多,其次是英国。从比例来看,欧美国家江苏留学生男女比例约为17∶1,日本男女比例约为21∶1。总起来看,这一时期江苏官费生及津贴生中男(1260)女(64)比例约为20∶1。由此可见,男女比例差别仍然很大。

四、留学生具体籍贯

　　江苏留学生的具体籍贯分析,一方面将其与全国留学生相比,可以看出,江苏留学生人数在北洋政府时期仍然居于全国前列。如果从江苏全省来看,则可以明显看出,苏南地区远远多于苏北地区人数。这种情况与晚清时期十分相似。

1. 江苏位居全国前列

北洋政府时期,江苏留学生在全国的数量之比,从清末1909年选派的第一届庚款留美生到1929年清华学校选派的最后一届庚款留美生人数来看,各省派出的庚款留学生人数中,江苏籍人数遥居全国各省之首,独占鳌头。在此将各省庚款留美学生人数列表如下:

表 2－14　1909—1929 年各省庚款留美人数简表

省籍	人数	省籍	人数	省籍	人数
江苏	274	江西	60	陕西	13
广东	185	安徽	51	云南	11
浙江	157	湖南	49	广西	10
福建	92	山东	43	甘肃	10
河北	81	河南	38	新疆	5
四川	78	山西	24	辽宁	4
湖北	67	贵州	15	吉林	2

资料来源:根据李喜所等著的《近代中国的留美教育》(天津古籍出版社2000年版)第93页资料整理编制。

再从统计人数较为完备的1914—1915年来看,除去中央各部选派的留学生之外,留学日本、美国、欧洲各国的官费生籍贯,位于全国前列的是湖南、广东、四川、浙江、江苏、陕西、云南、山东、湖北等省,具体情况见下表:

表 2－15　1914—1915 年留学日美欧各国官费生籍贯来源统计表

来源	外交部	教育部	陆军部	海军部	交通部	农商部	湖南	广东	四川
人数	347	61	39	33	17	2	147	151	112
来源	浙江	江西	陕西	江苏	云南	山东	湖北	福建	山西
人数	112	101	92	76	75	69	66	58	51
来源	吉林	奉天	直隶	安徽	河南	广西	贵州	甘肃	黑龙江
人数	45	38	36	33	29	18	18	8	1

资料来源:陈学恂、田正平编:《中国近代教育史资料汇编·留学教育》,上海教育出版社1991年版,第690—693页。

民国初年,中央对各省每年公费留学生派遣规定了具体的名额,各省根据下达的名额进行选派,一般情况下不允许超额,并贯彻"遇缺始补"的原则。以 1921 年至 1925 年具体分配名额来看,排在前十位的是浙江(140)、湖南(121)、江西(114)、广东(111)、奉天(110)、四川(104)、湖北(93)、江苏(85)、山东(77)、福建(70)。江苏省公费留学生名额并不算多,但若加上自费留学生人数,则经济文化较为发达地区的江苏人数就会凸显出来。以 1921—1925 年留学欧美官费及自费学生人数来看,除了未详之外,排在第一位的是江苏,其余依次是浙江、广东、安徽、福建、四川、湖北、湖南、直隶、江西。[①] 经济文化发达地区会出现很多富裕家庭,这为自费留学生提供了经济保障。这是江苏地区留学生人数一直位居全国前列的重要原因所在。除了经济基础之外,沿海地带交通发达,开风气之先,出国留学意识较强,这也是重要原因之一。据汪一驹统计,1921—1934 年,留美学生中人数最多的是江苏省,占 24.9%,其次是浙江、广东,都占 12.8%。华美协进社调查 1854 至 1953 年的中国百年留美学生,结果是江苏最多,占 29.3%,其次是广东,占 15.3%,再次是浙江,占 5%。调查是根据美国校方的档案资料,其中不含大学以下的中国学生。自 1909 年至 1945 年的留美学生中,粤、苏、浙三省合占 57% 至 82%,在此期间,粤苏浙始终保持前三名,如将华籍美人计入,则广东排在第一,不然,则江苏排在第一。1921 年至 1934 年留欧学生的统计,江苏最多,占 20%,其次是浙江,占 13.9%,再次是广东,占 9.16%。留日学生方面,因留日费用较低,苏、浙、粤与其他各省相比无显著差别。1909 年到 1929 年的清华官费生,苏、浙、粤三省占总数 46.5%;1933 年至 1935 年的官费生,苏、浙、粤占总数的 70.6%;1933 年至 1947 年庚款留英生,苏浙粤合占总数 57.1%。[②] 苏、浙、粤三省留学人数合计占全国的一半左右,这不能不说沿海强省的优势,包括经济、文化、交通等各个方面的因素。

2. 苏南远多于苏北

北洋政府时期,江苏籍出国留学生的籍贯依然是苏南地区远多于

① 周棉:《中国留学生大辞典》,南京大学出版社 1999 年版,第 596 页。
② 汪一驹:《中国知识分子与西方》,梅寅生译,台北久大文化股份有限公司 1991 年版,第 94 页。

苏北地区。在此以两组数据来说明。一是 1913 年 7 月，江苏省对留学欧美日本的留学生进行了调查，从调查结果来看，江苏官费留学日本的共有 79 人，其具体姓名与籍贯情况如下表：

表 2 - 16　江苏官费留学日本学生姓名与籍贯(1913 年 7 月调查)

姓名	籍贯	姓名	籍贯	姓名	籍贯	姓名	籍贯	姓名	籍贯
章钦亮	嘉定	王尊美	上海	姚瑞棠	清河	杨俊生	山阳	吴鼎	嘉定
仲凤鸣	泰县	夏建安	上海	林世伟	无锡	王锐生	铜山	陆爽	武进
盛德镕	吴县	黄钧涵	崇明	朱笏云	无锡	蓝昌肃	铜山	钱旭琴	吴江
王曾宪	南汇	徐槭青	海门	吴传缃	吴县	王学良	江都	王容善	上海
施恩爔	崇明	范绍洛	无锡	周复培	无锡	朱浩如	江宁	杨霙	无锡
蒋拱辰	宜兴	杨荫榆	无锡	汪传祁	吴县	仲潄荣	沭阳	张世杰	江浦
贾观仁	上海	赵玫	上海	何鸣铎	吴江	王锦洲	江宁	王瑞会	砀山
李寿彤	丹徒	朱澄	宝山	赵铸	丹徒	赵鸿翔	盐城	王光会	砀山
杨大成	武进	梁强	江宁	李鹏运	金山	熊松雪	武进	徐树基	铜山
赵承懋	上海	许普及	泰县	翟钧	上海	徐梁	六合	朱荣锦	高淳
严望	无锡	朱芾	华亭	杨椿生	山阳	汪传桢	吴县	黄韶九	海门
蒋肇灏	吴县	李希贤	泰兴	沈瑾	江宁	金其重	华亭	于矿	泰兴
龚镒	崇明	王应伟	吴县	汪于冈	江宁	张谦吉	上海	蒋肇梁	吴县
潘祖馨	青浦	黄道穆	崇明	刘炎	海门	顾祖汉	吴县	庞树森	常熟
王祖尧	吴江	张钟韩	吴县	蔡东贤	海门	鹿斌	吴江	夏崧寿	盐城
张寿豊	青浦	郑寿祺	吴县	潘炳华	吴县	杜志诚	上虞		

资料来源：《江苏省教育行政报告书》下编　第七章《外国留学》，中国社会科学院近代史研究所编：《民国文献类编　教育卷 740》，国家图书馆出版社 2015 年版，第 119—125 页。

上表中除了杜志诚籍贯属于浙江上虞之外，其他留学生所在具体籍贯：江苏上海地区（包括上海县、嘉定、南汇、崇明、青浦、华亭、宝山等）共有 20 人，苏州市（包括吴县、吴江、常熟等）共 16 人，无锡市（包括无锡、宜兴等）共 8 人，常州市（武进）共 3 人，镇江市（包括丹徒、金山）共 3 人，南京市（包括江宁、六合、高淳、江浦等）共 8 人，扬州市（江都）

共 1 人,泰州市(泰兴)共 4 人,南通市(海门)共 4 人,盐城市(盐城)2
人,淮安市(包括清河、山阳)共 3 人,徐州市(包括铜山、砀山)共 5 人,
宿迁市(沭阳县)共 1 人。其中苏南地区(包括江苏上海、苏州、无锡、常
州、镇江、南京)58 人,占官费留日学生总数的 74.35%;苏北地区(包括
扬州、泰州、南通、盐城、淮安、徐州、宿迁)共 20 人,占江苏官费留日学
生总数的 25.64%。苏南与苏北之比约为 3:1,即苏南留学生约为苏
北留学生的三倍之多。由此可见,苏南地区的留学人数远多于苏北
地区。

再来看 1918—1924 年核准自费留美的江苏留学生籍贯分布情况,
具体见下表:

表 2-17　1918—1924 年核准的江苏自费留美生的姓名与籍贯表

姓名	籍贯	姓名	籍贯	姓名	籍贯	姓名	籍贯
缪崇赫	六合	王守成	吴县	夏露德	青浦	郑祖亚	宜兴
韩昶	吴县	俞树谟	宜兴	王赞卿	无锡	尹城淳	上海
周作仁	淮安	卢祖诒	武进	殷文友	无锡	孙锡麒	南汇
蒋士焘	丹徒	道贤模	丹徒	何汇莲	吴县	余愉	兴化
姚颂声	常熟	徐百揆	青浦	赵觉	江都	朱天秉	上海
陈文熙	常熟	敖恩瀛	无锡	许受益	武进	曹立权	江宁
王振汉	丹徒	马素贞	镇江	陈章	吴县	朱湘左	常熟
卢伯	泰县	徐毓果	淮阴	缪中一	江阴	徐永碗	上海
庾宗淮	常熟	凌普	泰县	闵之寅	南通	邵爽秋	东台
顾睿	松江	颜翼东	吴县				

资料来源:根据刘真主编的《留学教育:中国留学教育史料》第三册(台北"国立"编
译馆 1980 年版)第 1573—1659 页史料整理编制。

由上表可知,1918 年至 1924 年核准通过的江苏籍自费留美学生共
38 人,其中江苏上海(包括青浦、上海、南汇、松江等县)共 7 人,苏州市
(包括吴县、常熟)共 9 人,无锡市(包括宜兴、无锡)共 6 人,常州市(武
进)共 2 人,镇江市(包括镇江、丹徒)共 4 人,南京市(六合、江宁)共 2
人,扬州市(江都)1 人,泰州市(泰县、兴化)共 2 人,南通市 1 人,盐城市

（东台）1人,淮安市（淮阴）1人。苏南地区（江苏上海、苏州、无锡、常州、镇江、南京）共有30人,占江苏自费生总数的78.95%;苏北地区（包括扬州、泰州、南通、盐城、淮安）共8人,占江苏自费生总数的21.05%。苏南与苏北相比约为4∶1,也就是说苏南地区是苏北地区的四倍。由此可见,苏南地区留学人数远多于苏北地区。苏北地区的连云港、宿迁等市甚至长期未出现留学生,这与当地的经济发展程度是密切相关的。自晚清以来,苏南地区经济、文化发展远优于苏北地区,而且苏南地区与开风气之先的上海较近,受其影响更大,这些因素为出国留学教育提供了经济、文化基础。经济基础决定上层建筑,经济发展程度对文化、科技、思想都会带来相应的影响。

第三节　江苏留学生在海外的学习与活动

与晚清时期相似的是,北洋政府时期的江苏留学生在海外的学习与活动包含着丰富的内容,既有以专业学习为主、一心获得专业学位证书者,也有一些广泛涉猎知识、积极参加科研活动者,还有一些留学生积极参加留学生社团组织、密切关注国内政治动向。从总体来看,学以致用、科学救国的思想贯穿于大多数留学生思想中,其行为轨迹以爱国、救国为出发点,展现了江苏学子浓厚的家国情怀。

一、专业学习

留学生在海外的专业学习,既包括课堂上、实验室、书本上的专业理论知识学习,也包括专业知识所必须的实习与考察等实践活动。北洋政府时期特殊的社会背景,使得很多留学生非常珍惜难得的留学机会,甚至有不少留学生通过勤工俭学的方式艰难地完成学业,他们以自己的刻苦钻研取得了优异成绩。

1. 广泛涉猎

北洋政府时期的出国留学生与晚清时期的留学生所学的专业程度不可同日而语。晚清时期很多留学生以获得本科学历证书即学士学位为主要目标,而到民国时期,很多留学生到国外则以获得研究生学历证书即硕士、博士学位为主要目标。时至 20 世纪 20 年代前后,世界上很多高校的学习课程更趋专业化、多样化,海外留学生的专业学习更加丰富多彩。比如昆虫学家蔡邦华院士(江苏溧阳人)1920 年东渡日本求学,先学习了半年日语,后考入鹿儿岛高等农林学校动植物科,该校的基础课都是由有名望的教授讲课,如校长王利喜造是明治年间日本农学界带头人之一,昆虫学教授冈岛银次、蚕学界大师池田荣太郎等都是学识渊博、造诣很深的教授,这为其学习提供了良好的学习条件。蔡邦华利用良好的学习机会努力向学,在全校一年级昆虫采集比赛中获得了第一名。①

很多留学生到国外钻研一门学科,甚至只研究一门学科的某一个方向。也有不少留学生到国外不仅钻研本专业,而且广泛涉猎,只要对自己学习有帮助的学科知识,都尽力去学习。比如,我国农学家和农业教育家孙醒东(江苏南京人),在 1924—1934 年留学美国期间,先后获得普渡大学农学硕士学位,伊利诺伊大学博士学位。他主修大豆育种,由于其兴趣广泛,还于 1930—1931 年在威斯康星大学专修了牧草,1933 年 6 月—1934 年 4 月在美国万国农具公司专攻农业机械专业课程。他回国之后,不仅成为大豆育种专家,也是我国牧草及绿肥作物研究的先驱者②,这与其留美期间广泛涉猎其他专业知识是有很大关系的。再如近代著名的社会学家和优生学家潘光旦(江苏宝山县人,今属上海)1922—1926 年留学美国,先后获得美国达特茅斯学院学士学位、哥伦比亚大学理学硕士学位。③ 他于 1922—1924 年在达特茅斯学院学习生物学,1924 年获得学士学位。1923 年暑期、1924 年夏至 1925 年夏,在纽约州长岛冷泉港的优生学馆学习优生学、人类学一年半时间。1925 年夏同时在冷泉港的卡纳奇研究院,参加内分泌学的暑期讲习班。1925 年 9 月—1926 年夏在哥伦比亚大学学习生物学,获硕士学

① 宋立志编:《名校精英　浙江大学》,京华出版社 2010 年版,第 46—52 页。
② 中国科学技术协会编:《中国科学技术专家传略 农学编 作物卷 1》,中国科学技术出版社 1993 年版,第 74—80 页。
③ 蒋梦麟等著、简宁编:《心理学的盛宴　珍藏版》,哈尔滨出版社 2019 年版,第 253 页。

位。1926 年夏在马萨诸塞州林洞镇的海滨生物研究所学习单细胞生物学。可见,潘光旦和孙醒东一样,在主修一个专业的同时,广泛涉猎相关知识,利用难得的出国留学机会,尽可能地学习更多的感兴趣的知识。与钻研一个专业方向的大多数留学生不同,一部分广泛涉猎知识的留学生也成为具有代表性的留学生群体。

2. 学业优秀

北洋政府时期的江苏留学生,在海外努力向学,大多数都取得了优异成绩,而且还获得了各种荣誉证书。在此以几位留学生作为个案分析。

著名的桥梁专家茅以升(江苏镇江人)1916 年夏留学美国康奈尔大学土木工程系,1919 年底通过博士论文答辩,成为加利基理工大学(今卡内基-梅隆大学)第一位工学博士,其博士论文达到了世界水平,其科学创见被称为"茅氏定律",他也因此获得母校康奈尔大学"斐蒂士"研究奖章。[1]

纺织工程专家张文潜(江苏南通人)1918 年公费赴美国留学,入马萨诸塞州罗威尔纺织学院就读,1921 年以优异成绩毕业,被授予纺织工程学士学位,并获金质奖章。[2]

化学家蔡秀珠(江苏苏州人)1916 年庚款公费赴美留学,先入特拉华大学,次年转入瓦萨学院,1920 年获毕业生优异学业成绩奖状及全国性费白卡(Phi Beta Kappa)大学最优生荣誉联谊会奖状,后入哥伦比亚大学研究院,次年获化学硕士学位。[3]

土木工程专家李铿(江苏嘉定人,今属上海)1916 年入美国康奈尔大学学习,1917 年以学校第一名成绩获土木工程硕士学位证书,在校期间提出的结构理论,被学校称为 Lee Kung's Law。[4]

物理学家王守竞(江苏苏州人)1924 年赴美国留学,1925 年夏获康奈尔大学物理系硕士学位,同年秋转入哈佛大学研究欧洲文学,随后获

---

① 万新平主编:《天津近代历史人物传略 1》,天津人民出版社 2016 年版,第 169 页。
② 南通市通州区运盐河文化研究课题组:《运盐河》,江苏人民出版社 2021 年版,第 153 页。
③ 张彭春:《张彭春论教育与戏剧艺术》,南开大学出版社 2003 年版,第 638 页。
④ 上海市嘉定区南翔镇志编纂委员会编:《南翔镇志》,方志出版社 2017 年版,第 313 页。

哈佛大学文学硕士学位。1926年秋转入哥伦比亚大学继续攻读物理，获得该校博士学位。在攻读博士学位期间刻苦钻研，在量子力学方面取得很大成就，他的多原子分子非对称转动谱能级公式被后人称为"王氏公式"，被大学物理教科书所引用。

社会学家、民族学家吴文藻（江苏江阴人）1923年赴美国留学，先后在达特茅斯学院和哥伦比亚大学研习社会学和人类学，1928年获哥伦比亚大学社会学博士学位，并荣获哥伦比亚大学"最近十年内最优秀的外国留学生"称号。[①]

音乐家黄自（江苏川沙人，今属上海）1924年赴美留学，在奥伯林学院和耶鲁大学音乐学校学习作曲，其间创作了充满浪漫气息和悲剧色彩的管弦乐序曲《怀旧》，并成功地在耶鲁大学演出，这是中国作曲家在美国交响乐队演出的第一部中国作品。[②]

江苏留学生在留学期间获得各种荣誉成就的非常多。上述这些留学生在留学期间的表现反映了江苏留学生努力向学的积极态度和刻苦求学的精神。他们不仅能顺利毕业，而且还取得了优异成绩，获得各种荣誉奖项。江苏留学生在外国求学的表现也是全国留学生的一个缩影，在国内混乱的时局下，大多数中国留学生都能够珍惜来之不易的留学机会，既为自己学得了知识、技能，也为国家争得了荣誉。

3. 实习考察

实习与考察是很多专业学习的必经过程，尤其在工科与医科方面更是如此。江苏留学生在海外求学期间参加实习的非常多。比如，桥梁专家茅以升在美国留学期间，其导师贾柯贝教授在美国桥梁界久负盛名，在他获得硕士学位后，导师贾柯贝教授告诉他："你搞桥梁，光靠理论不行，一定要有实际经验。"并介绍他到匹兹堡一家桥梁公司的制图室、构件工厂、装配工地及设计室实习。一年半的实习，使茅以升大有收获，其后他入匹兹堡加利基理工大学土木工程系攻读博士学位。[③]我国铁道信号事业的开拓者汪禧成（江苏无锡人）1918年被公派留学

---

① 宋林飞主编：《江苏历代名人词典》，江苏人民出版社2019年版，第393页。
② 赵志远主编：《青少年百科丛书 音乐舞蹈》，新疆美术摄影出版社2012年版，第45页。
③ 万新平主编：《天津近代历史人物传略1》，天津人民出版社2016年版，第169—172页。

美国,他选了当时在我国尚是一片空白的铁道号志(今称信号)专业,同年9月到美国通用号志公司(General Railway Signal Co.)实习铁道号志制造一年,在孔勃伦(Cumberland)油管公司实习测量制图5个月,1920年到美国联合号志公司(Union Switch & Signal Co.)实习机械联锁与电空集中联锁设计及安装工程。在实习过程中对本专业产生了浓厚的兴趣,决心进一步充实理论以便更好地指导实践,遂入康奈尔大学深造。他学习勤奋,成绩优异,1921年获得硕士学位,坚定了他终身从事铁道号志与行车及站场相结合,以提高行车效率的志愿。为取得实践的验证,他又在美国雷定铁路新泽西(New Jersey)实习电气集中及自动闭塞工程6个月,于1922年1月返国。在美学习四年,养成了他从实践出发,追求先进技术,热情工作,善于用数学理论进行定量分析的能力。[1] 谢季纲(江苏丰县人)1925年夏获得美国福特汽车公司奖学金,考入费城大学,攻读于机械制造系,经过四年的刻苦学习,以突出的成绩和优秀的毕业论文获硕士学位,之后在福特公司总厂实习了两年。[2] 郁秉坚(江苏无锡人)1925年春赴美国留学,先在西屋电机制造厂任实习工程师,1926年考入耶鲁大学电机工程研究学院,同时在威斯登电工仪表厂、威斯登自动电话制造厂实习。1927年毕业获电机工程硕士学位后转赴英国,先后在利物浦和伦敦的自动电话制造厂任实习工程师,参加了伦敦自动电话建网改装工程。次年初又赴德国西门子电机电信制造厂实习。[3] 在医学方面,著名医学家李广勋(江苏苏州人)1914年赴美留学,进入宾夕法尼亚大学医科就读,1919年毕业并获医学博士学位,留在该校附属医院实习一年并参加美国医学院统一开业许可考试,获得合格证书,后至哈佛大学进修儿科,并在费城儿科医院实习。[4] 在人文社科方面也有部分同学参与实习,比如,狄膺(江苏太仓人)1921年赴法国里昂大学研究院留学,研究哲学、社会学及行政

① 中国科学技术协会编:《中国科学技术专家传略 工程技术编 交通卷》,中国铁道出版社1995年版,第125—132页。

② 张华光、郁觉明、张礼言:《爱国科学家谢季纲先生》,《徐州文史资料》第11辑,中国人民政治协商会议江苏省徐州市委员会文史资料委员会1991年10月编印发行,第16页。

③ 秦福祥主编:《上海电子仪表工业志》,上海社会科学院出版社1999年版,第503页。

④ 李峰、汤钰林编:《苏州历代人物大辞典》,上海辞书出版社2016年版,第253页。

市政管理学,又于中法大学专习文学,课余入里昂省长公署及市政厅实习市政管理。[①]

　　除了实习之外,毕业考察也是很多留学生的留学经历之一。考察多是在毕业之后进行的,这对于他们回国之后所从事的行业及研究方向都有很大的影响。比如陶慰孙(江苏无锡人),1918 年毕业于日本东京女子高等师范学校,1919—1921 年留学美国哥伦比亚大学并获理学硕士学位,1923 年又获康奈尔大学教育学硕士学位。毕业后,为进一步提高自己的专业水平,扩大知识储量,她又远赴欧洲,到英国、德国、法国、比利时、荷兰和瑞士等国的著名大学和化学研究机构参观学习。经历了在欧美一些国家的留学和参观学习,陶慰孙内心深刻地感受到中国高等教育与西方的差距。因此在参观学习结束后,她马上选择了回国。[②] 吴泽霖(江苏常熟人)1922 年留学美国,主修社会学,先后获得美国威斯康星大学学士、密苏里大学硕士、俄亥俄州立大学博士学位。1927 年赴欧洲考察英国、法国、德国、意大利等国的社会情况,1928 年回国,成为我国著名的社会学家、人类学家、民族学家、博物馆学家和教育家。[③] 汤惠荪(江苏崇明人,今属上海)1921 年毕业于日本鹿儿岛高等农林学校。1930 年秋奉浙江大学校方派赴德国留学,初入柏林农科大学农业经济研究院,后转往丹麦、比利时、荷兰、瑞士、法国及英国等地考察农业,1932 年 10 月考察期满返国。[④] 化学工程专家顾毓珍(江苏无锡人)1927 年赴美留学,入麻省理工学院,得化工科学学士及科学博士学位,1932 年 11 月至 1933 年 4 月在英国、德国参观工厂。[⑤] 参观考察是很多留学生毕业后的一次重要经历。西方发达国家的科技发展水平使其大开眼界,耳目一新,有助于增进他们对世界科学发展的认识和了解,加深和拓展他们的知识面,也会更加激发他们对于科学研究的

① 李峰、汤钰林编:《苏州历代人物大辞典》,上海辞书出版社 2016 年版,第 335 页。
② 吉林大学化学学院网站:吉大化学人物——陶慰孙:http://chem.jlu.edu.cn/info/1320/12330.htm。
③ 施琳主编:《当代中国著名民族学家百人小传》,中央民族大学出版社 2006 年版,第 13—14 页。
④ 刘绍唐主编:《民国人物小传　第 2 册》,上海三联书店 2014 年版,第 202—204 页。
⑤ 中国科学家辞典编委会:《中国科学家传略辞典 现代 第一、二辑》,中国科学家辞典编委会 1980 年版,第 790 页。

兴趣与热情,坚定他们从事科学研究的信心和决心。通过参观考察,他们可以明了国外在自己所研究的专业方向发展的前沿状况,明确自己回国后的努力方向,增强自己追赶外国先进技术的爱国情感。由此可见,参观考察也是留学阶段一个非常难得的亲身体验。

4. 勤工助学

北洋政府时期,国内工读思潮泛滥,在其影响下,一战后有大批留学生赴法勤工俭学,其中就包括 80 多名江苏留学生。可以想见,这些留学生到欧洲之后,多数是通过半工半读的形式来完成学业的。

这一时期,留学其他国家的江苏留学生也有通过勤工俭学的形式来完成学业的。比如,留学美国的凌其峻(江苏上海人)1916 年留学依阿华州立大学窑业工程科,翌年转入俄亥俄州立大学,以奖学金作为生活费用。为了补助学习和生活费用不足,期间曾到饭店当洗碗工。三年的勤奋学习,成绩优异,考试名列前茅,1919 年大学毕业,获得工学士学位,名列大学生光荣榜。[①] 留学英国的王子宿(江苏川沙县人,今属上海)幼时家境清贫,却有志于学。1924 年春,靠亲友资助和借贷,凑得 2000 银元赴英国求学。1924 至 1927 年历时三年半,通过半工半读,先后在五家工厂实习和劳动,顽强修完波尔登纺织专科学校(后改为波尔登大学)的相关课程并顺利毕业。他还曾在曼彻斯特大学夜校就读,1927 年学成回国。[②] 当代著名传记文学家、教育家朱东润(江苏泰兴人)自幼失怙,年幼时受族人资助考入南洋公学附小读书,因刻苦勤奋、成绩优异,1910 年得上海南洋公学监督唐文治资助升入中学,此后却因家境贫困、资助中断而辍学。1913 年秋,朱东润入留英俭学会赴英留学,次年进入伦敦西南学院读书,课余从事翻译以济学费。1916 年初放弃学业,毅然回国参加反对袁世凯复辟称帝的斗争。[③]

在北洋政府时期中国依然十分贫困的情况下,如果没有政府或学校等机构的资助,自费到国外留学,除非家庭十分富有,否则以半工半

---

① 中国民主建国会北京市委员会、北京市工商业联合会:《北京工商史话 第 1 辑》,中国商业出版社 1987 年版,第 199 页。
② 景亚南主编:《浦东早期留学人员选录 1872—1949》,上海大学出版社 2016 年版,第 98—99 页。
③ 朱东润:《朱东润自传》,华中科技大学出版社 2019 年版,第 514—521 页。

读的形式完成学业,其留学经历是十分艰难的。这些通过勤工俭学等方式来完成学业的江苏留学生,其对知识的向往及刻苦求学的精神无疑是令人敬佩的。

二、科学研究

进入民国以后,很多留学生出国后以完成硕士或博士学位为目标追求,而这种研究生学历与本科学历有较大的区别,即必须完成一定的科学研究工作,完成硕士、博士论文是其最低的要求。在完成学历论文的过程中,有人发表论文、出版专著,甚至会参加一些学术交流的会议等。

1. 科研著述

留学生在海外求学期间能够顺利毕业,这是绝大多数留学生所期望的结果,也是绝大多数留学生的最终表现。有一些留学生不仅在专业学习上刻苦钻研,而且将研究成果设法在学术期刊上发表,或将研究成果出版。这种现象在江苏留学生的身上并不罕见。比如,程锡庚(江苏镇江人)1919年毕业于英国伦敦大学,获经济学博士学位,后又留学法国巴黎大学、美国哥伦比亚大学。在留学英国期间,牛津大学出版社就出版过他著的一本书,题为《近代中国政治研究》。[1] 现代物理学家王守竞(江苏苏州人)1924—1927年留学美国期间,在美国物理学会第147次年会上,宣读论文《论普通氢分子的问题》,把新诞生的量子力学成功地应用于分子现象,其研究成果对当时物理学科有着极为重要的贡献。[2] 著名画家徐悲鸿(江苏宜兴人)1919年赴法留学,1921年转至德国柏林求学。留学期间,他抓紧每一寸时光,在名师们正规而系统的训练和他本人孜孜不倦的努力钻研下,绘画水平日渐提高,创作出一系列以肖像、人体、风景为主题的优秀的素描、油画作品,如《抚猫人像》《持棍老人》《自画像》等。留学四年之后,徐悲鸿的绘画水平已达到可与欧洲同时期的艺术家相媲美的地步,其油画作品《老妇》入选法国国家美术展览会。盛成(江苏仪征人)1920—1930年留学法国、意大利期

---

① 温源宁:《不够知己》,外语教学与研究出版社2004年版,第19—23页。
② 宋林飞主编:《江苏历代名人词典》,江苏人民出版社2019年版,第410页。

间,虽然学习的专业是农科,但他在 1928 年用法文出版长篇传记体小说《我的母亲》,震动法国文坛,获纪德、罗曼·罗兰、萧伯纳、海明威、罗素等人的高度评价,并被译成英、德、西、荷、希伯来等 16 种文字出版。[1]给水排水工程专家顾康乐(江苏苏州人)1923 年留学美国康奈尔大学,留学三年,他对美国和西欧工业城市污水处理池的设计理论和经济实效进行了深入探讨,同时在大学的卫生工程试验室作试验分析,写出了《城市污水处理池研究》论文,这篇专著在硕士学位口试中受到教授称赞,被推荐为专业参考资料。[2] 中国著名棉作专家冯肇传(江苏宜兴人)1918 年留学美国,始入乔治亚大学专攻棉作,后转康奈尔大学研究院攻遗传学,长期从事中美棉杂交及玉蜀黍遗传的研究,他的《玉蜀黍之耀光叶》一文在《中国科学》杂志及美国遗传学杂志上发表后,引起学术界瞩目。现代文学家、语言学家刘半农(江苏江阴人)1920 年赴英国伦敦大学学习实验语音学,同年 9 月作新诗《教我如何不想她》,后被赵元任谱曲传唱,流传至今。诗中首创"她"字称谓女性并通行于世,载入字典。1921 年夏转至法国巴黎大学就读,1925 年获得法国国家文学博士学位,论文《汉语字声实验录》获法国康士坦丁·伏尔内语言学专奖。在巴黎学习期间,抄录法国国家图书馆所藏敦煌写本 104 种,辑成中国敦煌学发展史上一部具有划时代意义的著作《敦煌掇琐》。[3] 何杰才(江苏上海人)1915 年公费赴美留学,1917 获耶鲁大学政治学学士学位,后又获哈佛大学政治学硕士学位。留美期间,著有《中日条约论》《英日同盟论》《山东问题之解决》等英文著作。[4] 冶金学专家周志宏(江苏扬州人)1925—1926 年留学美国匹兹堡卡内基理工学院(即卡内基·梅隆大学)并获得冶金学硕士学位,其毕业论文《中锰钢结构研究》引起了正在匹兹堡讲学的被誉为美国冶金之父的 A. 苏华(Sauveur)的重视,要他去哈佛大学攻读博士学位。在苏华教授的指导下,周志宏于 1927 年提前完成了博士论文。在这篇论文中,他根据详尽的实验资料推翻了

[1] 宋林飞主编:《江苏历代名人词典》,江苏人民出版 2019 年版,第 380 页。
[2] 中国科学技术协会编:《中国科学技术专家传略 工程技术编 土木建筑卷 1》,中国科学技术出版社 1994 年版,第 162—164 页。
[3] 宋林飞主编:《江苏历代名人词典》,江苏人民出版社 2019 年版,第 333 页。
[4] 王孝俭:《上海市 上海县志》,上海人民出版社 1993 年版,第 1182 页。

前人的错误结论,提出创见。哈佛大学教授会议于第一年即授予他冶金工程师学位(当时哈佛大学最高学位的一种)并申请到了海林—介林(Henning - Jenning)奖学金。在"高速冷却对纯金属马氏体组织的形成"研究课题中,周志宏以他的智慧和高超的实验技术,解决了在尚无真空冶炼设备的条件下,防止纯金属从高温状态冷却到低温过程中被氧化的难题。这篇意义深远的论文刊登于著名的《美国采矿冶金汇刊》,确立了马氏体相变机制,成为广泛引用的经典文献。①

从上述这些个例可以看出,江苏留学生在海外求学期间,刻苦钻研,将研究成果出版或发表,在学术界引起了一定的反响,不仅证明了自己的学业成就,也为祖国争得了光彩。

2. 学术交流

在留学期间,参与一些重要的学术会议,或将自己的研究成果在一些重要的学术会议上宣读,这既是一种学术交流,也是展示自己研究水平的一种证明。北洋政府时期,江苏留学生在海外积极参与学术交流。比如,潘承诰(江苏苏州人)1922年获得法国格勒诺布尔市电工学院电气工程师学位,回国后在京汉铁路局长辛店机修厂供职两年,再赴法国进修,获电工、无线电、有线电三个工程师学位,1928年到巴黎大学攻读物理及物理化学博士学位,师从居里夫人。1931年代表中国政府参加国际电气会议,至1932年归国。沈有乾(江苏苏州人)1922—1926年留学美国斯坦福大学、哈佛大学并获哲学博士学位,1927年以中美协会书记的身份成为中国代表团成员,赴加拿大出席第三届世界教育会联合大会。② 昆虫学家蔡邦华院士(江苏溧阳人)1930年到德国进修,1932年参加了在法国巴黎召开的第五届国际昆虫学会议,认识了许多国际上知名的昆虫学家。③ 参加学术会议,从某种程度上也是学术会议主办方对自己学术地位的认可,因为若在某个专业方向没有一定的科研成就,一般主办方不会邀请其参会。另外,通过参加学术会议,既可以趁此机会了解学术前沿状况,又可以与他人交流研究成果,如此一举

① 宋立志编:《名校精英 上海交通大学》,京华出版社2010年版,第17—24页。
② 李峰、汤钰林编:《苏州历代人物大辞典》,上海辞书出版社2016年版,第374页。
③ 宋立志编:《名校精英 浙江大学》,京华出版社2010年版,第46—52页。

多得的好事,很多留学生都不愿放弃这样展示自己、学习他人的机会。

三、参与组织

北洋政府时期,国内共产党与国民党组织的成立,对国外留学生产生了较大的影响,有不少留学生在海外留学期间加入共产党的海外组织或国外的共产党组织。此外,也有不少留学生加入国民党或其他一些社团组织。

1. 加入海外共产党与国民党

第一次世界大战之后,国内掀起了一股留法勤工俭学潮,不少江苏留学生赴法勤工俭学。在法期间,周恩来等一些先进知识分子组建共产党海外组织,由此,江苏籍留学生加入海外共产党的也不乏其人。比如,沈沛霖(江苏武进人)1920年赴法国勤工俭学,留法期间加入中国共产主义青年团,由王景岐介绍加入中国国民党,组织江苏旅法勤工俭学会,被选为书记。① 奚佐尧(江苏江阴人)1920年赴法国勤工俭学,在巴黎结识了陈毅等许多青年革命者,1922年6月参加周恩来发起组织的旅欧中国少年共产党,8月中国共产党旅欧支部成立,遂转为中共党员。1925年,根据党组织指示,他和朱德等30余人进入苏联莫斯科东方大学军事训练班学习,回国后即参加1926年10月的上海工人武装起义,10月26日被军阀孙传芳部杀害。② 朱增祥(江苏太仓人)1920年赴法求学,在法国木兰公学学习三个月法文后进入圣德大学学习,留法期间与周恩来、邓小平等同志一同勤工俭学,1923年进入比利时劳工大学,并由刘伯坚、聂荣臻介绍加入党组织,1924年回法国进入工业专科学校学习,1926年9月由党组织动员到莫斯科东方大学,成为第八批留苏学生。

也有人参加外国的共产党组织,比如共和国外交家章汉夫(江苏常州人),原名谢启泰,1926年留学美国,1927年加入美国共产党,后转入中国共产党并任旧金山中国支部书记,次年受美共派遣留学苏联,入共

---

① 汪稼明总编辑:《老照片 第7辑》,山东画报出版社1998年版,第73页。
② 北京图书馆社会科学参考组、《革命烈士传》编委会资料组编:《革命烈士传记资料目录 第1辑 1922年至1937年6月》,解放军出版社1986年版,第54页。

产主义劳动大学学习。① 盛成(江苏仪征人)1919年底赴法国勤工俭学,相继毕业于法国蒙彼利埃农业专科学校附属蚕业专科学校、意大利巴都同立蚕桑试验所高等蚕桑科、法国蒙彼利埃大学,获高等理学硕士学位。留学期间加入法国社会党,并参与创建法国共产党,任朗多克省省委书记,是该党早期领导人之一。②

有个别留学生是在国内加入共产党,受党组织的派遣而出国留学的,比如,瞿秋白的胞弟瞿景白(江苏常州人)1925年加入中国共产党,1928年4月受党组织的派遣赴苏联留学,入莫斯科中山大学学习。6月中国共产党第六次全国代表大会在莫斯科举行,他作为指定及旁听代表参加大会,担任大会秘书处记录科主任,负责大会及各委员会之记录与整理。会后,和担任中共驻共产国际代表团团长的瞿秋白合编了《中国职工运动材料汇编》一书,比较系统地总结和介绍中国工人运动概况。1929年10月公开反对王明等人的宗派活动,遭到迫害,死于莫斯科。③

北洋政府时期,国内除了共产党组织之外,国民党的社会影响甚至超过了共产党,在海外的江苏留学生加入国民党的也比较多,有的人是因国内国共合作进行大革命运动的需要,以个人身份加入国民党的,比如水利航运专家朱重光(江苏宜兴人)旅欧留学期间,曾与周恩来、李富春等共产党先驱往来。1923年旅欧中国国民党支部在里昂成立,选举产生了评议部和执行部等领导机构,周恩来(中共)任总务科主任,朱重光任农工委员会会长。④ 吴琪(江苏宜兴人)1919年赴法国勤工俭学,毕业于巴黎政治大学,是留法勤工俭学学生总会的江苏省代表。1922年6月参加"中华旅法少年共产党",并任少共巴黎支部书记,负责学生运动。他曾参加过"二八运动"和"里大运动"(系五人代表之一)。在支部中,曾与周恩来、邓小平、李富春、聂荣臻、蔡畅、赵世炎、李维汉、何长

---

① 宋林飞主编:《江苏历代名人词典》,江苏人民出版社2019年版,第419页。
② 宋林飞主编:《江苏历代名人词典》,江苏人民出版社2019年版,第380页。
③ 李蓉、张延忠主编:《中国共产党第一至第六次全国代表大会代表名录 增订本》,中共党史出版社2014年版,第159—160页。
④ 王震编:《徐悲鸿文集》,上海画报出版社2005年版,第213页。

工等同志一起工作。由于其 1921 年参加"里昂中法大学运动",1922
年下半年被法国政府限期出境,于是到了德国,与周恩来、朱德等同志
一起参加德国支部活动。1923 年改名重返法国,继续在支部工作。
1924 年,吴琪由组织指示,参加中国国民党,任巴黎支部负责人,1926
年回国。① 狄膺(江苏太仓人)1921 年赴法国留学,1923 年经吴稚晖、
张静江介绍加入旅欧中国国民党支部,1926 年初归国。②

　　由上可知,北洋政府时期,江苏留学生密切关注国内的社会发展,
热心于政党组织的创建与发展,或加入国内共产党的海外支部,或加入
外国的共产党组织,甚至应国内革命战争的需要而以个人身份加入国
民党组织。在海外留学期间加入党派组织,反映了民国时期国内政治
运动的社会背景,其海外留学活动具有一定的时代烙印。

　　2. 参加中国留学生社团

　　与晚清时期非常相似的是,民国时期留学生创建和参与留学生社
团组织是十分常见的。北洋政府时期,海外中国留学生组建的一个非
常著名的学术组织就是"中国科学社",这是近代中国历史上第一个民
间综合性科学团体,由一群留美学生 1915 年在美国康奈尔大学创办,
旨在"提倡科学,鼓吹实业,审定名词,传播知识"。在中国科学社成立
的过程中,有不少江苏籍留学生参与创建,比如,赵元任(江苏常州人)、
邹秉文(江苏苏州人)、邹树文(江苏苏州人)、胡刚复(江苏无锡人)、章
元善(江苏苏州人)、计大雄(江苏南汇人,今属上海)、过探先(江苏无锡
人)都是中国科学社创建者之一。过探先还是中华农学会的创始人之
一。过探先不仅在美国参与发起创建中国科学社、编印《科学》月刊,回
国后,因中国科学社当时会员很少,经费支绌,他就在自己的住宅中划
出一间作为科学社的办公室,经过他初期的惨淡经营,后来中国科学社
发展成为全国最有影响的学术团体。除了这些中国科学社的创始人之
外,还有许多江苏籍留学生陆续加入其中,如茅以升(江苏镇江人)、程
瀛章(江苏苏州人)留学美国期间也都加入了中国科学社。

---

① 中国人民政治协商会议江苏省宜兴市委员会文史资料研究委员会编:《宜兴文史资料　第 16 辑》中
　国人民政治协商会议江苏省宜兴市委员会文史资料研究委员会 1989 年版,第 119 页。
② 李峰、汤钰林编:《苏州历代人物大辞典》,上海辞书出版社 2016 年版,第 335 页。

加入其他中国留学生社团的也很多,比如,侯家源(江苏苏州人)
1918—1920年官费留学美国康奈尔大学研究生院并获工学硕士学位,
留学期间加入唐山路矿学堂校友会留美支部并成为首届干事①;我国铁
道信号事业的开拓者汪禧成(江苏无锡人)1918—1921年留学美国,
1919年加入留美南洋同学会(今交大校友会)并任秘书,1920年任副会
长②;吴贻芳(江苏泰兴人)1921年赴美国密执安大学攻读生物学专业,
1924年被推荐为北美中国基督教学生会会长,1925年被推选为留美中
国学生会副会长,并担任密歇根大学中国学生会会长和科学会会员③;
唐庆诒(江苏太仓人)1914—1920年留学美国威斯康星州比伊洛大学、
哥伦比亚大学研究院,留美期间参加留美中国学生会并当选总会参
议④;裴冠西(江苏苏州人)1918—1922年留学美国麻省理工学院、密歇
根大学,留学期间加入西部清华同学会并当选为会计⑤;蔡承新(江苏苏
州人)1922—1928年庚款留学美国威斯康星大学、哥伦比亚大学并获
硕士学位,1926年当选为留美经济学社第二副社长,兼任费城博览会
中国教育品展览筹备委员⑥;何杰才(江苏上海人)1915—1922年公费
留学美国哈佛大学、耶鲁大学、哥伦比亚大学等校,留美期间,曾任《中
国留美学生月报》总编辑、《共和月报》社长、留美经济学会会长、中国驻
美使馆随员、太平洋会议宣传处股长等职⑦;潘文炳(江苏苏州人)1914
年赴美国明尼苏达大学留学,是该校第一位中国留学生,他在校期间十
分活跃,为明尼苏达大学中国学生会首届主席、世界学生会副主席,基
督教青年会董事会成员,此外,他还加入了学校的合唱团、足球队、网球
队,曾为校足球队队长;徐公肃(江苏苏州人)1922年留学法国巴黎大
学,留学期间当选巴黎互助学会干事,获法学博士学位。⑧

---

① 李峰、汤钰林编:《苏州历代人物大辞典》,上海辞书出版社2016年版,第655页。
② 中国科学技术协会编:《中国科学技术专家传略 工程技术编 交通卷》,中国铁道出版社1995年版,第125—132页。
③ 钱焕琦:《吴贻芳——金陵女子大学校长》,中国传媒大学出版社2014年版,第195页。
④ 李峰、汤钰林编:《苏州历代人物大辞典》,上海辞书出版社2016年版,第844页。
⑤ 李峰、汤钰林编:《苏州历代人物大辞典》,上海辞书出版社2016年版,第973页。
⑥ 李峰、汤钰林编:《苏州历代人物大辞典》,上海辞书出版社2016年版,第970页。
⑦ 王孝俭主编:《上海市 上海县志》,上海人民出版社1993年版,第1182页。
⑧ 李峰、汤钰林编:《苏州历代人物大辞典》,上海辞书出版社2016年版,第792页。

在创建新的学术团体方面,江苏籍留学生表现得十分积极。除了创建中国科学社之外,他们还创建了多种多样的社团组织,比如,俞寄凡(江苏苏州人)1916年留学日本川端画学校,留日期间于东京创立中华美术协会[1];顾毓珍(江苏无锡人)1927—1932年留学美国麻省理工学院,留美期间发起成立中国化学工程学会[2];浦薛凤(江苏常熟人)1921年秋官费留学美国,先后获翰墨林大学学士、哈佛大学硕士学位。留美期间与闻一多、罗隆基、梁实秋等同组大江会,鼓吹"族国主义"[3]。

3. 参加外国学术组织

留学生在外国留学期间,经常因学业优秀或在某个专业方面有突出成绩而被吸收进外国的学术研究组织,这对于大多数中国学生来说,是一种学术成就的证明,也是一种荣耀。比如,程瀛章(江苏吴江人)1920年获美国芝加哥大学哲学博士学位,后被选为美国化学会及科学会名誉会员。[4] 中国第一个物理学女博士顾静徽(江苏嘉定人,今属上海)1923—1926年留学美国康奈尔大学文理学院并获学士学位,1928年获耶鲁大学硕士学位,1931年获密歇根大学物理学博士学位,成为我国近代史上第一个获此学位的女性工作者,在留美期间即1929年她被吸收成为美国物理学会会员。[5] 朱惟杰(江苏南汇人,今属上海)1909年官费留学美国,1914年获哥伦比亚大学硕士学位,留美期间撰写化学论著多篇,载于美国化学会杂志及德国时报,曾当选为美国化学会、美国电机工程师会及德文会会员。马国骥(江苏青浦人,今属上海)1912—1916年留学美国并获得哈佛大学政治学硕士学位,留美期间当选为哈佛外交学会会员、美国法学会会员、美国政治学会会员。[6] 胡明复(江苏无锡人)1910年庚款留学美国康奈尔大学文理学院,1913年被

① 李峰主编:《苏州通史 人物卷 下》,苏州大学出版社2019年版,第157页。
② 周川:《中国近现代高等教育人物辞典》,福建教育出版社2018年版,第511页。
③ 李峰主编:《苏州通史 人物卷 下》,苏州大学出版社2019年版,第275页。
④ 张玉春主编:《百年暨大人物志》,暨南大学出版社2006年版,第51页。
⑤ 戴念祖、白欣主编:《戴念祖文集 细润沉思 科学技术史2》,中国科学技术出版社2019年版,第291页。
⑥《清华学校毕业生考(上):1912—1919级》,清华大学校史馆:https://xsg.tsinghua.edu.cn/info/1003/1328.htm。

推荐为负有盛名的美国大学生联谊会会员,1914 年临近大学毕业时被推举为同负盛名的美国科学学术联谊会会员,为中国留学生争得了殊荣。

四、创办报刊

北洋政府时期,海外留学生创办的报刊比较出名的是《留美学生季报》。清末随着留美学生的不断增多,自 1909 年起,留美学生自发组织了学生会并开始主办《美国留学报告》杂志,1911 年 6 月更名为《留美学生年报》(1912 年空缺一期),1914 年 3 月再次更名为《留美学生季报》,每年一卷分春、夏、秋、冬四个季号出版。《留美学生季报》共出版了 14 年,于 1928 年停刊。这份刊物既是中国国内了解美国社会及西方文化的窗口,同时也是留美学生讨论中国问题及展开中西思想文化比较的重要阵地。朱庭祺(江苏川沙人)曾明确指出,创办此刊物的宗旨,乃在于"使国内人略知美国及留学界情形,故一年一报而用中文"①。《留美学生季报》在美国编辑,投稿人在两个月(自 1917 年为四个月)之前将文章投寄至当年该份报纸的总编辑,由编辑部和干事部编辑好后直接寄到上海中华书局出版,出版好后由中华书局寄往美国该年总编辑处,再分发至各订阅人。1917 年起由上海直接递送到订阅人处不再转交。该报有编辑部总编辑一名和数名编辑(亦称撰述)、干事部主干一名和数名干事。《留美学生年报》的第一任总编辑是胡彬夏(江苏无锡人),她和后来成为其丈夫的留美学生朱庭祺均曾在《年报》第一期上撰文,分别介绍留美学生及其组织的情况。《留美学生年报》《留美学生季报》的主要撰稿人有江苏武进人洪深等,总干事有江苏丹徒人贺懋庆(1914)、江苏无锡人过探先(1915)等。由此可见,江苏籍留美学生在留美学界创办报刊、撰写文章,通过该报刊向国人介绍留美学生的生活,包括学习生活及所见所闻,期望以此启发国人,改造社会,实现中国的富强。

留欧学生也创办了不少报刊,如旅欧中国少年共产党的机关刊物

① 周宁:《中外文学交流史　中国—美国卷》,山东教育出版社 2015 年版,第 95 页。

《少年》。1922 年 6 月，周恩来（原籍浙江绍兴，生于江苏淮安）、赵世炎等人在法国巴黎成立了"旅欧中国少年共产党"（第二年改名为中国共产主义青年团旅欧支部），由周恩来负责宣传工作。该组织决定创办机关刊物《少年》，其主旨是宣传马克思主义，介绍共产国际情况，并同无政府主义进行论战。1924 年《少年》改名为《赤光》，首任主编是周恩来。《赤光》通过编辑、出版业务，将大批欧洲华人华侨留学生团结起来，积极宣传马克思主义先进理论与救亡图存精神，为共产主义在中国发展培养了一批具有坚实理论基础的重要力量。

除了创办刊物之外，这一时期的江苏籍留学生还翻译了许多进步著述。比如，留学苏联的张闻天（江苏南汇人，今属上海），曾与吴亮平合作翻译了《法兰西内战》《反杜林论》，与李敬永合作翻译了《家庭、私有制与国家的起源》《两个策略》《国家与革命》《社会主义从空想到科学的发展》，等等；留学苏联的秦邦宪（江苏无锡人）翻译整理了《社会主义从空想到科学的发展》，校译了《共产党宣言》。

由上可知，北洋政府时期，江苏籍留学生在创建社会团体与学术团体、创办学术期刊、促进学术交流、繁荣我国近代的学术研究、宣传进步思想等方面都有一定的贡献。

第四节　江苏留学生的归国贡献

北洋政府时期的江苏留学生，归国后的社会贡献是多方面的，有的归国后参与爱国民主运动、从事行政事务，有的归国后从事教育教学工作，有的归国后在经济发展方面做出重要贡献，而学医者归国后多从事治病救人的服务工作。民国时期社会工作的流动性非常普遍，而作为社会精英的归国留学生更是成为各机构争夺的对象，工作的流动更为频繁。江苏留学生归国后一直在江苏本省服务者虽不乏其人，但大多数留学生会在多个机构任职。因篇幅关系，在此仍以江苏留学生归国后在本省服务为重点，分析江苏留学生归国后在江苏从政、从教、从医及发展经济等方面的贡献。

一、返乡从事政治建设

1. 参与爱国民主运动

民国前期政治纷争不断，但最为国人所不忍的就是袁世凯复辟称帝。江苏留学生归国后，对袁世凯称帝行为进行了坚决的斗争。比如，清末留学日本的钱崇固（江苏苏州人），民国成立后1913年当选为江苏省第一届省议会议员、副议长、代议长。二次革命后，即1914年发表宣言声讨袁世凯，后因政治迫害只好避居上海。[1] 在清末辛亥革命中对光复太仓做出较大贡献的冯平（江苏太仓人），在宋教仁案发生后，冯平又和革命党人一起投入了反袁斗争，他还曾在《民国日报》等报刊发布反对北洋军阀、鼓吹革命的文章。1915年袁世凯复辟称帝，冯平积极参加讨袁运动，他与南社社员顾震生在太仓浮桥创办《大江报》半月刊，亲自撰写发刊词，声讨袁世凯倒行逆施、复辟帝制的罪行，因而遭到袁世凯爪牙的通缉追捕，被迫第二次流亡日本。[2] 与钱崇固、冯平等人一样，为辛亥革命、反袁斗争不屈不挠进行爱国民主运动的归国留学生还有很多，比如1913—1916年留学英国的朱东润放弃学业，毅然回国参加反对袁世凯复辟称帝的斗争。这些为政治革命而勇于战斗的留学生，为江苏及全国的民主政治发展做出了一定的贡献。

2. 从事行政事务

根据姜新老师统计，民国初年（1912年1月至1913年7月）内阁总长以上官员总人数有45人，其中有留学经历的有27人，占比60%，其中留美者10人，留欧者10人，留日者7人。[3] 可见归国留学生在政府中的地位。北洋政府时期出国留学，归国后从事行政事务的江苏籍留学生比比皆是，尤其是学习政治学与经济学专业的留学生。在此略举几例以兹说明。

政治学专业的留学生，如陆守经（江苏青浦人，今属上海）1914年获得美国威斯康星大学政治学博士学位，回国后便步入政界。1915年

---

① 李峰、汤钰林编：《苏州历代人物大辞典》，上海辞书出版社2016年版，第774页。
②《太仓日报》2021年12月31日（星期五）出版。
③ 姜新、小雨：《江苏留学史稿》，吉林人民出版社2006年版，第248页。

2月被任命为司法部民事司办事并兼编译处办事,不久调任鼓浪屿会审公堂委员。1917年12月接任上海地方审判厅长。陆守经履职后雷厉风行,给上海的司法界带来了一股新鲜空气。上任伊始,他就迅速清理前任积压案牍和未结民刑诉讼案件;整顿审判厅原定章程,提高传讯速度;规定各职员办公时间内不准擅自离开岗位。同时,他还查出审判厅前任书记官长高子生,舞弊伪造官文书,案发逃脱,请监察厅发出拘票,让法警四出侦察。陆守经上任初的种种举措,表明他要在此岗位上有所作为的决心。1920年开始,先后入职淞沪护军使署和交通部。①何杰才(江苏上海县人,今属上海市)1922年获得哈佛大学政治学硕士学位后回国,1924年步入政界,曾任北京政府交通部秘书、国务院秘书、外交部机要处主任等职。1927年国民革命军到达上海后,于3月任上海市绘丈局局长兼上海市代理交涉员。1928年3月任国民政府外交部第三司司长。② 张慰慈(江苏苏州人)1912—1917年留学美国艾奥瓦大学研究市政制度并获哲学博士学位。归国后,1927年任杭州市政厅秘书,1929年兼任上海特别市建设委员会委员,出任北宁铁路局总务处处长。1930年任国民党政府内政部地方自治委员会委员。全面抗战初任资源委员会购置室主任,1938年任昆明工矿调整处主任。1945年任战时生产局参事,后曾任外交部长叶公超秘书。③

　　经济学专业的留学生,被誉为中国近代统计学奠基人之一的金国宝(江苏苏州人)1922—1923年留学美国并获哥伦比亚大学统计学硕士学位,回国后多次担任行政工作,1927年出任国民政府财政部统计科科长兼任中央训政实施方案委员会户口组委员,1929年任南京特别市财政局局长兼首都建设委员会专门委员,1935年出任财政部法币发行准备管理委员会秘书处主任秘书,1939年任财政部外汇审核委员会委员,中、中、交、农四联总处战时金融委员会发行处处长、稽核处副处长,1944年任会计处处长,被派充高等考试典试委员。④ 经济统计学家

---

① 尹宗云:《检察风云》,中国检察出版社2015年版,第80—81页。
② 王孝俭:《上海市 上海县志》,上海人民出版社1993年版,第1182页。
③ 李峰、汤钰林编:《苏州历代人物大辞典》,上海辞书出版社2016年版,第456页。
④ 李峰主编:《苏州通史 人物卷 下》,苏州大学出版社2019年版,第199—201页。

陈其鹿(江苏昆山人)1919—1922年留学美国哈佛大学工商管理研究院并获商科硕士学位,归国后也多次出任行政职务,1927年任江苏省农民银行监理委员兼农工厅统计科长,1930年任浙江省政府秘书处秘书兼第一科科长,1931年任中央银行业务局文书主任,1946年至1950年任南京大陆银行支行副经理。① 经济学家孙冶方(江苏无锡人)1925年被派往莫斯科中山大学学习,1930年回国后,1937年调任中共江苏省文化工作委员会书记,1941年转至苏北根据地从事宣传教育工作。1945年抗战胜利后,历任中共华中分局财经委员会委员、苏皖边区政府货物管理局副局长、淮南行政公署财经办事处副处长兼路西专署财经处处长、中共华东局财经委员会副秘书长等职,致力于解放区的财经和军队物资的供应工作。新中国成立后,先后担任上海军事管制委员会重工业处处长、华东军政委员会工业部副部长兼上海财经学院院长、国家统计局副局长、中国社会科学院经济研究所所长等职务。②

一些著名的工程技术专家,归国后除了在技术方面贡献卓著之外,还因其突出的成绩和个人影响力而担任行政领导职务。比如纺织工程专家张文潜(江苏南通人)1918—1921年留学美国,回国后主要任职于南通纺织公司,1936—1946年间任职于国民政府资源委员会、国民政府经济部。新中国成立后,曾担任市纺织工业局领导下的技术委员会主任,组织各厂开展技术研究;曾任苏北行署委员、江苏省人民委员会委员、江苏省政协常委、南通市政协副主席、南通市科协副主席等职。③ 制丝专家费达生(江苏吴江人)1920—1923年留学日本东京高等蚕丝学校制丝科。曾当选为江苏省人大代表,苏州市政协副主席、市妇联副主任,九三学社江苏省委顾问、苏州市委副主委等。④ 孙本忠(江苏吴江人)1924—1928年留学法国蒙贝里农业专科学校、里昂大学动物学系并获博士学位。曾任民盟江苏省常委、镇江市副主委,是第三届全国人大代表、第二届江苏省人民委员会委员。⑤ 上述三位归国留学生以行政

① 王桢禄主编:《当代昆山人才录》,昆山亭林出版社1996年版,第90页
② 宋林飞主编:《江苏历代名人词典》,江苏人民出版社2019年版,第438页。
③ 南通市通州区运盐河文化研究课题组:《运盐河》,江苏人民出版社2021年版,第153—155页。
④ 李峰主编:《苏州通史 人物卷 下》,苏州大学出版社2019年版,第304—305页。
⑤ 李峰主编:《苏州通史 人物卷 下》,苏州大学出版社2019年版,第232—234页。

领导、人大代表、政协委员等身份为江苏的行政工作与社会发展献计献策,做出了一定贡献。

二、返乡从事经济建设

北洋政府时期的江苏出国留学生,归国后服务于江苏本省的经济建设工作,其服务形式是多种多样的,有的从事经济管理工作,有的参与经济政策的调整与规划工作,有的从事地方实业发展,但大多数归国留学生归国后运用所学知识,在推动工业科技进步与促进农业科技发展方面做出的贡献最为显著。

1. 推动科技进步

江苏留学生在推动工业科技进步方面的表现是多种多样、各不相同的,在此仅以江苏留学生为江苏本省的电力工程、纺织工程及交通运输方面的科技进步所做出的贡献为中心作一概述,以兹窥豹一斑。

在电力方面,陆法曾、张宝桐、杨简初都为江苏的电力科技发展做出了重要贡献。陆法曾(江苏吴县人)1916—1918年留学美国,1918年归国后,曾创办我国早期电厂之一的南京首都电厂,1928年至1949年任南京首都电厂总工程师、厂长兼总工程师。他主要从事汽轮发电机组的工程设计、安装、调试工作。1934年12月为支持江宁自治实验县解决大面积农田电力灌溉,由首都电厂与之签订为期3年的电力灌溉合同,在8个乡镇范围内圈定近5万亩土地为电力灌溉区,共建29个电灌站,首都电厂投资10万余元。从1935年5月25日起,各电灌站陆续投入运行,至9月20日,用电约70万千瓦时,4.6万亩农田受益,首都电厂从电费中收回资金4.1万余元。1936年主持建设了当时电压最高的13.2kv长江过江电缆工程。[①] 张宝桐(江苏苏州人)1921—1924年留学美国威斯康星大学研究院并获电科硕士学位。1925年回国后,曾任苏州电气公司工程师,建设委员会电业处设计委员,苏州电气公司总工程师、经理兼总工程师、发电所主任。20世纪20、30年代在苏州电气公司先后主持安装三台发电机组,总容量达11800 kW,供电业务扩

---

① 南京市地方志编纂委员会:《南京水利志》,海天出版社1994年版,第387—388页;沈根才主编:《中国电力人物志》,水利电力出版社1992年版,第269页。

展到苏州市及邻近五个县。1949年后，继任苏州电气公司经理兼总工程师等职，主持苏州城市电网的升压改造和苏州地区电网并入华东电网运行的技术工作。[1] 杨简初（江苏苏州人）1928年从美国学成归国后，一边在大学授课，一边在电工类工厂从事产品生产的技术和管理工作，具有丰富的工程实际知识和生产管理经验。20世纪30年代、40年代担任过蓄电池厂、变压器厂的总工程师，制造供应铁道运输、汽车运输和电信总机所用各类蓄电池，制造大小不同功率和性能的变压器。杨简初领导主持科研工作十分重视理论联系实际。他曾为南京化学公司硫酸车间的沸腾炉成功研制了"异步机特种转子的交流调速系统"；为上海先锋电机厂成功研制了一套"龙门刨可控硅交流调速系统"，还为其大型直流调速系统的改造，做出了开创性贡献。[2] 可见，陆法曾、杨简初为南京地区的电力发展，张宝桐为苏州地区的电力发展贡献良多。

在纺织业方面，张文潜（江苏南通人）1918—1921年留学美国，回国后受聘于南通大生第一纺织公司（简称"大生一厂"）任机械总监，在此期间，大生一厂先后三次扩锭。在安装美国制造的梳棉机时，张文潜对设备进行了技术改造以适应南通棉的长度，获得成功。南通地区盛产棉花，张謇大力倡导改良棉花品种，培育出了纤维长度较长的青茎鸡脚棉。张文潜写成《青茎鸡脚棉之纺纱值》一书，对鸡脚棉纺纱应用发挥了作用。同时，张文潜对通产棉花制造绒布进行工艺试验，试制成可与进口名牌产品相媲美的"电车牌"优质绒布，因价格优势明显，投放市场后深受欢迎。1926年夏，他调任大生第一纺织公司副厂任纺织部长（相当于厂长），在他的经营下，棉纱质量提高，市场竞争力增强，工厂呈现蒸蒸日上的发展景象。1930年，大生纺织公司决定新建织布车间，张文潜购置日本丰田自动换梭织机240台，于1932年投产。这是我国纺织厂中第一个采用自动织机的工厂。在前织车间，张文潜相应选用英美一流的先进设备，增强了大生副厂的技术优势。1935年，他调回大生一厂任厂长，1946年7月受聘为南通大生第三纺织公司经理。他制定整治计划，聘请技术人员，整修设备，使日占时期受到破坏的生产

① 沈根才主编：《中国电力人物志》，水利电力出版社1992年版，第254页。
② 张宪文主编：《金陵大学史》，南京大学出版社2002年版，第232—233页。

很快得以恢复。新中国成立后,张文潜继续担任南通大生第三纺织公司经理。1955 年调任新建立的南通市纺织工业局总工程师,1956 年获评为一级工程师。针对当时的实际情况,他提出了关于棉纺织厂的原棉、设备、工艺和温湿度四项的基本管理方法,被纺工系统各企业采用。他曾担任市纺织工业局领导下的技术委员会主任,组织各厂开展技术研究。① 可见,张文潜对江苏尤其是南通地区纺织工业的技术发展做出了杰出贡献。陆绍云(江苏川沙人)1915—1920 年留学日本东京高等工业学校攻读纺织技术并获得学士学位。1921 年回国后,任上海宝成第一、第二纱厂工程师,天津宝成第三纱厂总工程师、厂长。1931 年,江苏省常州大成纱厂因纱布质量不好,经营困难,聘请陆绍云担任厂长兼总工程师,经过他竭力整顿,产品质量迅速提高,盈利持续上升,工厂规模不断扩大,数年间即由 1 万锭扩展到 8 万锭左右,并增加染织厂,5年内资产增加 8 倍,在当时国内纺织业中名列前茅。② 陆绍云不仅是纺织业方面的技术专家,而且是一位善于经营管理的实业家。

在江苏的交通运输业方面,毛文钟与吴琢之等归国留学生贡献较多。毛文钟(江苏苏州人)1916 年从美国密歇根大学铁路运输专业毕业回国,任交通部沪宁铁路局翻译处办事员,1918 年调任交通部技术委员会运输股英文主任,1927 年任沪宁铁路局运输课课长,1933 年派为京沪、沪杭甬铁路局车务处总务课课长,兼任购料审查委员会委员。③在公路运输方面,民国时期企业家、南京江南汽车公司创办人之一吴琢之(江苏太仓人)为江苏的贡献最为显著。吴琢之 1919 年赴法国勤工俭学,毕业于里昂工业学校汽车专修科,1925 年回国。1931 年初,张静江等创办江南汽车公司,吴琢之任经理,开业时仅有客车 6 辆,仅在京杭国道江苏段营运,后增办宜(兴)锡(无锡)、京湖(熟)等公路长途客运。1933 年承办南京市公共汽车后,线路和车辆年年增加,管理严密,服务也较周到。他还重视车辆修造,破例建成当时国内商办承之汽车公司规模最大的修车厂。他亲手设计车身,还针对当时长途汽车底盘

---

① 南通市通州区运盐河文化研究课题组:《运盐河》,江苏人民出版社 2021 年版,第 153—155 页。
② 景亚南主编:《浦东早期留学人员选录 1872—1949》,上海大学出版社 2016 年版,第 161 页。
③ 李峰、汤钰林编:《苏州历代人物大辞典》,上海辞书出版社 2016 年版,第 89—90 页。

较高,在车顶置放行李重心失衡,容易覆车等弊病,他成功地研制了行李拖车,属于三十年代初期国内首创。由于他管理有方,至 1937 年,该公司已拥有客车 300 余辆,员工 1600 余人,成为当时全国首屈一指的商办汽车公司。全面抗战爆发后,江南汽车公司西迁,他离开公司任国民政府军事委员会西南进出口物资运输总经理处(简称西南运输处)少将副主任,并兼任公路运输组组长,主管运输和训练运输人员。抗战胜利后,曾担任南京江南汽车公司总经理等职。新中国成立后,历任江南汽车公司经理、江苏省交通厅工程师、中国机械工程学会南京分会常委、南京市人民代表、江苏省政协委员等职。① 吴琢之不仅利用国外所学的汽修知识亲自改革设计,而且在经营管理方面也有许多成功经验,为江苏地区的公路运输业做出了杰出贡献。

2. 促进农业发展

为促进家乡农业发展,江苏留学生在推进农业技术进步与培育农学专业人才方面有较多贡献。费达生、孙本中、章守玉、傅焕光、王舜成等一批江苏农学专业留学生在育蚕制丝业、林业、园艺业、棉麦等粮农业科技进步方面都有突出贡献。

江南苏州、无锡地区蚕业向来发展较好,江苏留学生归国后有不少人投身于桑蚕业,费达生和孙本中都是典型代表。费达生(江苏吴江人)1920—1923 年留学日本东京高等蚕丝学校制丝科。1923 年她回到母校江苏省立女子蚕业学校任推广部养蚕指导员,1929 年在开弦弓村(位于苏州吴江)建立生丝精制运销有限合作社。该合作社为国内首家农村股份制合作企业,实行共同消毒、共同催青、稚蚕共育、共同售茧,其蚕茧的产量和质量大大优于普通农户蚕茧的产量和质量。费达生又建立小型机械缫丝厂,将稚蚕公育与发展乡村制丝业有效地结合,对推广改良太湖流域蚕业卓有贡献。1930 年,她赴日本考察丝业,归国后兼任蚕校制丝科主任、制丝实习工厂厂长,1931 年被聘为江苏省农矿厅蚕业设计委员会委员。1932 年主持将无锡瑞纶丝厂改造为玉祁制丝所并兼任经理,与制丝教师张复升成功研制出国内首创的立缫车,并

---

①《鼓楼区文物志》编纂委员会编:《鼓楼区文物志》,江苏文史资料编辑部 1999 年版,第 177—179 页。

在玉祁制丝所安装了32部,提高了生丝的产量和品质。她将坐缫改为立缫,这一改革在江浙制丝业中影响很大。何香凝参观玉祁制丝所后,曾题赠"农业救国"。1934年她兼任吴江县蚕桑改良区副主任,1935年兼任震泽制丝所经理。1937年复主管新建平望制丝所,指导吴县光福区生产合作联合社创设模范小型丝厂。抗战期间内迁四川,费达生曾任四川丝业公司制丝总技师、乐山蚕丝实验区主任,并襄助女子蚕业学校办学,编辑出版《蚕丝月报》。抗战胜利后,1946年费达生任中国蚕丝公司技术处副处长,于苏州接收敌产瑞纶丝厂并任厂长,又任江苏省立女子蚕业学校制丝实验厂厂长,兼任苏州乐益女中校董。中华人民共和国成立后,费达生历任中国蚕丝公司华东区公司总技师,中国蚕丝公司技术室副主任,苏州市工业局、江苏省丝绸工业局副局长,主持制定了"立缫工作法"。1958年任苏州丝绸工业专科学校副校长。1961年任苏州丝绸工学院副院长。在院长郑辟疆领导下,她主持研究,将日本定粒式缫丝机改为定纤式缫丝机。1962年她又组织联合攻关,试制D101型定纤式自动缫丝机成功。这是中国第一台自行设计的自动缫丝机,并经纺织工业部鉴定,后被推广到全国。费达生因对农业科研、教育推广工作有杰出贡献,1984年荣获中国农学会表彰。① 可以看出,费达生自留学回国后,大部分时间都在为家乡江苏地区服务,同时,她对蚕丝业的改革与科研成果也惠及全国。

孙本忠(江苏吴江人)1924—1928年留学法国蒙贝里农业专科学校、里昂大学动物学系并获博士学位。1928年回国任江苏省农矿厅蚕丝技正,次年兼任江苏省立蚕桑试验场场长。1930年被聘为中央大学农学院教授兼蚕桑系主任。1933年任中央农业实验所技正兼蚕桑系主任。孙本忠的育种研究工作首先从蚕品种资源调查入手,一方面搜集地方土种,另一方面引进国内外改良种,通过比较试验选出优良土种和改良种,再进行纯系培育。他发现我国农家土种丝在强健性、弹性等品质指标上特别优良,因而将本地种与引进的改良种进行深入研究,培育出体质强健、产量高、丝质优的夏秋蚕品种。改良制成的第一代杂交

---

① 李峰:《苏州通史 人物卷 下》,苏州大学出版社2019年版,第304—305页。

种，产丝量比引进种华6×洽桂高出16%至20%。1945年育成了第二代黄皮种3011，并先后在江苏、浙江和四川、新疆等地农村推广。新中国成立后，孙本忠任华东蚕业研究所研究员、养蚕系主任，后改任农业部、中国农业科学院蚕业研究所研究员、蚕种研究室主任。他培育出镇江1号、镇江2号等家蚕实用新品种，因增产显著获得农业部奖励。他治学严谨，善于汲取他人的研究理论，如学习米丘林遗传学，运用挚友朱洗的受精、混精杂交理论，设计了一雌交多雄的混精杂交育种方法，育成了“镇9”“镇16”新品种。他还学习日本田岛弥太郎的染色体易位辐射育种经验，开展黑白卵诱变育种工作。他先后发表蚕种培育研究性论文三十余篇，是我国研究蚕种的领军者。①

在江苏的林学和园艺学发展方面，章守玉和傅焕光的贡献比较突出。著名园艺学家章守玉（江苏苏州人）1922年从日本回国后任江苏省立第二农业学校教员，1928年4月任南京中山陵园园艺技师，担负起中山陵园园林绿化规划设计与施工的重任。他把中国自然风景区建设与国外森林公园建设的特点结合起来，使整个钟山的自然风景、名胜古迹与宏伟的中山陵以及文化科学、娱乐设施融为一体，既体现了中国古典园林的艺术技巧与手法，又吸取了日本和欧洲园林的艺术精华。几十年来，章守玉一直从事各种园林绿地的设计和建设。如20世纪30年代主持镇江赵琛公园的改建设计，20世纪50年代主持中山公园的改建。② 章守玉是中国近代花卉学的奠基人和高等院校园林专业的创建者之一，中山陵园园林绿化规划设计与施工负责人，为江苏地区的园林绿化事业做出突出贡献。

著名林学家傅焕光（江苏太仓人）1915年留学菲律宾大学森林管理科、农科，1918年回国后致力于林业教学、科研、生产和水土保持、园林规划设计等工作。1918—1937年曾任南京江苏省立第一农业学校教员（1918）、南京江苏省立第一造林场分场主任（1919—1921）、南京东南大学农科秘书兼编辑（1922—1924）、南京江苏省立第一农业学校校长、南京江苏省立第一造林场场长（1927—1928）、南京总理陵园主任技

① 李峰：《苏州通史 人物卷 下》，苏州大学出版社2019年版，第232—234页。

② 姚岚、张少伟主编：《中外园林史》，机械工业出版社2021年版，第182—183页。

师、园林组长兼设计委员会委员等职(1928—1937)。1946—1949 年任中央林业实验所副所长兼水土保持系主任。1949—1951 年任南京总理陵园管理处处长、华东农业科学研究所森林系负责人、华东农林部林业局副局长。1928 年至 1937 年,傅焕光被聘为孙中山总理陵园管理委员会园林组主任、设计委员兼主任技师等职,一直到抗日战争爆发。他在中山陵园工作 10 年中,积极参与中山陵园总体规划、设计,并主持紫金山风景区绿化以及景区的设计和布置工作。他所负责的陵园工作范围,既有森林和庭园,又有名贵观赏树木和奇花异草,还附设颇具规模的植物园。在初创阶段,森林工作尤为艰巨。他强调"营林事业宜保护"。因此,他首先进行封山育林,禁止入山采砍伐,保护野生草木。同时,开辟苗圃,培育苗木,开展植树造林。经过 10 年苦心经营,昔日荒凉的紫金山变成林木葱郁、风景宜人的森林公园而驰名国内外。在此期间,他参与创建的中山植物园(原称总理陵园纪念植物园)在全国尚属首创。1949 年在解放南京、上海期间,他团结中央林业实验所全体职工保护设备、图书及标本等财产,把这个旧中国唯一的最高林业研究机构,完整无损地移交人民政府,继续开展正常工作。①

王舜成(江苏太仓人)1912 年从日本帝国大学毕业回国后,任省立第二农校校长(位于苏州),1927 年省立第二农校扩充,分设农、蚕两科和农产制造科及农村职业教员养成所。1928 年任太仓县立农村示范学校校长,同时兼任无锡教育学院农业教育系教授。全面抗战开始后,他在上海任南通农学院农业经济系主任兼教授。抗战胜利后,他回太仓县任私立娄东中学校长。1917—1920 年任中华农学会首任会长。对中国的农业教育,他主张加强基础理论,强调理论联系实际,强化学生专业技能训练,重视教育的社会效益,推广农业技术。为了振兴家乡农业,他在县城西门外(今城厢中学校址)创设农事试验场,用科学方法种植各种农作物进行示范,推广美棉与无核葡萄等许多良种。1915年,他引进荷兰奶牛、无核葡萄、蕃茄、甘兰和美国玉皮小麦等国外良种,此举为国内的先导,并把新的桑树品种与优良蚕种推广至江浙两

---

① 安徽农学人物编写委员会:《安徽农学人物选编》,安徽人民出版社 1990 年版,第 177—180 页。

省。①可以看出,王舜成不仅在蚕桑业方面贡献较多,在其他农业发展方面也贡献突出。

还有一些江苏农学专业的留学生,比如孙恩麐、冯肇传、邹秉文、唐昌治、顾复等人,归国后在家乡培育了大批的农学专业人才。在棉业发展方面,孙恩麐与冯肇传对江苏的农业教育、培养农学专业人才做出了较多贡献。孙恩麐(江苏高邮人)1914—1918年留学美国伊利诺伊大学、路易斯安那大学并获农学硕士学位。他是我国第一位留学美国专攻棉花的学者,回国后一直从事棉花科教事业,1918—1920年任江苏第一农校教员、校长,1920—1931年曾任南京东南大学、中央大学农学院教授,1932—1934年任南通农学院教授,培养了一批棉作科学家。孙恩麐是农业教育家和棉花专家,中国棉产改进事业先驱者。他大力推广陆地棉用以取代中棉,对早期美棉栽培、陆地棉—小麦两熟栽培和旱地植棉做出了贡献。② 棉业专家冯肇传(江苏宜兴人)1918—1921年留学美国乔治亚大学专攻棉花专业,后转康奈尔大学研究院攻读遗传学并获硕士学位,1921年归国后,在南通大学农科系任教5年,1927年始任中央大学农学院教授。③ 中国植物病理学教育的先驱邹秉文(江苏苏州人)1916年从美国康奈尔大学毕业回国,先后任金陵大学植物病理学、植物学教授,南京高等师范学校、国立东南大学农科主任(1917—1927年),南京中央大学农学院院长。邹秉文是中国高等农业教育的主要奠基人,在主持南京高等师范学校至东南大学农科的10年中,确立了农业大学的教学、科研和推广三者相辅相成的体系,培养出了金善宝、冯泽芳、邹钟琳等多位我国第一代现代农学家。邹秉文是中国近代植棉业和农产品检验事业的重要推动者。他率先在东南大学农科成立棉作改良推广委员会,筹设了上海商品检验局,并以大量银行资金支持全国农业改进机构。1949年接受政府委托,购运大批优良棉种,对农业(包括蚕桑业)和农畜产品检验事业做出了重大贡献。[①] 农业教育家唐昌治(江苏苏州人)从日本东京农业大学毕业回国后,就聘江苏省第一农业学校任农科主任、教务长等职,培养出一批农业上颇具才华的农业科技人员,对改良江苏省农业技术、提倡科学种田、改进蚕桑栽培、选育良种等均做出了有益的贡献。以后就聘于南京金陵大学、北京大学任农科专业教授,专心致志为学员传授农业科学。1942 年后,任江苏省第三农业学校校长(即淮阴农校),在职数年,治学甚严,为发展苏北农业培养了不少农科人员。唐昌治从事教育之余,热心于农业学术活动,对家乡吴江的农业生产亦很关心,曾多次前去辅导和介绍种植、蚕桑、养鱼等农业技术,为本县农业界所赞誉。[②] 顾复(江苏无锡人)1912—1920 年留学日本并获农学士学位。1920 年回国后,任无锡县藕塘桥小麦试验场场长、南京农业学校教员、苏州农业学校教员兼校农场主任、国立东南大学农科讲师等,1925 年任国立东南大学农学院副教授,1929—1937 年任国立中山大学农学院教授,1941 年任南京建村农学院教授、农艺系主任兼建村种子场总技师,1945 年 8 月任无锡省立教育学院农业教育系教授。1949 年后,任江苏省稻作试验场主任技师、中国农业科学院江苏分院总农技师。[③] 上述这些江苏留学生,归国后致力于中国农业教育,所任教的学校多数都在江苏,为江苏的农业发展培养了大批的农学专业人才。

三、返乡教书育人

很多江苏籍留学生归国后服务乡梓,为江苏的教育发展做出了重要贡献,比如教育家宗白华、潘菽、盛振为、张文潜、张士一、徐养秋、邵爽秋等人,他们在中央大学、金陵大学、南京高等师范学院、东南大学、东吴大学、南通大学、江苏省立师范学校等高校和中学进行教育教学工作。在进行一线教学之余,他们中很多人还担任学校的行政领导工作,

---

① 华恕主编:《邹秉文纪念集》,农业出版社 1993 年版,第 180—181 页。
② 政协吴江市委员会文史资料委员会:《吴江文史资料 第 13 辑 吴江近现代人物录》,1994 年版,第 266 页。
③ 周川主编:《中国近现代高等教育人物辞典》,福建教育出版社 2018 年版,第 508 页。

有的在创建新的学科专业、编写新的教材方面做出了杰出贡献,他们为江苏的建设发展培养了大批人才。

1. 从事一线教学

北洋政府时期,江苏留学生归国后从事一线教学工作的非常多,他们有的在江苏本省从事教学工作,也有的在外省从事教学工作。民国时期教师工作的流动特别频繁,所以他们的教学场所会经常出现切换现象。其中既有个人因素,也有社会环境等多种因素。比如,美学家宗白华(江苏常熟人)1920—1925 年留学德国法兰克福大学、柏林大学,1925 年学成归国后,入南京东南大学哲学院任教,1930 年秋任中央大学哲学系主任,在任期间,开设哲学、美学等相关课程多门。1937 年抗战全面爆发后随中央大学迁至重庆,新中国成立后改任南京大学教授,1950 年开始参与唯物辩证法教学,1952 年起讲授"马列原著选读"课程,同年因全国院系调整被调至北京大学哲学系。1960 年调任北京大学新成立美学教研室,曾开设"中国美学史"课程以培养青年教师。① 从宗白华的任教经历可以看出,他的主要任教场所在江苏本省,但因全面抗战、新中国成立后的院系调整等因素,宗白华也多次改变教学单位。

像宗白华这样归国后主要在本省任教的还有很多,比如中国现代著名心理学家、教育家潘菽(江苏宜兴人)1920—1926 年以江苏官费留学美国加利福尼亚大学、印第安纳大学、芝加哥大学,主修教育学与心理学,1926 年获哲学博士学位。1927 年回国后主要在中央大学、南京大学从事心理学相关学科的教学工作。曾任国立第四中山大学(后名中央大学)理学院心理学系教授兼系主任,讲授普通心理学、试验心理学、理论心理学、比较心理学、社会心理学、应用心理学等课程。② 潘菽的教育实践及教育理论是有目共睹的,作为全国及江苏地区著名的高校中央大学、南京大学教育者,其教育理念对全国尤其是江苏地区的教育发展起到了重要的引导作用。

---

① 李峰主编:《苏州通史 人物卷 下》,苏州大学出版社 2019 年版,第 241—242 页。
② 周川主编:《中国近现代高等教育人物辞典》,福建教育出版社 2018 年版,第 668 页。

　　事实上,大多数留学生归国后会在全国多个高校任教,既有在江苏本省任教,也会在外省从事一线教学工作,在此以表列形式呈现几位江苏留学生归国后的任教情况。见下表:

表 2-18　北洋政府时期部分江苏留学生归国后的任教情况表

姓名	籍贯	留学经历	归国后任教经历
陈子英①	江苏苏州	1926 年毕业于美国哥伦比亚大学并获博士学位	归国后历任燕京大学、东吴大学等校生物系教授,厦门大学理学院院长、教授等
徐传保②	江苏苏州	1922—1926 年留学法国巴黎政治学院、巴黎大学	1926 年归国后曾任东吴大学法学院教授、中央大学法律系副教授
朱东润③	江苏泰兴	1913—1916 年留学英国伦敦西南学院	曾任职于广西省立第二中学、南通师范学校、南通张謇中学、国立武汉大学、重庆国立中央大学、无锡国学专修学校、江南大学、复旦大学等校
陈其鹿④	江苏昆山	1919—1922 年留学美国哈佛大学工商管理研究院并获商科硕士学位	先后任江苏法政专门学校教员,上海中国公学大学部、福建厦门大学工商科、中央大学经济系教授,天津南开大学财经学院教授
沈有乾⑤	江苏苏州	1922—1926 年留学美国斯坦福大学、哈佛大学并获哲学博士学位	曾在上海光华大学、大夏大学、暨南大学、中国公学、江苏省立教育学院、浙江大学、圣约翰大学、中国新闻专校、复旦大学任教
潘承圻⑥	江苏苏州	1915 年留学美国牛白特福特大学,获麻省理工学院硕士学位	曾任苏州工业专门学校、上海大夏大学、浙江大学、上海交通大学、中国工业专科学校、之江大学教授
张文潜⑦	江苏南通	1918—1921 年留学美国马萨诸塞州罗威尔纺织学院并获纺织工程学士学位	回国后在母校南通纺织专门学校和南通学院纺织科执教前后近 20 年,培养了一大批高级纺织技术人才
倪尚达⑧	江苏南京	1923 年美国麻省理工学院电机系毕业,1924 年哈佛大学毕业并获硕士学位	归国后曾任杭州工专、南洋大学、北洋大学、中央大学、金陵大学教授

姓名	籍贯	留学经历	归国后任教经历
邵爽秋⑨	江苏东台	1924—1925 年留学美国芝加哥大学并获教育硕士学位,1927 年获哥伦比亚大学师范学院博士学位	回国后曾任江苏省立南京中学校长、中央大学教授、上海大夏大学教育学院院长、河南大学教授、北京师范大学教授
陈华庚⑩	江苏昆山	1921—1924 年留学美国纽约大学、克拉克大学、哈佛大学并获硕士学位	曾任教于南京金陵大学、中央大学、昆明东陆大学、厦门大学、东北大学、西南联大、圣约翰大学、沪江大学、复旦大学等校

资料来源:①《科学与人生》编委会编:《科学与人生 厦门大学生命科学学院校友传略》,厦门大学出版社 2008 年版,第 23—24 页;②⑥ 李峰、汤钰林编:《苏州历代人物大辞典》,上海辞书出版社 2016 年版,第 795、994 页;③ 周川主编:《中国近现代高等教育人物辞典》,福建教育出版社 2018 年版,第 120 页;④⑩ 王桢禄主编:《当代昆山人才录》,昆山亭林出版社 1996 年版,第 90、82 页;⑤⑦ 南通市通州区运盐河文化研究课题组:《运盐河》,江苏人民出版社 2021 年版,第 153—155 页;⑧《江苏省高等学校教授录》编委会编:《江苏省高等学校教授录》,南京大学出版社 1989 年版,第 107 页;⑨ 徐友春主编:《民国人物大辞典》,河北人民出版社 1991 年版,第 548 页。

　　多数留学生归国后会选择在本省服务,更有不少留学生归国后回到母校任教。江苏籍法学专业留学生很多是从东吴大学毕业后出国留学的,他们中有不少人回国后到母校东吴大学任教,为东吴大学的发展做出了重要贡献,也为家乡培养了大批人才。比如 1922 年毕业于东吴大学法学院的张元枚(江苏江阴人),1922—1926 年留学美国密歇根大学、底特律法学院并获得法律博士学位,1926 年回国后,曾在东吴大学法学院任教,讲授"犯罪研究""监狱学"等课程。① 再如,证据法学家和法律教育家盛振为(江苏上海人)1921 年和 1924 年分别获得东吴大学文学士学位和法学士学位(双学士学位),1925 年留学美国西北大学法科研究所,1926 年毕业并获法学博士学位,回国后受聘于母校东吴大学,开设证据法学课程,成为中国第一位开设此课的教授。②从出国留学到归国贡献,再到本省服务,最后落脚于母校,这种回归家乡的反哺教

① 王伟:《中国近代留洋法学博士考 1905—1950》,上海人民出版社 2019 年版,第 144—158 页。
② 胡玉鸿、庞凌主编:《东吴法学先贤文录:司法制度、法学教育卷》,中国政法大学出版社 2015 年版,第 474 页。

育体现了绝大多数留学生的留学报国情怀。

从南高师出国留学又回到南高师任教的教育家张士一也是典型代表之一。张士一（江苏苏州人）1915 年任南京高等师范学校英文教授兼英文部主任。1917 年被选送到美国哥伦比亚大学师范学院进修并获得硕士学位，后因南高师迫切需要教师，他放弃博士学位，于 1919 年应召回国返校任教。此后直至 1952 年，他历任国立东南大学教授、第四中山大学教授、中央大学教务长兼师范学院院长。1952 年全国高校院系调整，1952 年 8 月至 1960 年 8 月任南京师范学院教育系教授兼系主任，1960 年 9 月至 1969 年 4 月任南京师范学院外语系教授兼系主任。张士一从事教育工作 60 多年，擅长实用英语语音学和英语教学法的教学与研究，为我国培养了一大批英语教师。1943 年 8 月教育部向"在教学上著有劳绩"的优秀教师颁奖，张士一获得一等奖。1945 年 6 月，他又因连续任教满 30 年而获教育部颁发的五万元奖金。他为江苏的经济建设和教育事业做出了积极的贡献。1960 年获"江苏省先进工作者"光荣称号。①张士一虽然主要任职于国立东南大学、中央大学、南京师范学院，但这些学校位于江苏南京地区，对江苏的教育影响是毋庸置疑的。

2. 从事教育行政

留学生所拥有的渊博学识、开阔视野、丰富经验使其归国后在教学岗位上很快崭露头角，并充任系主任、教务长、院长、校长等教育行政职务。比如上文中的法律教育家盛振为（江苏上海人）在东吴大学任教不久即担任重要的行政职务，在 1927—1940 年被东吴大学董事会聘任为东吴大学法学院教务长，他是东吴大学法学院首任华人教务长。其间，1932 年日军发动"一·二八"事变，盛振为参与发起上海各大学教授抗日联合会，并以东吴大学法学院的校址为该联合会办事处，盛振为还被推举为该联合会国际宣传组负责人之一。1937 年日军发动"八·一三"事变占领上海市区，盛振为率领东吴大学法学院师生及员工迁入上海公共租界，借用慕尔堂上课。1941 年太平洋战争爆发后，日军闯入

---

① 《江苏省高等学校教授录》编委会编：《江苏省高等学校教授录》，南京大学出版社 1989 年版，第 57 页。

上海租界,盛振为将东吴大学法学院部分师生迁至重庆,在重庆沙坪坝寻得校址继续办学。1941—1950年担任东吴大学法学院院长,1943年,盛振为与迁至重庆的沪江大学、之江大学联合办学,组成东吴、沪江、之江三校的法、商、工联合学院,盛振为任院长。抗战胜利后,盛振为将东吴大学在重庆的分支迁回到上海,与留在上海的分支合并。不久,盛振为被东吴大学董事会任命为东吴大学代理校长兼法学院院长。当时,由于东吴大学校长杨永清在联合国任职,故东吴大学董事会任命法学院院长盛振为代理校长。1947年,盛振为奉国民政府派遣,赴欧美考察司法行政及法律教育,归国后,应国民政府要求筹办东吴大学法学院司法系,以培养无愧于世界强国的国际法官群体。20世纪50年代初他在东吴大学教英语。1993年获中华人民共和国司法部授予的司法教育银质奖章一枚、奖状一张。①从法学院教务长、法学院院长再到代理校长,盛振为在东吴大学的发展历程中担任着重要的行政职务,为东吴大学的发展做出了重要贡献。

教育家陈章(江苏苏州人)1924年被江苏省教育厅选派留学美国,1925年获普渡大学电机工程系硕士学位。回国后长期在江苏本省从事教育教学工作,1928年任军事委员会南京军事交通技术学校上校主教官,1932年任中央大学电机系教授兼南京政治学校教授,1935年任中央大学电机系主任。1937年抗日战争全面爆发后随中央大学内迁重庆,1939年创办电信研究所、电力研究所,培养硕士研究生,1941年兼任校图书馆馆长,1944年任工学院院长兼电机系系主任,1945年辞去院长职务。1947年中央大学于南京复校后,陈章再任院长,兼任中国电机工程师学会南京分会会长。1949年返校后兼任中央大学校务维持会委员等。南京解放后,中央大学改名为南京大学。中华人民共和国成立后,陈章曾任南京大学工学院电机系教授兼系主任,南京工学院电信工程系系主任,无线电工程系系主任、名誉主任,院图书馆馆长。② 从普通教师到系主任再到工学院院长,从中央大学到南京大学,

---

① 胡玉鸿、庞凌主编:《东吴法学先贤文录:司法制度、法学教育卷》,中国政法大学出版社2015年版,第474页。

② 李峰主编:《苏州通史　人物卷　下》,苏州大学出版社2019年版,第274页。

陈章虽不是学校主要领导,但他在任教的学科、专业方面起到了引领、管理作用,为江苏培育了很多专业人才。

江苏留学生归国后在江苏教育领域担任教育行政工作的还有很多,比如,潘健卿(江苏吴县人)1920 年获美国哥伦比亚大学教育学硕士学位,1929 年被聘为私立江苏女子职业中学校长,编制学程,按美国职业学校最新方法,设师范、文书、图书馆、商业、新闻学等十余科,卓有声誉。[①] 潘健卿在江苏地区的职业教育实践、职业教育的学科建设与职业教育理论方面都有较大的贡献。教育家张江树(江苏常熟人)1923—1926 年留学美国并获哈佛大学理学硕士学位,回国后曾任国立第四中山大学、国立中央大学等校教授,1949 年任国立中央大学理学院院长、化学系主任,1950 年任南京大学教务长、理学院院长,后任南京工学院(今东南大学)筹备委员会主任委员。教育家潘菽(江苏宜兴人)1927 年回国后主要在中央大学、南京大学从事心理学相关学科的教学工作,1949 年任南京大学教务长、校务委员会主席、校长兼心理系主任。[②] 化工与制药专家孟心如(江苏武进人)1920—1925 年留学德国柏林大学并获特优化学博士学位,归国后曾任南京药学专科学校校长(今中国药科大学)。林学家傅焕光(江苏太仓人)1915—1918 年留学菲律宾大学农科,归国后曾任南京江苏省立第一农业学校校长。

一个优秀的教育行政人员带领着一个学校、一个院系向正确的方向前进,其功效与社会影响不是一个普通的教育工作者所能比拟的。教材的选择、专业学科的设置、人才培养方案的制定、师资的任用等,决定了一个学校的发展方向、趋势与培育人才的优劣。江苏留学生归国后或任中小学校长,或任大学系主任、院长、校长等职务,在行政岗位上的兢兢业业,为江苏的教育发展、人才培养做出了杰出贡献。

3. 创立新学校

北洋政府时期的江苏留学生以其专业学识,归国后在各个教育岗位上发挥其专业特长,不仅如此,他们还以在国外所学,归国后在全国、江苏创办一些新式学校。以个例来说,体育教育家庞醒跃(江苏常熟

---

① 李峰、汤钰林编:《苏州历代人物大辞典》,上海辞书出版社 2016 年版,第 996 页。
② 周川主编:《中国近现代高等教育人物辞典》,福建教育出版社 2018 年版,第 668—669 页。

人)青年时期抱着体育救国的思想进入中国体操学校,毕业后赴日本留学且专攻体育专业,1918 年学成归国,与傅琅斋、史济群合力创办了上海东亚体育专科学校,他变卖家产作为办学经费,自任国文、体育理论、体育教学法课程教师。1928 年因办学经费非常困难才停办。办学 10 年,招生 21 届,培养师资 600 余人。①

徐养秋(江苏金坛人)1917—1920 年留学美国伊利诺伊大学、芝加哥大学、哥伦比亚大学,回国后受聘于南京高等师范学校和东南大学,任科主任和系主任职务。1923 年前后,陈鹤琴在南京创办鼓楼实验幼稚园,他是主要支持者和倡办人之一。他主持创办了东南大学实验学校,积极进行新教育的实验,同时热情地支持陶行知在晓庄师范的办学活动,晓庄师范的校名亦是他首先提出的。抗战胜利后,他携家眷由重庆返宁,任中央大学教育系主任,以后又担任南京师范学院院长。② 徐养秋是我国较早系统研究美国教育理论的学者之一,他回国之后,主要任职于南京高等师范学校、东南大学、中央大学、南京师范大学,将其教育理论付诸实践,在创办学校、管理学校、爱护学生等方面表现出其杰出的才华与高尚的师德。

汪懋祖(苏州吴县人)1916—1920 年留学美国哥伦比亚大学教育院并获硕士学位。1920 年回国后,曾任国立北京师范大学教务长兼代理校长、国立北京女子师范大学哲学系主任、国立东南大学教育系主任、江苏省督学等职。1927 年辞职返回家乡组建苏州中学,为首任校长。抗战期间,为开拓边疆民族教育事业,在云南大理创办了大理师范学校。③ 汪懋祖不仅在国内其他地方教育贡献良多,而且在家乡苏州也有突出贡献;不仅在高等教育方面,在中等教育方面也有突出表现。

地质学家谢家荣(江苏上海人)1917—1920 年留学美国斯坦福大学地质系、威斯康星大学地质系并获硕士学位,回国后在农商部地质调查所任职。1950 年根据国家对矿产测勘人才之急需,谢家荣创办了

① 邹彬芳:《上海东亚体专奠基人庞醒跃》,《上海体育史话》1989 年第 3 期。
② 徐吾:《忆伯父徐养秋先生》,中国人民政治协商会议金坛县委员会文史资料研究委员会:《金坛文史资料 第 5 辑》,中国人民政治协商会议金坛县委员会文史资料研究委员会 1988 年版,第 42—44 页。
③ 尹艳秋编:《近现代苏南教育家概览》,苏州大学出版社 2013 年版,第 150—151 页。

"南京地质探矿专科学校",亲任校长,校内设矿床、勘探、物探和石油地质四个专业,聘请南京各地质专家来授课,谢家荣亦亲授"矿床学"。到1952年结业,共培养学生116名,后来都成为地质学界骨干。谢家荣在矿产测勘处培养出来的科技人员,成了日后全国矿区勘探工作的骨干力量。曾有数据统计,20世纪50年代全国各省(区)地质局的总工程师,有一半是出自谢家荣的门下。[①]

中国民众教育倡导者、社会教育先驱俞庆棠(江苏太仓人)1919年秋赴美国哥伦比亚大学攻读社会学和教育学,1922年学成回国,任江苏省立第二师范学校教育学教师,1927年任中央大学行政院教授兼扩充教育处处长,负责江苏省的社会教育。她大力推行社会教育,提倡要办好劳苦大众的教育工作,1928年3月,她在苏州创办中央大学区民众教育学院,亲自兼任校长。抗日战争胜利后,她怀着对民众教育的热情出任上海市教育局社会教育处处长,还在上海胶州路创办了一所实验民众学校,她亲自兼任校长。在办学过程中,俞庆棠坚持教育要从现实生活出发,要以改造社会、拯救民族危机为目的。俞庆棠一生致力于民众教育,尽瘁于社会教育事业,为提高民族的文化素质、培养人才积极探索做出了卓越的贡献。[②] 俞庆棠在江苏地区的民众教育实践及其民众教育理论,对于江苏地区乃至全国的教育发展都是一笔宝贵的财富。

上述庞醒跃、徐养秋、汪懋祖、谢家荣、俞庆棠等归国留学生或创建专科学校或创建中等学校,以培养专业人才为主要目标,以服务当地为主,同时也影响到全国,比如谢家荣创建的"南京地质探矿专科学校",其培养的专业人才辐射到全国各地。一所新学校的创建,从办学理念、规模、师资、设施等各个方面,都需要花费大量的时间与精力,归国留学生在创建新学校、培养专业人才方面功不可没。

4. 创设新专业

这一时期的江苏留学生,归国后创设了一些新的学科专业。比如钱长本(江苏苏州人)便是南京东吴大学社会学系的创立人之一。钱长

① 王恒礼等编:《中国地质人名录》,中国地质大学出版社1989年版,第224页;顾树新、张士朗主编:《南京大学校友英华》,南京大学出版社1992年版,第362页。
② 尹艳秋编:《近现代苏南教育家概览》,苏州大学出版社2013年版,第157—158页。

本是中国近代著名的女性社会学家和教育家,她在 1925—1930 年留学美国兰特美根女子大学、纽约社会服务专门学院。1930 年回国后,任东吴大学女生部主任、社会学系教授,1943 年任私立华东大学社会学系主任兼女生部主任。抗战胜利后,回苏州主持接收校舍及筹备东吴大学复校工作,仍任社会学系主任兼女生部主任,并兼任东吴附中女生家政科主任。新中国成立后,她曾在南京东吴大学社会学系任教,后成为该系主任,同时也担任国立中央研究院社会学研究所研究员等职务。钱长本在社会学领域取得了许多杰出的成就,是公认的南京东吴大学社会学系的创立人之一。①

我国著名遗传学家和遗传学先驱之一陈子英(江苏苏州人)1926年获美国哥伦比亚大学博士学位,归国后,他在国内率先开设"水生生物学"专业课程,自编讲义,结合生产实习、野外采集水生生物标本进行现场调查研究,开展"淡水生物学"和"海洋生物学"的教学工作。②

著名电机工程学家、教育家杨简初(江苏苏州人)1924—1928 年留学美国普渡大学电机系并获工学硕士学位。回国后长期从事电机方面的教学与科研工作。新中国成立后专心从事高校的教学工作和科研工作,特别在全面学习苏联进行教学改革的时期,为了在全国创办"工业企业电气化自动化"新专业,他带领青年教师突击学习俄语,积极翻译俄文教学计划、教学大纲和专业教材,组织教研组教师按时开出了"电器学""电力拖动""生产机械电力装备""电热与电焊""安全与防火"等在教学计划中的全部专业课程。杨简初曾是新中国成立后机械工业部组建的"工业电气自动化"专业教材编审委员会的早期负责人之一。由于他领导的工业电气自动化教研组在教学和科研工作中取得的显著成绩,20 世纪 60 年代初期就在全国被批准首批设置工业电气自动化硕士点,招收了第一批研究生。杨简初长期从事高校教育工作,他是新中国成立后创建工业电气自动化专业的奠基人之一。③ 杨简初为培养新中

① 李峰、汤钰林编:《苏州历代人物大辞典》,上海辞书出版社 2016 年版,第 762 页。

②《科学与人生》编委会编:《科学与人生 厦门大学生命科学学院校友传略》,厦门大学出版社 2008 年版,第 23—24 页。

③ 张宪文主编:《金陵大学史》,南京大学出版社 2002 年版,第 232—233 页。

国的高级工程技术专业人才做出了突出贡献。

张文潜(江苏南通人)1918—1921年留学美国,回国后在担任南通大生副厂厂长的同时兼任南通学院纺织科科长。在院长张孝若的支持下,他多方筹措资金、延聘人才,积极增添图书资料、实验设备和试验仪器,在全国高等学校中率先增设染化系,并开办了高级纺织职业班。1934年,张文潜争取到全国经济委员会的拨款,购置染整实习机器、纺织染试验仪器和梳棉机、自动织机、针织机等,成立了纺织物试验室,并于校外建造一座漂染实习工场,为教学理论和实践结合创造了更好的条件。当时学校在基础设施、专业配置和教学水平等各方面都进入鼎盛时期,得到实业界的重视。张文潜在南通纺校和南通学院纺织科执教前后近20年,培养了一大批高级纺织技术人才。①

民国前期的出国留学生,在国外所学的很多专业,在国内依然处于起步状态,这些留学生归国后,以自己的专业所学,在一些学校里创建新的专业,以弥补国内在此学科方面的短缺,在为国家培养专业人才方面做出了自己的贡献。

5. 编写新教材

这一时期的江苏留学生,归国后在教育教学之余,根据自己的国外所学与教学经验,编写了许多新的教材,以适应与时俱进的社会需求与知识的变迁。比如上文中提及的我国著名遗传学教育家陈子英(江苏苏州人),在1960年出版了国内第一本《水生生物学》教材。此外,陈章、张江树、廖世承、陈其鹿、张士一、潘菽等归国留学生在编写新式教材方面都有突出贡献,同时在创新教育理论方面也功勋卓著。

教育家陈章(江苏苏州人)回国后长期在江苏本省从事教育教学工作,教学之余撰写了许多专业著作,著有《电机铁路》《电机工程概论》(被辑入《万有文库》),编著有《无线电原理》《无线电基础》《无线电工程学》《新学制高级工业学校教科书无线电工程概要》等,译著有《电力事业概论》《工程师的教育和工作》《电子论浅说》《无线电工程》(被辑入大学丛书)等。

---

① 南通市通州区运盐河文化研究课题组:《运盐河》,江苏人民出版社2021年版,第153—155页。

教育家张江树（江苏常熟人）归国后也主要在江苏本省从事教育工作，1945 年编写出版中国第一本物理化学教材《理论化学实验》，后编著《物理化学与胶体化学》等教材多部。1956 年被国家评定为首批一级教授。他长期担任全国高等工科院校化学教材编审委员会主任、《辞海》化学分科主编。《辞海》（1989 年版）于 1993 年获首届国家图书奖荣誉奖。

教育心理学家廖世承（江苏嘉定人）1915—1919 年留学美国布朗大学攻读教育学和心理学并获博士学位。1919 年回国后任南京高等师范学校教育科教授，主讲教育心理学、中学教育等课程。1920 年参与创建了中国较早的心理实验室，即南京高等师范学校心理实验室，并进行心理测验的实验研究，创造十余种测验法并进行推广。除了从事心理学相关课程的教学工作之外，在教育思想上，还做过有关培养学生良好习惯和道德品质的研究，撰写中国最早的教育心理学教科书，主要著作有：《智力测验法》（与陈鹤琴合著，1921）、《教育心理学》（1924）、《测验概要》（1925）、《教育测验及统计》（1927）等。[1] 廖世承归国后主要在南京高等师范学校、东南大学进行教育教学工作，此外，用其国外所学的心理学理论与教育实践紧密结合，留下了丰富的心理学教育理论，对后世的教育起到了重要的指导作用。

经济统计学家陈其鹿（江苏昆山人）1919—1922 年留学美国哈佛大学工商管理研究院并获商科硕士学位。归国后多次从事高等教育工作，一生著述较多，其著作有《初级统计学》《统计原理与实习教材》《统计图示法》《计划统计与核算图示法》《统计学》《农业经济学》《资本主义发展史》《英国对华贸易史》等。[2]

教育家张士一（江苏苏州人）是著名的英语教学理论家和改革家，他的英语教学思想散见于他编著的书籍和论文中，对建构适合中国特点的英语教育教学体系做出了开创性的贡献。至 1949 年底，共出版《英华会话合璧》《英文尺牍教科书》《英文学生会话》等英语教学专著 11 部，撰写

① 教育大辞典编纂委员会编：《教育大辞典　第 5 卷　教育心理学》，上海教育出版社 1990 年版，第 127 页。
② 王桢禄主编：《当代昆山人才录》，昆山亭林出版社 1996 年版，第 90 页

《国语统一问题》《我国中等学校英语教授之改良》《大学教育系的课程问题》等论文 25 篇，编写《初中直接法英语教科书》等教科书 5 册。[①]

心理学家、教育家潘菽（江苏宜兴人）在心理学理论上有较多的发展，著有《心理学概论》《社会的心理基础》《心理学应用》《心理学简札》《中国古代心理学思想研究》（合著）等教科书和著作，主编《教育心理学》《人类的智能》。[②]

园艺教育家章守玉（江苏苏州人）1918 年留学日本千叶高等园艺学校，1922 年回国后任江苏省立第二农业学校教员。他在教学实践中十分重视教材建设，他在 1933 年出版的《花卉园艺》是我国近代花卉园艺方面的第一本专著。20 世纪 40 年代又先后出版了《温室园艺》和《花卉园艺各论》两本教材。1962 年编写了《花卉园艺学》讲义上下册。[③]

这些留学生在从事教学工作的同时，撰写论文、编写新式教材，将国外一些新的教育理论以及自己经验所得形成新的教育理论，在创新教育理论方面做出了贡献。

四、返乡治病救人

北洋政府时期，江苏留学生在国外学习医学专业者比较多，他们回国后在全国各地从事医学相关的工作，也有不少在江苏本省服务乡梓。除了服务于当地医院、从事医学教育工作之外，还有一些归国留学生创办地方医院、自行开设地方诊所以救死扶伤、治病救人。

1. 创办地方医院

江苏留学生归国后有不少人在江苏本省创设地方医院，在此以汪元臣创办江苏省立医院、华霁荪创办济民医院及中华传染病学院、金曜弘父子创办太仓医院为例。

汪元臣（江苏仪征人）1927 年毕业于德国柏林大学并获医学博士学位。1928 年回国，在表兄黄胜白帮助下创办江苏省立医院（设于镇江），任院长兼外科主任。全面抗战爆发后，他率医院员工连同设备迁

① 《江苏省高等学校教授录》编委会编：《江苏省高等学校教授录》，南京大学出版社 1989 年版，第 57 页。
② 周川主编：《中国近现代高等教育人物辞典》，福建教育出版社 2018 年版，第 668—669 页。
③ 姚岚、张少伟主编：《中外园林史》，机械工业出版社 2021 年版，第 182—183 页。

往重庆,在从事医学教育的同时,仍兼任江苏省立医院院长。抗战胜利后返回镇江,任善后救济分署苏宁分署卫生组组长兼江苏省立医院院长,负责恢复医院的工作。①

华霁荪(江苏无锡人)1918—1921 年在日本东京北里传染病研究所研究细菌学。1921 年回国后行医,曾任苏州母校江苏公赢医学专门学校细菌学教授,1926 年兼任苏州华严医院的医师及第二时疫医院义务医师,与妹夫费学礼创办济民医院,特设传染科。为防治霍乱流行,试制生产霍乱感应疫苗供应苏、常一带。1927 年与费学礼、吴传缃创办中华传染病学院,规模生产霍乱感应疫苗、霍乱预防注射液等。编著有《微生物学纲要》。②

金曜弘(江苏太仓人)1918 年毕业于江苏公立医学专门学校,曾任苏州医院外科主任,后留学日本帝国大学医科,学成回国。1923 年由其父金叔琴独资创办了太仓医院,金曜弘与本城周士英、周润民两个医师一起应诊,金曜弘任院长,配有护理、药剂、勤杂等四人。设有内科、外科、儿科、花柳、戒烟等科,有病床六张,为太仓第一家私人医院,也是太仓第一个西医医疗机构,给民众带来了福音。该院创办之初医业兴旺,日诊 20 多人。1926 年北伐军兴,医院为沪北后方,因抢救国民军努力而获"惠我袍泽"奖匾。1932 年"一·二八"淞沪之战爆发,日军于杨林、七丫口登陆,大肆侵扰,屠杀居民,县城又遭日机轰炸,他借省立第四中学校舍设立后方医院,救治难民、伤员,受到社会各界好评。1935 年太仓县公立医院——太仓医院成立,因名称雷同,后改名为"泗安诊所"。③

除了创设新医院之外,还有不少留学生接任旧医院的领导职务。比如,江苏苏州人李广勋,1914—1919 年留学美国宾夕法尼亚大学医科并获医学博士学位,后至哈佛大学进修儿科并在费城儿科医院实习。1921 年回国后应苏州博习医院之聘,担任儿科兼内科主任。1927 年 8 月被医院董事部推选为院长,是第一位由中国人担任的正式院长。

① 汪元臣:https://www.rc929.com/News/New.asp? NewsId=39291.
② 李峰、汤钰林编:《苏州历代人物大辞典》,上海辞书出版社 2016 年版,第 187 页。
③ 政协江苏省太仓市史委员会:《太仓文史　第 12 辑》,政协江苏省太仓市文史委员会 1997 年版,第 101 页。

1932 年"一·二八"淞沪抗战爆发后,医院曾收容十九路军伤病员达五六百人之多。[①] 李广勋虽没有创办新的医院,但他所接任的苏州博习医院已经焕发出新的生命力,在为当地服务或全国性的医疗服务中起到了重要作用。

从上述几位留学生可以看出,他们回国后在江苏本省或在本县创办地方医院,以西医学为主,与当地的中医学互为补充。他们救死扶伤,福泽当地,惠及子孙后代,无疑是利国利民、回馈乡梓之益事。

2. 开设地方诊所

医学留学生以其专业的特殊性,归国后往往可以自行开设诊所,尤其是临床专业的留学生,归国后开业行医是非常普遍的事,在此略举数例以兹说明。

昼三(江苏太仓人)1922 年留学德国武茨堡大学攻内科并获医学博士学位,后为奥地利维也纳大学附属医院内科实习医师。他长于中西医结合诊疗,1926 年初归国,被黄埔军校派任东山陆军医院院长(位于苏州),后在璜泾(位于太仓)、沙溪(位于太仓)设诊所,1929 年后开始在南京开业行医。[②]

洪子琛(江苏太仓人)1926 年留学法国孟万里大学医科六年并获得博士学位。1932 年学成回国。抗战胜利后返太仓县浏河家乡开业设诊。新中国成立后被任命为乡镇特约医师,1950 年冬被聘为县卫生院内科主任医师。[③]

周润民(江苏太仓人)1917 年自费东渡日本,入帝国大学医科深造。回国后,先任母校附属医院内科医师。1932 年在太仓城内公园弄口自办福娄诊所,为桑梓服务。其子广智、广仁都毕业于上海第一医学院,抗战胜利前后,相继返乡,父子三人一起行医,运用现代医药技术为家乡病者服务,当时诊所业务兴旺,自置黄包车,常乘小火轮去迅速应诊,遍历太仓各地,并及嘉定葛隆、昆山振东农场等毗邻地区。常应助

---

① 顾钢、王馨荣:《苏州医学院简史 历程》,苏州大学出版社 2010 年版,第 89 页。

② 李峰、汤钰林编:《苏州历代人物大辞典》,上海辞书出版社 2016 年版,第 335 页。

③ 政协江苏省太仓市史委员会:《太仓文史 第 12 辑》,政协江苏省太仓市文史委员会 1997 年版,第 102 页。

产士邀请,处理难产病例,使得母婴平安。夏秋期间,常有霍乱、伤寒、疟疾、痢疾等传染病流行,得其救治者更多。当时城乡钩虫病流行,俗称黄病难治,周润民用镜检确诊后,先用"四氯乙烯"驱虫,后用补血药物,价廉而效捷,深受病家欢迎,称为"黄病郎中",远地都来医治,中医纷纷效之。同时,又为人戒吸鸦片恶习和治梅毒性病者甚多。①

周纶(江苏无锡人)1920年赴德留学,1922年获德国柏林大学医学博士学位。在德期间因故失去双腿,安装木质假肢。回国后,在无锡西门开业行医,时人称他为"木脚周纶"。他擅长内科、小儿科,热心为民众服务,为社会各界称颂、名盛一时。②

朱履中(江苏无锡人)1926年赴美国波士顿哈佛大学医学院进修脑外科和骨科,1928年归国。他专长外科、骨科,新中国成立前曾任无锡普仁医院骨科主任,曾在无锡开业行医,是无锡地区最早的西医外科医师之一。③

从上述几位留学生开业行医的状况可以看出,他们一般都在国外学得专业的西医学知识,回国之后多在自己的家乡所在地开设诊所,运用中西医结合知识,为当地民众服务,其与众不同的医学知识与技能,使其很快得到病者的认可和欢迎。

① 政协江苏省太仓市史委员会:《太仓文史 第12辑》,政协江苏省太仓市文史委员会1997年版,第100—101页。
② 赵永良、蔡增基主编:《百年无锡名人谱》,新华出版社2005年版,第567—568页。
③ 赵永良主编:《无锡名人辞典 首编》,南京大学出版社1989年版,第215页。

第三章 南京国民政府时期的 江苏留学教育

南京国民政府时期大体上可以分为三个时段,即前期(1927—1936),虽然局部战争不断,但总体上相对稳定,留学生的派遣以地方选派为重心,政府以宏观调控为主;中期(1937—1945),中国全面抗战,第二次世界大战在全球爆发,留学教育完全掌控在国民政府手中,地方各省基本丧失留学生的选派权;后期(1946—1949),国内解放战争如火如荼,国民政府沿袭抗战时期统制留学的做法,地方各省仍没有留学生的选派权。所以地方各省大量选派留学生主要集中在南京国民政府前期,中期和后期则以中央政府名义统一选派留学生,地方各省仅做辅助性工作。江苏省对留学生的选派与管理也主要集中在全面抗战之前的十年。

第一节 留学政策的演变与留学生的选派

南京国民政府时期,因不同时段的社会背景变幻,留学政策也出现较大的差异。受中央政府留学政策的影响,江苏省的留学教育在前期有较好的发展,在中后期则基本没有选派权。江苏省的留学教育基本反映了南京国民政府时期地方各省的留学教育状况。但由于长期的经济文化发展优势,江苏省在全国的留学教育中仍有其独特的表现。

一、南京国民政府的留学政策演变

南京国民政府时期，因各时段社会状况变化较大，留学政策也出现较大差异。前期社会总体比较稳定，留学政策以地方省派为重心，政府以监督、指导为主；中期处于全面抗战状态，为实现抗战建国目标，国民政府采取统制留学办法，即无论是公费还是自费留学，基本上都由政府统一办理；后期处于内战状态，虽然采取鼓励留学政策，但因战争之故而使许多留学计划无疾而终。

1. 南京国民政府前期（1927—1936）

国民政府定都南京以后，针对北洋政府时期留学教育管理的混乱状态及当时国情发展的需要，在留学教育方面颁布了一系列法规，对留学政策进行调整，使其规范化与制度化，主要表现在提高资格标准、加强学科限制、完善留学生管理等几个方面。

在提高资格方面，首先是提高学历和资历标准。北洋政府时期规定自费留学资格为"中学以上学校毕业"，而 1928 年大学院颁布的《发给留学生证书规程》，要求自费生必须是"高级中学以上学校毕业"，1929 年公布的《修正发给留学证书规程》，同样要求自费生必须是高级中学毕业或具有一定教育资历的人。1933 年国民政府修正后公布的《国外留学规程》，规定公费生的资格为"国内外公立或已立案之私立专科以上学校毕业，并曾任与所学专业有关之技术职务二年以上者"；自费生的资格为"公费或已立案之私立专科以上学校毕业者"，或"公立或已立案之私立高级职业学校毕业者，并曾在国内任技术职务二年以上者"[①]。可见，留学资格由"中学以上学校毕业"到"高级中学以上学校毕业"再到"专科以上学校毕业"，并在技术职务上有了更高要求，留学资格有非常明显的提高。其次是提高语言要求。1930 年 2 月，教育部颁布训令，要求"此后派遣公费留学生，不论采取何种考验方法，对于留学国语言文字，务须严加考试，以阅读、写作、会话及听讲均无窒碍为及格，庶免补习费时徒耗公费"[②]。不久又对自费留学生提出限制要求：

---

① 宋恩荣主编：《中华民国教育法规选编》，江苏教育出版社 1990 年版，第 654—656 页。
② 国民政府教育部：《教育法令汇编》，国民政府教育部 1933 年发行，第 750 页。

"自费留学生于请领留学证书时,须经各留学国言语文字考试,不合格者不给证书。"①再次,提高自费留学生的经济要求。1933年公布的《国外留学规程》要求自费留学生必须向教育部提交存款证明,除要求一次性筹足留学经费外,还要请国内殷实商号或有固定职业能负责该生经济和行为者作担保人。

在学科限制方面,南京国民政府成立初期,社会舆论呼吁重视理工科,国民政府认为,建国伊始,"建设事业经纬万端,实用人才尤为需要",因而在留学政策的制定方面逐渐偏向了理工科。1929年1月,教育部特令各大学区、教育厅"此后各省区选派留学,务于理工两科特加注意,并严加考试"②。为促使留学生重视理工科,国民政府在留学教育的法令中采取限制和奖励两种措施。1930年第二次全国教育会议上通过的《改进高等教育计划》,规定"以后选派留学生应注重自然科学及应用科学等,以应国内建设的需要,并储备专科学校及大学理农工医等学院的师资。公费留学生应视国内建设上特殊需要,斟酌派遣,每次属于理农工(包括建筑)医药的,至少应占全额十分之七。自费留学生得依本人志愿,肄习任何学科,但学理农工医药教育的,应尽先叙补公费或津贴"③。1933年教育部公布的《国外留学规程》,再次强调:"各省市考选派赴国外研究专门学术者,应注重理、农、工、医等专科。"④可见,不仅偏重理工医农等实类学科,而且对研习此类学科的还优先补助。

留学生的派遣机构以省派为重心,中央政府以监督和指导为主。在南京政府建立初期,由于中央统一的留学法规尚未出台,所以公费留学生的派遣以各省为主。进入30年代以后,国民政府在留学教育方面既给各省市一定的自主权,也对其进行一定的限制和指导。如"各省市应就其留学教育经费项下设留学奖学金,以鼓励其本省、市留学自费生之成绩优良者。""研究科目种类、公费名额、留学国别、年限及经费状况等,须由各省市依其地方情形之需要及所研究科目之性质,于每届招生

① 国民政府教育部:《限制自费留学》,《教育益闻》第2卷第3册,1930年9月。
② 国民政府教育部:《为通令选派留学应注重理工二科并应将派遣规程呈部备核由》,《教育部公报》第1卷第2期,1929年2月。
③ 国民政府教育部:《改进高等教育计划》,《教育公报》第2卷第30期,1930年7月。
④ 宋恩荣等主编:《中华民国教育法规选编》,江苏教育出版社1990年版,第653页。

前详为规定,呈部核准施行。"①为了指导、规范本省的公费留学生派遣,不少省份结合本省具体情况订有本省的留学法规及各种相关的管理文件。为强化中央政权,1935 年 3 月,教育部要求各省市,"一九三五年各省如举行国外留学生考试应于三月底以前将招考简章呈送本部核定"②。总体而言,20 世纪 30 年代是省级留学教育的复苏阶段,中央教育部并不直接担负选派留学生的重任,而是多起监督和指导作用。由于各地考选的学生必须送教育部审查,合格后才能派遣出国,实际上各省的留学教育也纳入了统一的留学教育轨道。

国民政府前期通过对留学政策的规划与调整,逐步提高留学资格,不断强化实类学科,虽以地方各省留学为重心,但也不断加强对其管理和指导,使出国留学教育在规范有序的状态下进行。

2. 全面抗战时期(1937—1945)

全面抗战时期,国民政府在"抗战建国"的思想指导下,因应时事变化,对留学政策做出相应调整,从限制留学到提倡留学,给留学教育带来了很大影响。

抗战初期的严格限制政策。1938 年 3 月底召开的国民党临时全国代表大会通过了《抗战建国纲领》,同时又制定了《战时各级教育实施方案纲要》,要求"改订留学制度,务使今后留学生之派遣,为国家整个教育计划之一部分"③。在其思想指导下,1938 年 6 月教育部公布了《限制留学暂行办法》。④ 留学科目主要限定在与军事国防有关的军、工、理、医各科,留学资格则不仅强调专科以上学历,更强调服务和研究经历。1939 年 4 月,国民政府教育部公布《修正限制留学暂行办法》,除了重申和细化前令《限制留学暂行办法》的部分内容外,提出的要求更为严格,不仅在留学科目和留学资格方面提出更多限制,而且在留学经费方面要求公费留学生除非经特准,否则一律暂缓派遣,自费留学生除非

---

① 宋恩荣等主编:《中华民国教育法规选编》,江苏教育出版社 1990 年版,第 653—658 页。
②《教育部给北平市政府社会局的训令》1935 年 3 月 4 日,北平市政府社会局档案,北京市档案馆藏,档号:J002-003-00274-0066。
③ 教育年鉴编纂委员会编:《第二次中国教育年鉴》,台北文海出版社 1986 年版,第 9 页。
④ 国民政府教育部档案:《限制留学暂行办法》,中国第二历史档案馆藏,全宗号:五(2),案卷号:1391。

无须请购外汇,否则一律暂缓派遣。如此对留学资格、留学科目、留学经费的严格控制,则必然导致留学规模的大大压缩。"二十六年度抗战开始,受战事影响,出国留学生减为 366 人,二十七年以限制办法颁行,出国留学者仅 92 人,二十八年度 65 人,二十九年度 86 人,三十年度 57 人。"①从全面抗战前的每年千人出国留学到抗战开始后的不足百人,可见,留学教育受到了很大的影响。

抗战后期的适度放宽政策。随着欧战和太平洋战争的爆发,国际环境有所好转,国内也将抗战建国的重心由"抗战"向"建国"方向偏移,对培养精英人才的留学教育也开始重视起来,并在蒋介石的直接指示下制定了多项留学计划,促使抗战后期的出国留学教育得到了适度放宽。1943 年 4 月,蒋介石发布机密手令,"以后对于留学生之派遣,应照十年计划"②,并要求将各部门所需干部的数目,拟具方案向其呈报。此后,作为统筹教育方案的教育部根据其指示开会讨论,在留学人数、留学专业、留学年限、留学管理、留学经费、留学生任用等重要方面达成了共识。③ 在此基础上,教育部最终拟定了五年留学教育计划《留学教育方案》(中程计划)和《三十二年教育部派遣公费留学英美学生计划大纲》(短程计划)。1943 年 9 月 20 日,中央设计局与教育、经济、交通三部会商,最后分别制定了《教育部选派公费出国研究实习员生办法案》《经济部选派国外工矿实习人员办法》《交通部派遣国外学习生办法草案》。在自费留学方面,1943 年 10 月,教育部又公布了《国外留学自费生派遣办法》。这些留学方案的颁布表明抗战后期的留学政策由严格限制到逐渐放宽的改变。放宽留学教育表现在多个方面,比如,留学名额扩增、选派方式多样化、留学科目范围扩大、留学资格有所放宽等。放宽留学最明显的结果是出国留学人数的增多。太平洋战争爆发后,出国留学人数有明显的上升,1942 年 228 人,1943 年 359 人,1944 年

---

① 刘真主编:《留学教育:中国留学教育史料》第四册,台北"国立"编译馆 1980 年版,第 2033 页。
② 刘真主编:《留学教育:中国留学教育史料》第四册,台北"国立"编译馆 1980 年版,第 2082 页。
③ 国民政府教育部档案:《留学生考选会历次会议记录及决议案暨教育部选派出国留学生会议记录》,二档馆藏,全宗号:五(2),案卷号:1393。

305 人。① 这个数据仅是由教育部统计的领取留学证书出国留学者,事实上还有许多没领留学证书就出国留学的。据王奇生研究,1942 年留美人数就有 987 人。② 可见,实际没领留学证书出国留学者远超过政府统计的数据。

全面抗战时期,国民政府在尽量不动用国库经费的情况下,时断时续地派遣了几批公费留学生。这些公费留学生的考选与派遣,其组织机构各异,由政府出资者极少,但其管理却与国民政府密切相关。自费留学也一改之前的无需考试即可领取留学证书出国留学的做法,改由政府统一考选优先录取的办法,这对此后的留学教育也产生了重要的影响。

3. 南京国民政府后期(1946—1949)

初期积极鼓励。抗战胜利以后,百废待兴,需才孔亟,教育地位也随之被提高。战后不久,蒋介石就下令教育部定期举办留学考试。1946 年 5 月,国民政府教育部先后公布了《自费生留学考试章程》和《公费生留学考试章程》。此次公费统考,包括教育部公费 120 名,法国政府交换生 50 名,中英文教基金董事会公费生 20 名,共为 190 名。1946 年 7 月举行统考,10 月 1 日发榜,截至 1948 年 2 月中旬,教育部录取之 131 名公费生,已出国者为 112 名。同年 7 月举行的自费留学考试,是历史上第二届全国统考,此次参加考试者 2774 人,最终录取 1216 人。③ 为鼓励出国留学和统一管理出国留学生,1947 年 4 月,国民政府教育部颁布了《国外留学规则》,其相关规定与前期颁布的公自费留学章程相似。除了 1946 年国民政府教育部统一组织的公自费留学考试之外,1945 年初国内学术界人士,或以研究成绩优良,获得国外学术机关之奖学金,被约出国深造,或以学术渊博被邀前往讲学者,为数渐多,于是教育部厘订《专科以上学校教员应约出国讲学或研究办法》,以适应需要。此项办法公布后,援用出国人员日见其多,计 1945 年为 130 人,

① 中国第二历史档案馆编:《中华民国史档案资料汇编》第五辑第二编教育(一),江苏古籍出版社 1997 年版,第 892—893 页。

② 王奇生:《中国留学生的历史轨迹 1872—1949》,湖北教育出版社 1992 年版,第 45 页。

③ 刘真主编:《留学教育:中国留学教育史料》第四册,台北"国立"编译馆 1980 年版,第 2138 页。

1946 年为 170 人，1947 年约为 450 人。①

　　后期无疾而终。抗战胜利后，除了 1946 年国民政府教育部组织的两次比较规范的公自费留学考试之外，还组织了青年军留学考试和翻译官留学考试。抗战胜利后，国民政府决定奖励抗战期间成绩优良的从军青年，选派其中的优秀者出国留学，并于 1946 年制定了《青年军公费留学考试章程》，这次考试并入 1946 年的公费留学考试中进行。共有 272 名青年军人参加考试，最终录取 25 名，但这些青年军最终都没有被放洋。抗战后期，国民政府曾征调了一批英语较好的大学生到在中国战区参战的美国军队中担任翻译工作，抗战胜利后，作为对这批知识青年的肯定和奖励，国民政府决定从中选拔 100 名出国深造，但最终被考选出的 100 名青年翻译官都没有被以政府名义派遣出国②，只有个别录取者通过自费出国留学或其他资助方式出国留学。可见，这两场较大规模的统考最终都无疾而终。

　　在 1946 年被考选出的留学生，抓住时机及时出国便成为幸运者，但 1947 年之后考选出的留学生，因国民政府逐渐陷入内战的困境，在军事第一的指导思想下，留学教育的资金不能及时到位，迟滞到 1948 年之后，蒋介石政府见大势已去，更无心关注留学教育。1948 年 1 月国民政府以外汇支绌，暂停公自费留学生考试，即使已被统考录取者也未能如愿放洋。可见，抗战后的留学教育轰轰烈烈地开始，到最后草草收场。

二、江苏省颁布的留学政策法规

　　由于全面抗战时期及战后国民政府对留学教育采取统考办法，将地方各省的留学生选派权收归中央，因而江苏省对留学教育的管理主要体现在南京国民政府前期（1927—1936 年）。

　　1. 教育行政机构

　　国民政府定都江苏省的省会南京，这对江苏省的教育机构多少都

---

① 刘真主编：《留学教育：中国留学教育史料》第四册，台北"国立"编译馆 1980 年版，第 2186 页。
② 参见拙作：《抗战后翻译官出国留学的波折与示鉴》，《山东大学学报（哲学社会科学版）》2017 年第 5 期。

有一些影响。由于江苏留学教育归于江苏省教育厅管理，在此有必要将江苏省的教育行政机构沿革作一简要概述。

南京国民政府成立不久，便采纳蔡元培的建议，仿照法国教育行政制度，中央设中华民国大学院主管全国教育，地方试行大学区制，取代民国以来中央政府设教育部、各省设教育厅的教育行政制度。自1927年6月大学区制开始在全国试行，至1929年7月决议定期停止，此后，各省奉令恢复教育厅制。这期间，江苏教育机构也奉令改行大学区制，同时也按要求恢复教育厅制。《江苏教育概览》对这一时期的江苏教育管理机构的沿革及组织情况作了详细介绍：

> 民国十六年六月，中央明令裁撤江苏省教育厅，改行大学区制，设教育行政院于大学之内，试行二年，至十八年六月，经二中全会议决，停止试行，八月奉令恢复江苏省教育厅，同时任命陈和铣暂行兼代江苏省教育厅厅长，时中大行政院急于移交，因先设筹备处于省会，派韩筹晋、谢炘等公筹备员筹备一切事宜。一而由省政府就中大行政院旧职员中遴选十人为保管员，暂负保管文卷器具之责，九月一日，由省府派秘书赵龢率科员倪崇宽等，皆赴首都，协同保管员，向中大行政院办理接收，三日即将文卷器具全部移省。先是省政府委员会议决，指定镇江旧府学宫为教育厅办公之所，旧有房屋不尽适用，略事修葺，即由省府委派赵秘书将接收各项正式移交，同时由中央颁发厅印，并由省府转发到厅，兼厅长陈和铣遂择于九月十三日，在省政府大礼堂举行宣誓就职典礼，翌日呈报任事及启用印信日期，并分别函令布告开始办公，旋即草订江苏省教育厅办事细则，提请省政府委员会会议修正通过。旋复依照江苏教育厅办事细则第十四条，订定办事附则，呈报省政府备案。于是依照前项细则附则，渐次组织完备。当时组织，一、设秘书三人，办理机要事宜；二、分设五科，每科设科长一人，第一科掌理关于高等教育、中等教育、学术机关、职业教育及留学各事项。……三、设督学四人至八人，视察全省事宜；四、设编审，无定额，专司关于教育图书之编审；五、为计划及推行各项教育事业，设置各种委员会；六、为集思广益，增进行政效率起

见,得由厅长指定人员,举行厅务会议。①

从上述沿革历史可以清楚地了解到南京国民政府初期江苏省教育机构的人事、组织、地址变迁及负责留学教育的科室。时至1931—1932年间,江苏省教育厅在组织机构和人员安排上又有一些新的变化。1931年12月,江苏省政府改组中央,任命周佛海为江苏省教育厅厅长,1932年1月3日,周佛海由南京到镇江,同日委聘秘书、各科科长、督学、编审等职员。1月13日上午,周佛海于江苏省政府大礼堂补行宣誓典礼。江苏省教育厅组织与前任略有不同,但留学教育事宜仍归第一科负责:"第一科掌理关于高等教育、留学、学术机关、师范教育、中等教育、职业教育等事项。"与前任不同点之一,"以江苏教育较他省发达,关于文化学术之提高、教育思潮之介绍、教育学理之研究以及教育行政之融通及改进等项,非有具体之宣传规划,无以促长足之进展,因将编辑、审核、统计、调查、图书及出版各项工作悉归之编审室,以利进行"②。由此可见,掌管留学事宜的是江苏省教育厅第一科,江苏省教育厅对于教育的调查统计是非常重视的,这使得南京国民政府初期,江苏省教育厅有较为翔实的留学教育方面的数据存留下来。

2. 颁布留学法规

南京国民政府前期(1927—1936)对出国留学教育的管理主要是宏观调控,以监督和指导为主,而以地方各省派遣为重心,将出国留学生的选派和具体管理权放归地方政府。因此,这一时期地方各省颁布了一系列具体留学法规。但在全面抗战时期和抗战胜利之后,由于国民政府将公自费留学教育的管理权统归中央教育部,地方各省无权单独派遣留学生(抗战时期西南边陲的广西和云南单独派遣了少量留学生除外),因而江苏省因地制宜颁布的一些留学法规主要集中在南京国民政府前期。

---

① 江苏教育厅编:《江苏教育概览(一)》,江苏省教育厅1932年铅印本,见王燕来选编:《民国教育统计资料汇编第16册》,国家图书馆出版社2010年版,第104页。
② 江苏教育厅编:《江苏教育概览(一)》,江苏省教育厅1932年铅印本,见王燕来选编:《民国教育统计资料汇编第16册》,国家图书馆出版社2010年版,第104—106页。

（1）选派出洋员生大纲

自江苏省试行大学区制之后，此前中央大学区制定的选派出洋员生暂行办法一直遵照执行。1929年1月，江苏省制定《派遣出洋员生大纲》，其中规定："派遣出洋员生，分研究、考察、留学、津贴四种。""研究员，以国立大学教授、副教授暨在辖教育机关之教员（具有大学副教授以上之资格者）继续任职在三年以上，有优良之成绩者充之。""考察员，在学术方面，以国立大学教授、副教授继续任职在三年以上，有优良之成绩者充之；行政方面，以本省所属各教育机关职员，具有大学副教授以上之资格，继续任职在三年以上，有优良之成绩者充之。""留学生，以国立大学及立案之私立大学毕业生经考试选派之，但以苏籍为限。""津贴生，现在国外之苏籍私费留学生得由教育厅择优补助。"关于本省留学经费的分配，规定"研究百分之十五，考察百分之五，留学百分之六十，津贴百分之二十"[1]。

在官费留学生的给费标准方面，自1930年秋季起，已分别进行修正施行。江苏省教育厅认为，"复起各项条文中，闻不少事过境迁，应予修改之处，其各国津贴生选补办法，除各国学制略有不同外，至管理办法大致无甚殊异，若删去重复条文，合行为一，可以执简去繁"，于是对于选派出国留学生的各项规定办法，又"复加审核，修改条文，呈奉省政府委员会议决修正通过公布并咨达教育部"。1932年6月江苏省政府委员会第506次会议通过江苏省教育厅制定的《选派出洋员生大纲》，并于7月到教育部备案。其主要内容如下：

一、江苏省教育厅选派出洋员生分下列四种：
（甲）官费生（乙）津贴生（丙）实习生（丁）研究员
二、国立省立大学及已立案私立大学之苏籍毕业生经考试合格派送留学者为官费生，但留日官费生在自费生中选补。
三、现在国外留学之苏籍自费生具有规定资格及优良成绩经审核选补予以津贴者为津贴生。

① 江苏省教育厅编：《江苏最近教育概况》，江苏省教育厅1930年铅印本。载于王燕来选编：《民国教育统计资料汇编》第18册，国家图书馆出版社2010年版，第116—117页。

四、留学国外之官费或津贴生毕业后继续在留学国实习经请求核准继续给费者为实习生。

五、在江苏教育机关服务有年、著有成绩、经考选合格派送国外研究为研究员。

六、留学费经费之分配如下：

（甲）官费占全费百分之五十（乙）津贴占全费百分之三十

（丙）实习占全费百分之十（丁）研究占全费百分之十

七、各项送派及考试详细办法另订之。

八、本大纲由江苏省政府委员会议决公布施行并咨教育部备案。①

从前后两个文件对比可以看出，出洋员生的种类发生了变化，多了实习生而少了考察员，而且经费分配方案也有较大变化。官费占比减少了，而津贴经费增多了。

在 1929 年《派遣出洋员生大纲》颁布之后，江苏省已经在派遣留学生方面积极行动起来。据 1930 年江苏省教育厅编印的《江苏最近教育概况》，可知留学欧美官费生，已经中央大学考送一次，私费学生请求津贴者也经先后审查合格，量予补给，"私费留学生受省费补助者，统欧美日本各国计之，也在三十五人以上"。而准备出国考察及研究人员尚待派遣。江苏省教育厅认为，"欲使服务教育效率之增加，莫如使服务教育人员对于教育发生浓厚之兴趣，欲使服务教育人员对于教育发生浓厚之兴趣，必予以便利，使多得学术上研究之机会"，因此，江苏省教育厅积极谋划选派教育机关服务人员到国外进行留学研究。1930 年 1月，中央大学校长张乃燕曾代拟派遣国外研究员、国外考察员两项办法，由省府发交核议，当以本省各项建设事业正在充分进展时期，顾觉有此需要。从留学经费的比例分配来看，官费占 60％，津贴占 20％，研究占 15％，考察占 5％。因留学经费预算减少，又受金贵影响，研究、考察费用已为官费、津贴两项占用，"拟请饬下财厅于本省收入项下再加补助留学经费二万五千元各节，经奉指令经省政府委员第二六二次会

---

① 韩永进、王建朗主编：《民国文献类编·教育卷 739》，国家图书馆出版社 2015 年版，第 55—65 页。

议议决,仍交教育厅通盘计划,再行核议等因,刻尚在计划中"①。

　　除了上述官费留学、自费留学及选派教育服务人员出国留学之外,在派遣考察人员的问题上也进行了积极筹划。1930 年 4 月刊发的《江苏省教育厅公报》第四期,将筹拟派遣国外研究考察人员的经过作了简要的回顾。江苏省教育厅认为:"在本省各项建设事业正当充分进展时期,派高等专门以上富有学识经验人员分赴国外为更精深之研究,按之率实颇切需要,只以兹事关系重要,故第一步先从筹拟办法入手。"其筹划经过情形如下:中央大学校长张乃燕代拟派遣国外考察员办法七条,又拟派遣国外研究员办法七条,由省政府交由教育厅核议,嗣据教育厅呈复,主张照原定资格再加提高服务经验期限加长。对于给费数目也有讨论,并以留学经费原列七万五千元,近来金价增长,按照额支发放超过预算,若再添派国外考察研究人员,拟请饬下财厅再筹二万五千元,以一万五千元作研究费,五千元作考察费,又五千元作补助之用。俟经费有着,再将派送额数、考察科目具拟上闻等情,复经提出省政府委员会第二六二次会议讨论议决,仍交教育厅通盘计划再行核议。现在上项计划尚在教育厅筹拟之中,惟以江苏业处文化发达之区,而留学经费迭受军事影响,致减至七万五千元,将来经费、学额实有积极扩充之必要可以断言。② 从 1932 年度起,经江苏省政府委员会第 464 次会议议决:考选省教育机关现任服务人员赴国外研究,并已由教育厅拟订暂行办法 11 条,经省政府第 506 次会议修正通过公布在案。

　　在官派留学生方面,各部门都积极争取多派。江苏省农济厅就以农业专门人才之缺乏,曾建议多派农科留学生,这在 1930 年江苏省教育厅编印的《江苏最近教育概况》可以看到详细的过程:"最近省政府令发农矿厅所拟培植高等农业专门办法,及江苏省发展农业设施纲要两草案,交农教两厅会商办理,中间关于农业教育事项,尤致意于增加国外留学生之农科学额,此项计划如何实施,此已咨商农厅,以为经济乃

① 江苏省教育厅编:《江苏最近教育概况》,江苏省教育厅 1930 年铅印本。载于王燕来选编:《民国教育统计资料汇编》第 18 册、国家图书馆出版社 2010 年版,第 115—116 页。
② 《筹拟派遣国外研究考察人员之经过》,载于《江苏省教育厅公报》第四期,1930 年 4 月,见《民国教育公报汇编》第 117 册、国家图书馆出版社 2009 年版,第 562 页。

事业之母,今后农业教育厅加经费,莫如本取之于农用之于农之旨,由农业税收项下指定专款,会商财厅齐拨云云,一俟取得同意即本此主张继续进行。"①可见,农济厅的建议得到了获准。

(2)选派留学欧美官费生暂行办法

1932年6月,江苏省政府委员第506次会议修正通过了《选派留学欧美官费生暂行办法》,并在教育部备案。其内容比较多,在此简要概述如下。

选拔方式:"留学欧美官费生由江苏省教育厅指定研究科目举行考试选派之。"

籍贯限定:"官费生以苏籍为限",体现了江苏省的地方选派特点。

研究科目:"欧美官费生研究科目注重理工农医等科。""投考时所认定之科目,如有中途改入他校或改学他科时,须呈经江苏省教育厅核准,否则停止给费。"重视实学类科目,这与南京国民政府的政策要求是一致的。

报考资格:"应考官费生须具有国立省立大学或已立案之私立大学毕业资格而通习各该留学国文字者为合格。"比政府要求的"专科以上学历"更高一些。

证明材料:"投考时须具请愿书履历表并将毕业证书、照片等件送请审核,如有服务证书及著作亦得附送。"

经费说明:留学英、德、法、比、美等国学生的经费数目根据留学国情况具体而定。每名每月给费数目:英国英金20镑,德国德币400马克,法国法币1600佛郎,比利时比币1500佛郎,美国美金100元。往返川资方面,英、德、法、比等国留学生都是"往返各英金八十镑",美国是"往返各美金四百元",其他费用都是自理。"官费生常年给费,每年分四期汇发。"

研究年限:"官费生给费期间以三年为限,如以研究特殊问题未能完毕有继续研究之必要时,经所在学校校长及主任教授证明确有成功之希望者,得请求延长期限,每次请求以一年为度,至多不得过二次。"

---

① 江苏省教育厅编:《江苏最近教育概况》,江苏省教育厅1930年铅印本,载于王燕来选编:《民国教育统计资料汇编》第18册,国家图书馆出版社2010年版,第116页。

"前项请求延长官费期限之学生须于各该留学国学年开始三个月以前将学位证书、成绩单、著作、校长及主任教授之证明书寄呈审核，其未曾请求及请求而未得核准者，期满停止官费。"

留学学校："官费生须入江苏省教育厅所认可之学校学习。"

留学期间的管理："官费生每学期须将成绩及近况报告一次，如经江苏省教育厅查明成绩不良或行止不检时，得随时停止其官费。""官费生如受他处津贴须据实报告江苏省教育厅，当酌量情形减少其官费，如不报告，经查出者即行停止给费。"①

同一个月，即1932年6月，江苏省政府委员会第506次会议又修正通过了《选补留学欧美津贴生暂行办法》，并于7月在教育部备案，其内容较多，在此将主要内容简述如下：

津贴生来源："本省留学欧美津贴生由江苏省教育厅就留学欧美自费生中选补之"，即已经出国留学但需要经费补助者。

籍贯限定："此项津贴生以苏籍为限。"依然体现了地方省派的特点

津贴生费额支配比例："以理、工、农、医各科占总额百分之七十，其他各科占百分之三十。"重视实学类科目，与政府保持一致。

资格要求：依各国学制之不同，资格要求也不同，此处对各国学校、科目及成绩都有具体规定。

证明材料要求：请求津贴者须具有请愿书履历表、成绩单、著作、照片等件，并由各该校校长、主任教授出具证明，请所在留学国驻外使馆加函证明，寄至江苏省教育厅审核。请求津贴学生寄送上项文件须依照下列时期之制限：英德，每年8月21日以前；法比，每年8月31日以前；美国，每年3月31日以前。

津贴生给费数目：每名每月津贴数目：英国英金9镑，德国德币160马克，法国法币600佛郎，比利时比币600佛郎，美国美金45元。回国川资：英、德、法、比等国都是英金80镑，美国是美金400元。其他费用自理。津贴生常年给费，每年分四期汇发。

发给津贴的时间年限："津贴期间以二年为限，如以研究特殊问题

---

① 韩永进、王建朗主编：《民国文献类编·教育卷739》，国家图书馆出版社2015年版，第55—57页。

未能完毕有继续研究之必要时,经所在学校校长及主任教授证明有成功之希望者,得请求延长期限,每次请求以一年为度,至多不得过二次。""续请津贴之学生在英德法比须于是年五月以前、在美须于是年三月三十一日以前函告江苏省教育厅,仍将学位证书、成绩单、著作、校长及主任教授之证明书寄呈审核,其未曾继续请求及请求而未得核准者期满停止津贴。"

对津贴生在学期间的管理:"津贴生如有中途改学他科或入他校者须呈经江苏省教育厅核准,否则停止给费。""津贴生每学期须将成绩及近况报告一次,如经江苏省教育厅查明成绩不良或行止不检及同时领受他处津贴者,得随时停止其津贴。"①

上述关于江苏省官费生与津贴生的相关规定内容十分详细,为此后的江苏留学生的派遣与管理提供了重要依据。这些规定,总体看来既符合国民政府对官费留学生的要求,也体现了一定的地方保护特点,比如在学科上强调"理工农医"等实学类学科,在籍贯上要求是"限于本省"等,都十分明显。

(3) 选补留日官费生及津贴生暂行办法

北洋政府时期,江苏省留日学生人数在全国留学生总数中占比较大,对于如此数量之多的留日学生,必须给予足够的重视和加强管理。在南京国民政府成立不久,江苏省即对留日官费生、津贴生做出了相应的管理规定。1929 年 2 月,江苏省专门颁布了《江苏省选补留日官费生及津贴生暂行办法》,其内容十分详细。1929 年制定此《暂行办法》时,全国实行的是大学院制,所以江苏省的留学教育管理由江苏"大学"负责。此后,教育机关有了较大变化,国民政府对于留日学生的管理也出了新规定。1930 年 1 月,江苏省教育厅在《江苏省教育厅公报》第 1 期上全文转发了南京国民政府颁布的《修正管理留日学生事务规程》②,其内容共 21 条。针对国民政府教育部的新规定,1932 年 2 月 28 日,江苏省教育厅又专门修正制定了《选补留日官费生及津贴生暂行办法》,于

---

① 韩永进、王建朗主编:《民国文献类编·教育卷 739》,国家图书馆出版社 2015 年版,第 58—62 页。
② 《江苏省教育厅公报》第 1 期,1930 年 1 月出版,殷梦霞、李强选编:《民国教育公报汇编》第 116 册,国家图书馆出版社 2009 年版,第 480—482 页。

同年 6 月在江苏省政府委员会第 506 次会议修正,并于 7 月教育部备案。其主要内容与 1929 年制定的《江苏省选补留日官费生及津贴生暂行办法》有很多相同之处,但也有稍微变化地方,在此将 1932 年修正后的《选补留日官费生及津贴生暂行办法》其主要内容简述如下。

留日官费生及津贴生的生源:"均在留日自费生中选补。""官费生有缺额时就日本各帝国大学正式生中成绩优良者选补之,津贴生有缺额时就日本各官立大学专门学校或高等学校之正式生中肄业一年以上成绩优良者选补之,但著名私立大学本科生或于特殊专门学校习特殊著名学科肄业一年以上成绩特别优异者亦得酌补津贴。"

籍贯限定:"此项官费生及津贴生均以苏籍为限。"依然显示了地方保护特点。

申请证明材料:"请求官费或津贴应具请愿书履历表并附缴照片送请驻日留学生监督转函江苏省教育厅核办,官费生并须呈缴以前留日学历及帝大正科肄业证明书、成绩单,津贴生并须呈所在学校校长及主任教授成绩证明书以审核。"

经费发放说明:"官费生每名月给日币九十元,津贴生每名月给日币五十元,均自核准之月起,每学年分四季汇,由驻日留学生监督处转给。""官费生及津贴生毕业后回国者给回国川资一次日币八十元。"

补助经费年限:"官费生给费期间至得学士学位为止,至多不得过三年(习医科者不得过四年),津贴生至所在肄业学校预定毕业年限为止,至多不得过二年(医专等校不得过三年)。""官费生及津贴生给费期间将满而学业尚未成,就具有特殊情形须继续请求给费时,得缕陈缘由附具各项证明文件,呈请驻日留学生监督处,转函江苏省教育厅核办。""官立高等学校毕业成绩优越之津贴生,经学校证明得请求继续津贴入帝大求学,每次请求以一年为限,至能适用官费办法时即行补给官费,其在各官立高等学校毕业考试名列前五名入帝大者得选补官费以示奖励。""官费生毕业于帝大理工农医四学部后进大学院研究者,由该帝大研究指导教授证明,确有优良成绩可以深造,经江苏省教育厅核准,得继续原额官费二年,请求时须具送该帝大研究指导教授之成绩证明书及其研究题目与研究方法说明书,于大学院入学后二月之内寄厅审核,研究期内每学期终须报告研究之经过及心得,并附送教授之成绩报告,二年期满停给官费,但因研究上特殊原因,研究期限二年内不能成功者,经指导教授证明其确实并确有成功之希望者,得继续请求延长期限,每次以一年为度,至多不过二次。""官费生毕业后不进帝大大学院欲至欧美研究者,倘卒业成绩优良,有该帝大教授成绩证明书及介绍书,至欧美一定著名大学研究一定问题,并已得该校教授许可时,得呈请江苏省教育厅,仍依原额继续给予官费二年,并得酌量发给赴欧美来回旅费,在研究期内每学期终须报告研究之经过及心得,并附指导教授证明书,倘以研究上特别原因,研究期间二年内不能成功者,经指导教授证明后得再续请延长一年。"

经费支配比例:官费生及津贴生费额支配比例"以理工农医各科占总额百分之七十,其他各科占百分之三十"。

学业管理:"官费生及津贴生每学期须寄送在肄业学校之成绩报告书,毕业后须缴验文凭,并附达所在学校之成绩证明书及论文。""官费生及津贴生经江苏省教育厅查明成绩不良、行止不检者,随时停止给费。""继续研究之研究生有中止或怠于研究者,除随时停止官费外,并追缴已领之研究各费。"①

从上述种种规定可以看出,在留日官费生及津贴生的生源方面的规定与欧美留学生的官费生有较大区别。在补给官费和津贴费的年限上,包括津贴生欲转为官费生、官费生本科欲升入研究院、留日学生欲转向欧美留学等各个方面都做出了详尽规定,这为江苏留日学生尤其是学业优秀的学子提供了寻求政府资助的重要依据。在经费支配比例方面,与政府重视实类学科的要求非常相似。对官费生及津贴生既有学业奖励,也有对荒废学业者的惩罚,体现了奖惩分明的原则。

(4)留学国外毕业学生实习规程

江苏省教育厅认为:"留学国外之工农医各科学生,均应特别注意实习,俾与学理有印证。所有此类留学生毕业后更有各使馆或驻外留学生监督介绍至外国著名工厂、农场、医院实习,借以娴熟技术,在本省

---

① 越生文化主编:《中国近代教育文献丛刊·留学教育07》,浙江教育出版社 2020 年版,第 236—239 页。

已有派遣留学生各项规定内,尚未注意及此。"而南京国民政府教育部又令各省教育厅"务增订上项实习规程",于是江苏省教育厅制定了《江苏省留学国外毕业学生实习规程》,于1932年6月江苏省政府委员会第506次会议修正通过,并于7月在教育部备案。在此将其主要内容简述如下:

一、凡留学欧美日本之苏籍官费生及津贴生,毕业后须继续在留学国实习者,按照本规程办理。

二、上项实习生以研究理工农医四科而具有优良之成绩者为限。

三、官费及津贴生毕业后请求继续在留学国实习,应于未毕业三个月前拟具实习计划书,声叙理由,连同在校成绩证明书,呈送所在留学国中国驻使馆或驻日留学生监督(日本)、驻伦敦总领事馆(英),转函江苏省教育厅核办。

四、实习生由各该生留学国驻在使领馆或驻日留学生监督介绍实习,其由学校介绍或自觅著名场所实习者,须呈报驻使领馆或监督处,据情转函江苏省教育厅予以核定。

五、实习期间规定一年,如有特殊情形确有延期之必要时,得声述理由,附送实习场所之证明文件,呈由驻使领馆或监督处转函江苏省教育厅审核,酌予延长实习期间半年至一年。

六、实习生在实习场所开始实习及实习完了时,应随即报告江苏省教育厅,并附送所在实习场所之证明文件。

七、在实习期间内应将实习经过及心得每学期报告江苏省教育厅一次。

八、实习费,照在学时原支数目给发,每年分四期汇寄。

九、实习生于实习期间内经所在实习场所予以资给,应随时报告江苏省教育厅,由厅酌予核减实习费。

十、实习生违背本规程六、七、九等条规定,及怠于实习成绩不良,或因其他事故不能继续实习时,得随时停止给费。

十一、本规程由江苏省政府委员会议决公布施行并咨教育部备案。①

上述《实习规程》有几项特别规定，一是实习生仅针对"官费生及津贴生"而言，自费生的实习问题不在管辖范围内；二是实习科目仅限于"理工医农"四科，其他科目不作要求，这种限定对于一些需要实习却又得不到政府认可的学生多少是个遗憾；三是实习费用"照在学时原支数目给发"，但若"实习场所予以资给"，则"酌予核减实习费"。这些规定体现了政府一以贯之的重视实学类学科及严格管理的思想。

除了江苏省主管教育部门对海外优秀留学生进行津贴补助之外，省属地方县市也有可能对海外留学生进行津贴补助。以江苏经济发达地区的苏州常熟县来看，1929 年 9 月，常熟县专门制定并修正通过了《江苏常熟县补助金暂行规程》，决定在"教育经费内酌拨银 3500 元，为补助金总额"，一部分补助在国内大学生，一部分补助海外留学生，补助金总额视每年度教育经费之盈绌得随时酌量增减之。其支配方法，在海外留学生方面，规定："（甲）留学欧洲大学及美国研究院（非研究院学生得援照丙项办理）学生补助金总额年定 750 元，依照受补助人数平均支配，但每人每年最高额不得过 150 元。（乙）留学日本高等专门以上学校自费生补助金总额年定 250 元，每人每年最高额不得过 50 元，其分配方法比照甲项办理。"补助对象"以私费生为限，如已得官公费及庚款或其他机关之补助者，不再补助"。受补助者，还必须符合下列标准："（一）家长无职业，或虽有职业而所入实不足以供给学费。（二）家无产业或虽有产业而所入仅足以维持生活者。"否则概不补助。对接受补助者也提出了一些要求，如"志愿受补助之学生上学期应在九月内、下学期在三月内填具理由书，并申请该肄业学校之校长出具证明书，经本县教育行政人员之证明，由教育局审查合格，方得具领补助费"②。

江苏省作为民国政府统辖的一个重要省份，对于政府颁布的重要法律法规必然会遵照执行，因江苏南京是全国首府要地，因此江苏省教

① 韩永进、王建朗主编：《民国文献类编·教育卷 739》，国家图书馆出版社 2015 年版，第 64—65 页。

② 中华民国驻日留学生监督处编：《中华民国十七年度留日学生统计一瞥》，中华民国驻日留学生监督处 1929 年 7 月出版，第 30—32 页。见越生文化主编《中国近代教育文献丛刊·留学教育 05》，浙江教育出版社 2020 年版，第 268—270 页。

育厅在执行力方面可能要比别的省市表现得更为积极,江苏对于南京国民政府每次颁布的法规文件基本上都会通报全省。比如,1929年9月25日公布的《教育部修正发给留学证书规程》,1930年1月出版的《江苏省教育厅公报》第1期,将其具体内容详细摘录出来,以此要求全省按规定执行。除了执行南京政府的统一规定之外,江苏省政府也根据自身发展需要及财力状况颁布了一些留学管理方面的法规,以便更好地开展留学教育,为地方发展培育人才。上述在南京国民政府初期颁布的留学法规,为江苏省的留学教育提供了重要依据,对于规范江苏留学教育、提高江苏留学质量、培育江苏专门人才具有重要意义。但这种良好的局面没有维持多久,全面抗战时期及抗战胜利之后,国民政府都采用统制留学办法,无论是公费留学还是自费留学,都由政府统一举办,地方政府丧失留学生选派权,也就无需颁布另外的留学法规了。

三、前期江苏省选派的留学生

南京国民政府在前期积极开展留学教育活动,江苏省作为经济文化大省表现得尤为积极。在南京国民政府前期,江苏省教育厅通过各种方式对出国留学教育进行调查统计并做出总结,从中可以看出江苏留学生的选派与管理概况。

1. 官费生与津贴生

从《江苏最近教育概况》(1930年刊印)可以看出,自1927年南京国民政府成立至1930年,江苏省在官费生的选拔及津贴生的补助方面做了许多工作,收到良好效果。

自国民政府定都南京后,江苏省政府先设教育厅,后来改行大学区制,除原有学额继续维持外,1927年秋季新增留法里昂中法大学海外部名额,选补汪德耀等津贴生10名,选补留比官费生马光启1名,1928年3月选补留法官费生张宗蠡1名,4月选补留德官费生张德庆1名,7月选补留英官费生钮珉华1名,10月选补留法官费生李希元1名,1923年核准留日转美官费生毓明1名。综上,1927—1928年,江苏省选补官费生6名,选补津贴生共10名,统计16名。

1929年1月,江苏省制定派遣出洋员生大纲,并依据大纲,规定选补留学欧美日本各国官费生及津贴生暂行办法,同时选补留法津贴生洪之琛等 9 名,留德津贴生马诒绥等 2 名,留美津贴生孙醒东等 2 名,留日津贴生周诗勋等 7 名。统计 1929 年选补津贴生共 20 名。

1929 年 7 月,江苏省考选留学欧美官费生严楚江等 14 名,又阙取 3 名,又选补留法津贴生叶南 1 名,留比津贴生凌其翰 1 名,留日津贴生王志鹄等 3 名。1929 年 7 月所考送欧美留学官费生,经规定以研究纯粹科学及应用科学为原则,名额的分配,原定英、美、德、奥、瑞各 1 名,法国 5 名,比利时 3 名;研究科目分 13 科,即物理、化学、天文、地质、植物、动物、心理、土木、机械、电机、采矿、冶金、化学工程,但自分别举行通试选试之后,结果应考心理、机械、化学工程三科学生,平均成绩未能超过 60 分,因照原定科目名额先行取足 10 名,又以应考化学、物理、采矿三科学生成绩特优,经就缺额准予改补者 3 名,同时放洋。此外,尚有考列 60 分以上者三名,列入备取,遇缺选补。又有浙江大学教员卢元升君,志愿与试,经审查议决,应予免试派送。通过综合统计,共有 17 人,其中东南大学毕业者 4 人,清华大学、交通大学毕业者各 3 人,中央大学、北洋大学毕业者各 2 人,交通大学土木工程学院、金陵大学、伦敦大学毕业者各 1 人。[①] 统计 1929 年 7 月考选官费生共 17 名,津贴生共 5 名。

1930 年 1 月出版的《江苏省教育厅公报》第 1 期,也对这一时期的出国留学情况作了一个概述:南京国民政府成立之后,1927 年 8 月,江苏省增加留法里昂中法大学海外留学生名额,选补汪德耀等津贴生 10 名。1929 年 1 月,江苏省制定派遣出洋员生大纲,并依据大纲,规定选补留学欧美日本各国官费生及津贴生暂行办法。1929 年 3 月,选补留法津贴生洪之琛等 9 名,留德津贴生 2 名,留美津贴生孙醒东等 2 名,留日津贴生周诗勋等 10 名。1929 年 7 月,考送留学欧美官费生严楚江等 14 名,又备取 3 名。1928 年度,日本留学生统计内庚款补助生 24 名,特选生 1 名,选拔生 2 名。现在江苏留学欧美官费生:英国 1 名,法国 7 名,比利时 3 名,德国 3 名,美国 5 名;津贴生:法国 18 名,比利时 1

① 江苏省教育厅编:《江苏最近教育概况》,江苏省教育厅 1930 年铅印。载于王燕来选编:《民国教育统计资料汇编》第 18 册,国家图书馆出版社 2010 年版,第 115—116 页。

名,德国 2 名,美国 3 名。留日津贴生 12 名,又庚款补助生 24 名,特选生 1 名,选拔生 2 名。[①] 可以看出,两个文件内容既有相同之处,也有不同之处,正好可以互相补充。

除了这种笼统的数字统计之外,1930 年江苏省教育厅还统计了从 1929 年 7 月至 1930 年 3 月的留学欧美官费生及津贴生的具体情况,包括姓名、籍贯、性别、留学国别、留学学校及研究科目、核准给予官费年月等详细情况。见下表:

表 3-1　江苏省留学欧美官费生表(1929 年 7 月—1930 年 3 月)

姓名	籍贯	性别	国别	肄业学校及研究科目	核准给予官费年月
吴定良	金坛	男	英	伦敦大学研究院	十八年七月中央大学区核准继续给费
张宗鑫	宿迁	男	法	巴黎大学研究数学物理	十七年三月中央大学区核准以自费生补给官费
周厚福	江都	男	法	巴黎大学研究化学	十八年六月中央大学区考送出洋
喻兆琦	兴化	男	法	巴黎大学研究生物	十八年六月中央大学区考送出洋
潘琦	盐城	男	法	考送留法研究天文	十八年六月中央大学区考送出洋
施士元	崇明	男	法	格城大学	十八年六月中央大学区考送出洋
卢元升	如皋	男	法	考送留法研究电机	十八年六月中央大学区考送出洋
李希元	镇江	男	法	巴黎国立美术学校	十七年十月中央大学区核准以自费生补给官费
马光启	无锡	男	法	联洛隆工业大学煤气分析化学	十七年七月第四中山大学区核准以自费生补给官费

① 《江苏省教育厅公报》第 1 期,1930 年 1 月,殷梦霞、李强选编:《民国教育公报汇编》第 116 册,国家图书馆出版社 2009 年版,第 603 页。

姓名	籍贯	性别	国别	肄业学校及研究科目	核准给予官费年月
侯德孚	江宁	男	比	考送留比研究冶金	十八年六月中央大学区考送出洋
沈乃菁	青浦	男	比	考送留比研究采矿	十八年六月中央大学区考送出洋
张述祖	南通	男	德	柏林大学哲学系物理科	十八年六月中央大学区考送出洋
王涛	崇明	男	德	柏林工业大学矿科	十八年六月中央大学区考送出洋
张大煜	江阴	男	德	柏林大学哲学系化学科	十八年六月中央大学区考送出洋
王毓明	武进	男	美	普渡大学电机科毕业实习	十八年七月中央大学区核准继续给费
钮珉华	松江	女	美	惠司来大学文科	十七年七月中央大学区核准以自费生补给官费
严楚江	崇明	男	美	芝加哥大学研究生物	十八年六月中央大学区考送出洋
王建瑙	无锡	男	美	麻省理工大学电机科研究院	十八年六月中央大学区考送出洋
朱蹈人	清江	男	美	哈佛大学研究地质	十八年六月中央大学区考送出洋
施孔怀	海门	男	美	康奈尔大学土木工程研究院	十八年六月中央大学区考送出洋
备考	以上官费生20人,除十八年六月考送14人外,余为现行办法未曾实施以前选补名额,以上官费生计英1名,法8名,比2名,德3名,美6名。				

资料来源:江苏省教育厅编:《江苏最近教育概况》,江苏省教育厅1930年铅印,见王燕来选编:《民国教育统计资料汇编》第18册,国家图书馆出版社2010年版,第121—122页。

表 3－2　江苏留学欧美津贴生表(1929 年 7 月—1930 年 3 月)

姓名	籍贯	性别	国别	肄业学校及研究科目	核准给予官费年月
陈洪	无锡	男	法	里昂大学法科	十七年七月中央大学区核准继续津贴
顾辑	无锡	男	法	里昂高等工业专门学校考得毕业证书	十七年七月中央大学区核准继续津贴
徐仲年	无锡	男	法	里昂大学文科	十七年七月中央大学区核准继续津贴
陆振轩	武进	男	法	里昂高等工业专门学校考得毕业证书	十七年七月中央大学区核准继续津贴
虞炳烈	无锡	男	法	里昂国立建筑专门学校考得四次奖状	十七年七月中央大学区核准继续津贴
汪德耀	灌云	男	法	巴黎生物学院研究	十七年七月中央大学区核准继续津贴
程鸿寿	吴县	男	法	里昂国立美术专门学校考得塑像第一奖金及装饰术第二奖状。	十七年七月中央大学区核准继续津贴
叶林	淮安	男	法	里昂国立美术专门学校毕业	十七年七月中央大学区核准继续津贴
时光辰	无锡	男	法	格兰柏工业大学考得电机工程师文凭	十七年七月中央大学区核准继续津贴
洪之琛	太仓	男	法	孟百里大学医科	十八年一月中央大学区核准津贴
沈福顺	上海	男	法	巴黎大学法科	十八年一月中央大学区核准津贴
叶蕴理	江宁	男	法	巴黎大学理科考得航空学证书	十八年一月中央大学区核准津贴
徐沔池	吴江	女	法	都鲁士大学法科政治系第二年级	十八年一月中央大学区核准津贴
吴增诚	江阴	男	法	巴黎大学理科动物系比较解剖实验室研究	十八年一月中央大学区核准津贴

姓名	籍贯	性别	国别	肄业学校及研究科目	核准给予官费年月
林镕	丹阳	男	法	巴黎大学理科博士	十八年一月中央大学区核准津贴
张为琨	吴县	女	法	巴黎国立美术学校	十八年一月中央大学区核准津贴至秋季回国
叶南	吴县	男	法	巴黎大学	十八年七月中央大学区核准津贴
袁行洁	武进	女	法	留法学习合作	十八年秋季江苏省政府委员会议决交办
凌其翰	上海	男	比	比国鲁文大学法科博士班,比国首都大学海事法专科硕士班	十八年七月中央大学区核准津贴
马诒绶	昆山	男	德	梯柄根大学医学博士	十八年一月中央大学区核准津贴至冬季给发回国川资
唐源	武进	男	德	德国达城工科大学建筑科	十八年一月中央大学区核准津贴
孙醒东	江宁	男	美	普渡大学农科毕业继续研究	十八年一月中央大学区核准津贴
唐庆永	太仓	男	美	哥伦比亚大学研究银行经济	十八年一月中央大学区核准津贴
陈学勤	嘉定	男	美	米西干大学研究工艺化学	十八年十月江苏省教育厅核准津贴
备考				以上津贴生共计男生21名,女生3名,内留法18名,留比1名,留德2名,留美3名。	

资料来源:江苏省教育厅编:《江苏最近教育概况》,江苏省教育厅1930年铅印,见王燕来选编:《民国教育统计资料汇编》第18册,国家图书馆出版社2010年版,第123—124页。

表 3－3　江苏留学日本津贴生表(1929 年 7 月—1930 年 3 月)

姓名	籍贯	性别	肄业学校及研究科目	准予补给年月
宜塔	武进	男	东京第一高等学校理科乙类	十八年一月中央大学区核准津贴
童我愉	上海	男	名古屋第八高等学校文科乙类	十八年一月中央大学区核准津贴
褚师良	奉贤	男	东京工业大学电气科	十八年一月中央大学区核准津贴
周元功	宜兴	男	上田蚕丝专门学校养蚕科	十八年一月中央大学区核准津贴
华鹿衡	无锡	女	东京日本美术学校西洋画科	十八年一月中央大学区核准津贴
王志鹄	崇明	男	东京帝国大学农学部土壤研究	十八年七月中央大学区核准津贴
吴鼎	武进	男	横滨高等工业学校应用化学科	十八年一月中央大学区核准津贴
龚谟	海门	男	东京美术学校西洋画科	十八年七月中央大学区核准津贴改补庚款
王翰治	吴县	男	东京高等蚕丝学校养蚕科	十八年十月江苏省教育厅核准津贴
王宝琳	金山	女	九州帝国大学农学部养蚕教室实习	十八年十月江苏省教育厅核准津贴
孙定玉	吴江	女	九州帝国大学农学部养蚕教室实习	十八年十月江苏省教育厅核准津贴
陈洵	宜兴	男	东京美术学校西洋画科	十八年十月江苏省教育厅核准津贴
储拔	宜兴	男	东京工业大学纺织科	十九年一月起江苏省教育厅准补津贴
戈绍龙	东台	男	九州帝国大学医学部卒业,现任耳鼻咽喉科学教室研究	十六年十一月中央大学区核准酌给津贴

姓名	籍贯	性别	肄业学校及研究科目	准予补给年月
陆荣圻	无锡	男	九州帝国大学应用化学科毕业,现在昭和绢丝株式会社实习	十八年四月中央大学区核准酌给津贴
沈德	上海	男	长崎医科大学卒业,现在药物学教室研究	十八年十二月江苏省教育厅核准继续
备考	1. 以上留日津贴生共计男生 13 名,女生 3 名,内每月津贴日金 50 元者 13 名,津贴日金 20 元者 3 名。 2. 戈绍龙、陆荣圻、沈德三名或为庚款特选生或为庚款补助生,所以酌给津贴系据现行办法颁布以前定案。			

234

资料来源:江苏省教育厅编:《江苏最近教育概况》,江苏省教育厅 1930 年铅印。见王燕来选编:《民国教育统计资料汇编》第 18 册,国家图书馆出版社,2010 年版,第 128—129 页。

日本外务省文化事业部以庚子赔款的一部分,资助中国留日学生,是谓庚款补助费。此项学费支给定额为 320 名,按各行省众议院议员名额,及担负赔款金额之比例为标准,分省定额,计江苏省 27 名,除在留学东京官、自费生中各补半数外,其余一名亦由自费生补之。[①] 江苏省教育厅依据驻日留学生监督处调查报告,将所有江苏省庚款补助生姓名、籍贯、肄业学校及研究科目、准补庚款时期等详情也进行了详细的调查登记,因篇幅关系在此不述。

再看 1931 年江苏官费生及津贴生统计情况。在 1931 年 1 月—12 月间,有学成回国停止给费的学生,也有审查合格遇缺遁补的学生,江苏省教育厅将出国留学生的姓名、留学国家、官费生与津贴生类别及给费时间都详细统计,连同当年继续给费各生,汇案分别进行列表。在此将江苏省教育厅统计的 1931 年官费生及津贴生情况整合列表如下:

---

① 江苏省教育厅编:《江苏最近教育概况》,江苏省教育厅 1930 年铅印,见王燕来选编:《民国教育统计资料汇编》第 18 册,国家图书馆出版社 2010 年版,第 129—131 页。

表 3－4　1931 年江苏省官费生、津贴生统计表

给费12月	薛迪彝（英国）	官费生21	1—12月
	张述祖、张大煜、王涛（德国）		
	张宗盖、周厚福、喻兆琦、潘璞、施士元、叶行南、袁洁（法国）		
	马光启、侯德孚、沈乃菁（比利时）		
	王毓明、钮珉华、严楚江、王建珊、施孔怀（美国）		
	朱熙人（法转美）		
	王志鹄（日转意）		
	吴澄（德国）	津贴生20	
	李希元、徐沔池、袁行仪、洪之琛（法国）		
	邓开举、徐宝彝、何穆、李锦华、吕斯百、王临乙（里昂中法大学）		
	秦大均（法转德）		
	孙醒东、陈学勤（美国）		
	储拔、俞樊襄、金学成、程振夏、陆辉俭、高璟（日本）		
给费9月	陈炳相、王淦昌（德国）	津贴生7	4—12月
	冯言安（法国）		
	胡鸿均、于景让、杨文寿、杨浩生（日本）		
	顾毓琭（美国）	津贴生2	1—9月
	宣塔（日本）		
给费6月	潘承诰（法国）	津贴生1	7—12月
	路式导（比利时）	津贴生1	4—9月
	包叔元、华鹿衡（日本）	津贴生2	1—6月
给费3月	孙尊衡、叶培忠（英国）	津贴生4	10—12月
	刘云浦（美国）		
	李南香（日本）		

给费3月	汤元吉（德国）	津贴生5	1—3月
	蒋士彭（法国）		
	蒋旭陆、荣圻、沈德（日本）		
给费2月	邵鹤亭（法国）	津贴生1	11—12月

说明：囿于官费、津贴各生给费期间另有规定，凡截至本年十二月止，其给费期限尚未届满者，二十一年一月以后，仍继续发费。

资料来源：江苏教育厅编：《江苏教育概览（一）》，江苏省教育厅1932年铅印本，见王燕来选编《民国教育统计资料汇编》第16册，国家图书馆出版社2010年版，第155—157页。

此外，从江苏省教育厅编写的《江苏教育概览（二）》可知，国外苏籍留学生由省款津贴或由江苏省教育厅核给的官费，1930年度共74人，1931年度共64人，自费留学与中央稽勋或选送留学者皆不在内。根据国民政府教育部档案之留学案卷，1934年度出国留学生，共计850余人，从籍贯来看，以江苏人数为最多，185人，占全国留学生总人数的21.54%，其次是浙江129人，再次为广东100人，其余各省都在100人以内，甚至有多个省份没有出国留学生，可见，江苏省的出国留学人数独占鳌头、遥遥领先。从1934年度公费生考选状况来看，本年度全国共录取公费生79人，从籍贯来看，本年度录取公费生共计15省，录取人数以苏浙（各19人，各占24.05%）为最多。从留学国家来看，1934年度江苏省出国留学生共185人，留学国家包括英国（31）、德国（15）、法国（14）、比利时（7）、意大利（3）、美国（61）、日本（54）。[①]

2. 自费生

南京国民政府前期，江苏省教育厅除了对官费生、津贴生进行了调查与统计之外，对于这一时期的自费留学生情况也有一些统计，在此通过对1929年度的调查统计情况作一管中窥豹。

关于江苏省留学欧美自费生情况，根据《江苏最近教育概况》（1930年刊印），自1929年7月至1930年3月，江苏省留学欧美自费生的姓名、籍贯、性别、留学国别、肄业学校及研究科目都有详细登记，共计男

[①] 教育部统计室编：《全国高等教育统计（民国二十二年度、二十三年度）》，教育部1936年铅印，见王燕来选编：《民国教育统计资料汇编》第5册，国家图书馆出版社2010年版，第343—349、621—622页。

生42名,女生2名;内留英5名,留德12名,留法19名,留比1名,留美7名。此数据是江苏省教育厅根据有案可查者列表统计的,可能有些自费生没有在政府备案,此数据不一定是确切的。关于江苏留学日本的自费生情况,江苏省教育厅对留日自费生的姓名、籍贯、性别、肄业学校及研究科目进行登记与统计,根据1929年7月不完全统计,江苏留日自费生至少有60人,其中女生11名,男生49名。但其统计数据只是"依据日华学会学报部留日中华学生名簿(昭和四年份)",还有不少江苏留日自费生没有统计在内,比如"凡学习陆军及预备学习陆军留学生概未列入""日本大学、中央大学等校自费留学生为原印名簿所缺故未列入""凡庚款补助及省费津贴生概不列入"[①]。所以,江苏留日自费生人数远不止上述统计数据。而且,此数据仅限于1929年7月统计,此前与此后江苏留日自费生人数情况还不得而知。

根据《全国出国留学生之籍贯》统计,1932年度,江苏省没有派遣公费留学生,本年共派遣自费生76人,其中英国8名,德国6名,法国17名,比利时1名,美国22名,日本22名。[②]

总体看来,南京国民政府前期,江苏省对官费生与津贴生管理较多,调查与统计也较多,而对自费生却管理得相对较少,调查与统计的数据也存留不多。这也是官费生与自费生的较大差别。因自费生不涉及政府经费,因而比官费生有更多的自由度,受政府管制也较少。

四、中后期全国统考中的江苏留学生

南京国民政府中期与后期,处于全面抗战和国内战争状态,国民政府实行统制留学政策,对于公费与自费留学生实行全国统考,由中央教育部统一组织考选活动,比如全面抗战时期与战后的奖学金公费统考活动(又称第一次、第二次全国公费统考),第一届与第二届自费留学统考活动。此外,还有在全国选拔的庚款留学统考活动(包括美国、英国、

---

① 江苏省教育厅编:《江苏最近教育概况》,江苏省教育厅1930年铅印。见王燕来选编:《民国教育统计资料汇编》第18册,国家图书馆出版社2010年版,第125—128,131—135页。
② 《全国出国留学生之籍贯》,王燕来选编:《民国教育统计资料汇编》第4册,国家图书馆出版社2010年版,第491—492页。

法国、比利时等国的庚款留学活动),这些全国性选拔考试有其专门负责机构,明显与江苏省直接选派或津贴补助不同。在此将历次较大规模留学统考活动中的江苏留学生情况作一简要概述。

1. 庚款留学中的江苏留学生

20世纪初美国利用退还庚款余额来培养中国留学生的做法带来了积极影响,其他各国也纷纷效仿。20世纪30年代,美、英、法、比、日等国都有将部分庚款用于中国留学教育之举。庚款留学考试是民国时期竞争最激烈的公开选拔考试,因其经费充足、选拔严格、竞争激烈,所以社会各界对其十分重视。从数字来看,江苏学子在各届庚款选拔考试中所占比例都比较大。

(1) 江苏庚款留美学生

美国在1924年决定将庚款的全部余款退还中国,国民政府于1929年4月30日议决将清华大学基金全部移交给中华教育文化基金董事会管理,其后清华大学每年设置赴美公费留学生若干名,公开考试,其选拔范围普及全国。但1929年美国发生经济危机,1930—1932年庚款留美活动暂停,从1933年开始又续派庚款留美生。从1933年至1943年,共举办六届留美公费考试,每届考试中录取的江苏籍留学生人数及占比情况见下表:

表3-5 六届庚款留美考试中录取的江苏籍人数及占比情况表

留学年份	录取总人数	江苏籍人数	江苏占录取总数之比%
第一届 1933年	25	10	40%
第二届 1934年	20	6	30%
第三届 1935年	30	9	30%
第四届 1936年	18	6	33.33%
第五届 1940年	17	5	29.41%
第六届 1943年	32	7	21.88%
总 计	142	43	30.28%

资料来源:刘真主编:《留学教育:中国留学教育史料》第四册,台北"国立"编译馆1980年版,第1881—1912页;王燕来选编:《民国教育统计资料汇编》第5册,国家图书馆出版社2010年版,第639—640页。

从上表中数据可以看出,江苏籍留学生几乎占到全国庚款留美生人数的三分之一。尽管庚款留美运动命途多舛,但留美生的归来为我国的现代化发展做出了重要贡献。江苏籍庚款留美学生中很多归国后成为著名的专家,做出卓越贡献,甚至有不少人当选为两院院士,比如光学家龚祖同(中国科学院院士)、岩土工程与水工建筑专家黄文熙(中国科学院院士)、遗传育种学家和细胞遗传学家戴松恩(中国科学院院士)、工程力学家徐芝纶(中国科学院院士)、化学工程学家时钧(中国科学院院士)、水利水电专家张光斗(中国科学院院士、中国工程院院士)、信息与通信系统专家张煦(中国科学院院士)、电波传播和空间物理学家吕保维(中国科学院院士)、理论物理学家胡宁(中国科学院院士)、核化学化工专家汪德熙(中国科学院院士)等。

(2)江苏庚款留英学生

晚清以来,留英教育赓续不绝,但在庚款留学方面却比美国要迟滞得多。面对美国在庚款留学方面做出的成功表率,英国政府曾明确表示"对中国的赔款没有理由做出任何变动"[①]。进入民国之后,著名教育家蔡元培先生发表了《拟联合同志陈请各国退还庚子赔款专供吾推广教育事业意见书》,得到了国内外人士的纷纷响应。一战期间,英国为争取中国的支持,曾口头表示愿意退还庚款支持中国留学事业,但直到一战结束,还未出台相关的退还庚款的决定。1922年,英国迫于舆论压力,称将履行承诺退还部分庚款,直至1930年9月,中英双方才正式签订换文协定,1931年4月正式设立"管理中英庚款董事会"。管理方法,先以基金借充兴办铁道及其他生产建设事业,然后以借款所得利息兴办教育文化事业,该董事会除补助我国兴建学校外,以兴办留英公费生考试为国家培育人才为主。中英庚款董事会先后共举行八届留英考试,第九届庚款留英考试于1946年由国民政府教育部统一安排考试录取,在此将历届考试录取人数与江苏籍庚款留英生人数作一个简单对比,见下表:

① 程新国:《庚款留学百年》,东方出版中心2005年版,第36页。

表 3 - 6　九届庚款留英考试录取人数与江苏籍人数对比简表

留学年份	共录取人数	江苏籍人数	占总人数比例(%)	理工科人数	人文科人数
第一届 1933 年	9	4	44.44%	2	2
第二届 1934 年	26	8	30.77%	8	0
第三届 1935 年	24	8	33.33%	4	4
第四届 1936 年	20	6	30%	2	4
第五届 1937 年	25	7	28%	6	1
第六届 1938 年	20	7	35%	6	1
第七届 1939 年	23	10	43.48%	8	2
第八届 1944 年	30	7	23.33%	5	2
第九届 1946 年	17	6	35.29%	5	1
总计	194	63	32.47%	46	17

资料来源:根据刘真主编《留学教育:中国留学教育史料》(台北"国立"编译馆 1980 年版)第 1913—1930 页、2170—2171 页数据统计编制。

庚款留英学生中有不少声誉卓著的人,以江苏部分留学生来看,其中有不少人当选为两院院士,例如化学家王葆仁(中国科学院院士)、大地测量学家夏坚白(中国科学院院士)等。

(3) 江苏庚款留法学生

中法庚款留学生考选活动,从 1937 年公开选拔第一届留法公费生,到 1938 年不公开选拔第二届留法公费生,至 1939 年已停止国内选派留学生,其留学活动的影响实在无法与英美两国相提并论。中法教育基金委员会至 1937 年初才开始筹划第一届留法庚款生考试。1937 年 4 月第一届中法庚款留学考试共考选出 5 名,其中甲种公费生三名:吴新谋(流体力学)、钱三强(镭学)、魏英邦(微生物学);乙种公费生二名:陈定民(语音学)、钟盛标(物理)。[①] 这 5 名甲乙种公费生中,只有吴新谋是江苏江阴人,其他 4 人都不是江苏籍贯。第二届中法庚款公费生并不是公开选拔出来的。1938 年 12 月 6 日,中法教育基金委员会致

---

① 刘真主编:《留学教育:中国留学教育史料》第四册,台北"国立"编译馆 1980 年版,第 1943 页。

函国民政府教育部："查本会选派甲种留法公费生,前经规定应在国内举行考试。本年应考选三名,本应照案办理,惟以目下环境交通不便,集中考试既不可能,分地举行需费甚巨,爰定临时变通办法,由北平中法大学、上海震旦大学、昆明国立西南联合大学各选派大学毕业生一名,送由本会派往法国,兹经各该大学选送来会。计:中法大学一名熊启渭(化学),震旦大学一名沈国祚(医学),国立西南联合大学一名樊璣(算学),业由本会决定派赴法国留学。"①所附名单中简单介绍了三名入选者的情况。这三名留学生中,只有沈国祚是江苏上海人,其他人都不是江苏籍贯。1939 年,中法教育基金会两国代表团已商定暂停选派甲乙两种公费生。可见,与英美两国相比,留法庚款公费生的选拔不仅时间迟,而且派遣数量少,两次选派的 8 名庚款留法学生中,有 2 名属于江苏籍的,按比例来说也是较高的。

(4) 江苏庚款留比学生

比利时的庚款余额主要沿用了英国庚款的使用方法,将庚款大部分用于发展实业,小部分用于文化教育事业。为了支配拨给中比学术及慈善事业之款项,1927 年两国成立了中比庚款委员会,制定了经费的具体支配原则。60%用于中比教育事业,其中 5/60 用于中比学术之交换,20/60 用于中国学生留比学费,35/60 用于华比间教育事业。② 可见,留比经费仅占整个比利时庚款余额中的 20%,与美国、英国相差甚远。由此可推断,庚款留比教育无论在规模上还是影响上都难以与英美两国相提并论。

为了能合理利用此项经费,中比庚款委员会讨论决定,庚款留学生的选派主要包括两种形式:一、在国内通过考试的形式选拔;二、针对已在比的留学生,由校方推荐获得庚款补助。为此,1927 年中比庚款委员会制定了《中比庚款委员会补助留比学生暂行章程》。据此章程,庚款留比总人数约在 130 人左右;庚款留比的时间,初步定在 1929—1934 年,后迟至 1937 年仍有留比学生申请到庚款资助。③ 庚款留比教育具

① 刘真主编:《留学教育:中国留学教育史料》第四册,台北"国立"编译馆 1980 年版,第 1944 页。
② 褚民谊:《十年来之庚款补助文化事业运动》,《环球中国学生会民国廿三年特刊》,1934 年。
③《中比庚委会定期考试赴比学生》,《安徽教育行政周刊》,1929 年 27 期,第 27 页。

有以下几个特点:一是不同于英美庚款生通过国内选拔产生,比国庚款生的选拔除通过国内考试,还从比国各大学中挑选;二是资助的期限较短,最多两年,通常是以一年为限;三是经费较少,庚款留比教育规模不大,且资助对象相对零散。① 据统计,从 1929—1934 年,中比庚款委员会委托中国教育部先后分五批招考留比学生共 74 名。② 至 1936 年底,"中国留比学生多至二百人,近自中比庚款委员会成立以后,留比学生人数益见增多"③。1937 年 7 月,上海中法国立工学院第四届毕业生中土木系第一名王宗熙、机械系第一名董绎如,获得中比庚款委员会的批准赴比深造,于八月底放洋。④ 此后,因战争因素,很少以庚款来培育留比学生。受比国退还庚款总量的限制,受资助的中国留比学生人数应不超过 150 人,其中江苏籍留学生所占比例最高。根据潘越的《中国近代留学比利时研究(1903—1949)》和刘真主编的《留学教育:中国留学教育史料》,可以发现,至少有 37 名江苏籍庚款留比学生。⑤ 庚款留比生主要分布在江苏、浙江、福建、湖南、河北、四川、广东、河南、安徽等地,其中以江苏人数最多,这与江苏所处的地理位置及其文化教育水平直接相关。且留比生选派的招考地点设在上海,便利了江苏考生应考。此外,从江苏籍留比学生来看,朱联孙、黄启祥、厉庆堂等人的父辈或兄弟早先便是留比学生或留欧学生,这使得他们较其他学生无论在学习还是生活上都更能适应国外生活,且凭借家族的关系更容易获得庚款资助。

(5)江苏庚款留日学生

不同国家在利用庚款培养中国留学生的经费上所占比例不同,美国几乎把全部庚款余额都用于培养中国留学生,而日本在 1923—1937 年的 14 年间用于中国留日学生补助和中国学者、学生的访日费用还不

---

① 潘越:《中国近代留学比利时研究(1903—1949)》,暨南大学博士论文,2012 年 5 月,第 59 页。

② 程新国:《庚款留学百年》,东方出版中心 2005 年版,第 85 页。

③《比国外长宴孔祥熙 中比关系益见密切 比国向华投资最早 中国准备与比合作》,《申报》1937 年 6 月 8 日,第 5 版。

④《中法工学院资遣两毕业生赴比 土木及机械系各一名》,《申报》1937 年 7 月 9 日,第 11 版。

⑤ 潘越:《中国近代留学比利时研究(1903—1949)》,暨南大学 2012 年博士论文;刘真主编:《留学教育:中国留学教育史料》第四册,台北"国立"编译馆 1980 年版,第 1984—1990 页。

到中国付给日本总数的 19%。[①]

1924 年,中日两国签订日本对华文化事业协定,其中有庚款补助留日学生学费分配办法。在日本国内方面的对华文化事业,设置庚款补助费生名额共 320 名,除去其中 10 名由中国教育部在国立大学教授中直接选派外,其余 310 名均在留日各大学及专门学校学生中选补,由中国驻日学生监督处商得日本外务省对华文化事务的同意进行办理。按各省众议员名额及担负赔款金额之比例为标准,分省定额,其中江苏省分得名额 27 名,为分得名额最多的省份。每名每月应支学费日币 70元,以各省官费生及自费生各补助半数。我国学生在日本入国立大学为甲等资格,入私立大学为乙等资格,补助费决定之权操于我国驻日留学生监督处,而发款及支配权则握于日本文部省文化事业部之手,故决定之后颇难更改或取消。1930 年 10 月 15 日,《湖北教育公报》第 1 卷第 12 期刊载《留日庚款学生一览》,从中可见江苏省 27 名留日庚款补助学生的简况,见下表:

表 3-7　江苏省留日庚款补助学生姓名学历一览表

姓名	费别	时在肄业学校及年级	修习科目	预定补费截止时期
王根福	自费	京都帝国大学经济学部三年	经济学	二十年三月
陈道	自费	京都帝国大学经济学部三年	经济学	二十年三月
吴坚	自费	东北帝国大学工学部	工学	二十年三月
周隆庠	自费	九州帝国大学法文学部	法文学部	二十年三月
刘叔高	自费	东京商科大学三年	商学	二十年三月
沈良	自费	长崎医科大学	医学	二十年三月
沈恭	自费	长崎医科大学	医学	二十一年三月
郑万育	自费	千叶医科大学	医学	二十一年三月
沈炯	自费	早稻田大学法学部二年	法学	二十年三月
张品	自费	明治大学政治经济学部三年	政治经济学	二十年三月
马导源	自费	法政大学法文学部三年	政治学	二十年三月

① 周棉、李冲:《论庚款留学》,《江海学刊》2007 年第 5 期,第 62 页。

244

姓名	费别	时在肄业学校及年级	修习科目	预定补费截止时期
赵国强	自费	法政大学法文学部三年	政治学	二十年三月
张件芙	自费	法政大学法文学部三年	政治学	二十年三月
龚谟	官费	东京美术学校三年	西洋画科	二十年三月
缪端生	官费	东京高等师范三年	理科	二十一年三月
周诗勋	官费	东京帝国大学医学部	医学	二十年六月
沈德	官费	长崎医科大学附属内科院副手	医学	二十年三月
尹春苞	自费	庆应大学经济学部大学院	财政学	二十年三月
蔡岳贤	自费	东京帝国大学法学部大学院	手形法	二十年三月
陆荣炘	官费	昭和绢丝株式会社丝绢纺织实习	纺织实习	二十年三月
吴鼎	官费	横滨高等工业学校二年	应用化学科	二十一年三月
高振禧	官费	专修大学经济学部一年	经济学	二十二年三月
萧忠	官费	早稻田大学政治经济学部听讲生	政治经济学	二十二年七月
陈洵	官费	东京美术学校二年	西洋画科	二十一年三月
王干治	官费	东京高等蚕丝二年	养蚕科	二十一年三月
褚师良	官费	东京工业大学特设豫科二年	机械工学科	二十一年三月
朱玉吾	官费	法政大学法文部二年	政治学	二十一年三月

资料来源:刘真主编:《留学教育:中国留学教育史料》第四册,台北"国立"编译馆1980年版,第1950—1953页;《留日庚款学生一览》,载于《湖北教育公报》第1卷第12期,1930年10月15日。

　　日本文部省在庚款补助中国留学生时,要求接受庚款补助的中国留学生签订一个誓约书:"……自大正13年10月起,每月领走补给学费金70元,不胜感激之至。为此适当专心勉学,毕业之后,并愿体奉右记主旨,奋勉奉答恩眷之隆,特为誓约之右。"[1]要求中国人对其"不胜感激",其良苦用心可见一斑,但结果却往往适得其反,中国人对日本的这

---

① 王奇生:《中国留学生的历史轨迹 1872—1949》,湖北教育出版社 1992 年版,第 113 页。

种行为非常反感。全面抗战时期,日本曾以庚款补助为诱饵,在沦陷区伪政权的治域下选派了大批留日学生。

2. 公费留学统考中的江苏留学生

全面抗战时期,国民政府针对英美等国提供的奖学金,举行了全国公费留学统一考试。抗战之后,即 1946 年,国民政府又举行了第二次公费统考活动。在两次大规模的全国统考活动中,有不少江苏籍学生参与选拔考试并被录取。

(1)战时公费留学统考

1942 年英国文化协会为中国提供 10 名奖学金研究生名额,1943 年初最终选拔了 9 名研究生和一名带队老师,这其中就有两名是江苏籍留学生,一位是化学工业学家、核工业学家曹本熹(江苏上海人),1980 年当选为中国科学院院士;另一位是船舶专家袁随善(江苏武进人)。1943 年,英国工业协会提供 31 名奖学金实习生名额,通过对 31 名留英实习生姓名信息搜集整理发现,至少有 9 名留学生来自江苏省。

继英国文化协会赠送 10 名奖学金研究生及英国工业协会赠送 31 名奖学金实习生之后,英美一些公司、企业继续向中国赠送奖学金留学生名额,共计 195 名,此外还有美国蚕丝学会及密歇根大学等校捐赠中华农学会奖学金 14 名,由该会初选,后再送请教育部复试。国民政府决定针对英美 209 名奖学金研究生、实习生举行全国公开考选。1944 年 12 月初,国民政府教育部分设七个考区进行笔试与口试,最终共录取 195 名,再加上 1945 年 2 月中华农学会选出的 14 名,共 209 名。根据录取者姓名进行信息检索,可以发现其中至少有 48 名来自江苏省。这些江苏籍留学生中有不少人归国后为中国的社会发展做出了重要贡献,比如冯新德(1980 年当选为中国科学院院士)、杨澄中(1980 年当选为中国科学院院士)、胡济民(1980 年当选为中国科学院院士)、史绍熙(1980 年当选为中国科学院院士)、朱洪元(1980 年当选为中国科学院院士)、谈镐生(1980 年当选为中国科学院院士)、沈家祥(1999 年当选中国工程院院士)、吴传钧(1991 年当选为中国科学院院士)等。

（2）战后公费留学统考

抗战胜利以后，国民政府返都南京，着手举行第二届公费留学统考活动。1946 年的公费留学考试，包括教育部公费 120 名，法国政府交换生 50 名，中英文教基金董事会公费生 20 名，共为 190 名。"此次应试者 3300 人，录取 148 人，另 718 人虽不合官费标准，却远较自费留学标准为优，皆准自费出国。"[①]这次统考与 1944 年英美奖学金统考不同之处在于，留学国家更多一些，包括留法交换生 50 名，留英公费生 40 名（内含中英文教基金董事会托请教育部代为考选 20 名），留美公费生 40 名，留瑞士公费生 22 名，留瑞典公费生 13 名，留丹麦公费生 7 名，留澳洲公费生 4 名，留比公费生 5 名，留荷公费生 4 名，留加拿大公费生 2 名，留意大利公费生 3 名。通过对录取者姓名信息进行搜索发现，至少有 30 名来自江苏省，他们多是在 1947 年左右出国留学。这些江苏留学生归国后对中国的社会发展做出了重要贡献，也有不少人当选为院士，比如，邹承鲁（1980 年当选为中国科学院院士，1992 年当选为第三世界科学院院士）、嵇汝运（1980 年当选为中国科学院院士）、吴文俊（1957 年当选为中国科学院院士）等。

3. 自费留学统考中的江苏留学生

南京国民政府初期，自费留学生不用参加全国统一考试，只要符合政府规定的留学资格和充足的经费需求，即可通过审核批准而出国留学。但在全面抗战时期，南京国民政府以外汇困难及统筹抗战需要，不允许自费申请出国。太平洋战争爆发后，国际环境有所改善，国民政府开始放宽留学教育，但从提高留学质量考虑，决定对自费留学生实行全国统一考试，合格者方可领证出国。抗战胜利后，仿照第一届全国自费留学考试，又举行了第二届，但此后至 1949 年未再举行第三届。这两次全国自费留学统考活动，都由国民政府教育部统一组织，地方各省政府教育厅参与度不高。在此将两次自费统考中的江苏留学生情况作一概述。

---

① 汪一驹：《中国知识分子与西方》，台北桐城出版社 1978 年版，第 142 页。

（1）第一届自费留学统考

国民政府教育部于 1943 年 10 月公布自费留学生派遣办法,并于同年 12 月举办第一届自费留学生考试。据最终统计,第一届自费留学考试,计报名者 800 名,实到考生 751 名。其中男生 652 人,女生 99 人;报考文类共 351 人,报考实类共 400 人。[①] 男女比例相差较大,而文类与实类考生相差不多。依据留学生考选会最终议定的录取成绩标准,第一届自费留学考试结果于 12 月 30 日发榜,符合要求的及格者共 327 人,其中男生 292 人,女生 35 人。[②] 其中实科类 160 人(工科 108 人,理科 30 人,农科 15 人,医科 7 人),文科类 167 人(商科 74 人,法科 55 人,文科 28 人,教育艺术 10 人)。[③] 从录取人数来看,男女比例悬殊,文类与实类人数相差不大,与清末民初的自费留学情形十分相似。以省籍来论,江苏籍最多,共 78 人,占总人数的 23.85%;其次是四川,42 人;浙江 36 人;湖南 30 人;湖北、福建各 19 人;安徽 17 人;广东 16 人;江西、河南各 11 人;河北 10 人;山东 8 人;辽宁 7 人;吉林 5 人;山西、陕西、云南、贵州各 3 人;甘肃 2 人;广西、热河、上海、北平各 1 人。[④] 江苏省作为经济文化大省,其考生一如清末民初,依然在各类考试中出类拔萃,说明经济实力和文化基础依然是影响考生的重要因素。录取学生来自全国 24 个省市,在当时东部半壁江山沦陷而西部经济文化落后的情况下,考生的籍贯覆盖范围还能如此之广,足见出国留学对青年学生的吸引力之大。覆盖范围虽然广,但仍然比较集中,中东部地区留学生人数明显多于西部地区。近代以来东部沿海地区的江苏、浙江、福建、广东出国留学生数量一直居于前列,安徽、江西、湖南、湖北、四川人数紧跟其后。在抗战时期,虽然社会混乱不安,而且最先遭受日寇侵略,但这些地区历来重视文化教育,经济基础较好,所以即使在动荡的时局下,他们依然在经济和教育方面有足够的支撑。可见,经济和教育基础是出国留学最重

---

① 《第一届自费留学考试应考生与录取生之科别》1943 年 12 月,《统计月报》1943 年第 94—95 期,第 12 版。

② 《第一届自费留学考试之经过》,国民政府教育部档案,全宗号:五,案卷号:15322,中国第二历史档案馆藏。

③ 教育年鉴编纂委员会编:《第二次中国教育年鉴》,商务印书馆 1948 年版,第 880 页。

④ 留学生考选委员会编:《第一届自费留学生考试报告》,独立出版社 1944 年版,第 7—14 页。

要的两大支柱。四川地区在抗战时期出国留学人数较多,显然与战争时期国民政府迁都重庆及四川在战时没有沦陷有重要的关系。

（2）第二届自费留学统考

1945 年抗战胜利,国民政府各部门陆续自重庆还都,教育部在各方催促下决定于 1946 年 7 月举行第二届自费留学考试。此次考试以各地初行收复,交通不便,同时正值各校复员时期,为便利考试起见,于是在南京、上海、重庆、北平、西安、武汉、昆明、广州及成都各设考区。留学国别定为英、美、苏、法、比利时、瑞士、瑞典、丹麦、荷兰、意大利、加拿大、澳大利亚等国。这次考试最终录取 1216 名。因此次自费留学考试与公费留学考试同时举行,其参加公费留学考试落选而成绩合乎自费录取标准者共 718 名,多请求自费出国深造,国民政府顾念该生等求学心切,准予取得参加自费留学考试及格之资格,故第二届自费留学实际录取学生总数为 1934 名。截至 1947 年 10 月初,第二届自费生之由教育部发给留学证书者共 1163 人,其中赴美者 1018 人,英 30 人,法 57 人,瑞士 32 人,瑞典 5 人,加拿大 11 人,荷兰 3 人,澳国 2 人,比利时 4 人,墨西哥 1 人。

通过对第二届自费留学考试录取者姓名信息进行检索,可以发现,已出国留学的江苏留学生至少 143 名,因篇幅关系,不能对其进行一一介绍。此次自费留学统考,江苏籍留学生不仅人数较多,而且有很多人出国留学后努力向学,取得了优异成绩,归国贡献也很突出,有不少人还当选为两院院士,比如唐有祺（1980 年当选为中国科学院院士）、吴汝康（1980 年当选为中国科学院院士）、庄逢甘（1980 年当选为中国科学院院士、1985 年当选国际宇航科学院院士）、王补宣（1980 年当选为中科院院士）、陆师义（1989 年当选为世界生产率科学院院士）、王德宝（1980 年当选为中国科学院院士）、汤定元（1991 年当选为中国科学院院士）、钮经义（1980 年当选为中国科学院院士）、韩德馨（1995 年当选为中国工程院院士）、汪闻韶（1980 年当选为中国科学院院士）、陆婉珍（1991 年当选为中国科学院院士）、周镜（1994 年当选为中国工程院院士）、顾懋祥（1995 年当选为中国工程院院士）、许国志（1995 年当选为中国工程院院士）、黄葆同（1991 年新当选为中科院院士）等。还有些留学生在国际上也取得辉煌的业绩,如吴耀祖,1982年当选为美国国家工程院院士,1984年当选为台湾"中央研究院"院士,2002年当选为中国科学院外籍院士。

第二节　江苏留学生群体的结构特征

因国内外时代背景的变幻,南京国民政府的留学政策出现较大的调整。因应留学政策的变化,江苏的留学教育活动也与北洋政府时期、晚清时期有较大差别。出国留学生的教育结构,包括留学国家与人数、留学学校与专业、留学生的费别与性别、留学生的具体籍贯等群体特征也呈现出自己的独特之处。

一、留学国家与人数

1. 留学国家

南京国民政府前期,虽然局部战争不断,但总体来看相对和平,这对留学教育来说是一个重要的环境保证。这一时期,无论是从全国留学生的角度还是从江苏留学生的角度来看,留学区域扩大了,留学国家也增多了。根据寰球中国学生会编的《出洋学生调查录》来看,在1930年度到1932年度,中国留学生所留学的国家,除了日、美、英、法、德、比等国家之外,又增添了奥国、加拿大、意大利、瑞典、菲律宾、印度、丹麦、荷兰、波兰等国。从留学人数来看,三年间留学生总数2317人,其中日本1031人,美国441人,法国381人,德国214人,英国122人,比国96人,其他国家留学人数都不多。[①] 可见,老牌的日、美、英、法、德、比等国仍然是重点留学输出国。中国的全面抗战时期,国际环境也在不断恶化,这一时期留学环境相对较好的只有英美两国,所以中国的留学生大多数流向这两个国家。抗战胜利之后,留学教育恢复,留学国家再一次扩展,比如1946年公费留学考试,最终录取公费生留美33名,留英16

---

① 寰球中国学生会编:《出洋学生调查录》,寰球中国学生会1934年出版,第156页,见越生文化主编:《中国近代教育文献丛刊·留学教育卷02》,浙江教育出版社2020年版,第160页。

名,留法 40 名,留学瑞士 19 名,留学瑞典 6 名,留学丹麦 6 名,留学荷兰 4 名,留学加拿大 2 名,留学意大利 3 名,留学澳大利亚 2 名。[①] 南京国民政府时期在留学国家方面有两个大的变化,一是在全面抗战之前和抗战胜利之后,留学国家有了扩展增多;二是全面抗战时期及抗战胜利之后,历来留学人数较多的国家——日本,几无国民政府派遣的留学生(伪政权除外),另一个国家苏联也几无国民政府派遣的留学生,这与两国的发展道路不同以及不良的外交关系有很大关联。

这一时期江苏派遣的留学生,留学国家与全国情况基本相似。在此以全面抗战之前的 1931 年度至 1934 年度派遣的留学生情况来具体说明。根据江苏省教育厅编的《江苏教育概览(二)》(1932 年刊印)统计,1931 年度共有官费生及津贴生 64 人,留学国家主要在法国(21 人)、日本(18 人)、美国(10 人)、德国(8 人)、比国(4 人)、英国(3 人),合计津贴生 41 人,官费生 23 人。[②] 根据《全国出国留学生之籍贯》统计,1932 年度江苏没有公费留学生,本年度共派遣自费生 76 人,其中英国 8 名,德国 6 名,法国 17 名,比利时 1 名,美国 22 名,日本 22 名。[③] 1933 年度江苏共派遣 122 名留学生,其中英国 19 人,德国 10 人,法国 5 人,比利时 6 人,奥国 1 人,美国 56 人,日本 23 人,埃及 1 人,安南 1 人。[④] 1934 年度江苏省出国留学生共有 185 人,主要集中在英国(31 人)、德国(15 人)、法国(14 人)、比利时(7 人)、意大利(3 人)、美国(61 人)、日本(54 人)。[⑤] 从上述数据可以看出,除了日、美、英、德、法、比之外,后增添了意大利、奥地利、埃及、安南等国,可见留学国家比之前有了较大扩展。但从各国留学人数来看,后增加的国家留学人数很少,大量留学生仍然集中在日、美、英、法、德、比等国。

---

① 刘真主编:《留学教育:中国留学教育史料》第四册,台北"国立"编译馆 1980 年版,第 2170 页。

② 江苏省教育厅编:《江苏教育概览(二)》,江苏省教育厅 1932 年铅印,见王燕来选编:《民国教育统计资料汇编》第 17 册,国家图书馆出版社 2010 年版,第 537 页。

③《全国出国留学生之籍贯》,王燕来选编:《民国教育统计资料汇编》第 4 册,国家图书馆出版社 2010 年版,第 491—492 页。

④ 教育部统计室编:《全国高等教育统计》,见王燕来选编:《民国教育统计资料汇编》第 5 册,国家图书馆出版社 2010 年版,第 257—258 页。

⑤ 教育部统计室编:《全国高等教育统计》,见王燕来选编:《民国教育统计资料汇编》第 5 册,国家图书馆出版社 2010 年版,第 621—622 页。

全面抗战时期及抗战胜利之后，国民政府采取统制留学办法，由国民政府教育部统一组织出国留学生的考选工作，故这一时期江苏省没有公派留学生。但在全国统考过程中，江苏籍留学生人数较多，从留学国家来看，全面抗战时期主要留学英、美两国，而在抗战之后，留学国家有所扩展，除了美、英、法、比之外，还有瑞士、瑞典、丹麦、荷兰等国。

2. 留学人数

南京国民政府时期，江苏省的留学人数没有一个完整的统计，只能从个别数据来窥豹一斑。

根据江苏省教育厅编的《江苏教育概览（二）》统计，1927 年的官费生与津贴生共 28 人，1928 年 30 人，1929 年 60 人，1930 年 74 人，1931 年 64 人。自费留学与中央稽勋或选送留学者皆不在内。1932 年度没有公费生，自费生共 76 人。1933 年度共派遣 122 人，1934 年度共派遣 185 人。1934 年度全国各机关取录（公费生）国外留学生共 79 人，其中江苏省共 19 人，由江苏省教育厅取录 2 人，国立清华大学录取 9 人，中英庚款董事会录取 8 人。[①]

1930 年，江苏省教育厅将 1903—1929 年度江苏省 25 年来的官费生及津贴生进行系统统计，从中可以看出江苏官费生及津贴生主要留学国家及人数情况，在此将其整理编制如下表：

表 3 - 8　江苏省 1903—1929 年度官费及津贴生统计表

年份	英国	法国	德国	比利时	俄	瑞士	美国	日本	总数
1903								1	1
1904				1				10	11
1905	1	3		2				18	24
1906	6	3		6	1			28	44
1907	7	3		6	1		3	31	51
1908	10	3		6	1		3	32	55
1909	14	4	1	5	1		5	41	71

---

① 教育部统计室编：《全国高等教育统计（民国二十二年度、二十三年度）》，教育部 1936 年铅印，见王燕来选编：《民国教育统计资料汇编》第 5 册，国家图书馆出版社 2010 年版，第 629 页。

年份	英国	法国	德国	比利时	俄	瑞士	美国	日本	总数
1910	16	4	1	7	1		5	46	80
1911	18	5	1	7	1		8	52	92
1912	17	6	1	9	1		9	52	95
1913	16	6	2	11	1		11	87	134
1914	13	6	5	10	1		6	100	141
1915	10	8	3	6	1	1	4	80	113
1916	5	8	3	8	1		4	72	101
1917	5	6	2	11	1		3	59	87
1918	4	7	1	12	1		2	69	96
1919	6	4	1	2			10	68	91
1920	6	3	4	1			15	59	88
1921	6	4	4				17	58	89
1922	3	4	4				17	43	71
1923	3	3	6				21	30	63
1924	1	2	3				18	23	47
1925			6				18	18	42
1926			4				15	15	34
1927	2	11	2	1			5	11	32
1928	1	20	3	1			8	12	45
1929	1	23	5	4			9	15	57
合计	171	146	62	116	13	1	216	1130	1855

资料来源:根据江苏省教育厅编的《江苏最近教育概况》(江苏省教育厅1930年铅印,载于王燕来选编:《民国教育统计资料汇编》第18册,国家图书馆出版社2010年版,第121—140页)整理编制。

从上表中可以看出,江苏留日学生在各国中独占鳌头,约占江苏公费留学生总数(1855人)的60.92%,留美人数约占总数的11.64%,留英人数约占总数的9.22%,留法人数约占总数的7.87%,留比人数约占总数的6.25%,留德人数约占总数的3.34%。留学日本、美国、英国、法国、比利时人数向来较多,而留学苏俄和瑞士的人数却非常少。上述统计的人数仅是江苏省官费生和津贴生,庚款留学生、自费留学生等其他留学形式没有统计在内。

留学人数的多寡与不同时期的国内外环境、外交政策的变化及留学国的科技文化发展程度都有关联。比如向来留学人数最多的国家日本,在全面抗战时期除了伪政权派遣了部分留日学生之外,几无国民政府派遣的留学生,地方各省更无权向日本派遣留学生。20 世纪 30 年代,南京国民政府与德国交好,曾向德国派遣了不少军事留学生,其中就包括一些江苏籍留德学生。但二战爆发后,德国所处环境恶化,留德人数几乎断绝。另外,外交关系的变化也影响着留学生的去向,比如二战时期,中英、中美关系较好,虽然国内外环境混乱,但中国仍向英、美两国派遣了不少留学生,其中也包括相当数量的江苏籍留学生。而以蒋介石为首的南京国民政府对红色政权的苏联一直是不温不火的态度,故留苏人数一直没有大的突破。

从具体国家来看,根据日本财团法人日华学会学报部制定的《留日中华学生名簿》(1931 年 5 月)统计,1928 年度江苏籍留日学生有 110 人,1930 年度江苏籍留日学生有 167 人,1931 年度江苏籍留日学生有 124 人。[1] 全面抗战时期仍有不少伪政权向日本派遣留学生,据 1942 年统计,全国留日学生总数为 288 人,留日学生的籍贯:江苏 87,南京 5,广东 87,浙江 24 ,河北 19,福建 17,湖北 10,安徽 3,湖南 2,江西 2,河南 1,广西 1,云南 1,山东 13,上海 9,汉口 1,北京 5,青岛 1。[2] 可见,江苏(包括南京)留日人数仍居于全国的前列,占全国留日总人数的 31.94%。这必然与当时江苏地处汪伪政权所在地有密切关系。抗战结束后,国民政府由重庆迁回南京,这一时期国民政府对留日学生又进行了一次统计,从数据来看,江苏籍留日学生合计 87 人,其中公费生 27 人,自费生 60 人,占总数(303)的 28.71%。[3]

---

[1] 李景文、马小泉主编:《民国教育史料丛刊 887 高等教育・留学教育》,大象出版社 2015 年版,第 25 页。

[2]《三十一年度留日学生统计表》,王燕来辑:《民国教育统计资料续编》第 7 册,国家图书馆出版社 2012 年版,第 236 页。

[3]《国府还都后留日学生统计表》,王燕来辑:《民国教育统计资料续编》第 7 册,国家图书馆出版社 2012 年版,第 184 页。

江苏籍留美学生，庚款留学生仍然占着相当大的比重。从 1933 年至 1943 年，共举办了六届庚款留美考试，共取录了 132 名留美学生 ①，其中来自江苏的学生就有 43 人，占比 32.58%，几乎占到全部庚款留美生的三分之一。全面抗战时期及抗战胜利之后，国民政府实行统制留学政策，将留学生选派权统归中央，在全国实行公费及自费留学统一考试。从 1944 年底举行的英美奖学金考试来看，这次统考共录取了 209 名留学生，通过姓名信息搜索发现，其中江苏籍留美学生至少有 20 名。1943 年底举行的第一届自费留学考试共录取 327 人，从留学生籍贯来看，江苏省籍最多，共 78 人，这些留学生都留学英国和美国，因为当时仍处于战争状态，美国环境相对较好，所以其中有一大半是留学美国的。抗战胜利后，1946 年举行两次大规模的公费与自费留学考试。1946 年举行的公费留学考试最终录取 148 人，从录取生姓名信息搜索可以得知，至少有 7 名江苏籍留美学生。1946 年举行的自费留学统考，最终共录取 1216 名，加上同年公费留学考试落选而成绩合乎自费录取标准者共 718 名，故第二届自费留学实际录取学生总数为 1934 名。通过对录取者姓名信息搜索发现，其中江苏籍姓名信息较全者共有 125 人。自费留学生多数选择留学美国。如此，包括庚款留学生、奖学金留学生、公费留学统考和自费留学统考录取者在内，至少有 200 余名江苏籍学生留学美国。

江苏留欧学生主要集中在英、法、德、比等国，留学其他国家的人数较少。首先来看留英情况，从 1927 年到 1949 年，留英活动主要是庚款留英考试、英美奖学金留学考试及自费留学考试。仅从庚款留学考试来看，1933—1947 年共举办了九届庚款留英考试，共录取 194 人，其中江苏籍 63 人，占总人数比例 32.47%，以一省人数约占总数的三分之一，可见江苏留英人数之多。另外，在 1944 年的英美奖学金统一考试、1946 年的公费留学统考、1943 年底的自费留学统考、1946 年的自费留学统考中，都有相当数量的江苏籍留学生。

江苏籍留德学生，除了正常选派留学生之外，1935 年和 1936 年中

---

① 刘真主编：《留学教育：中国留学教育史料》第四册，台北"国立"编译馆 1980 年版，第 1881—1912 页。

德两国还交换派遣了一部分研究生,虽然以清华大学名义选派,但在籍贯上属于江苏省籍,比如1936年选派的留德交换生中,伍正诚(江苏江宁人)、吕凤章(江苏丹阳人)、戴鸣钟(江苏吴县人)都是江苏省籍。[1] 德国是第二次世界大战的主要发起国和交战国,所以南京国民政府时期的江苏留德学生主要集中在1940年之前。二战期间,德国作为欧洲主要的交战国,留学环境非常恶劣,二战结束之后,德国仍处于不稳定状态,所以留德学生依然很少,江苏籍留德学生人数情况亦是如此。

这一时期,江苏籍留学法国、比利时、瑞士三国的留学生比较多。据1933年出版的上海中比友谊会编的《留比同学录》记录,834名留比学生中有江苏籍留比学生136名,占所有中国留比学生总数的16.3%[2],可见江苏留比学生之多。此外,通过对中国留学法比瑞同学会编的《中国留法比瑞同学会同学录》(1943年出版)进行籍贯统计,发现江苏籍留学法比瑞三国的留学生人数至少有269人。[3] 不仅留学人数多,而且留学质量高,多数留学生都毕业并获得学历文凭。其留学途径可能以官费留学较多,但也有相当部分的留学生是自费留学法国、比利时的。从留学生性别来看,女性留学生只有极少部分。

二、留学学校与专业

1. 留学学校

不同国家留学生所在的学校有较大差别,有公立与私立学校之分,有名校与普通学校之分,不同学校的专业倾向也不同。首先从留日学校来看,江苏留日学生所在的学校,从1928年度江苏留日学生的统计表中能窥豹一斑。

———————

① 清华大学档案,全宗号1,目录号2—1,卷宗号79:3,载于清华大学校史研究室编:《清华大学史料选编 二(下)》,清华大学出版社1991年版,第684页。

② 上海中比友谊会编:《留比同学录》,1933年出版,第60页,见越生文化主编:《中国近代教育文献丛刊 留学教育卷10》,浙江教育出版社2020年版,第368页。

③ 中国留法比瑞同学会编:《中国留法比瑞同学会同学录》,中国留法比瑞同学会1943年版,载于越生文化主编:《中国近代教育文献丛刊. 留学教育卷12》,浙江教育出版社2020年版,第117—333页。

表 3 - 9 1928 年度江苏留日学生所在学校统计表

	校名	人数		校名	人数
国立	东京帝国大学	5	私立	庆应大学	3
	京都帝国大学	2		明治大学	9
	九州帝国大学	3		日本大学	8
	东京商科大学	2		早稻田大学	6
	东北帝国大学	1		法政大学	4
	千叶医科大学	1		同志社大学	1
	长崎医科大学	2		大正大学	1
	东京高等工业学校	2		东京女子医学专门学校	1
	东京高等师范学校	1		昭和医学专门学校	1
	东京美术学校	1		琦玉县立蚕业试验场	1
	第一高等学校	3		东京女子美术学校	1
	大阪高等工业学校	1		帝国女子专门学校	1
	东京高等蚕丝学校	3		川瑞图画学校	1
	神户高等商业学校	2		预备学校	50
	上田蚕丝学校	1	合计	118 人	

资料来源:江苏省教育厅编:《江苏最近教育概况》,江苏省教育厅 1930 年铅印,见王燕来选编:《民国教育统计资料汇编》第 18 册,国家图书馆出版社 2010 年版,第 139—140 页。

从上表可以看出,1928 年度统计的留日学生,江苏籍留学生在国立学校学习的有 30 人,在私立学校(包括预备学校 50)学习的共 88 人,二者合计 118 人。其中国立学校以留学于日本的帝国大学(包括东京帝国大学、京都帝国大学、九州帝国大学、东北帝国大学)人数较多,而私立大学,以留学于庆应大学、明治大学、日本大学、早稻田大学、法政大学人数较多。从二者比例来看,留学于私立学校的远多于国立学校,这可能是私立学校更容易接纳外国留学生缘故。还有大量的留日学生因在国内基础知识薄弱或语言准备得不充分,到日本后必须先进入预备学校学习一段时间后,经过考试合格才能正式进入大学学习。

根据日本日华学会学报部编写的《留日中华学生名簿》,可以统计出 1933 年时至少有 63 名江苏籍留日学生。① 从这些留学生所在的学校来看，分布比较广泛，既有代表水平较高的日本帝国大学，也有进入专门学校甚至预备学校学习的，总体看来，在日本高水平大学留学的学生比较多，明显看出留学质量远高于北洋政府时期和清末时期。仅从数据来看，这一时期留学日本明治大学、早稻田大学、东京工业大学、长崎医科大学等校的人数比较多。

以具体日本学校来看，南京国民政府前期，留日学生进入日本明治大学学习的特别多，江苏籍留学生也不例外。以 1930 年在日本明治大学学习的江苏留学生来看，仅 1930 年时在日本明治大学学习的江苏籍留学生就有 27 人②，其中大部分人都进入研究科，只有极少数人进入本科和预科学习，可见留学生的学历层次有了较大提升，这与当时国内高等教育的发展是分不开的，很多人在出国留学之前，已在国内完成大学学业，所以到国外可以申请直接进入研究科学习。

江苏留美学生所在的学校情况，以 1946 年自费留学统考中的部分江苏籍留美学生所在的学校来看，留美学校分布比较广泛，而且名校较多，具体情况见下表：

表 3－10　1946 年自费留学统考中部分江苏留美学生留学学校简表

姓名	籍贯	留美学校	姓名	籍贯	留美学校
朱树飏	江苏江阴	密苏里大学	环惜吾	江苏如皋	哥伦比亚大学
曹德谦	江苏上海	密苏里大学	孙云畴	江苏高邮	哥伦比亚大学
冯锡良	江苏无锡	密苏里大学	刘祖慰	江苏上海	哥伦比亚大学
吴汝康	江苏武进	华盛顿大学	谢树森	江苏常熟	哥伦比亚大学
王俊怡	江苏昆山	华盛顿大学	李乃炜	江苏南通	哥伦比亚大学
诸长福	江苏上海	华盛顿大学	顾绥岳	江苏上海	哥伦比亚大学
侯元庆	江苏无锡	华盛顿大学	蒋书楠	江苏苏州	依阿华州立大学

---

① 日本财团法人日华学会学报部：《留日中华学生名簿》，1933 年刊印，第 98—99 页，载于李景文、马小泉主编：《民国教育史料丛刊 886 高等教育·留学教育》，大象出版社 2015 年版，第 252—253 页。
② 中华留日明治大学校友会编：《中华留日明治大学校友录》，载于越生文化主编、田正平执行主编：《中国近代教育文献丛刊·留学教育卷 06》，浙江教育出版社 2020 年版，第 36—67 页。

姓名	籍贯	留美学校	姓名	籍贯	留美学校
葛明裕	江苏南京	华盛顿大学	端木镇康	江苏松江	依阿华州立大学
吴公良	江苏吴县	华盛顿大学	吕家鸿	江苏丹徒	依阿华州立大学
孙侃	江苏吴县	华盛顿大学	蒋耀	江苏宜兴	依阿华州立大学
张仲礼	江苏无锡	华盛顿大学	郑德如*	江苏武进	依阿华大学
李盘生	江苏苏州	华盛顿大学	庄逢甘	江苏常州	加州理工学院
茅于美	江苏镇江	华盛顿大学、伊利诺伊大学	唐有祺	江苏南汇	加州理工学院
黄树颜	江苏上海	华盛顿大学、爱达华大学	戴汉笠	江苏江阴	华盛顿大学、哥伦比亚大学
范章云	江苏张家港	芝加哥大学	徐亦庄	江苏上海	芝加哥大学
邓汉馨	江苏南京	密歇根大学	周华章	江苏江阴	芝加哥大学
顾懋祥	江苏太仓	密歇根大学	周伯埙	江苏南京	芝加哥大学、奥勒岗大学
施士升	江苏崇明	密歇根大学	杨守仁	江苏丹阳	威斯康星大学
许国梁	江苏松江	密歇根大学	冯锡璋	江苏昆山	加利福尼亚大学
陆孝宽	江苏太仓	密歇根大学	葛志恒	江苏金坛	加利福尼亚大学
赵启海	江苏铜山	密歇根大学	章育中	江苏常州	明尼苏达大学
顾学民	江苏吴江	密歇根大学	王宏儒	江苏江都	伊利诺伊大学
于同隐	江苏无锡	密歇根大学	杜度	江苏东台	伊利诺伊大学
韩德馨	江苏如皋	密歇根大学	李明哲	江苏镇江	伊利诺伊大学
夏振华	江苏上海	密歇根大学	李寿康	江苏上海	伊利诺伊大学
侯博渊	江苏上海	威斯康星大学	吴华庆	江苏吴县	伊利诺伊大学
周文楷	江苏江阴	威斯康星大学	蒋恩锜	江苏太仓	伊利诺伊大学
沈达尊	江苏如皋	威斯康星大学爱荷华大学	周卜颐	江苏苏州	伊利诺伊大学、哥伦比亚大学
郭春华	江苏南京	威斯康星大学路易斯安那大学	陆婉珍*	江苏川沙	伊利诺伊大学、俄亥俄州立大学、西北大学

姓名	籍贯	留美学校	姓名	籍贯	留美学校
汤定元	江苏常州	明尼苏达大学、芝加哥大学	郑炽	江苏宜兴	伊利诺伊理工学院、台拉威大学
朱良漪	江苏扬州	明尼苏达大学	朱鹏程	江苏无锡	伊里诺伊理工学院
乔石琼*	江苏上海	俄亥俄州立大学、加利福尼亚大学伯克莱分校	汪闻韶	江苏苏州	爱荷华大学、伊利诺伊理工学院、麻省理工学院
陆师义	江苏海门	明尼苏达大学	郁去非	江苏上海	印第安纳大学
陈椿庭	江苏武进	明尼苏达大学	王毓骅	江苏崇明	印第安纳大学
蔡强康	江苏泰兴	明尼苏达大学	居同匮	江苏苏州	印第安纳大学
蒋咏秋	江苏武进	明尼苏达大学	沈夔孙	江苏吴县	印第安纳大学
贾健	江苏涟水	明尼苏达大学	李懿*	江苏南通	印第安纳大学
凌霜	江苏常熟	明尼苏达大学	郑思竟	江苏靖江	哈佛大学
孙仁洽	江苏无锡	明尼苏达大学	王适	江苏无锡	哈佛大学
顾德仁	江苏苏州	康奈尔大学	张仲方	江苏上海	哈佛大学
孙天风	江苏武进	康奈尔大学	李华天	江苏松江	哈佛大学
周礼摩	江苏上海	纽约大学	王补宣	江苏无锡	普渡大学
陆子敬	江苏上海	纽约理工大学	蔡益铣	江苏上海	普渡大学
周镜	江苏宜兴	俄亥俄州立大学	蔡聿彪	江苏苏州	马里兰大学
杨纪珂	江苏上海	俄亥俄州立大学	刘维勤	江苏苏州	马里兰大学
梅汝和	江苏江阴	宾州大学沃顿商学院	张永高	江苏青浦	科罗拉多矿业学院
李葆神	江苏镇江	宾州大学沃登商学院	俞愁旦	江苏江阴	科罗拉多州立大学
许国志	江苏扬州	堪萨斯大学	刘豹	江苏上海	科罗拉多州立大学
尤启文	江苏镇江	阿克隆大学	唐如尧	江苏苏州	科罗拉多州立大学
陈熙明	江苏苏州	奥立岗大学	陆佩弦	江苏上海	科罗拉多州立大学
许小元	江苏无锡	凯斯理工学院	钱卓升	江苏常熟	科罗拉多州立大学

姓名	籍贯	留美学校	姓名	籍贯	留美学校
陆孝颐	江苏太仓	乔治亚州技术学院、艾奥瓦州立大学	吴肇之	江苏镇江	加州大学贝克利分校、伊利诺伊大学
王德宝	江苏泰兴	路易斯安那州立大学、华盛顿大学、约翰·霍普金斯大学	钮经义	江苏兴化	德克萨斯大学奥斯汀分校、加利福尼亚大学伯克莱分校
王肖英	江苏吴江	圣马特奥大学	沈庆生	江苏东海	北卡罗莱纳大学
申葆诚	江苏苏州	匹兹堡大学	邱文蔼	江苏上海	威尔斯利女子学院
顾恺时	江苏启东	梅育医学研究中心、哈佛大学	黄葆同	江苏上海	克萨斯农工学院、布鲁克林理工学院
沈治平	江苏泰县	俄勒冈州立大学	蔡梅雪	江苏常州	肯塔基大学
谢毓章	江苏苏州	范德比尔特大学	杨琇珍	江苏江宁	欧布林学院
胡熙赓	江苏武进	犹他大学	石景云	江苏无锡	南加州大学
汪坦	江苏苏州	赖特事务所	陈维华	江苏上海	丹佛大学
沈坚白	江苏上海	麻省理工大学、哈佛大学	吴耀祖	江苏常州	爱荷华州立大学、加州理工学院
辛一行	江苏无锡	雪拉克斯大学			

资料来源:名单来源于刘真主编:《留学教育:中国留学教育史料》第四册,台北"国立"编译馆1980年版,第2139—2162页。

从上表可以看出,江苏籍自费留美学生多数留学于美国名校,如哈佛大学、约翰·霍普金斯大学、明尼苏达大学、康奈尔大学、爱荷华大学、伊利诺伊大学、麻省理工学院、印第安纳大学、纽约大学、俄亥俄州立大学、密歇根大学、威斯康星大学、密苏里大学、依阿华州立大学、加州理工学院、华盛顿大学、哥伦比亚大学、芝加哥大学等,这些学校在世界上都是非常著名的学府,申请入读这些学校,没有一定的国内文化基础、没有刻苦求学的精神是难以毕业的。自费生尚且多数留学美国名校,可以想见,公费生更是进入美国名校甚多。

欧洲国家较多,留学学校相对分散。从具体国家来看,江苏籍留英学生所在的学校,从1944年公费统考录取的江苏籍留学生来看,主要集中在英国伦敦大学、利兹大学、曼彻斯特大学、利物浦大学、伯明翰大学、爱丁堡大学、剑桥大学及英国伦敦帝国理工学院等非常著名的学府。具体情况见下表：

表3-11 1944年公费留学统考中部分江苏籍留英学生留学学校简表

姓名	籍贯	留英学校(单位)	姓名	籍贯	留英学校(单位)
宋懿昌	江苏南通	英国伦敦帝国理工学院	钱万	江苏上海	英国伦敦大学
方孝淑	江苏扬州	英国伦敦帝国理工学院	胡秉方	江苏常熟	英国利兹大学
宋镜瀛	江苏崇明	英国伦敦帝国理工学院	朱洪元	江苏宜兴	英国曼彻斯特大学
崔济亚	江苏淮安	英国伦敦帝国理工学院	吴传钧	江苏苏州	英国利物浦大学
陆坤元	江苏无锡	英国莫里斯汽车厂、纽卡斯汽车电气服务中心、伦敦客运总局大修厂实习	游善良	江苏泰县	到英国洛伦斯斯图脱公司、通用电气公司实习
顾子言	江苏无锡	英国贝格纳尔公司实习	杨立铭	江苏溧水	英国爱丁堡大学
史绍熙	江苏宜兴	英国曼彻斯特大学、英国威尔士大学	徐尔灏	江苏江阴	英国伦敦大学、英国皇家科学院
杨立洲	江苏溧水	伯明翰大学	张文	江苏太仓	英国利兹大学
蒋大荣	江苏苏州	到英国奈尔机器厂、纳心南柴油机厂、茂伟电机厂实习	杨澄中	江苏武进	英国莱士特大学、英国利物浦大学
胡济民	江苏如皋	英国伯明翰大学、伦敦大学	沈家祥	江苏扬州	英国伦敦大学
周国铨	江苏上海	英国莫兰德工厂实习	徐玉均	江苏无锡	英国伦敦大学
宋则行	江苏崇明	英国剑桥大学			

资料来源：人名来源于刘真主编：《留学教育：中国留学教育史料》第四册，台北"国立"编译馆1980年版，第2129—2137页。

全面抗战时期,英国工业协会提供了不少留英实习奖学金,因而在留英学生中有不少是到英国工厂实习的。总体看来,江苏留英学生所在的学校与北洋政府时期、晚清时期比较相似。这与长期以来的留学传统及中国留学生的大力宣传是分不开的。

留学法、比等国的学校情况,可以从《中国留法比瑞同学会同学录》中看出端倪。江苏留法学生,以留学巴黎大学人数最多,此外,留学法国里昂大学、法国国立高等工业专门学校、法国都鲁司大学、巴黎矿冶大学、巴黎政治学校、巴黎美术专门学校等学校都比较多。[①] 留法学生学习美术等艺术类专业较多,这与法国的艺术成就较高及法国悠久的传统文化艺术是密切相关的。

南京国民政府时期的中国留比学生依然很多,较为著名的就是从1929—1934 年中比庚款委员会委托中国教育部先后分批招考的庚款留比学生,其中江苏籍留学生所占比例最高。在此以部分江苏留比学生的学校情况作具体分析,见下表:

表 3－12　部分江苏籍庚款留比学生留学学校简表

姓名	籍贯	留学学校	姓名	籍贯	留学学校
孙滌心	江苏	鲁文大学	周家模	江苏	国立列日大学
范商	江苏	鲁文大学	吴运庚	江苏	国立列日大学
徐惊伯	江苏	鲁文大学	华贻干	江苏	国立列日大学
徐凤卓	江苏	鲁文大学	杨彭基	江苏	国立列日大学
路式导	江苏	鲁文大学	顾益卿	江苏	国立列日大学
陈朝璧	江苏	鲁文大学	汤薪荪	江苏	国立列日大学
张轶尘	江苏	鲁文大学	朱治安	江苏	国立冈城大学
周奋扬	江苏	鲁文大学	张家杰	江苏	国立冈城大学
徐直民	江苏	鲁文大学	庄正邦	江苏	国立冈城大学
马光璇	江苏	布鲁塞尔大学	沈承麟	江苏	国立冈城大学

---

① 中国留法比瑞同学会编:《中国留法比瑞同学会同学录》,中国留法比瑞同学会 1943 年版,载于越生文化主编:《中国近代教育文献丛刊·留学教育卷 12》,浙江教育出版社 2020 年版,第 117—333 页。

姓名	籍贯	留学学校	姓名	籍贯	留学学校
张联捷	江苏	布鲁塞尔大学	陈兆鱼	江苏	冈城工艺学校
钱令希	江苏	布鲁塞尔大学	金煜章	江苏	冈城工艺学校
董绎如	江苏	布鲁塞尔大学	沈雅琴	江苏	布鲁塞尔皇家音乐学院
凌其瀚	江苏	布鲁塞尔大学	张充仁	江苏	布鲁塞尔皇家美术学院
薛文庄	江苏	劳动大学	吴伯超	江苏	布鲁塞尔皇家音乐学院
马光启	江苏	劳动大学	厉庆棠	江苏	列日女子学院
吴晋谊	江苏	劳动大学	郭古香	江苏	布鲁塞尔圣露西学校
过永昭	江苏	劳动大学	秦含章	江苏	圣布律高等农学院

资料来源:潘越:《中国近代留学比利时研究(1903—1949)》,暨南大学2012年博士论文;刘真主编:《留学教育:中国留学教育史料》第四册,台北"国立"编译馆1980年版,第1984—1990页。

从上表可以一目了然地看出,留比学生主要集中在鲁文大学、布鲁塞尔大学、劳动大学、列日大学、冈城大学等校。这从《中国留法比瑞同学会同学录》中可以得出相似的结论,这与晚清及民初时期江苏留比学生所在的学校情况十分相似,可能也是历史留学传统使然。

在留学德国方面,南京国民政府前期,中国出现一个留德小高潮,而在1939年至1949年间,留德学生则非常少,这必然与第二次世界大战的社会背景有关。江苏留德学生主要集中在1928—1940年之间,在此以部分留德学生的学校情况作一分析,见下表:

表3-13　1928—1940年江苏留德学生及其留学学校情况简表

姓名	籍贯	留学学校	姓名	籍贯	留学学校
徐道邻	江苏徐州	柏林大学	张青莲	江苏常熟	柏林大学
滕固	江苏宝山	柏林大学	黄鸣龙	江苏扬州	柏林大学

姓名	籍贯	留学学校	姓名	籍贯	留学学校
陈忠寰	江苏扬州	柏林大学	蔡邦华	江苏溧阳	慕尼黑大学
陈邦杰	江苏丹徒	柏林大学	周培源	江苏宜兴	莱比锡大学
王灵根	江苏东台	柏林大学	支秉彝	江苏镇江	莱比锡大学
赵东生	江苏上海	柏林大学	夏坚白	江苏常熟	柏林工业大学
乔冠华	江苏盐城	柏林大学	张德庆	江苏宝山	德国西门子公司实习
戴鸣钟	江苏吴县	柏林大学	龚祖同	江苏上海	柏林技术大学
李玉林	江苏江阴	柏林大学	张大煜	江苏江阴	德累斯顿大学
王英麟	江苏江都	柏林大学	陶云逵	江苏武进	汉堡大学、柏林大学
王淦昌	江苏常熟	柏林大学	谢家荣	江苏上海	弗茵堡大学

资料来源：中国社会科学院近代史研究所编：《民国文献类编·教育卷（740）》，国家图书馆出版社2015年出版，第95—119页；元青：《民国时期中国留德学生与中德文化交流》，《近代史研究》1997年第3期，第237—256页；刘悦、杜卫华：《近现代柏林中国学人考》，浙江大学出版社2018年版，第101—179页。

从上表可以明显地看出，在1928—1940年间，江苏留德学生主要集中在德国柏林大学，此外在莱比锡大学、柏林工业大学、德累斯顿大学、汉堡大学也有一些。事实上，上述学校也是中国留德学生较多的学校，与前期留德学校情况也非常相似。

综上可以看出，随着时间的推移，外国学校不断发展，包括江苏在内的中国留学生在国外留学的学校也在不断增多，但由于历史传统的影响及外国名校的吸引，留学生多留学于外国著名学府，而留学于一般普通的学校较少。

2. 留学专业

留学国家与学校不同，留学专业也会有较大差别。南京国民政府时期庚款留学活动比较多，在此以江苏庚款留美、留英学生所学专业作一个基本点来具体分析。

首先来看江苏庚款留美生的专业情况。在1933—1943年间所进行的庚款留美考试中，共录取江苏籍留学生43人，其在国内毕业学校及毕业院系、所学专业情况见下表：

表 3－14　1933—1943 年庚款考试中录取的江苏籍留美学生专业情况简表

姓名	籍贯	毕业学校	毕业院系	毕业年度	获得学位
龚祖同	江苏南汇	清华大学	理学院物理学系	1930	理学士
蒋金涛	江苏南通	交通大学	电机工程学院电信系	1930	工学士
蒋葆增	江苏镇江	交通大学	电机工程学院电信系	1930	工学士
吴学蔺	江苏武进	大同大学	理学院物理学系	1930	理学士
顾光复	江苏川沙	交通大学	机械工程学院工业系	1933	工学士
黄文熙	江苏吴江	中央大学	工学院土木科	1930	工学士
张昌龄	江苏江宁	清华大学	工学院土木工程系	1930	工学士
戴松恩	江苏常熟	金陵大学	农学院农艺学	1931	农学士
王元照	江苏沭阳	清华大学	法学院经济学系	1930	法学士
徐义生	江苏武进	清华大学	法学院政治学系	1931	法学士
杨绍震	江苏武进	清华大学	文学院历史学系	1933	文学士
孙令衔	江苏无锡	东吴大学	理学院化学系	1932	理学士
时钧	江苏常熟	清华大学	理学院化学系	1934	理学士
费青	江苏吴江	东吴大学	法律学院法律系	1929	法学士
张光斗	江苏常熟	交通大学	土木工程构造系	1934	工学士
徐芝纶	江苏江都	清华大学	工学院土木工程系	1934	工学士
张骏祥	江苏镇江	清华大学	文学院外国语文系	1931	文学士
谢强	江苏吴江	燕京大学	法学院经济学系	1934	法学士
张全元	江苏武进	浙江大学	工学院化学工程系	1935	工学士
潘尚真	江苏常熟	浙江大学	工学院化学工程系	1935	工学士
沈同	江苏吴江	清华大学	理学院生物学系	1933	理学士
薛芬	江苏无锡	清华大学	理学院生物学系	1929	理学士
张煦	江苏无锡	交通大学	电机工程学院电信系	1934	工学士
贝季瑶	江苏吴县	交通大学	机械工程学院工业系	1935	工学士

姓名	籍贯	毕业学校	毕业院系	毕业年度	获得学位
俞秀文	江苏太仓	沪江大学	教育学院教育学系	1932	文学士
孙晋三	江苏松江	清华大学	文学院外国语文系	1935	文学士
章锡昌	江苏武进	金陵大学	农学院农艺学系	1932	农学士
沈隽	江苏吴江	金陵大学	农学院园艺学	1934	理学士
郑重	江苏吴江	清华大学	理学院生物学系	1934	理学士
王兆振	江苏武进	交通大学	工学院电力学系	1936	工学士
钱惠华	江苏金坛	交通大学	工学院汽车学系	1935	工学士
汪德熙	江苏灌云	清华大学	化学系	1935	理学士
陈耕陶	江苏嘉定	清华大学	生物学系	1934	农学士
胡宁	江苏宿迁	清华大学	物理学系	1938	理学士
叶玄	江苏青浦	交通大学	机械工程学院	1936	工学士
吕保维	江苏武进	清华大学	电机工程学系	1939	工学士
樊星南	江苏吴县	中央政治学校	教育学系	1940	教育学学士
王积涛	江苏吴县	西南联大	理学院	1941	理学士
吴仲华	江苏吴县	清华大学	工学院机械系	1940	工学士
凌宁	江苏海门	中央大学	农学院	1943	农学士
方中达	江苏武进	金陵大学	农学院农林生物系	1940	农学士
钱钟毅	江苏无锡	交通大学	土木工程学院	1937	工学士
张建侯	江苏泰兴	南开大学	化学工程系	1939	工学士

资料来源:刘真主编《留学教育:中国留学教育史料》第四册,台北"国立"编译馆1980年版,第1881—1912页;钱伟长、虞昊主编《一代师表叶企孙》,上海科学技术出版社2013年版,第342—344页。

从上表中可以统计出43名庚款留美学生,在国内毕业获得工学士的有18人,获得理学士的11人,获得农学士学位的5人,获得法学士学位的有4人,获得文学士的有4人,获得教育学学士的有1人。学习理、工、农等实学类专业(34人)的占总数(43人)的79.07%,学习文、法、教等文类专业的仅有 9 人,占总数的 20.93%。由此可见,江苏庚款留美生学习的专业以理、工、农科占绝对多数,文类专业仅占少量比例。这也是全国大多数庚款留美生的专业选择。

再来看庚款留英学生所学专业情况。从 1933 年至 1946 年,共举办九届庚款留英考试,共录取 194 人,其中江苏籍有 63 人。此 63 名江苏籍留英学生中,学习理工科的有 46 人,约占总数(63)的 73%,学习人文科的有 17 人,约占总数的 27%。可见,学习理工科专业的仍占绝对多数,与庚款留美生学习专业情况非常相似。

最后来看留日庚款补助学生所学专业情况。根据《湖北教育公报》第 1 卷第 12 期刊载的《留日庚款学生一览》,江苏省 27 名留日庚款补助学生,其中学习医学的有 5 名,学习经济学的 4 名,学习政治学的 4 名,学习政治经济学的 2 名,学习工学的 3 人,学习理科的 2 名,学习艺术的 2 人,学习法学的 2 人,学习农科 1 人、商学 1 人、文学 1 人[①]。由此可以看出,学习理、工、医、农等自然科学的 11 人,而学习人文社会科学的有 16 人,文类多于实类学科。这明显与庚款留美、留英学生的专业选择不同。

不仅庚款补助生与英美不同,而且其他公费、自费生的专业选择也与英美留学生不同。以 1928 年度江苏留日学生为例。1928 年度江苏留日学生已入正式学校者有 71 人,入预备学校者 20 人,自修者 31 人。关于正式入学的 71 人,其所学学科有专门统计,详情见下表:

表 3-15 1928 年度江苏留日学生科别统计表

自然科学 22 人,占 31%				社会科学 48 人,占 69%								未详	合计
农科	工科	理科	医科	社会科	教育科	艺术科	史地科	哲学科	军事科	商科	体育科		
7	4	2	9	30	2	10		1		5		1	71

资料来源:中华民国驻日留学生监督处编:《中华民国十七年度留日学生统计一瞥》,中华民国驻日留学生监督处 1929 年出版,见越生文化主编:《中国近代教育文献丛刊·留学教育 05》,浙江教育出版社 2020 年版,第 191 页。

<hr>

[①]《留日庚款学生一览》,载于《湖北教育公报》第 1 卷第 12 期,1930 年 10 月 15 日。

表 3-15 中理、工、医、农等自然科学共 22 人,占 31％;而社会科学(包括社会科、教育科、艺术科、哲学科、商科)共 48 人,占 69％。可见,自然科学与社会科学比例约等于 1∶2。这种情况恰好与留美、留欧学生相反。这在全国留日学生中也是普遍现象,而且自清末以来,在专业选择上就表现得与欧美留学生不同,文类略多于实类。

南京国民政府前期,根据江苏省教育厅编写的《江苏教育概览(二)》统计,国外江苏籍留学生由江苏省款津贴或由江苏省教育厅核给官费,二十年度(1931 年度)共 64 人(自费留学与中央稽勋或选送留学者皆不在内),其中理科 24 人,工科 12 人,文科 7 人,农科 7 人,艺术 5 人,医科 4 人,法科 3 人,体育 1 人,航空 1 人。[①] 由此可知,大文类(文 7、法 3、艺术 5、体育 1)共 16 人,而实学类(理 24、工 12、农 7、医 4、航空 1)共 48 人,则实与文比例约为 3∶1。再看 1933 年度江苏省留学生情况,从科别来看,其中实类 48 人(理 5,农 5,工 34,医 4),文类 15 人(文 6,法 5,教育 3,商 1)[②],由此可知,实类与文类相比约为 3∶1,与 1931 年度相同。从全国来看,根据教育部发给留学证书案卷统计,1933 年度全国出国留学生共 619 人,从学科来看,实类共计 319 人,占 51.5％(内理科 62 人,农林 44 人,工程 131 人,医药 82 人),文类共计 300 人,占 48.5％(内文艺 77 人,法政 143 人,教育 49 人,商业 31 人),可见实类略多于文类,但相差不大。仅以公费生来看,1933 年度公费生共考选 123 人,共中实类共取 107 人,占全国公费生取录总人数的 87％,文类共取 16 人,占 13％。[③] 可见,实类几乎是文类的 7 倍之多。所以与全国公费生相比,江苏公费留学生的专业选择,在文类与实类的比例方面差别不算很大。

重视实类学科是国民政府留学教育的一个显著特征。在全面抗战之前,南京国民政府就非常重视实类学科留学生的选派,1933 年后,实

[①] 江苏省教育厅编:《江苏教育概览(二)》,江苏省教育厅 1932 年铅印本,见王燕来选编:《民国教育统计资料汇编》第 17 册,国家图书馆出版 2010 年版,第 537—538 页。

[②] 国民政府教育部统计室编:《全国高等教育统计》,1936 年铅印,见王燕来选编:《民国教育统计资料汇编》第 5 册,国家图书馆出版社 2010 年版,第 272 页。

[③] 国民政府教育部统计室编:《全国高等教育统计》,1936 年铅印,见王燕来选编:《民国教育统计资料汇编》第 5 册,国家图书馆出版社 2010 年版,第 22—25 页。

类学科留学生的占比甚至超过文类。而在全面抗战时期，国民政府对实类学科的重视程度有过之而无不及，已成为战时国民政府派遣留学生的显著特点。但因全面抗战时期和抗战之后，国民政府实行留学统考制度，地方各省不能自主选派留学生，所以在此不再赘述。

三、留学生费别与性别

1. 留学生费别

南京国民政府前期，国内外环境相对稳定，国民政府实行的是以地方省派为主，中央以指导、监督为主。全面抗战时期，国民政府为统筹抗战需要，实行统制留学政策，在太平洋战争爆发之前，基本没有选派留学生，在太平洋战争爆发之后，无论自费还是公费留学，都由教育部负责统一考选，故地方各省没有选派权。抗战胜利之后，国民政府沿袭战时做法，依然对留学教育实行统制政策，对公费与自费留学采取全国统考办法，地方各省参与度不大。故抗战时期与战后的留学教育，与地方各省关联不大。在此仅以南京国民政府初期江苏省选派的留学生情况来进行具体分析。

根据《全国高等教育统计》，以国民政府教育部核发留学证书为准，从 1929 年度至 1934 年度，共派留学生 5192 人，其中 1929 年度计派留学生 1657 人（公费 89 人，自费 1568 人），1930 年度派 1029 人（公费 81 人，自费 948 人），1931 年度派 450 人（官费 39 人，自费 411 人），1932 年度派 576 人（公费 37 人，自费 539 人），1933 年度派 621 人（公费 101 人，自费 520 人），1934 年度派 859 人（公费 141 人，自费 718 人）[①]。由上述数据可以得出，六年间公费生共 488 人，自费生共 4704 人，则公自费比例约为 1∶10。

再看江苏省选派的公费生与自费生情况。据中华民国驻日留学生监督处编的《中华民国十七年度留日学生统计一瞥》统计，1928 年度，江苏留日学生费别统计：私费 94 人，公费 1 人，庚款 24 人，特选费 1

---

① 教育部统计室编：《全国高等教育统计》，1936 年印，见王燕来选编：《民国教育统计资料汇编》第 5 册，国家图书馆出版社 2010 年版，第 343—349 页。

人,选拔费 2 人。① 根据江苏省教育厅编写的《江苏教育概览(二)》可以了解到,江苏选派的官费生与津贴生(不包括自费生、庚款生、稽勋留学生),1928 年度 30 人,1929 年度 60 人,1930 年度 74 人,1931 年度 64 人。② 数据来源不同,统计结果会有一些差别。比如,根据《江苏省教育公报》上刊载的江苏教育厅统计数据,苏省十八年度(1929)留学数,官费生凡 17 人,计留英 1 人,留法 6 人,留比 1 人,留德 3 人,留美 6 人。留学欧美日本津贴凡 36 人,计留法 18 人,留比 1 人,留德 2 人,留美 3 人,留日 12 人③。二者合计 53 人,与上文中统计的 60 人有一些出入。

据《江苏全省国外留学生概数》统计,十九年度(1930)江苏全省国外留学生共 74 人,其中英国留学生 2 人,法国留学生 30 人,德国留学生 6 人,意、比留学生共 4 人,美国留学生 10 人,日本留学生 22 人。男留学生共 69 人,女留学生共 5 人。官费生共 24 人,津贴生共 50 人。自费者及中央选派者未在内。④

《江苏教育概览(二)》将 1931 年度的官费留学生进行了具体统计:"国外苏籍留学生由省款津贴或由教育厅核给官费,十九年度共 74 人,二十年度共 64 人,自费留学与中央稽勋或选送留学者皆不在内。兹将二十年度(1931)各国人数多少之比较罗列于下:法国 21 人,津贴生 14 人,官费生 7 人;日本 17 人,津贴生 15 人,官费生 2 人;美国 10 人,津贴生 4 人,官费生 6 人;德国 8 人,津贴 5 人,官费生 3 人;比国 4 人,津贴生 1 人,官费生 3 人;英国 3 人,津贴生 2 人,官费生 1 人;意大利 1 人,官费生。合计 64 人,津贴生 41 人,官费生 23 人。"⑤

根据《二十一年度全国高等教育概况略述》:"根据各省市教育当局

---

① 中华民国驻日留学生监督处编:《中华民国十七年度留日学生统计一瞥》,中华民国驻日留学生监督处 1929 年版,载于越生文化主编:《中国近代教育文献丛刊·留学教育 05》,浙江教育出版社 2020 年版,第 192 页。

② 江苏省教育厅编:《江苏教育概览(二)》,江苏省教育厅 1932 年铅印本,载于王燕来选编:《民国教育统计资料汇编》第 17 册,国家图书馆出版社 2010 年版,第 537—538 页。

③ 殷梦霞、李强选编:《民国教育公报汇编》第 116 册《江苏省教育公报》,国家图书馆出版社 2009 年版,第 590 页。

④ 《江苏全省国外留学生概数》,见王燕来选编:《民国教育统计资料汇编》第 16 册,国家图书馆出版社 2010 年版,第 226 页。

⑤ 江苏省教育厅编:《江苏教育概览(二)》,江苏省教育厅 1932 年铅印本,见王燕来选编:《民国教育统计资料汇编》第 17 册,国家图书馆出版社 2010 年版,第 537 页。

之填报,本年度国外留学生共计 490 人,官费生占 54.4%,补助费生
31.5%,半官费生占 5.1%,而自费生占 9.0%。关于各省市留学经费,
全国共计约 150 余万元,各省是项经费占全省教育经费之比率,多则为
12%,少则仅 1.25%,其余省占均在此比率之间。其分配状况,公费生
所得占 79.47%,半官费之补助占 2.83%,自费生之津贴占 17.7%。"①
但奇怪的是,1932 年度江苏省却没有官费生。一方面,从江苏的教育
统计表中看不到 1932 年的官费留学生情况,另一方面,根据《全国出国
留学生之籍贯》统计,1932 年度江苏没有公费留学生,其体现出的 76 名
留学生全是自费留学生,具体情况如下表:

表 3-16　1932 年度江苏留学生简表

合计		英		德		法		比		美		日	
自	公	自	公	自	公	自	公	自	公	自	公	自	公
76	0	8		6		17		1		22		22	

资料来源:《全国出国留学生之籍贯》,王燕来选编:《民国教育统计资料汇编》第 4
册,国家图书馆出版社 2010 年版,第 491—492 页。

　　根据教育部统计室编的《全国高等教育统计》(1936 年印),1933 年
度出国留学生,以国民政府教育部发给留学证书案卷总计 621 人,其中
公费生共 101 人,占 16.26%,自费生共 520 人,占 83.74%;本年度出
国留学生之籍贯人数以江苏(122 人)为最多。② 即使同一个文件,统计
出的数据也有一定的差别,比如,同样是《全国高等教育统计》,得出的
1933 年度江苏省留学生费别,官费生 18 人,津贴费 99 人,合计共 117
人。③ 与上述的 122 人也有不同。

　　根据国民政府教育部档案留学之案卷,1934 年度出国留学生共计
850 余人。其中自费生共计 710 余人,占出国总人数 83.59%,公费生

---

① 《二十一年度全国高等教育概况略述》,见王燕来选编:《民国教育统计资料汇编》第 4 册,国家图书
　　馆出版社 2010 年版,第 141—142 页。
② 教育部统计室编《全国高等教育统计》,见王燕来选编:《民国教育统计资料汇编》第 5 册,国家图书
　　馆出版社 2010 年版,第 22—25 页。
③ 教育部统计室编《全国高等教育统计》,见王燕来选编:《民国教育统计资料汇编》第 5 册,国家图书
　　馆出版社 2010 年版,第 272 页。

141 人，占 16.41％，即自费生是公费生的 5 倍；本年度出国留学生之籍贯人数以江苏 185 人为最多。本年度录取公费生共计 15 省，录取人数以苏浙（各 19 人，各占 24.05％）为最多。[①] 由此可知，1934 年度江苏共派遣 185 名留学生，其中公费选派的有 19 人，其余则是津贴生和自费生。可见，无论是全国还是江苏省，公费选派的留学生仅占少数，大部分还是通过自费出国留学的。

全面抗战开始后，国民政府为统筹抗战建国需要，令海外留学生归国服务，国内留学生尽量不派遣出国，除了一些庚款留学生继续派遣之外，地方各省基本停止了公自费留学生的派遣。太平洋战争爆发后，国内外形势有所好转，国民政府于 1943 年底举行了第一届全国自费留学考试，1944 年底又举行英美奖学金留学考试，此两次大规模的统考都是由国民政府教育部统一组织考选的，除了云南和广西自行组织了少量留学生考选之外，其他各省都没有组织考选留学生工作，江苏省亦然。

2. 留学生性别

关于留学生的性别，首先看当时全国留学生的性别比例情况。根据《我国最近数年度出国留学生之人数与性别》统计，全国出国留学生，1929 年度共 1657 人，其中男 1545 人，女 112 人；1930 年度共 1030 人，其中男 932 人，女 98 人；1931 年度共 450 人，其中男 391 人，女 59 人；1932 年度共 576 人，其中男 471 人，女 105 人。总计，男 3339 人，女 374 人。[②] 由此可见，1929 年度全国留学生男女比例约为 14∶1；1930 年度男女比例约为 10∶1；1931 年度男女比例约为 7∶1；1932 年度男女比例约为 4∶1。可见，男女比例各年度相差较大，综合四个年度，总计男女比例约为 9∶1。

根据教育部统计室编的《全国高等教育统计》，1933 年度全国出国留学生总计 621 人，男性共计 538 人，占 86.63％，女性共计 83 人，占

① 教育部统计室编：《全国高等教育统计》，见王燕来选编：《民国教育统计资料汇编》第 5 册，国家图书馆出版社 2010 年版，第 343—349 页。

② 《我国最近数年度出国留学生之人数与性别》，见王燕来选编：《民国教育统计资料汇编》第 4 册，国家图书馆出版社 2010 年版，第 509—510 页。

13.37%，男女比例约为 6∶1；男性公费生 100 人，自费生 438 人，女性公费生 1 人，自费 82 人。男性赴欧洲者 187 人（内英国 66 人，德国 64 人，法国 37 人，比国 14 人，意大利、奥地利各 2 人，瑞士、丹麦各 1 人），赴美洲者 158 人（内美利坚 157 人，加拿大 1 人），赴其他各国共 193 人（内日本 187 人，埃及 5 人，安南 1 人），女性赴欧洲者 21 人（内英国 9 人，法国 8 人，德国 4 人），赴美利坚 29 人，赴日本 32 人，赴菲律宾 1 人。[①] 由此观之，在留学生总数中，男女比例约为 6∶1。女性留学生多集中在自费生中，而且主要集中在日本、美国。

根据教育部档案留学案卷，1934 年度全国出国留学生共计 859 余人，其中男生 758 人，占出国总数 88.2%，女生 101 人，占 11.8%。男生赴欧洲各国留学者共计 229 人（内英国 109 人，德国 55 人，法国 38 人，比国 14 人，意国 9 人，瑞士、丹麦、奥地利、荷兰等国各 1 人），赴美洲者 221 人（美国占 28.9%，加拿大占 0.3%）；赴日本者 307 人，菲律宾 1 人。女性赴欧洲各国留学者共计 25 人（内英国 12 人，德国 6 人，法国 4 人，比国 2 人，意国 1 人），赴美洲者 36 人（美国 35 人，加拿大 1 人），赴日本者 40 人。[②] 由此观之，1934 年度全部出国留学生中，男女比例约为 8∶1。从留学国家来看，女性留学生仍主要集中在日本、美国。

因全面抗战爆发，1937 年度出国留学人数锐减，本年度总计出国人数 366 人，其中男性 322 人，女性 44 人，男女比例约为 7∶1，而且女性留学生全部集中在自费生中，因日本发动侵华战争，女性留学生多集中在美国（30 人）。[③]

由上述数据可以看出，自 1929 年到 1937 年，每年留学生中男女相差比例是不等的，但总体来看，男生至少是女生的 6 倍以上，甚至多达 10 倍。虽然在辛亥革命、五四运动之后，女性思想得到大大解放，但从

① 教育部统计室编：《全国高等教育统计》1936 年印，见王燕来选编：《民国教育统计资料汇编》第 5 册，国家图书馆出版社 2010 年版，第 22—25 页。
② 教育部统计室编：《全国高等教育统计（民国二十二年度、二十三年度）》，教育部 1936 年铅印，见王燕来选编：《民国教育统计资料汇编》第 5 册，国家图书馆出版社 2010 年版，第 343—349 页。
③ 《抗战时期各种教育统计》，王燕来、谷韶军辑：《民国教育统计资料续编》第 6 册，国家图书馆出版社 2012 年版，第 292 页。

全国来看,女性受教育权还是得不到普及,尤其是在一些经济文化落后地区,女性社会地位还很低。

江苏省虽然作为沿海省份,经济文化较为发达,思想比较开放,可能在接受初等教育、中等教育方面稍微优于内地省份,但在接受高等教育和出国留学教育方面,并不比全国比例高多少。以数据来看,女性留学生向来留学日本较多,南京国民政府时期亦是如此。根据驻日留学生监督处编写的中华民国十七年度(1928年度)留日学生统计,江苏留日学生,男生107人,女生15人,共122人,男女比例约7∶1。[①] 留日女性在自费生中相对较多,在官费生及津贴生中相对较少。比如同样是1928年度,江苏留日官费生与津贴生共12人,其中女性留学生仅有1人。

根据江苏省教育厅编的《江苏最近教育概况》,1928年度,江苏省官费留学生及津贴留学生共45人(男40人,女5人),其中英国1人(男),法国20人(男18人,女2人),德国3人(男),比利时1人(男),美国8人(男6人,女2人),欧美总计33人,其中男29人,女4人;日本共12人(男11人,女1人)。1929年度共57人(男51人,女6人),其中,英国1人(男),法国23人(男21人,女2人),德国5人(男),比利时4人(男),美国9人(男8人,女1人),欧美总计42人(男39人,女3人);日本15人(男12人,女3人)。[②] 由此可见,1928年度,江苏官费生及津贴生中男女比例为8∶1,1929年度男女比例约为9∶1。但是在自费留学生中,女性比例要更高一些。根据江苏省教育厅编写的《江苏最近教育概况》数据,以1929年7月调查统计的江苏留学日本自费生人数来看,男性自费留学生49人,女性留学生11人[③],男女比例约为4∶1。这个比例要远高于官费生及津贴生中的男女比例。

根据《江苏全省国外留学生概数》统计,1930年度,江苏省国外留

---

① 中华民国驻日留学生监督处编:《中华民国十七年度留日学生统计一瞥》,见越生文化主编《中国近代教育文献丛刊·留学教育05》,浙江教育出版社2020年版,第187页。

② 江苏省教育厅编:《江苏最近教育概况》,1930年铅印,见王燕来选编:《民国教育统计资料汇编》第18册,国家图书馆出版社2010年版,第135—137页。

③ 江苏省教育厅编:《江苏最近教育概况》,1930年铅印,见王燕来选编:《民国教育统计资料汇编》第18册,国家图书馆出版社2010年版,第131—135页。

学生共 74 人（自费者及中央选派者未在内），公费生共 24 人，津贴生共 50 人，其中英国留学生共 2 人，法国留学生共 30 人，德国留学生共 6 人，意、比留学生共 4 人，美国留学生共 10 人，日本留学生共 22 人。男性留学生共 69 人，女性留学生共 5 人[1]，亦即男女比例约为 14：1。

根据江苏省教育厅编写的《江苏教育概览（二）》数据，1931 年度，国外苏籍留学生由省款津贴或由江苏教育厅核给官费共 64 人（自费留学与中央稽勋或选送留学者皆不在内），其中男生 60 人，女生 4 人[2]，男女比例约为 15：1。

从上述 1928 年度至 1931 年度历年江苏留学生来看，各年的男女比例不同，总体看来男性留学生大约是女性留学生的 10 倍，而且主要集中在日本，这与全国的男女比例及留学国家情况是非常相似的。

四、留学生的具体籍贯

自晚清以来，江苏留学人数一直位居全国前列，在南京国民政府时期也是如此。以江苏省内各市县来看，苏南地区留学人数还是远多于苏北地区。这种情况自晚清以来一直都存在。

1. 江苏位居全国前列

南京国民政府前期，留学生的派遣沿袭北洋政府时期，以地方各省自行选派为主。这一时期，江苏凭借其自身的经济文化实力，出国留学生数仍然位居全国前列。

根据教育部发给留学证书案卷统计，1933 年度出国留学生总计 621 人，从籍贯来看："本年度出国留学生之籍贯人数以江苏（122 人）、广东（97 人）、浙江（71 人）三省为较多，其次为湖南 49 人，安徽 48 人，河北 47 人，湖北 32 人，江西 29 人，福建 26 人，四川 24 人，再次为山东 18 人，山西 14 人，河南 11 人，辽宁 11 人，而以贵州 5 人、广西 4 人、陕西 4 人、云南 4 人、绥远 2 人、新疆 1 人、察哈尔 1 人、青海 1 人为较少，

---

[1]《江苏全省国外留学生概数》，见王燕来选编：《民国教育统计资料汇编》第 16 册，国家图书馆出版社 2010 年版，第 226 页。

[2] 江苏省教育厅编：《江苏教育概览（二）》，1932 年铅印，见王燕来选编：《民国教育统计资料汇编》第 17 册，国家图书馆出版 2010 年版，第 537—538 页。

其余各省区皆无出国留学生。"①从 1933 年度的统计可以看出,江苏籍派遣人数遥居全国之首。

再看 1934 年度出国留学生情况,根据教育部档案之留学案卷,本年度出国留学生共计 850 余人。"本年度出国留学生之籍贯人数以江苏 185 人,浙江 129 人,广东 100 人三省为较多,其次为河北 62 人,湖南、安徽各 49 人,山东 47 人,福建 41 人,江西 37 人,四川 33 人,湖北 28 人,河南 25 人,山西 17 人,广西 15 人,陕西 14 人,辽宁、云南各 7 人,吉林、贵州各 4 人,黑龙江 2 人,西康、甘肃、青海三省各 1 人,为最少。其余各省皆无出国留学生。""本年度录取公费生共计 15 省(山西因考生成绩不及格未录取),录取人数以苏浙(各 19 人,各占 24.05%)为最多,其次为广东(8 人,占 10.13%),再次为湖南,湖北,河南,安徽,广西,江西(江西 3 人占 3.80%,其余每省 4 人各占 5.06%),福建、辽宁、吉林、察哈尔各 2 人,各占 2.53%,又次之。而以山东、四川为最少,各 1 人,各占 1.27%。"②可见,1934 年度的留学生,无论是从留学生总数还是单从公费留学生来看,江苏籍留学生都是最多的。

从庚款留学生来看,自 1933 年至 1935 年,中英、中美庚款留学考试持续进行,生源来自全国各地,与各省官费支持毫无关系,但江苏籍留学生仍占绝对多数。首先从留英庚款生来看,1933 年第一届中英庚款董事会录取 9 人(其中江苏籍 4 人),1934 年第二届中英庚款董事会录取 26 人(其中江苏籍 9 人),1935 年第三届中英庚款董事会录取 24 人(其中江苏籍 8 人),江苏籍留学生占总数的 35.59%。再看国立清华大学录取留美公费生之籍贯,第一届(1933 年)录取 25 人,其中江苏籍 19 人;第二届(1934 年)录取 20 人,其中江苏籍 6 人;第三届(1935 年)录取 30 人,其中江苏籍 9 人,江苏籍留学生(34)占总数(75)的 45.33%。③ 这些数据能够明显地看出,江苏籍留学生在英、美庚款留学

① 教育部统计室编:《全国高等教育统计》,教育部 1936 年铅印,见王燕来选编:《民国教育统计资料汇编》第 5 册,国家图书馆出版社 2010 年版,第 22—25 页。
② 教育部统计室编:《全国高等教育统计》,1936 年铅印,见王燕来选编:《民国教育统计资料汇编》第 5 册,国家图书馆出版社 2010 年版,第 343—349 页。
③ 教育部统计室编:《全国高等教育统计》,1936 年铅印,见王燕来选编:《民国教育统计资料汇编》第 5 册,国家图书馆出版社 2010 年版,第 635—636、639—640 页。

生总数中遥居各国之首。

全面抗战时期,国民政府统制留学,地方各省官费与自费留学被禁止。直至太平洋战争爆发后,形势有所好转,国民政府教育部于1944年底举行了第一届全国性的自费留学统一考试,从其录取者的籍贯来源来看,江苏籍留学生人数仍居全国之首,具体数据见下表:

表3-17　1944年第一届自费留学统考中录取的留学生籍贯分布表

江苏	四川	浙江	湖南	湖北	福建	安徽	广东
78	42	36	30	19	19	17	16
江西	河南	河北	山东	辽宁	吉林	山西	陕西
11	11	10	8	7	5	3	3
云南	贵州	甘肃	广西	热河	上海	北平	
3	3	2	1	1	1	1	

资料来源:根据国民政府教育部留学生考选委员会编:《第一届自费留学生考试报告》(独立出版社1944年版,第7—14页)附录3《第一届考试及格自费出国留学生名册》整理编制。

2. 苏南远远多于苏北

南京国民政府时期,江苏作为中央政府所在地,经济文化得到了较快发展。表现在留学教育方面,苏南地区的留学教育优势仍然十分明显,总体看来苏南地区的出国留学生仍然远多于苏北地区。

以具体数据来看,江苏省教育厅编写的《江苏最近教育概况》不仅将1929年度的官费生与津贴生进行了详细统计,而且将自费生的姓名与籍贯也有详细记录,仅以此为例来进行具体分析。详情见下表:

表3-18　1929年7月—1930年3月江苏留学欧美日官费生与津贴生籍贯表

姓名	籍贯	姓名	籍贯	姓名	籍贯	姓名	籍贯	姓名	籍贯
吴定良	金坛	钮珉华	松江	张述祖	南通	李希元	镇江	吴鼎	武进
张宗蠡	宿迁	严楚江	崇明	张大煜	江阴	马光启	无锡	龚谟	海门
周厚福	江都	王建瑶	无锡	王毓明	武进	侯德孚	江宁	沈德	上海

姓名	籍贯	姓名	籍贯	姓名	籍贯	姓名	籍贯	姓名	籍贯
喻兆琦	兴化	朱罹人	淮安	施士元	崇明	沈乃菁	青浦	陈洵	宜兴
徐仲年	无锡	施孔怀	海门	张为琨	吴县	卢元升	如皋	叶林	淮安
陆振轩	武进	时光辰	无锡	袁行洁	武进	陈学勤	嘉定	宜塔	武进
虞炳烈	无锡	洪之琛	太仓	凌其翰	上海	唐庆永	太仓	叶南	吴县
汪德耀	灌云	沈福顺	上海	马诒绶	昆山	童我愉	上海	潘琦	盐城
程鸿寿	吴县	叶蕴理	江宁	孙醒东	江宁	褚师良	奉贤	陈洪	无锡
王宝琳	金山	徐沔池	吴江	王翰治	吴县	周元功	宜兴	顾辑	无锡
孙定玉	吴江	吴增诚	江阴	陆荣圻	无锡	华鹿衡	无锡	王涛	崇明
戈绍龙	东台	林镕	丹阳	储拔	宜兴	王志鹄	崇明	唐源	武进

资料来源:江苏省教育厅编:《江苏最近教育概况》,江苏省教育厅 1930 年铅印。见王燕来选编:《民国教育统计资料汇编》第 18 册,国家图书馆出版社 2010 年版,第 121—124、128—129 页。

根据上表籍贯统计,江苏上海地区(上海 4,崇明 4,嘉定 1,青浦 1,松江 1,奉贤 1)共 12 人,无锡市(无锡 9,江阴 2,宜兴 3)共 14 人,苏州市(吴县 3,昆山 1,太仓 2,吴江 2,吴县 1)共 9 人,常州市(武进 6,金坛 1)共 7 人,镇江市(镇江 1,金山 1,丹阳 1)共 3 人,南京市(江宁 3)共 3 人,南通市(南通 1,如皋 1,海门 2,东台 1)共 5 人,泰州市(兴化 1)共 1 人,江苏宿迁市共 1 人,淮安市共 2 人,盐城市共 1 人,扬州市(江都 1)共 1 人,连云港市(灌云 1)共 1 人,合计 60 人。上述各县中,以苏南无锡县(今无锡市)留学人数最多,苏北地区的徐州市竟然没有一人。苏南各市共 48 人,占总数的 80%,苏北各市共 12 人,占总数的 20%,苏南与苏北之比为 4∶1。上述各市官费生及津贴生留学人数统计图如下:

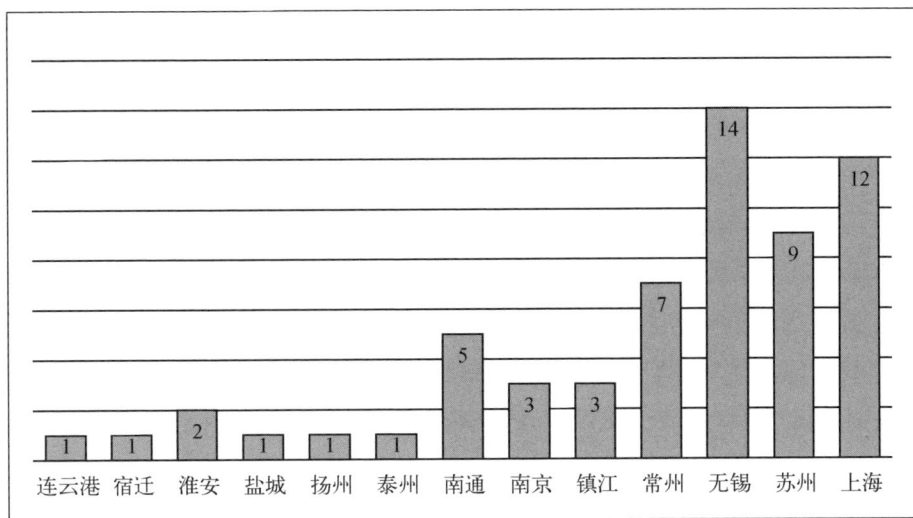

图 3－1　1929—1930 年江苏官费与津贴生各市分布图

再来看自费生情况。根据江苏省教育厅编写的《江苏最近教育概况》，将 1929 年度自费留学欧美日的江苏留学生姓名及籍贯列表如下：

表 3－19　1929 年 7 月—1930 年 3 月江苏部分留学欧美日自费生籍贯表

姓名	籍贯	姓名	籍贯	姓名	籍贯	姓名	籍贯
薛镇曾	南通	徐公肃	吴县	何穆	无锡	薛侣	南汇
戴靖	镇江	周还	常熟	徐宝彝	金山	邹锺琳	无锡
张训坚	江宁	邓开举	江宁	蒋士彰	江都	顾毓瑔	无锡
蒋绍荃	无锡	邵鹤亭	宜兴	陈耀东	泰兴	江康黎	南通
孙尊卫	无锡	邵圃	武进	龚寒梅	川沙	滕圭	奉贤
吴澂	江阴	凌其垲	上海	张友梅	上海	张功焕	武进
唐权	如皋	雷奎元	松江	黄种强	上海	吴俊升	如皋
庄莘儒	武进	颜文樑	吴县	邢文钺	上海	许兆鹏	吴县
汤元吉	南通	秦大钧	无锡	黄荫业	武进	瞿立衡	南通
顾葆常	无锡	徐复云	无锡	陈炳相	江阴	倪亮	江宁
向思任	江阴	徐震洲	六合	程振夏	无锡	俞懋襄	江阴

姓名	籍贯	姓名	籍贯	姓名	籍贯	姓名	籍贯
苏祖明	上海	刘公溥	常熟	台振洲	灌云	马树礼	涟水
郁仁贻	海门	朱玉吾	常熟	张淑媛	高邮	朱大漳	金坛
汪续熙	吴县	高乔平	青浦	冷欣	兴化	李燮	淮阴
田豫钧	泗阳	王邠	江宁	陶效康	阜宁	邹泰仁	无锡
尤家鹏	无锡	承璇	武进	钱春祺	沭阳	周信甫	江宁
张廷云	上海	陆惠琴	常熟	郭竹书	阜宁	胡晓春	宜兴
张渭泾	常熟	单毓如	上海	王堡伦	兴化	耿香远	沭阳
张德垣	沭阳	陆健庭	铜山	朱亚兰	嘉定	曹玉清	南通
徐文博	江阴	董梓荫	武进	朱宝仁	涟水	张国光	泰县
广冠东	阜宁	薛鸿圻	江阴	彭望师	吴县	曾启人	崇明
周寿宇	淮安	杨昌	南通	张泰年	泰兴	包叔元	吴县

资料来源:江苏省教育厅编:《江苏最近教育概况》,江苏省教育厅 1930 年铅印。见王燕来选编:《民国教育统计资料汇编》第 18 册,国家图书馆出版社 2010 年版,第 125—128、131—135 页。注:表列自费生就江苏省教育厅有案可查者列入。

通过对上表中的籍贯人数统计,可以得出如下结论:江苏上海地区(上海 7,崇明 1,嘉定 1,青浦 1,松江 1,川沙 1,奉贤 1,南汇 1)共 14 人,无锡市(无锡 11,江阴 6,宜兴 2)共 19 人,苏州市(吴县 6,常熟 5)共 11 人,常州市(武进 6,金坛 1)共 7 人,镇江市(镇江 1,金山 1)共 2 人,南京市(江宁 5,六合 1)共 6 人,南通市(南通 6,如皋 2,海门 1)共 9 人,泰州市(泰兴 2,泰县 1,兴化 2)共 5 人,宿迁市(沭阳 3,泗阳 1)共 4 人,淮安市(淮安 1,淮阴 1,涟水 2)共 4 人,盐城市(阜宁 3)共 3 人,扬州市(高邮 1,江都 1)共 2 人,连云港市(灌云 1)1 人,徐州市(铜山 1)1 人,合计 88 人。苏南地区共计 59 人,占江苏总数的 67.05%;苏北地区共计 29 人,占江苏总数的 32.95%。苏南与苏北之比约为 2∶1。上述各市自费生留学人数统计图如下:

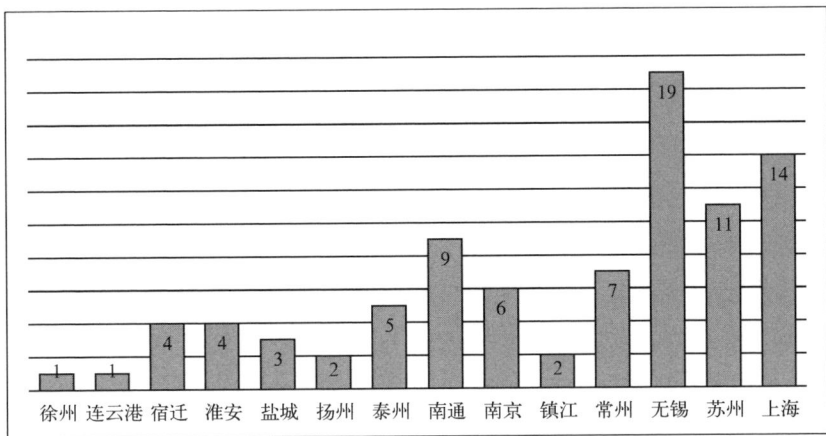

图 3-2　1929 年度江苏自费留学生各市分布图

从上述图表可以看出,南京国民政府时期,无论是自费留学还是公费留学,苏南地区的留学人数都远多于苏北地区,这种现象自晚清以来就表现得十分明显。其原因也是十分明显的,经济基础决定上层建筑,苏南与苏北地区经济发展程度不同,决定了其思想与文化层面的发展程度,对出国留学所必备的经济基础及思想、文化基础都具有决定性的影响。这种状况反映在江苏省是如此,反映在全国亦是如此。可以说,江苏的苏南与苏北地区留学状况的差异也是全国留学状况的一个缩影。

3. 苏南留学世家的出现

当苏北地区仅有个别富裕家庭出现个别留学生时,苏南地区出国留学已成为一种社会风气,有不少家族出现多人留学的现象,甚至三代人都出国留学。古代世家指的是世代相沿的大姓氏、大家族。近代以来,一个家族上下三代出现多人从事同一职业的也可以称之为世家,比如武术世家、中医世家等。近代以来,中国出现了许多上下三代人都出国留学且成绩显著的家庭,这样的家族姑且可称之为留学世家。

从国家、社会的角度来说,清末民初受过欧风美雨洗礼的一代留学生,在归国后把自己在国外所学运用于祖国的社会实践,大大地加速了中国现代化的进程。从个人和家庭的角度来说,留学生们在丰富自身知识的同时,思想意识也随之发生了质的变化。仅从家庭教育来说,大多数归国留学生都认为把子女送到发达国家留学不失为一个培养人才的好途径。尤其在当时归国留学生得到社会各界的重视,许多人都认为出国留学犹如宝塔结顶,不留学似乎就功亏一篑了。若一个家庭中有多个留学生出现,这种氛围使得家庭的下一代子女争先恐后、千方百计地创造条件出国留学,而这种做法往往会得到上一代留学生长辈们的支持。在清末民初留学热潮的推动下,苏南出现一个家族多人留学的现象,而到南京国民政府时期,这些上一代的留学者又把下一代送出国去,进一步感受欧风美雨的熏陶。比如苏南地区的无锡杨荫杭家族、苏州王颂蔚家族、嘉定的牛尚周家族等都可称得上留学世家。在此以江苏苏州的王氏家族为例。

明代首辅、大学士王鏊的第十三世孙王颂蔚家族,定居在江苏吴县(今苏州市)东山镇的"陆巷村",这里是大学士王鏊的故里。陆巷村今被誉为"太湖第一古村落",为社会培养了许多人才,近代以来出了很多著名人物,其中大部分来自王鏊的后人,而他们中大部分人都有留学经历。自王颂蔚开始,祖孙三代共出了2名进士、6名中科院院士、12名教授、1名女子中学校长。王颂蔚是清同治进士,曾任户部主事、军机章京,生有8个子女:王季烈、王季同、王季点、王季绪、王季昭、王季黄、王季玉、王季珊,他们的留学情况见下图:

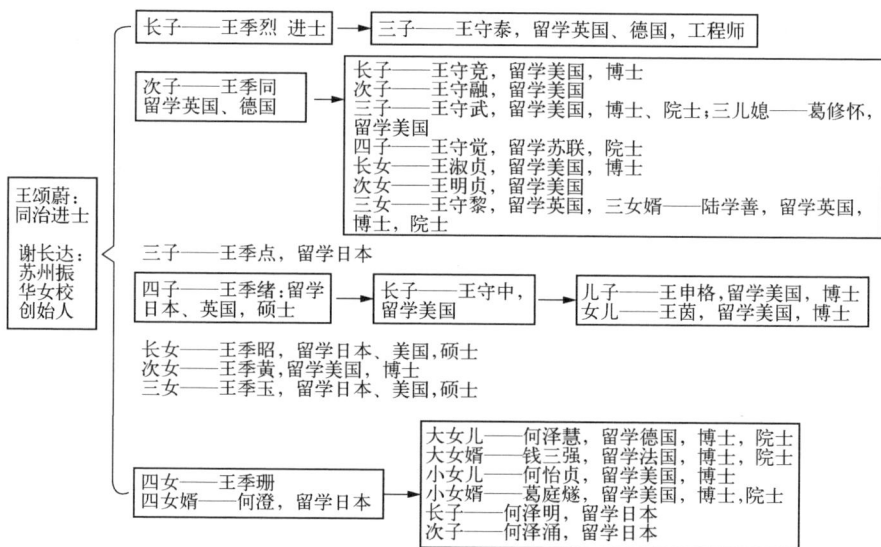

图3-3　江苏苏州王颂蔚留学世家图谱

民国时期,江苏苏南地区一个家族出现多人留学甚至几代人出国留学的情况已不是个别现象,若深入研究会发现,苏南地区(包括上海周围地区)一些文化世家、富庶家族具备了出国留学所必备的经济文化基础,一般都会将子女送出国留学。这种情况在全国其他省份只是个别现象,而在江苏的苏南地区却成为一种家族留学的现象群。与传统文化世家不同,近代留学世家其家族成员在知识结构上占主导地位的是近代系统的科学文化知识,与中国传统的文化构成形成了质的区别。可以说,留学世家的出现是中国传统文化向现代文化转型的一个重要标志,也是推动中国文化转型的一支重要力量。

第三节　江苏留学生在海外的学习与活动

南京国民政府时期,江苏出国留学生在海外的学习与活动情况,与北洋政府时期、晚清时期相比,在专业学习、科学研究与参与社团等方面都有一些相似之处,但社会背景不同,其时代印记也十分明显。比如在反侵略斗争的社会背景下,留学生在海外的爱国活动就表现得十分明显,其家国情怀由清末民初的民主革命发展为民族革命,具有典型的时代烙印。

一、专业学习

在专业学习方面,时至 20 世纪 30、40 年代,国际上各国高等教育都有很大发展,国内本科教育也在普及,因而与清末民初留学生到国外以学习本科课程为主的目标有较大差别,这一时期大多数留学生出国留学,以获得硕士、博士学位为主要目标。除此之外,还有不少留学生不以获得硕士、博士学位为满足,而是广泛涉猎,利用留学机会,尽量博采众长为我所用。他们在努力学习专业理论的同时,也重视理论与实践的结合,加强专业实习与考察。

1. 广泛涉猎

时至 20 世纪 30、40 年代,很多留学生到国外已不满足于本专业的学习和学位的获得,而是利用难得的留学机会,尽可能地摄取、广泛地学习知识。这样的事例在江苏留学生身上表现得非常普遍,在此以三位留学生为例。

沙学浚(江苏泰州人)1932年9月赴德国留学,入莱比锡大学研读地理专攻地图学,其间得地理学教授须密特之介,到莱比锡地理博物馆学习地图绘制方法,后又在柏林入德国最著名的印刷学校实习印图技术。1933年又转学到柏林大学研究地理学,并在当时全球最先进的地理机构德国测量局制图科学习。1934年9月,国际地理学会大会在华沙召开,他专程出席参加并赴莫斯科等地参观。1936年,他以在德课业已告结束,乃转往巴黎继续研究地理与法文,并在法国陆军测量局学习制图。沙学浚留学欧洲,所系目标不在学位之获取,而在研究地理与制图之方法,尤重理论与实务结合,故其学习随所需选修课程,博采各家之长,在地理学之研究及对制图技巧之精进,卓然有成。至1938年8月学成归国。①

号称"东方一只眼"的国内外著名眼科专家赵东生(江苏镇江人)1934年陆军军医学校毕业后,通过考试获得奖学金公费到德国学习医学。出国学习时,他认为在德国就要先学好德语,于是他就住在德国人家里,半年以后就能用德语正常交流了。同时,他又不满足于仅仅是一般的德语交流,还很认真地学习了德国文学、德国历史,甚至于德国的方言,等等。这对他后来在德国的学习、工作都起了很重要的作用。1939年他获得了德国因斯布鲁克大学的医学博士学位,毕业以后,曾在奥地利维也纳大学第一眼科医院、匈牙利大学眼科及中文系工作,获得了丰富的经验。② 赵东生1944年回国后,成为我国眼底病外科的先驱、视网膜脱离手术和研究的创始人和奠基人。

水利水文学专家黄万里(江苏川沙人,今属上海)1934—1937年间广求名师于美国著名大学,从天文、地质、气象、气候等各基础学科学起,先后就读于美国康奈尔大学、爱荷华大学和伊利诺伊大学,获得土木工程硕士和水利工程博士学位。在康奈尔大学期间,他跟随导师西

① 孙文治主编:《东南大学校友业绩丛书 第1卷》,东南大学出版社2002年版,第481页。
② 伊华、马学强主编:《先贤与城市记忆 口述历史专1》,中西书局2014年版,第288页。

雷教授学习了多门水利工程课,又在理学院读了莫多夫教授的气象学和气候学以及里斯教授的工程地质学等。取得硕士学位后,他又跟随美国著名的水利学家、爱荷华大学的伍德华教授继续深造,在此期间,他获得了前往田纳西河域治理区正在施工的诺利斯大坝实习四个月的机会。他还师从经济地理学家布兰查德教授修习了欧洲地理、交通地理。他的博士论文《瞬时流率时程线学说》首创了从暴雨推算洪流的半经验半理论方法,轰动校园并引起了业界注意。黄万里在求学过程中驾车四万五千英里,看遍美国各大水利工程。通过长期的学习和实践,他逐渐领悟到洪水的治理问题,不能孤立地以水论水、以沙论沙、以工程论工程,这一领悟影响了他一生的治河理论。[①]

从上述三位江苏籍留学生可以看出,很多留学生已经不满足于专业的学习和学位的获得,而是多方学习、广泛涉猎,以求充分地利用留学机会,尽可能地、最大限度地获得知识和实践经验,以为更好地回国服务。

2. 刻苦钻研

与大多数海外留学生一样,江苏籍留学生在外留学期间努力向学、刻苦钻研,在学业上取得了骄人的成绩。比如,郑德如(江苏武进人)1947—1949 年在美国依阿华大学研究院学习。美国大学有完备的图书资料和设备,他在回忆中说:"在美国期间,我整日埋首书案,周末也不休息,经常在图书馆的个人阅读的小房间内阅读国内外最新的统计图书、资料,了解统计学的新发展,新动态,使我开阔了眼界,活跃了思路。在掌握了大量资料的情况下,我写完了硕士论文,通过论文答辩,学完了必修课程,于 1949 年获得了硕士学位。"[②]居同匮(江苏苏州人)也是留学期间刻苦求学的典型代表。他在 1948 年夏末秋初到达美国印第安纳大学法学院学习,1949 年便获得了法学博士学位,原本需要 3年的课程,他仅用了 1 年就全部完成。这无论是在过去,还是在如今的美国法学院,都是几乎不可能完成的,他却做到了。印第安纳大学布鲁明顿校区非常漂亮,但居同匮无暇分心去欣赏美景,他把所有的精力和

---

① 景亚南主编:《浦东早期留学人员选录 1872—1949》,上海大学出版社 2016 年版,第 58—59 页。
② 国务院学位委员会办公室编:《中国社会科学家自述》,上海教育出版社 1997 年版,第 321—322 页。

时间都用在了学习上。当时他为了省时、省钱,就住在离法学院教学楼最近的教堂里。教堂里的牧师看他可怜,就把楼上的钟阁楼让他免费居住。他每日一大早出门去学校,深夜才回来。这个住在钟楼上的人,只有半夜才亮起一盏小灯,被当时的学生传得神神秘秘,居同匦也自称自己当时就是个"钟楼怪人"。"钟楼怪人"不是真的怪,只是比别人更努力。他说:"再多一倍的课我都不怕,我就是要抓紧学完回到中国。"①

江苏留学生的刻苦钻研精神,使其努力终有回报,他们大多数都取得了优异的成绩。以典型代表来看,著名物理学家吴健雄(江苏太仓人)在美国留学期间取得了骄人的成绩。她在 1937 年留学美国旧金山加州大学伯克利分校,1938 年在劳伦斯教授的指导下开始了原子核物理实验研究,1938 年底就发现了铀原子核分裂,这一发现于 1939 年 1 月在《科学》期刊上发表后,极大地震惊了世界。全球在这一领域的科学家都迫不及待地展开了相关的实验工作。吴健雄在留学期间的研究成果为美国后来制造原子弹的"曼哈顿计划"提供了关键技术,也为吴健雄日后加入美国最机密的原子弹研究创造了条件。1940 年,吴健雄以其出色的研究成果完成了博士论文答辩。1941 年 4 月 26 日,伯克利分校所在地的《奥克兰郡报》以"娇小的中国女生在原子弹撞击研究上出类拔萃"为标题,对吴健雄做了专题报道。②

雕塑家张充仁(江苏松江人,今属上海)1931 年 9 月前往欧洲,10 月考进比利时布鲁塞尔皇家美术学院油画高级班,在 12 月的名次竞赛中排名第二,因而申请到中比庚款助学金,第二学期又获得油画(风景)第一奖、动物解剖学第一奖、透视学第一奖、油画构图(人物)第二奖、人体解剖第二奖等佳绩,之后的学期也有优秀的成绩,因而持续得到中比庚款助学金的奖助。1932 年 6 月底的学生作品展中,雕塑系的教授看到其作品《锡瓶柠檬》后,便建议他改学雕塑,张充仁下定决心准备考试,在暑假过后便考进了雕塑高级班。1935 年 6 月,张充仁在雕塑科毕业考获得人体雕塑第一名、雕塑构图第一名,除了艺术学院的雕塑文凭,还可获得比利时国王阿尔贝金质奖章及布鲁塞尔市政府奖章和奖

---

① 徐造成:《印第安纳的中国人》,中山大学出版社 2016 年版,第 147—152 页。
② 李峰主编:《苏州通史 人物卷 下》,苏州大学出版社 2019 年版,第 407—409 页。

金。但是因为奖金只颁发给具有比利时国籍的人，张充仁谢绝了入籍的协助，并把奖金让给第二名的同学。同年向中比庚款委员会申请考察和回国旅费回国。[①]

有不少江苏留学生在留学期间因学业优秀而获得各种荣誉奖项。例如，昆虫学家严家显（江苏吴县人）1934年留学美国专攻医学昆虫学，1937年获明尼苏达大学昆虫学博士学位。严家显在明尼苏达大学学习期间，学习成绩优异，曾两次获该校的最高荣誉奖——金钥匙奖。[②]中国早期理论物理学家王明贞（江苏苏州人）1938—1942年在美国密歇根大学学习，得到校方4年全额奖学金并取得物理学博士学位，并以接近全优成绩获得了全美学生的最高荣誉奖——金钥匙奖。[③] 农业昆虫学家陆近仁（江苏常熟人）1934年赴美深造，在康奈尔大学专攻鳞翅目昆虫，1936年获博士学位。由于他学习努力，成绩优异，在学习期间曾先后被选入 Beta Beta、Phi Tau Phi 和 Sigma Xi 等荣誉学会，荣获3枚金钥匙奖。[④] 植物病理学家裘维蕃（江苏无锡人）1945年获美国威斯康星大学奖学金赴美留学，由于成绩优秀，1946年被选为威斯康星大学 Gamma Alpha 荣誉学会会员，1947年又被推选为美国 Sigma Xi 科学荣誉学会会员，1947年获博士学位。周方白（江苏上海人）1930年留学法国巴黎国立高等美术学院绘画系，曾当选法国美术家协会会员，1933年入比利时布鲁塞尔皇家美术学院，习绘画、雕塑，曾获比利时国王亚尔培金奖。[⑤]

通过留学期间的刻苦学习，为自己争得奖学金，从而可以继续深造，这样的事例在江苏留学生中也比比皆是。比如，张煦（江苏无锡人）1936年考取公费留学美国，在哈佛大学、麻省理工学院研究生院学习通信工程学科。他在美国共学习4年，第一年取得了硕士学位，第二年在纽约长途电信公司和机房实习，当二年期满时，由于成绩优异，他又获得奖学金，开始在哈佛攻读博士学位，其博士论文《磁控管负电阻特

① 徐国卫编:《触摸历史 中国西洋画的开拓者 下》,山东人民出版社 2010 年版,第 429 页。
② 刘冬冠:《严氏一脉 严孝修》,上海远东出版社 2014 年版,第 32 页。
③ 罗强主编:《西花园的树》,文汇出版社 2013 年版,第 80—81 页。
④ 金善宝主编:《中国现代农学家传 第 2 卷》,湖南科学技术出版社 1989 年版,第 133 页。
⑤ 周川主编:《中国近现代高等教育人物辞典》,福建教育出版社 2018 年版,第 422 页。

性分析》也获得了优秀成绩。航空工程学家、航空教育家杨彭基（江苏嘉定人，今属上海）"九·一八"事变后，决心走航空救国之路，于是在1933年9月去比利时学习航空工程专业。由于其学习勤奋，成绩优异，在比利时连年获得最高额奖学金。其毕业设计是设计一架全金属低翼飞机，在1930年代这是一种先进的设计，1939年获得列日大学飞机设计工程师学位。① 王启德（江苏苏州人）基本上是通过奖学金来完成国内外学业的。他在1937—1940年以大学奖学金完成了交通大学的本科学业。1941年获得了美国伦斯勒理工学院授予他的奖学金，1942年5月获得航空工程学士学位，并被选为国家科学研究荣誉学会Sigma Xi学会成员，他幸运地获得了九所不同大学的奖学金。1942年和1943年的夏天，他在清华大学和美国布朗大学的奖学金资助下，在布朗大学高级机械研究所学习，1942年9月到布朗大学高级机械研究所，并于1942年至1943年间获得该所奖学金和清华大学奖学金，1943年10月获得应用数学理学硕士学位。从1943年到1944年，他获得了索尔顿斯托奖学金，1944年10月从美国麻省理工学院（MIT）获得航空工程博士学位。②

上述江苏留学生，因在留学期间刻苦钻研，不仅顺利地完成了学业，而且还取得了各种荣誉奖项。这些荣誉成绩就是其努力求学的证明和肯定，既是个人荣誉，也是国家荣誉。他们在国外努力学习，正是为回国之后的科学救国做准备工作，也是一种爱国情怀的表现。

3. 实习考察

20世纪30、40年代，大多数留学生在国内已完成本科学业，到国外或攻读硕士学位，或攻读博士学位。在学习理论过程中或在完成理论学习之后，把学到的理论知识拿到实际工作中去应用和检验，这种实习要求也成为很多专业必需的过程。以个例来看，化学家王积涛（江苏苏州人）1946—1949年留学美国密歇根大学研究院、普渡大学研究院并获理学博士学位，后在美国普渡大学药学院任博士后研究员及印第安

① 周日新等主编：《航空人物志》，航空工业出版社2003年版，第406—407页。
②《王启德》，科学网：https://blog.sciencenet.cn/blog-212210-1292451.html。

纳州府礼来药厂实习研究员。① 贝季瑶（江苏苏州人）1936 年 8 月—1938 年 6 月公费留学美国麻省理工学院学习并获机械工程硕士学位，在美国学习期间，他还在辛辛那提机床厂、克利夫兰市的华纳—司威悉公司担任实习工程师。② 史家宜（江苏常州人）1938 年庚款留学英国伦敦大学机械系，1939 年毕业后先在英国斯蒂芬荪机车制造厂和英荪铁路段实习，并在英国西渥氏风闸制造厂任实习工程师。③ 周自新（江苏江阴人）受进步教师的影响而立志于科技救国，1928 年赴德国留学，在柏林工业大学专攻精密测量仪器专业，1933 年获工程师学位，后到蔡司工厂实习，掌握"自动制图仪""子午仪""航空测量仪"镨制造方法，并在德国科学院测量研究室天文台进行实践工作，后又被派往维也纳某厂学习军用光学仪器制造，至 1934 年回国。④ 储钟瑞（江苏宜兴人）1938—1939 年留学英国伦敦大学帝国理工学院并获特许工程师学位，1939—1944 年留学美国康奈尔大学研究院并获得博士学位，1945 年 6 月—1947 年 6 月，他先是在美国沿海及大地测量局实习，后去美国地质调查局实习，重点学习摄影测量学。此后又在美国海军部天文台实习了一段时间。这段实习的经历，使他掌握了如何运用先进的测量仪器对大地、海洋和空间进行测量，也为日后在清华大学研制各种测距仪打下了坚实的理论基础和操作技能。⑤ 可以看出，很多留学生都是在获得硕士、博士学位之后来进行理论联系的实习工作的，这也是为回国以后从事实践工作做好准备。

毕业之后除了实习之外，为了开阔眼界，了解国外最先进的生产工作模式，为回国以后的工作、科研找准方向，不少留学生到国外一些先进的公司、企业、科研机构进行现场考察与观摩。比如，钢铁冶金专家张桂耕（江苏南汇人，今属上海）1929—1934 年留学德国柏林工科大学冶金系、亚琛工科大学钢铁冶金系，留学期间他把全部精力都用于学

① 佘之祥主编：《江苏历代名人录 科技卷》，江苏人民出版社 2011 年版，第 88—89 页。
② 张一苇：《神秘的东方贵族 贝聿铭和他的家族》，苏州大学出版社 2014 年版，第 94 页。
③ 西南交通大学校史编辑室编：《俟实扬华 桃李春风 西南唐山交通大学校友风采录》，西南交通大学出版社 1996 年版，第 296 页。
④ 李景煜主编：《云南省志 卷 80 人物志》，云南人民出版社 2002 年版，第 609—610 页。
⑤ 周文业等编：《清华名师风采 工科卷》，山东画报出版社 2012 年版，第 86—93 页。

习,寒暑假期间则去克虏伯、乐克林等著名钢铁厂的高炉、平炉、转炉和轧钢车间实习,1934年获特许工程师学位,随即回国。在返国途中,他考察了英国、瑞典、美国等国家的一些铁矿山和钢铁厂,扩大了眼界。[①]遗传育种学家戴松恩院士(江苏常熟人)1934—1936年留学美国康奈尔大学研究生院并获得博士学位,1936—1937年到美国21个产谷州的农学院和农事试验场参观访问。[②] 大地测量学专家叶雪安(江苏金山人,今属上海)1933年秋以江苏省公费赴德国留学,在慕尼黑工业学院测量系学习,1935年11月毕业并获得特许工程师学位,其后曾到其他大学听名师讲学,并到有关科研、生产单位考察访问与实习,以扩充其学术视野,增长实践才能,1936年先后到柏林工业学院听课及耶拿(Jena)的蔡司仪器厂和天文台实习,还到瑞士和奥地利的测绘单位进行了学习考察,至1937年回国。[③] 我国现代农田水利学科的创始人沙玉清(江苏江阴人)1935年赴德国留学,在德国汉诺威工科大学跟随世界著名河工专家学习河工泥沙问题,他在返国途中,还到英、法、荷等国进行水利考察访问。[④] 寄生虫病学专家王兆俊(江苏苏州人)1948—1949年留学美国哥伦比亚大学并获公共卫生学硕士学位,后到美国中央卫生研究院和疾病控制中心进修,归国途中考察学习意大利、希腊、以色列、埃及和印度对黑热病、疟疾等寄生虫病的防治研究。[⑤]

从上述多位江苏留学生的实习与考察活动可以看出,为了将理论知识运用于实践,从中获得更多的动手专业技能,也为扩大眼界,了解最新的专业发展前沿,留学生们不放弃每一个可以学习的机会,以便更好地回国开展研究,服务社会。

---

① 中国科学技术协会编:《中国科学技术专家传略工程技术编·冶金卷1》,中国科学技术出版社1995年版,第248页。
② 武进人物:http://ren.bytravel.cn/history/2/qinrenchang.html
③《中国科学家辞典》编委会编:《中国科学家辞典 现代第5分册》,山东科学技术出版社1986年版,第49页。
④ 薛仲良主编:《江阴百年留学史略》,人民日报出版社2007年版,第154页
⑤ 李峰主编:《苏州通史 人物卷 下》,苏州大学出版社2019年版,第401页。

二、科学研究

1. 科研著述

与清末民初时期的出国留学生不同,南京国民政府时期的出国留学生多数到国外做研究生而不是攻读本科学业,所以他们到国外留学期间,一般都会有科研成果呈现,或以学位论文,或在学术期刊上发表论文,甚至有人在留学期间出版学术专著,在国际上都有重要影响。在此以几位江苏籍院士作为个例来说明。

原子核物理学家程开甲院士(江苏吴江人)1946—1949 年在英国爱丁堡大学物理系从事超导电性理论研究,期间提出了超导的双带模型,共发表过 5 篇论文,获哲学博士学位。[①] 吴仲华院士(江苏苏州人)1944—1947 年留学美国麻省理工学院并获科学博士学位,留美期间,他的《四冲程内燃机输入过程的热力学分析》研究成果被列入《当代物理学在中国的发展》。[②] 土壤微生物学专家陈华癸院士(江苏昆山人)1936 年留学英国伦敦大学,1939 年获得哲学博士学位。留英期间,单独和领衔发表研究报告 4 篇,其中 2 篇在《英国皇家学会会刊》上刊登。我国石油分析领域的开拓者和奠基人之一陆婉珍院士(江苏川沙人,今属上海)1947 年初进入美国伊利诺伊大学化学系,1949 年初获得硕士学位,同时以奖学金到俄亥俄州立大学化学系攻读博士学位,用了近两年时间证实了她和导师先前提出的推断和设想,研究成果发表在 1952 年的《美国化学会志》上。1951 年获得俄亥俄州立大学化学博士学位,其博士论文得到了导师希斯勒教授的高度认可:"陆婉珍是最了不起的,从来没有一位博士生能在一小时之内通过博士生答辩,陆婉珍就是这唯一的学生。"后因当时美国法案的限制无法回国效力,她申请到美国西北大学做博士后研究,期间有两篇研究论文分别发表于 1953 年和1954 年《美国化学会志》上。[③] 著名物理学家周同庆院士(江苏昆山人)1929—1933 年留学美国普林斯顿大学物理系,留学期间取得了相当出

① 宋立志主编:《名校精英 南京大学》,远方出版社 2005 年版,第 50 页。
② 李峰主编:《苏州通史 人物卷 下》,苏州大学出版社 2019 年版,第 461—462 页。
③ 景亚南主编:《浦东早期留学人员选录 1872—1949》,上海大学出版社 2016 年版,第 79—80 页。

色的研究成果,先后发表了 3 篇学术论文:《氩放电管中的振动和移动辉纹》(1931)、《二氧化硫的发射和吸收光谱》(1931)、《二氧化硫的光谱》(1933)。因成绩优异获得金钥匙奖。但他没有舍得花美元去购买那把金钥匙,仅仅带回一纸奖状。1933 年回国。① 华罗庚院士(江苏丹阳人)1936 年前往英国剑桥大学留学,他至少有 15 篇文章是在剑桥时期发表的,其中一篇关于高斯的论文给他在世界上赢得了声誉。② 生物化学家王德宝院士(江苏泰兴人)1947—1951 年公费留学美国西部保留地大学并获博士学位,在美留学期间,他发现 6 种核酸酶,发表 14 篇论文。③ 世界著名科学家钱伟长院士(江苏无锡人)1940 年以中英庚款留学加拿大多伦多大学,主攻弹性力学,跟随导师研究板壳理论,用 50 天完成论文《弹性板壳的内禀理论》,发表于世界导弹之父冯·卡门 60 岁祝寿文集内,后又于 1944 年在美国应用数学季刊上发表连载性论文。他提出了线壳理论的非线性微分方程组,国际上称为"钱伟长方程"。在美国出版的《板壳渐近解》一书中,认为这是"划时代的工作"。他在 1942 年获得博士学位,1942—1946 年任美国加州理工学院喷射推进研究所研究总工程师,师从世界导弹之父冯·卡门,从事博士后科学研究,发表了世界上第一篇关于奇异摄动的理论,被国际上公认为该领域的奠基人。④ 上述这些江苏籍留学生院士在国外留学期间都取得了重要的研究成果,有的在国际上还因此声名显赫。由此也可证明,江苏籍留学生在海外留学期间的刻苦钻研的精神。

除了院士之外,其他江苏留学生也在留学期间做出了一定的科研成果。比如,中国现代内科学重要奠基人之一的过晋源(江苏无锡人)1937 年留学德国,1939 年以优异成绩毕业于慕尼黑大学并获医学博士学位,其博士论文《碳水化合物对维生素 C 需要量的影响》深得导师赞

---

① 苏昆:《我国光谱学的开拓者周同庆》,管仲伟、卜承祖主编《江苏文史资料集粹·科技卷》,江苏文史资料编辑部 1995 年版,第 174—175 页。

② 张志善:《数学大师华罗庚》,管仲伟、卜承祖主编《江苏文史资料集粹·科技卷》,江苏文史资料编辑部 1995 年版,第 76—98 页。

③ 宋林飞主编:《江苏历代名人词典》,江苏人民出版社 2019 年版,第 491—492 页。

④ 中国科学家辞典编委会:《中国科学家传略辞典 现代第一、二辑》,山东科学技术出版社 1980 年版,第 333 页;何晓波主编:《物理学家的故事》,四川大学出版社 2015 年版,第 31—34 页。

赏,并力荐发表于《国际维生素杂志》,其理论"维生素 B1 及维生素 C 的相互促进作用"在当时被认为是一种开创性的发现,赢得了德国及国际知识界的高度评价,为中华民族争得了荣誉。王涛(江苏崇明人,今属上海)1929—1932 年公费留学德国柏林皇家水泥研究院,留德期间与导师奎鲁教授合作发表论文《水泥水化》,成为水泥界的经典著作。[1] 化学专家钟兴厚(江苏南京人)1933—1937 年自费留学德国柏林大学,研究氟及氟化物性质,发表的论文被英国皇家学报转载,并被 J. H. 席孟斯主编的《氟化学》一书引用。1937 年获得柏林大学理学博士学位,谢绝德国一著名公司的高薪聘请而回国。[2] 中国内科学、血液病学专家杨济时(江苏海门人)1930—1932 年留学美国合作研究恶性贫血问题,先后发表《肝制剂、肝灰及铁剂对于治疗贫血的估价》等 5 篇论文。[3]

由上述多位江苏留学生在留学期间所取得的研究成果可以看出,在 20 世纪 30、40 年代,多数留学生到国外以获得硕士、博士学位为主要目标,而这种学位的获得通常需要在本专业方向上有较为新颖的研究成果呈现。这就意味着出国留学生必须进一步深入研究,在原有的知识基础上有所研究创新。这也是此时期大多数留学生都有一定的科研成果之故。当然,要想取得瞩目成就,必须付出更多的努力和辛苦,江苏留学生所取得的诸多成就,也充分说明他们的刻苦与勤奋。

2. 学术交流

通过参加学术会议,与更多的国际研究专家接触与交流,并通过宣读论文等方式了解当时国际研究的学术前沿,这是真正从事科学研究人员所梦寐以求的事情。所以在留学期间,只要有机会参加学术会议,一般留学生都不会错过机会。

以个例来看,潘承诰(江苏苏州人)1928—1932 年在法国巴黎大学攻读物理及物理化学博士学位,师从居里夫人,1931 年代表中国政府参加国际电气会议。1932 年归国。昆虫学家蔡邦华院士(江苏溧阳

① 政协河北省委员会文史资料委员会、政协唐山市委员会文史资料委员会编:《河北文史资料 第33辑》,河北人民出版社 1990 年版,第 181 页。
② 骆郁廷主编:《乐山的回响:武汉大学西迁乐山七十周年纪念文集》,武汉大学出版社 2008 年版,第443 页。
③ 丁守和等主编:《世界当代文化名人辞典》,北京燕山出版社 1992 年版,第 196 页。

人)1930 年到德国进修,1932 年参加了在巴黎召开的第五届国际昆虫学会议,认识了许多国际上知名的昆虫学家,不久告别了欧洲回国。① 人文地理与经济地理学家吴传钧院士(江苏苏州人)1945 年公费留学英国利物浦大学,1946 年代表留英的中国留学生出席在布拉格举行的首届世界青年联欢会。1948 年以优秀成绩通过答辩,获得哲学博士学位后归国。顾敬心(江苏南汇人,今属上海)1931 年赴德国柏林工业大学深造,1936 年获得博士学位,其博士论文《纯电石制造及新结晶构造的发明》在德国《无机和应用化学》杂志发表,由于论文有很高的科学价值,他被邀请参加了德国、美国等地的化学年会,并宣讲论文。② 从上述多个事例可以看出,如果没一定的科研成就,一般也不会被选中参加学术会议,所以能参与学术会议,也是对其科研水平的认可,对于留学生自身来说也是一种荣耀。

三、参与社团组织

民国时期,留学生在海外参加各种社团组织是一种普遍现象。江苏留学生在国外主要参加两种社团组织,一是参加中国留学生创建的各种社团组织,二是被选入外国的学术组织。

1. 参加中国留学生社团

南京国民政府时期,江苏留学生创建或参与中国留学生社团的现象非常普遍。首先从留美学生来看,留美中国科学工作者协会简称"留美科协",是 1949 年 6 月至 1950 年 9 月由当时留学美国的青年学生和科技工作者成立的进步科技团体。据侯祥麟等留美归国学者回忆,"留美科协"是由徐鸣(江苏无锡人)和薛葆鼎(江苏无锡人)组织管理的。③此外,加入留美科协的江苏留学生还有不少,比如丁儆(江苏无锡人)1948 年赴美留学,先后在得克萨斯 A&M 大学及纽约布鲁克林理工学院化学系读研究生,留学美国期间,是留美学生组织"留美科协"的主要

---

① 宋立志编:《名校精英 浙江大学》,京华出版社 2010 年版,第 46—52 页。

② 景亚南主编:《浦东早期留学人员选录 1872—1949》,上海大学出版社 2016 年版,第 108 页。

③ 侯祥麟、罗沛霖、师昌绪口述:《1950 年代归国留美科学家访谈录》,湖南教育出版社 2013 年版,第 10 页。

创始人之一,负责主编《美中科协通讯》,为"留美科协"常务理事、干事,积极组织会员回国参加新中国的建设。① 杜庆华(江苏江都人)1947—1951 留学美国斯坦福大学、哈佛大学,并获得工程力学博士学位。在美国学习期间,他一直关心着国内人民革命战争的发展,准备回国投身于祖国建设事业,1948—1951 年回国前参加了中国留美科协的建立和促进中国留学生回国参加中华人民共和国建设的工作,曾担任留美科协国际宣传干事及海湾地区(旧金山)负责人,在他攻读博士学位期间迎来了新中国的诞生,当他完成博士学位后,立即克服种种困难,冲破美国当局的阻拦,于 1951 年 6 月回到祖国。② 20 世纪 40 年代末 50 年代初,留美科协针对留美学人做了大量的宣传、鼓动工作,在新中国成立初期,留美科协动员了大批留学生归国服务。

除了留美科协之外,还有很多其他留学生团体。比如,1943 年,中国工程师学会美洲分会在唐振绪(江苏无锡人)的主持筹备下复会,并在美国及加拿大各大城市成立了 12 个支会。美洲分会的会址就设在纽约世界贸易公司内,相关职务均由公司内的工程师兼任。储钟瑞(江苏宜兴人)在 1939—1944 年留学美国期间,积极参与学术活动,成为中国工程师学会美洲分会会员,并且担任康奈尔大学所在地的分会主席,还在该学会的杂志发表了学术论文。③ 唐孝纯(江苏无锡人)1947—1949 年留学美国柯罗图州立教育学院、哥伦比亚大学师范学院,期间曾任哥伦比亚大学中国同学会理事,哥伦比亚大学师范学院中国学生会副主席。④ 生物工程专家唐孝宣(江苏无锡人)1947—1950 年留学美国比洛伊大学、威斯康星大学,在美国期间,不仅刻苦学习,还参加了"中国学生基督教协会",这是一个进步的中国留美学生组织,广大的留学生密切关注着国内革命即将胜利的形势,大家在聚会时为新中国的

① 吴汉全、王中平:《留学生与近代中国社会变迁》,吉林人民出版社 2012 年版,第 347 页。
② 中国科学技术协会编:《中国科学技术专家传略 工程技术编》,中国科学技术出版社 1993 年版,第 413—414 页。
③ 周文业等编:《清华名师风采 工科卷》,山东画报出版社 2012 年版,第 86 页。
④ 中共太仓市委宣传部、太仓市哲学社会科学界联合会编:《唐文治》,西泠印社出版社 2008 年版,第 104 页。

成立欣欣鼓舞,纷纷表示在学成后要尽快回国为新中国建设而出力。①顾毓珍(江苏无锡人)1927—1932年留学美国麻省理工学院并获博士学位,留美期间发起成立了中国化学工程学会。②

从留欧学生来看,欧洲国家较多,中国留学生社团也比较多。江苏留学生参加社团情况,以个例来看,中国当代著名经济学家王传纶(江苏苏州人)1949年到英国格拉斯哥大学从事经济学研究,留英期间曾担任留英学生总会主席。汪殿华(江苏常熟人)1933年自费赴德国柏林大学药学系攻读博士学位,留德期间参加留德学生理化学会,曾任某届主席;1935年赴奥地利维也纳大学化学系从事中药贝母的分析研究,担任留奥同学会首届主席。③潘承诰(江苏苏州人)留法期间即1929年当选巴黎互助学会干事。孔敏中(江苏江阴人)1936—1940年留学德国汉堡大学,留德期间还任中国学生会会长及华侨协会会长。④周自新(江苏江阴人)1928年留学德国柏林工业大学,留学期间被推举为中国留德学生会会长。⑤黄大能(江苏川沙人,今属上海)1943—1946年留学英国在隧道水泥公司进修水泥工艺,留英期间曾任中国留英工程师学会会长。⑥陆坤元(江苏无锡人)1945—1947年在英国留学期间,参加伯明翰中国留学生每月一次的联谊会(会长是王大珩),还参加留英工程师学会的活动。⑦顾敬心(江苏南汇人,今属上海)1931年赴德国柏林工业大学留学,在德国留学期间,除了学习和从事研究工作外,他还热心学术团体工作,1936年9月29日,在德留学的化学和化工学生18人在柏林聚会,成立了中国化学会德国分会,顾敬心被推举为会长。⑧

---

① 中共太仓市委宣传部、太仓市哲学社会科学界联合会编:《唐文治》,西泠印社出版社2008年版,第100—102页。
② 周川主编:《中国近现代高等教育人物辞典》,福建教育出版社2018年版,第511页。
③ 陈新谦、张天禄编:《中国近代药学史》,人民卫生出版社1992年版,第281页。
④ 吴锦冲:《孔敏中与中国现代图书馆事业》,《山东图书馆学刊》2012年第5期,第18—21页。
⑤ 李景煜主编:《云南省志 卷80人物志》,云南人民出版社2002年版,第609—610页。
⑥ 任涛主编:《中国统一战线全书》,国际文化出版公司1993年版,第920页。
⑦ 《汽车工业之星》编辑委员会等编:《长春文史资料 总第四十三、四十四辑 汽车工业之星》,政协吉林省长春市委员会文史资料委员会1993年版,第170—173页。
⑧ 景亚南主编:《浦东早期留学人员选录 1872—1949》,上海大学出版社2016年版,第108—110页。

上述江苏留学生，或参与创建留学生社团，或成为中国留学生社团成员之一，或在社团中担任一定的职务。这些中国留学生社团，有的政治性较强，有的纯粹为学术组织。参与这些具有乡谊性质的留学生社团，有助于中国留学生之间的联谊、互助与传播信息，也便于海外留学生及时了解更多的国内状况，对于留学生的归国情感的培养有一定的益处。

2. 参加外国学术组织

留学期间参加外国的学术组织，多是因其学业优秀，或在某个专业研究方向已经取得了一定的成绩，从而被选入外国的学术组织。这对于大多数留学生来说都是一件荣耀之事。

以个例来看，化工机械专家琚定一（江苏苏州人）1938年庚款留学英国伯明翰大学石油工程系，在英国他潜心于学习研究，每次考试均为优等。1939年，由其导师介绍加入了英国石油学会，并在一次学会的论文比赛中拔得头筹。1940年硕士毕业后启程赴美，在美国进入俄克拉荷马大学化工系做研究，1941年获化学工程硕士学位。在校期间，他与系主任、导师亨廷顿教授合作发表了数篇论文，并被选入美国Sigma Xi 荣誉协会俄州分会，成为正式会员。[1] 钢琴家、音乐教育家李翠贞（江苏南汇县人，今属上海）1934年赴英国皇家音乐学院学习，留学期间学业优秀，1936年9月被吸收为英国皇家音乐协会会员。顾德仁（江苏苏州人）1948年留学美国康奈尔大学电气工程系，在美求学期间，他刻苦钻研，取得了杰出的研究成果，1950年获得硕士学位，并获得象征学术成就的金钥匙会章，成为美国科学家荣誉学会——Sigma Xi Society 会员。[2] 汪盛年（江苏昆山人）1939—1942年以中英庚款留学加拿大麦基尔大学并获博士学位，后转至美国加州理工学院、匹茨堡的卡乃基理工学院做研究，未久便取得卓越的成就，当选为 Sigma Xi 学会会员和美国金属学会会员。[3] 钱寿易（江苏苏州人）1943年留学美

① 陆宪良：《笃行》，华东理工大学出版社2017年版，第45—47页。
② 蔡敏主编：《书香沁华园 华南理工大学图书馆60年》，华南理工大学出版社2012年版，第100—102页。
③ 陈加林：《百年徽商与社会变迁 以苏州汪氏家族为例》，上海人民出版社2014年版，第289—290页。

国麻省理工学院攻读土力学和结构力学,1944年和1946年先后获得了硕士和科学博士学位,并被吸收为 Sigma Xi 荣誉学会麻省理工学院分会的正式会员。[①]

上述这些江苏留学生被吸收进欧美一些国家著名的学术组织,充分说明他们在某一专业方向上取得了优秀成绩。加入外国的学术组织,可以会员的身份参与其学术活动,通过召开学术会议、宣读论文等方式,了解更多的学术前沿知识,有利于开阔学术视野,结识更多的学术专家。

四、海外爱国行动

无论是晚清还是民国时期,海外留学生都因国内的政治革命或民族革命而表现出一定的爱国情怀,各个时期的时代背景不同,其爱国行动的表现方式也不同。南京国民政府时期,国内因日本侵略之心不死而致中国人民的抗战活动不止。在民族矛盾成为主要矛盾时,江苏海外留学生,其爱国行动也时时表现出来。在中国共产党建立新中国的伟大事业中,留学生也表现了一定的热情。留学生的爱国行动是多方面的,义无反顾地归国贡献,也是其表现之一。

1. 支持国内抗战

南京国民政府时期,对于中国人民来说,日本是中国最大、最危险的敌人。自"九一八事变"之后,日本不断挑衅中国,加快侵略中国的步伐,妄图吞并中国、称霸世界,其狼子野心路人皆知,但国际上有些国家却一味地纵容、姑息,在绥靖政策影响下,日本更加肆无忌惮,在中国胡作非为。为了让外界了解中国的抗战状况,了解日本的侵略罪行,很多留学生自觉地担负起宣传抗战之责。比如,沈福彭(江苏苏州人)1932年赴比利时布鲁塞尔大学医学院攻读医学。抗日战争爆发后,他和其他留学生共同组织演讲、写文章,宣传抗战,争取国际舆论对中国的支持,还节衣缩食捐款支援抗战。1939年7月以优异成绩获医学博士学位,面对国内日益严重的抗日形势,沈福彭谢绝了师友的挽留,毅然放

---

① 宋立志编:《名校精英 普林斯顿大学 麻省理工大学》,京华出版社2010年版,第156—160页。

弃国外优越的工作条件,于 1939 年返回祖国。[1] 著名的民主人士柳亚子的次女柳无垢(江苏吴江人)1935—1937 年留学美国,她在留美期间向美国朋友介绍中国的学生运动,宣传抗日主张。1936 年,为进一步了解美国社会,她在美国友人的协助下,开始整个夏天的长期旅行,参加青年学生夏令营,进半工半读劳工大学暑期班,到阿肯州、俄克拉荷马、德克萨斯、路易斯安娜、田纳西等州旅行,其间,应中国人民美国友人社的邀请,赴纽约参加"九一八"纪念会,会上发表演讲,声色俱厉地谴责日本对中国的侵略,揭露国民党政府镇压学生抗日爱国运动、执行不抵抗主义的残酷现实。

除了做宣传之外,他们也实实在在地为国内的抗日战争做一些力所能及的事情。比如,贝季瑶(江苏苏州人)1936 年 8 月—1938 年 6 月留学美国麻省理工学院并获得机械工程硕士学位,本打算继续攻读博士学位,但在其留美期间抗日战争爆发,1937 年国民政府资源委员会副委员长钱昌照、资源委员会机器制造厂筹备委员会主任委员王守竞等到美国考察工业、谈判技术合作、选购设备,同时招聘国内急需的留美学生和工程师。他们专程到贝季瑶所在的工厂,告诉他国内正在西南大后方筹建机械工业基地,邀请他回国工作。这与贝季瑶一直怀有的"工业救国"理想非常吻合,因此他爽快地答应了,随即开始为筹建中的资源委员会下属的中央机器制造厂采购、验收机械设备,学习操作使用的要领,并研究其制造方法,在美国做机械设备设计、制造方面的前期工作。1938 年 5 月中央机器厂在昆明动工兴建,不久,贝季瑶毅然放弃在美国继续攻读博士学位的机会,启程回国。途经瑞士时他还特意考察了 BBC 工厂和瑞士机车厂。[2] 史家宜(江苏常州人)1938 年公费留学英国,1939 年毕业于英国伦敦大学机械系研究院。后在中国铁路驻英购料委员会任工程师,在专家茅以新校友的领导下,负责将英国调拨中国二战的铁路物资,包括机车车辆、机器设备以及建厂物资等运回中国,为战后恢复中国铁路预作准备。事成之后,为更好地报效祖国,

① 青岛市史志办公室编:《青岛市志 人物志》,五洲传播出版社 2002 年版,第 165—166 页。
② 张一苇:《神秘的东方贵族 贝聿铭和他的家族》,苏州大学出版社 2014 年版,第 94 页。

他于 1946 年 7 月举家返国。① 抗日战争时期,我国唯一的飞机制造厂设在美国,是由宋美龄提议修建的,并由她选聘麻省理工学院航空工程博士胡声求为总经理兼总工程师。胡声求(江苏江都人)1939 年赴美留学,3 年即获得麻省理工学院博士学位。1943 年,胡声求同洛杉矶华裔航空工程专家周树容在旧金山开办"中国飞机制造厂",胡声求任副厂长,职工几乎全是华人,1944 年开始生产,约一年时间,共生产 1000 架轰炸机的后节机身献给祖国,装备空军机队。胡声求为夺取反法西斯战争和中国抗战的最后胜利做出了突出贡献。② 中国现代雕塑家滑田友(江苏淮阴人)1933 年在徐悲鸿的帮助下赴法国留学,抗日战争期间,滑田友虽身在异乡,却时刻关注祖国的命运。他负责巴黎中国留法艺术学会秘书工作,因缺主席,他领导学会出版抗日救国专刊,筹划展览会,义卖募捐、购买药物救济国内难民和伤员。他利用圆雕手法创作了感人至深的《轰炸》,强烈抗议日本法西斯对中国的侵略和野蛮暴行。这件作品技法纯熟,个人风格突出,感情深沉真挚,将汉魏以来的优秀传统和欧洲近代雕刻技巧自然地融合,引起强烈反响。法国教育部当即收购这件作品,藏于巴黎国家现代艺术博物馆。目前这件作品已载入世界美术百科全书,享誉艺坛。③ 经济学教授戴鸣钟(江苏昆山人)1936—1939 年留学德国柏林大学并获经济学博士学位,1937 年以留德中国学生代表团成员之一,赴英国伦敦参加由英国西薛尔爵士和法国共产党《人道报》社长主持的英国援华大会,并在德国参加留学生的抗日活动。④

2. 为党的建国大业默默奉献

南京国民政府时期,正是共产党事业处处受到国民党政府钳制的艰难时期。而一些对共产主义有较深认识的知识青年,有的在出国前已加入共产党,有的在留学期间加入共产党,他们在留学期间为共产党

---

① 西南交通大学校史编辑室编:《俟实扬华　桃李春风　西南唐山交通大学校友风采录》,西南交通大学出版社 1996 年版,第 296 页。
② 张运华:《五邑华侨与中国民族民主革命》,中国华侨出版社 2011 年版,第 168 页。
③ 吕章申主编:《中国近代留法学者传》,紫禁城出版社 2008 年版,第 426—430 页。
④ 王桢禄主编:《当代昆山人才录》,昆山亭林出版社 1996 年版,第 157 页。

的伟大事业尽心竭力,做出了重要贡献。在此略举数例以兹说明。

数学家吴新谋(江苏江阴人),1937年以庚款留学法国,1939年欧战爆发,1940年巴黎沦陷,吴新谋和其他一些中国学生流亡到南方城市吐鲁斯,侨居法国期间,吴新谋在开展数学研究的同时,积极参加了中国共产党领导的抗日爱国运动。早在1939年,他就担任中国共产党旅法支部主办的进步刊物《祖国抗日情报》的编辑工作,并多方设法支援中国共产党旅法支部的革命活动。1945年正式加入中国共产党,曾任中共旅法支部委员和旅法侨联秘书长等职,先后在邓发、刘宁一同志领导下开展党的工作,认真完成了党组织交托的各项任务。①

徐鸣(江苏无锡人)1938年加入中国共产党,1944年奉中共中央南方局之命赴美工作和留学。为工作方便,他进了波士顿附近一所不知名的大学,即克拉克大学研究生院读国际关系和美国历史,同时进入美共中国局和中共在美领导小组,并主持《美洲华侨日报》编辑工作。1949年夏回国,向周恩来汇报在美国工作,同年9月再次被派往美国,参与留美科协组建工作,动员留美学生和科技人员回国。②

我国著名胸外科专家计苏华(江苏苏州人),1938年秋正式加入了中国共产党。1943—1944年,周恩来和邓颖超两次约见计苏华。在一次长谈中,周恩来特别指出:"党不仅需要政治家,也需要科学家,而且从现在起就要注意培养。"这番话给了计苏华极大的鼓舞,他意识到自己所做的工作是在为新中国储备人才,具有重大的意义! 1947年,计苏华在周恩来同志的指示下赴美深造。留美期间,他主动联系并且广泛团结中国留美科学工作者,把分散在美国各地学习的进步力量组织起来,并吸纳其中积极分子成立了进步团体"建社"。"建社"由周恩来亲自取名,意寓"建设社会主义",作为成立"留美中国科学工作者协会"的筹备机构。在计苏华及理事会成员的努力下,不少留学美国的中国专家学者,冲破重重阻挠和封锁,回到祖国参加新中国的社会主义建

---

① 宋立志编:《名校精英 南京大学 中山大学》,京华出版社2010年版,第102—106页。
② 侯祥麟、罗沛霖、师昌绪等口述,王德禄、高颖等整理:《1950年代归国留美科学家访谈录》,湖南教育出版社2013年版,第10页。

设,其中就不乏钱学森、华罗庚等对新中国的发展做出巨大贡献的科学家。①

金学成(江苏奉贤人,今属上海)1925 年加入中国共产党,1929 年因身份暴露,经党组织批准赴日治病和留学。1929 年至 1937 年在日本明治大学、东京美术学校和东京帝国大学研究院学习期间,金学成与日本共产党取得联系,参加了中、日、韩三国共产党为反对中东路事件而在东京举行的"银座示威"运动。同年与吴羹梅(江苏武进人)等人创办华侨学校,对华侨子弟传授祖国历史、语言、文字知识,灌输爱国主义思想,宣传抗日、反蒋、亲共,并于 1934 年接任该学校董事长。1930 年,金学成在东京参加了留日左翼学生的"读书会"。他一方面学习革命理论,分析形势,一方面参加社会活动。1931 年参与组织革命团体"无产阶级社会科学研究会"。②

上述江苏留学生在留学期间用不同的形式为共产党的伟大事业默默地奉献,共和国的勋章上有他们付出的心血。

3. 毅然归国

清末民初时期,在海外的中国留学生一般是来去自由,完成学业后随时可以回国。只有极少数留学生会留在国外,大多数留学生都选择回国服务,即使外国给予优厚的待遇也不忘初心。时至 20 世纪 40、50 年代,国际、国内形势复杂多变,相对于国内抗日战争与解放战争的混乱局势,欧美等国的工作条件与生活待遇较好,再加上美国在新中国成立之后有意阻挠,是义无反顾地选择回国贡献,还是留在他乡为他人作嫁衣裳,这在许多留学生的心中都会出现犹豫不定的瞬间。但也有一些留学生,始终不忘初心,他们将留学报国奉为不变的原则,一旦得有机会,便会毅然决然地选择回国。在此略举几位江苏留学生毅然归国之例,以兹窥豹一斑。

支秉彝院士(江苏泰州人)1934—1940 年留学德国德累斯登工业大学、莱比锡大学并获自然科学博士学位。二战结束,支秉彝期盼祖国

---

①《白衣战士计苏华:复旦上医第一位共产党员,默默完成党和人民的一件件委托》,https://baijiahao. baidu. com/s? id=1697640293315239338&wfr=spider&for=pc。

② 魏英秀:《奉贤第一个共产党员金学成》,《上海党史与党建》2011 年第 3 期,第 20 页。

由弱转强，急图科技报国，一再拒绝美国在德引揽人才的聘请，1946年，支秉彝胸怀"发展科技，仪表先行"的抱负，购置了一批精密标准仪器欣然回国。①

岩土工程专家周镜院士（江苏宜兴人）1947—1949年留学美国俄亥俄州立大学并获得硕士学位，后在该州公路局材料研究所工作。在美国三年，他看到美国的种族歧视和对有色人种的偏见，更进一步认识到，如果祖国不富强，中国人就永远站不起来，在国外就不会被人尊重。1949年中华人民共和国刚成立，当时大洋两岸音信不通，交通阻断。到1950年秋，香港短期开放，允许中国留学生过境回国，他抓住这个机会，毅然放弃国外优越的工作环境和生活条件，怀着满腔的热情回国参加经济建设。②

郑德如（江苏武进人）1949年在美国依阿华大学研究院获得了硕士学位。她在回忆中说："当时，我可以继续留在美国享受奖学金攻读博士学位，很多老师和同学也都劝我留下来继续学习，但我认为祖国刚刚解放，百事待兴，我的学习已经告一段落，应该早日回国为国效劳，于是我放弃了继续深造的机会，于1950年春乘海船经香港回到祖国。"③

中国工程热物理学家吴仲华院士（江苏苏州人）1944年与妻子李敏华（江苏苏州人）一起赴美国麻省理工学院研究生院学习，1947年以优异成绩获得科学博士学位。1951年为准备回国，夫妇同辞去美国国家航空咨询委员会的工作，转去纽约布鲁克林理工大学任教，1954年8月1日，趁星期日纽约机场的移民局办事处照例关门之机，全家离开美国，以赴欧洲旅游为名，取道英国、瑞士、奥地利、捷克斯洛伐克和前苏联，绕过了大半个地球回到祖国。④

华罗庚院士（江苏丹阳人）1936年前往英国剑桥大学留学，留英期间发表多篇文章，其中一篇关于高斯的论文给他在世界上赢得了声誉，但他在1937年毅然选择了回国。1946年他到美国任普林斯顿大学和

① 秦福祥主编：《上海电子仪表工业志》，上海社会科学院出版社1999年版，第506页。
② 周世青：《江苏铁路百年人物》，中国铁道出版社2017年版，第258—260页。
③ 国务院学位委员会办公室编：《中国社会科学家自述》，上海教育出版社1997年版，第321—322页。
④ 宋立志编：《名校精英　清华大学　北京大学》，京华出版社2010年版，第102页。

伊利诺伊大学教授,新中国成立之后,华罗庚面对美国开出的丰厚待遇毫不动心,毅然决然地选择了回国奉献,1950 年春从美国经香港抵达北京,在归国途中他写下了《致中国全体留美学生的公开信》。信中强调,我们享受到了祖国的栽培,就要在祖国需要自己时选择返回国内,肩挑起祖国强大的责任,他在公开信的最后说:"梁园虽好,非久居之乡。""为了抉择真理,我们应当回去;为了国家民族,我们应当回去;为了为人民服务,我们也应当回去;就是为了个人出路,也应当早日回去,建立我们工作的基础,为我们伟大祖国的建设和发展而奋斗!"①可以说,他的公开信具有很强的感染力和号召力,有不少徘徊不前、犹豫不决的留学生因他的号召和呼吁而选择了回国服务。

钱寿易(江苏苏州人)在出国留学之前,眼见日军侵略者践踏中国国土和烧杀中国百姓,非常愤怒,决心走科学救国的道路。1943—1946年,钱寿易在美国麻省理工学院先后获得了硕士和博士学位。1947 年后在美国工作、结婚。但美国优越的工作环境和舒适的生活并没能阻断他对祖国、对家乡的思念,1957 年,钱寿易收到了钱学森的来信,信中转达了祖国对海外游子的召唤,希望他返回家园报效祖国。这么多年来怀有的报效祖国的心愿即将变为现实,钱寿易夫妻决定以探亲的名义回国,并立即变卖了全部家产,从美国旧金山直抵祖国。②

王义润(江苏苏州人)1948 年留学美国旧金山大学,当年,她和李鹤鼎先生不期而遇,"教育救国"的共同信念使他们结为夫妻。她在回忆中说:"我们同期赴美留学,历尽艰辛。双双获得学位后,正打算回国报效,美帝国主义侵朝战争爆发,美国移民局对我们的回国申请百般阻挠、恐吓、利诱,我们的签证被拖延了七个月之久。在等待签证的无奈中,收到我国高教部留学生委员会的来信,上面写道:'祖国的大门随时向你们敞开着,欢迎你们学成归来,报效祖国。'这两句话使我们两人抱头痛哭。这是浪迹海外的游子,第一次听到慈母的召唤。抵达国门时,第一眼看到五星红旗,如果不是因为我再有十多天即将分娩,我定会扑

---

① 华罗庚:《致中国全体留美学生的公开信》,澎湃网:https://m. thepaper. cn/baijiahao_18986903。
② 宋立志编:《名校精英 普林斯顿大学 麻省理工大学》,京华出版社 2010 年版,第 156—160 页。

俯下去亲吻祖国大地。"①

陆孝颐（江苏太仓人）1947—1949 年留学美国乔治亚州技术学院并获土木学硕士学位，1951 年准备回国，8 月份办齐手续，但因朝鲜战争爆发而被滞留美国。期间他被美国监视，多次被找去传讯谈话，要求他不能离开纽约，每周要向移民局汇报。1955 年 4 月被联邦调查局逮捕，理由是在北美基督教中国学生会中担任编辑工作，最后经同学保释，又被税务局扣掉 400 美元，被驱逐出境。陆孝颐不顾威胁利诱，为争取返回祖国，进行了坚决的斗争。1955 年他和钱学森等数十人终于回到祖国怀抱，他在美国节衣缩食，买了大量科技书籍，带回献给祖国。②

沈光祖（江苏南通人）1941 年通过庚款留学英国伦敦大学，在英国期间娶妻生子。1951 年，周恩来总理圈点一批在外的专家学者，希望他们回国参加建设，沈光祖名列其中。为了报效祖国，沈光祖毅然只身回到祖国怀抱，从此与妻儿天各一方，失去联系，直到去世，终生孤身一人。③ 可见其为报效祖国作出了多么大的牺牲。

我国多肽化学研究的先导者钮经义院士（江苏兴化人）1948—1953 年在美国德克萨斯州大学留学并获得博士学位。到美国两年后朝鲜战争爆发，他和家乡的联系被迫中断，美国当局禁止学理工科和医科的中国留学生回国。朝鲜战事一结束，他就多方打听回国途径。1954 年来到旧金山后，他马上到移民局询问，并不顾可能受到迫害的后果，按移民局的规定每 6 个月报告一次自己的工作单位和住址，直到 1956 年初才得到移民局放行的通知，不久就踏上了归国的旅途。④

孙天风（江苏武进人）1948—1956 年留学美国康奈尔大学并获哲学博士学位。他在留美期间时刻关心着祖国所发生的一切，他对中华人民共和国的成立和成长感到十分鼓舞，对国内开展得轰轰烈烈的伟大建设事业更是感到兴奋，总想将自己的一份力量贡献给祖国，但苦于

---

① 国务院学位委员会办公室编：《中国社会科学家自述》，上海教育出版社 1997 年版，第 526—527 页。
② 张玮瑛等主编：《燕京大学史稿 1919—1952》，人民中国出版社 1999 年版，第 894 页。
③ 高广丰：《两不厌斋文稿》，苏州大学出版社 2020 年版，第 456 页。
④ 邹祥凤主编：《兴化历代名人》，北京燕山出版社 2001 年版，第 230—234 页。

没有机会。1955年日内瓦中美谈判后,美国政府才允许中国留学生返回祖国。数年来的心愿即将实现,孙天风兴奋不已,他毫不犹豫地回绝了美国移民局要他申请永久居留美国的建议。为了避免不必要的麻烦,他巧妙地绕道欧洲,在伯尔尼与中国驻瑞士使馆联系,经使馆周密安排,1957年2月安全抵达北京。①

上述列举的诸位江苏留学生,有的是自行决定回国,有的是受党和政府的感召而回国。他们毅然回国的行为,也是爱国情怀的最好体现,他们用实际行动证明了中国人的留学与报国的爱国情怀。

第四节　江苏留学生的归国贡献

南京国民政府时期的江苏留学生,归国后的社会贡献表现在政治、经济、文化、教育、军事等各个方面。民国时期,归国留学生作为社会精英,依然受到社会各阶层的重视和欢迎,有的归国后一直在外省工作,有的归国后一直在本省服务。事实上,民国时期的归国留学生工作流动性非常频繁,大部分江苏留学生可能既在江苏本省服务过也在外省服务过。在此以江苏留学生归国后在江苏本省服务为研究中心,以其在政治、教育、医学、经济等几个方面的贡献为研究重点,对这一时期江苏留学生的归国贡献情况作一概述。

一、返乡从事政治建设

南京国民政府时期,既有外来入侵的军事斗争,也有内部国共两党的政治角逐,江苏留学生归国后在军事斗争与民主活动中都有非凡的表现。此外,还有不少留学生归国后投身于行政工作,在政治建设方面有所作为。

1. 参加军事抗战

南京国民政府时期,中国面对的最主要的军事侵略者就是日本,多

---

① 中国科学技术协会编:《中国科学技术专家传略　工程技术编》,中国科学技术出版社1993年版,第455页。

次在抗击日本发动的军事侵略行径的行动中,江苏留学生都有不凡表现。比如,张柏亭(江苏上海人)毕业于日本士官军事学校,回国后从军,参与多次战役,后任国民党军队第八十八师参谋长,1937年参加"八·一三"淞沪抗战,曾参谋选择上海闸北"四行仓库"作为掩护全师总退却的阵地,在阵地上率众英勇顽强地抗击日军的进攻。[1] 俞时骧(江苏昆山人)全面抗战爆发后考取空军军官学校第十四期航空班,1941年赴美国空军学校深造两年,1943年回国,编入十四航空队中美空军混合联队,为第一大队第一中队中尉三级飞行员。1945年3月在河南博爱县以南遭敌机袭击牺牲。[2] 汪方典(江苏上海人)在中央大学研究生即将毕业之际,毅然选择去美国学习驾驶飞机,1943年2月—1944年2月在美国道格拉斯、雷鸟等机场训练了一年多,1943年底又到印度卡拉奇进行飞行训练,1945年初回国参战。据其回忆,刚回国时,还没来得及升空作战就得知已经有同学相继牺牲,除了在心中为同学感到难过之外,他没有退缩,其作战任务主要是配合美国飞行员,轰炸桂林、柳州的日军地面防空火力。他凭着过硬的飞行技术多次与日机在空战对射,出色地完成了掩护任务。"在一次战斗中,我驾驶攻击型战斗机B-25K,用机枪猛烈扫射敌人设在桂林阳朔山腰的火力点,只见敌人高射机枪喷出发亮的火舌,不停地向我射来,我也毫不畏惧地瞄准敌人目标射击和投弹。完成任务后,迅速脱离敌人的火力网。那次我们有好几架飞机被敌人地面火力击中,其中一架迫降在敌占区,只因当地老百姓的帮助,飞行员及机组人员才得以幸免。有两架被击伤。我驾驶的飞机机翼上也留下了弹片的伤痕。"[3]也许他没有辉煌的战绩,但是他为参加过抗日战争而自豪。抗战胜利后,他在杭州空军军官学校当了近两年的飞行教官。国民党败退时他没有去台湾,而是和中国共产党地下党取得了联系。

像上述张柏亭、俞时骧、汪方典三位江苏留学生一样,积极参与反

① 景亚南主编:《浦东早期留学人员选录 1872—1949》,上海大学出版社2016年版,第178页。
② 要秋霞:《历史不能忘记系列:中国空军抗战》,中国民主法制出版社2015年版,第189页。
③ 汪方典:《回忆参加国民党空军受训和抗战的经过》,中国人民政治协商会议南京市委员会文史资料研究委员会编:《南京文史集萃 第一辑》,江苏古籍出版社1989年版,第38—45页。

侵略战争的留学生还有很多,他们面对日军的疯狂进攻,不是退缩,而是亲临战场,不惧牺牲,有的还献出了年轻的生命。江苏归国留学生在反侵略的斗争中展现了"留学报国"的军人风采。

2. 参与爱国民主运动

以蒋介石为首的国民党政权虽在形式上统一了全国,但其独裁与腐败统治使很多有识之士走向其对立面。南京国民政府时期,有不少江苏留学生积极向共产党靠拢,默默参与爱国民主运动,为共产党领导的建国大业做出了重要贡献,有的甚至还献出了宝贵的生命。比如,费巩(江苏吴江人),1928 年留学法国,后留学英国牛津大学并获硕士学位。回国后积极参加抗日救亡活动,反对国民党政府消极抗日积极反共政策,并多次掩护中共党员及进步学生。1944 年后,连续撰文或演讲,要求废止国民党的一党专政。1945 年 3 月 5 日在重庆被国民党特务秘密绑架后杀害,后被追认为革命烈士。① 黄竞武(江苏川沙人),1929 年从美国留学归国,1945 年中国民主同盟成立,黄竞武在父亲黄炎培的影响下加入民盟。抗战胜利后,他加入民主建国会,积极团结工商业爱国人士,不断开展反内战、争取民主的活动,在掩护中共地下工作人员、保护中央银行金库的财物、对国民党汤恩伯驻浦东某部进行策反、保护民建全体会员名册等重要事件中都有突出贡献。1949 年 5 月12 日,他被军统特务逮捕,在狱中受尽酷刑而坚贞不屈,5 月 18 日凌晨被秘密活埋杀害。新中国成立后,上海市人民政府追认其为革命烈士。② 革命烈士冯岳蓉(江苏无锡人),1925 年加入中国共产党,1927 年赴苏联进莫斯科中山大学学习,1930 年回国后,被派往中央无锡县委任城区区委书记兼工会主席,同年 12 月在无锡西门外锦记丝厂门口作宣传时,被伪警发现被捕,后经组织营救释放。1931 年因无锡县委机关遭破坏而再次被捕,壮烈牺牲。③ 周自新(江苏江阴人),1933 年毕业于德国柏林工业大学测量系,受进步思想影响,他对国民党挑起内战不满,期望和平建国,经张学良前秘书长黎天才介绍,接受中共地下党的

① 本辞典编写组:《中国近代人名大辞典》,中国国际广播出版社 1989 年版,第 533 页。
② 景亚南主编:《浦东早期留学人员选录 1872—1949》,上海大学出版社 2016 年版,第 45—46 页。
③《冯岳蓉烈士简介》,上海市妇女联合会妇运史资料组:《上海女英烈》,第 18—19 页。

领导,做了不少有益人民的工作。他在一批相熟的科技专家中开展稳定人心、留居大陆、迎接解放的活动,取得成效。上海解放前夕,他在国民党资源委员会和警察系统中进行策反工作,继而去台湾开展同样活动,险遭敌特杀害。①

费巩、黄竟武、冯岳蓉三位留学生在反对国民党反动统治的过程中英勇牺牲,周自新也险遭敌特杀害。可见,江苏归国留学生在国内的爱国民主运动中付出了沉重代价,为新中国的诞生做出了突出贡献。

新中国虽在 1949 年 10 月 1 日宣布成立,但事实上还有很多地方没有完全解放,还有很多险情存在。为维护新生政权,江苏归国留学生参与了很多实际的保护行动。比如,徐佩璜(江苏苏州人)参与了云南起义,杨柳风(江苏奉贤人)参与了两航起义。徐佩璜(留学美国麻省理工学院)1949 年 12 月 9 日参加云南的卢汉起义,任云南人民临时军政委员会之财政经济委员会委员,迎接人民解放军进驻云南。② 杨柳风(1929 年毕业于法国巴黎大学并获法学博士学位)1949 年 7 月受到陈毅的接见和宴请,并进行执行机密任务的密谈。受陈毅的派遣,杨柳风赴港进行两航公司起义策反工作,他抵港后,先与中航公司秘书吴景岩联系,后与中共中央派去香港的吕其明同志共同对刘静宜做了大量的工作,策动了两航起义。同年 11 月,两航公司举行起义,刘静宜率机 12 架从香港飞向大陆,杨柳风也同时返沪,但他回家后未曾谈及两航起义之事。③ 像徐佩璜、杨柳风这样为保护新生政权而默默奉献的江苏留学生还有很多,他们有的在隐秘战线上做无名英雄,有的在前线作战中壮烈牺牲,像无数个归国留学生一样,共和国的勋章上留下了他们的血汗。

3. 从事行政事务

南京国民政府时期,江苏留学生归国从事行政工作的比比皆是,尤其是研究法学、政治学、社会学、经济学等与社会发展密切相关专业的留学生。由于篇幅关系,在此仅以几名法学专业留学生为例。

---

① 秦福祥主编:《上海电子仪表工业志》,上海社会科学院出版社 1999 年版,第 505—506 页。

② 李峰主编:《苏州通史 人物卷 下》,苏州大学出版社 2019 年版,第 129—130 页。

③ 洪志信:《杨柳风受命策反两航起义》,《静安文史 第 8 辑》,政协上海市静安区文史资料委员会文史资料委员会 1993 年编印出版,第 65—66 页。

徐象枢(江苏吴县人)1928年留学法国巴黎进修法律专业,归国后主要从事行政工作,1932年8月任南京国民政府行政院参事兼任外交部参事,抗战期间任国防最高委员会参事,1942年任国民政府法规委员会委员,1945年当选为国民党第六届候补中央执行委员;陈耀东(江苏泰兴人)1928—1931年留学法国巴黎大学并获法学博士学位,1932年回国后曾任南京市政府法律顾问,1946年任南京市参议会副议长,亦担任过南京市财政局局长;孙熙存(江苏盐城人)1930年代获比利时鲁文大学法学博士学位,1949年后曾任南京市司法局、教育局副局长,1953年后任江苏省人民政府参事①;中国法律界的元老费青(江苏吴江人)1935—1938年留学德国柏林大学法学研究院,新中国成立后,他作为著名法学家被任命为最高人民法院委员、政务院法制委员会委员,为新中国的法制建设发挥作用②;孙晓楼(江苏无锡人)1927—1929年留学美国西北大学法学院并获法学博士学位,回国后曾任上海地方法院推事(1931—1933年)、民国政府行政院参事(1940—1941年)、联合国善后救济总署闽浙分署署长(1945—1947年)等职③;杨兆龙(江苏金坛人)1934—1935年留学美国哈佛大学并获法学博士学位,1936年夏至1940年9月任国民政府资源委员会专门委员,1941年8月至1945年9月任教育部参事,1945年9月至1949年1月任司法行政部刑事司司长,1949年1月至5月任最高法院检察署代理检察长。④ 这些法学专业的留学精英,归国后或在中央政府任职,或在家乡江苏省各地任职,也有不少留学生归国后在外省从政,他们都在自己的行政岗位上做出了应有的贡献。

以法学、政治学、社会学、经济学为主要专业方向的留学生,归国后从事社会行政工作的比较多,这与他们在国外所学的专业知识是密切相关的。从事社会行政工作,为政府分忧,为百姓谋利,体现了归国留学生的专业特长与社会贡献的完美结合。

---

① 王伟:《中国近代留洋法学博士考 1905—1950》,上海人民出版社2011年版,第98、217、313页。
② 郁乃尧:《我在苏州"逛"历史》,苏州大学出版社2013年版,第70—71页。
③ 李晓明、张成敏主编:《东吴法学先贤文录(刑事法学卷)》,中国政法大学出版社2015年版,第242页。
④ 孙文治主编:《东南大学校友业绩丛书 第1卷》,东南大学出版社2002年版,第429页。

二、返乡从事经济建设

南京国民政府时期的江苏留学生，归国后在经济领域的贡献也可圈可点，但限于篇幅关系不能累牍叙述，在此仅以江苏留学生在江苏本省服务为研究中心，以其在推动科技进步与促进农业发展方面作为分析重点，对江苏留学生归国后在经济建设方面的贡献作一概述。

1. 推动工业科技进步

南京国民政府时期，江苏留学生归国后投身于工业建设，在各行各业都有杰出表现，他们既在全国各地积极展现科学知识的力量，也在江苏本省奉献青春，以科学研究来推动家乡的工业发展，在此以王涛、张德庆、陆钟祚、程文诒等人在各个行业的贡献为例。

在建筑材料方面，水泥研究专家王涛（江苏崇明人）1929—1932年留学德国柏林皇家水泥研究院，回国后不仅在江苏开办水泥厂，也在全国多个地方创办了水泥厂。1932年他任南京水泥厂副总技师。1933年任唐山市启新洋灰公司副总技师，代行总技师职务，期间在南京帮助开办江南水泥厂。1938年在广西帮建水泥厂。1939年将湖北华记水泥厂搬迁至湘西山区，后又与缪云台合作创办昆明水泥厂，王涛担任这两个厂经理，其中昆明水泥厂为机械化立窑，为中国水泥史上的首创。1941年王涛帮助筹建泰和水泥厂。1943年帮助贵州水泥厂改善经营管理，使该厂扭亏为盈，被称为中国的"水泥大王"。抗战胜利后，王涛在湖北黄石创办华新水泥厂，任总经理。1956年，他任重工业部一级工程师，此后还担任过建工部水泥研究院院长、北京建工学院副院长、建材研究院副院长、国务院规划委员会硅酸盐组副组长等职务。[1]

在交通运输业方面，张德庆院士（江苏宝山人，今属上海）1929年回国后曾任上海兵工厂、中国白铁公司、中德合资的中国汽车制造公司工程师。他主持研制了"代用机油"，为刚刚解放的上海恢复建设做出了贡献。1950年他被评为上海市特等劳动模范、全国劳动模范。1952年奉调北京中央重工业部汽车工业筹备组，任汽车实验室主任，踏上中

---

① 刘向权主编：《滦河流域历代名人》，中国工商出版社2009年版，第365页。

国汽车科研创业之路。为解决康藏、青藏公路受海拔高度的影响,汽车功率降低问题,他主持了高原行车的研究,用安装增压器的方法提高汽车功率。与中央军委总后勤部合作,先后于1954年在康藏公路、1957年在青藏公路进行了高原行车试验,证明高原汽车装增压器是提高功率的有效办法。1956年4月任第一机械工业部汽车工业管理局汽车拖拉机研究所所长。1957年主持领导天然气(甲烷)作汽车燃料的研究,领导液化石油气(丙烷)作汽车燃料研究。他根据国家安排科研课题,既注意理论研究,又注意应用技术研究,在我国汽车工业初创阶段填补了许多空白。1957年12月成立第一机械工业部汽车研究所并迁往长春,他任所长。汽车工业在发展时期,汽车研究所取得科研成果358项(其中为"一汽"服务,完成质量攻关课题128项),有188项填补了国内空白。许多成果在汽车产品上得到应用,取得了巨大的经济效益,进一步促进了我国汽车工业的发展。在我国汽车工业三线建设时,他与同事们组织全所主要技术力量赴南京,为第二汽车制造厂研制3.5吨载货汽车和694Q、大小V—8汽油发动机。该车后来被广州红卫汽车厂批量生产。1965年他在所内先后抽调100名、84名技术干部和设备仪器,支援"二汽"和重庆重型汽车研究所的组建。为新中国汽车工业的发展,他不遗余力地贡献了后半生的精力。[①]

在电子产业方面,陆钟祚(江苏苏州人)1945—1946年在美国密歇根大学研究院深造并获科学硕士学位,1947年底回国。在科学研究方面,20世纪50年代他就注意与工厂加强联系,兼任南京电子管厂顾问,既为技术人员开设微波电子学讲座,也指导微波管的生产制造。陆钟祚在1958年研制成热敏电阻,为国内解决了微波功率的测量问题,并小量投产供各界使用。早在20世纪50—60年代他就开始研究各种微波管,自70年代末一心从事微波和毫米波电子管的研究。1980年首先在国内研制成功超宽频带行波管,获电子工业部优秀成果奖、国防工办二等奖、省科技成果二等奖。[②]

在纺织工程方面,程文诒(江苏无锡人)1934年从日本京都高等蚕

---

① 侯曙光主编:《古今人物》,长春出版社2000年版,第166—169页。
② 宋立志编:《名校精英 南京大学 中山大学》,京华出版社2010年版,第70—71页。

丝专科学校制丝科毕业,回国后到无锡玉祁制丝所任工务主任。1938年5月到上海合丰丝厂任厂长。1950年7月合丰丝厂改为中国蚕丝公司第三丝厂(国营勤丰丝厂),他曾任厂长。1952年11月调纺织工业部毛麻丝局、生产技术司等处任四级工程师,主要负责生丝科学技术、生产计划、检验标准、技术进步等的规划和管理。[①] 程文诒为振兴祖国丝绸业做出了贡献,特别对家乡无锡当地的丝绸业发展贡献较多。

上述几位江苏归国留学生在各行各业的贡献,展现了民国时期归国留学生科学救国、科技兴国的追求信念,他们把全部学识无私地奉献给了中国的科技兴国事业,并以不断地科学研究推动中国的工业前进,在为祖国做贡献的同时,也实现了反哺报恩、回馈家乡的情怀。

2. 促进农业增产创收

江苏全省基本处于平原地区,农业非常发达,晚清以来江苏人到外国学习农学相关专业的留学生非常多。进入南京国民政府时期,江苏在外留学生学习农学相关专业的并未减少。据不完全统计,仅留学美国的就有近50人,其留学情况及其概况见下表。

表 3 - 20　南京国民政府时期江苏留美学农人员情况简表

简介	留学经历
卜慕华(江苏常州人),先后从事水稻育种、谷子抗病性鉴定、小麦品种资源和抗病育种研究,为建设我国作物品种资源研究体系打下基础	1945年赴美,先在威斯康星大学参加小麦、大麦、燕麦的抗病育种研究,后在康奈尔大学农艺系进修并在明尼苏达大学植物病理系实习小麦锈病工作,1946年回国
蔡旭(江苏武进人),中国小麦杂交育种的开拓者,首先在国内倡导利用细胞质雄性不育,开展小麦杂种优势利用研究	1945年春赴美,先后在康奈尔大学、明尼苏达大学深造,并到堪萨斯州立大学等院校访问、考察
程暄生(江苏武进人),农药专家,我国现代化学农药研究开创者之一	1945年赴美学习,先后在美国农业部昆虫与植物检验局杀虫药剂研究室、康奈尔大学农学院昆虫系、尼亚加拉药械公司(FMC公司前身)研究部、麦克唐纳公司化学实验室等单位实习农药制造和加工技术,并参观一些大学农药厂

① 中国丝绸协会、中国国际名人研究院编:《奉献在丝绸》,中国纺织出版社1994年版,第9页。

简介	留学经历
戴松恩(江苏常熟人),作物育种和细胞遗传学家,早期从事小麦育种、细胞遗传和抗赤霉病研究,后转入烟草、油菜育种的基础研究,对发展贵州烟草种植业做出了贡献	1933年考取清华大学公费留美生,进入康奈尔大学研究院攻读作物育种及细胞遗传学,1936年获得博士学位,并被选为美国Sigma Xi荣誉学会会员,同时获该学会金钥匙奖
樊庆笙(江苏常熟人),农业微生物学家,中国农业微生物学的开创者之一	1940年赴美国威斯康星大学研究生院攻读农业微生物学,1941年获得科学硕士学位,1943年获得哲学博士学位。1944年回国
方中达(江苏武进人),植物病理学家,致力于植物病原细菌学研究	1945年8月赴美,在威斯康星大学植物病理系研究小麦黑颖病的生理分化,1948年获得博士学位,并被吸收为美国细菌学会、美国植物病理学会会员
傅焕光(江苏太仓人),林学家、水土保持学家,中国水土保持科研事业创始人之一,中国近代林业开拓者之一	1945年4月由农林部派送到美国学习考察水土保持,先在美国农业部水土保持总局学习,获得结业证书,后在华盛顿大学从事研究工作,1946年回国
高良润(江苏常州人),农业工程学家,农业机械专家	1945年进入美国明尼苏达大学研究生院,主修农业工程,辅修机械工程。1947年获得科学硕士学位,并加入美国工程师学会。1948年6月回国
耿以礼(江苏江宁人),植物学家,禾本植物分类学家	1930年赴美国华盛顿大学研究院学习,先后获得硕士、博士学位,1934年回国
贾健(江苏涟水人),农业经济学家,新中国农业经济管理学科奠基人之一	1948年初赴美,在明尼苏达大学农学院学习农场管理学,1949年7月获得农业经济学硕士学位
蒋德麒(江苏昆山人),水土保持学家	1937年赴美,在明尼苏达大学研究院学习,1938年获得农学硕士学位,不久回国
冷福田(江苏镇江人),土壤学家,核农学家	1945年赴美进修,在康奈尔大学、得克萨斯州立大学、亚利桑那州立大学以及美国农业部设立在加利福尼亚州的西部盐土研究室学习考察。1946年回国
李长年(江苏扬州人),农业历史学家	1945年5月赴美进入威斯康星大学学习,留美期间深入调查美国本土30余州的农业资源情况,1946年回国

简介	留学经历
李家文（江苏镇江人），蔬菜学家，大白菜专家	1945 年赴美进修，在康奈尔大学农学院蔬菜学系学习蔬菜选种和采种，1946 年回国
李竞雄（江苏苏州人），玉米育种和细胞遗传学家，中国利用杂种优势理论选育玉米自交系间杂交种的开创者	1944 年秋赴美，先后任密苏里大学、明尼苏达大学和康奈尔大学的研究助理，攻读学位。1948 年获得康奈尔大学博士学位
李联标（江苏六合人），茶学家，茶树栽培专家，茶叶科学研究先驱之一	1945 年赴美进修，在康奈尔大学农学院和加州理工学院生物学部从事茶叶中酶性质的研究，是我国早期从事茶叶中酶化学研究的少数学者之一
刘崧生（江苏无锡人），农业经济学家，中国社会主义农业经济学科的开拓者和奠基人之一	1945 年赴美，1946 年获得康奈尔大学研究院硕士学位；1946 年考入明尼苏达大学研究院，1949 年 12 月获得哲学博士学位
陆星坦（江苏江阴人），蚕业教育家，蚕的遗传育种学家	1945 年赴美，入依阿华州立农工学院研究生院攻读遗传育种，1947 年获得硕士学位，1949 年获得博士学位，同年回国
马世均（江苏六合人），中国耕作学科主要开拓者	1945 年农林部公费赴美进修，主要在得克萨斯州农业试验站学习棉花远缘杂交及细胞遗传学操作技术，1945 年秋季曾去康奈尔大学进修，1946 年回国
梅籍芳（江苏阜宁人），小麦育种栽培学家，育成"华东 1 号"等早熟小麦品种	1945 年先后赴美国华盛顿州立大学、康奈尔大学研究实习
乔启明（江苏无锡人），农村社会学家，农业推广专家	1932 年赴美国，在康奈尔大学专攻农业经济和乡村社会学，1933 年获得农业经济硕士学位
裘维蕃（江苏无锡人），植物病理学家、植物病毒学家、真菌学家。	1945 年赴美，在威斯康星大学研究院从事瓜类黑腐病的研究，1947 年完成瓜类黑腐病研究论文，获得博士学位，1948 年回国
申宗圻（江苏苏州人），木材学家，较早在国内开展木材改性研究	1945 年赴美，在耶鲁大学林学院锦绣木材科学习工艺专业，1946 年回国
沈隽（江苏吴江人），果树学家	1936 年公费赴美留学生，在康奈尔大学研究院果树系学习，1940 年获得博士学位，1941 年回国

简介	留学经历
沈善炯（江苏吴江人），微生物化学家，分子遗传学家	1947年赴美留学，在加州理工学院攻读生物化学遗传学，1950年获哲学博士学位后回国
盛诚桂（江苏上海人），园艺学家，植物引种专家，中国近代植物园事业的奠基人之一	1945年公费赴美学习，先后在马里兰大学、康奈尔大学和农业部研究中心等地学习园艺学和植物学，1946年夏回国
史瑞和（江苏溧阳人），土壤肥料学家	1945年赴美实习一年，1948年再度赴美深造，1949年获得佛罗里达大学土壤系硕士学位，1952年获得俄勒冈州立大学土壤系博士学位
万鹤群（江苏武进人），农业工程学家，农业机械专家	1945年赴美，在依阿华州立农学院农业工程系学习，1946年8月回国
王恒立（江苏镇江人），小麦遗传育种学家	1948—1950年留学美国华盛顿州立大学研究院攻读作物遗传育种专业并获硕士学位，同年回国
王焕如（江苏丹阳人），植物病理学家，我国小麦锈病研究奠基人之一，也是我国生物间遗传学科的应用和发展奠基人之一	1945年赴美国明尼苏达大学进修，其间，受其导师的委托，负责全美小麦秆锈病生理小种的调查，深受导师的信任和赞赏，1946年回国
王铨茂（江苏上海人），植物病理学家	1945年赴美，在康奈尔大学植物病理系进修植物病理学等课程，1946年回国
王万钧（江苏海安人），农业机械工程学家，我国农业机械科学研究与开发工作的奠基人之一	1945年赴美，在明尼苏达大学研究生院进修农业工程学，1947年获得硕士学位。1948年回国
徐冠仁（江苏南通人），作物遗传育种学家和原子能农学家，中国核农学的创始人	1946年赴美留学，在明尼苏达大学研究院主攻遗传学，辅修植物学，1950年获得博士学位，并被选为美国 Sigma Xi 荣誉学会会员
徐天锡（江苏上海人），农业教育家和作物栽培学家	1934年赴美国明尼苏达大学研究院学习，1935年获得农艺与植物遗传专业硕士学位
杨守仁（江苏丹阳人），水稻育种学家，潜心研究我国的水稻杂交育种	1947年底赴美，在威斯康星大学学习，1949年初获得硕士学位，1951年初获得博士学位，并取道香港回祖国大陆
姚归耕（江苏吴县人），土壤肥料学家	1947年1月任美国垦务局实习工程师，7月任联合国粮农组织特约专家，1948年1月转入北卡罗来纳州农学院进修，同年回国

简介	留学经历
余有泰(江苏邗江人),农学家,农业工程学家,我国农业机械化学科和事业的带头人	1945年赴美,在依阿华州大学师从"美国农业工程之父"戴维生教授,学习农业机械化。1947年获得科学硕士学位,1948年回国
俞启葆(江苏昆山人),棉花专家,致力于棉花黄苗、棕絮、卷缩叶等遗传研究	1945年初,赴美国康奈尔大学植物育种系和纽约市克乃其研究所学习、考察一年
张季高(江苏苏州人),农学家,农业工程学家	1945年考取美国万国农具公司留美奖学金,在依阿华州立大学农业工程系学习,1947年冬获得农业工程硕士学位。1948年回国
郑丕留(江苏太仓人),畜牧学家,我国家畜人工授精技术的开拓者和传播者	1943年赴美,入康奈尔大学畜牧系,主修家畜育种和人工授精,1945年获得硕士学位;后进入威斯康星大学遗传系学习,1948年获得博士学位
周家炽(江苏苏州人),植物病理学家和植物病毒学家	1946—1948年在英国剑桥大学进修植物病毒学。1948年转到美国,对10多个植物病毒研究实验室进行考察、访问,1949年回国
周明牂(江苏海安人),农业昆虫学家,我国近代昆虫学的先驱,奠定了我国植物抗虫性学科的基础	1930年8月到美国康奈尔大学研究生院攻读昆虫学,先后于1931年、1933年获得科学硕士和哲学博士学位,并被选为美国 Sigma Xi 荣誉学会会员,获金钥匙奖。1933年回国
邹钟琳(江苏无锡人),昆虫学家、昆虫生态学家,中国水稻螟虫防治研究的先驱	1929年赴美进修,在明尼苏达大学学习昆虫学和昆虫生态学,1931年获得硕士学位;后到康奈尔大学攻读博士学位。1932年提前回国

资料来源:根据沈志忠:《近代中美农业科技交流与合作研究》(中国三峡出版社2008年版)第224—257页整理编制。

上述列表中仅展现了部分江苏留美学子的概况,如若再加上留日及留欧各国的江苏留学生,可以想见学习农学专业的江苏留学生数量之多。江苏农学专业留学生如此之多,其归国后的贡献也可想而知了。他们中有的人回到江苏本省服务,也有的人在外省做贡献,多数是根据自己的专业研究方向和国家发展需要而选择工作场所,其所做的贡献也是各不相同。比如植物学家、禾本植物分类学家耿以礼(江苏江宁人)1934年回国后任中央大学生物系教授,兼任中央农业科学院与中央研究院动植物研究所研究员。抗日战争中随校西迁,潜心教学。

1949 年后一直执教于南京大学,任生物学系生态地植物教研室主任。历任江苏省政协第一、二、三届委员。耿以礼毕生从事种子植物分类学教学与科研工作,擅长中国禾木科植物分类学研究,从 20 世纪 20 年代起就在南京等地采集植物标本,曾在南京燕子矶沿山 12 洞发现了中国特有的珍稀树种安息香料秤锤树。他一生先后发表中国禾本科川方竹、短穗竹、隐子草、三蕊草、异颖草、毛蕊草及冠芒草七种植物的新属和 124 个新种等论文 30 多篇。主编有《中国种子植物分科检索表》《中国主要植物图说禾本科》和《中国种子植物分类学》等书,前二书已成为国际生物学界的珍本。① 耿以礼长期服务于中央大学、南京大学,工作场所主要是在江苏本省,他的一生主要从事教育和科研工作,既为国家培育了大量专业人才,也推动了中国的农业科技进步。

江苏的育蚕业特别发达,而学习育蚕专业的很多是留日学生,他们回国后,很多人选择在育蚕业发达的苏州地区服务,在此以三位江苏留学生为例。

家蚕良种繁育专家、蚕业教育家王干治(江苏苏州人)1929—1932 年留学日本东京蚕丝专科学校,1932 年毕业回国后,执教于江苏省浒墅关蚕校,把在国外学到的新技术传授给学生。他特别重视蚕种学科,认为这是发展蚕业生产的基础。1936 年,他协助郑辟疆校长筹建江苏省蚕丝专科学校。抗战期间将学校迁入四川乐山,王干治一直在学校任教务主任。1946 年,王干治回到故乡苏州,任苏州蚕桑实验场场长,担负育种和原种繁育工作,同时应苏州农校之聘,在该校蚕桑科兼课,直到中华人民共和国成立。1952 年他调离苏州蚕桑实验场,到刚建立的华东蚕业研究所任养蚕系原种组组长,负责培育华东地区浙江、江苏、山东、江西、福建等省所需原原种,同时结合生产开展良种繁育科学研究。王干治先生毕生献身于蚕业教育、原原种培育和家蚕良种繁育科研工作,撰写我国第一部《家蚕原原种培育规程》,主持多项蚕品种性状改进研究项目,为蚕业发展做出了贡献。② 王干治的主要服务场所是

---

① 《鼓楼区文物志》编纂委员会编:《鼓楼区文物志》,江苏文史资料编辑部 1999 年版,第 179—180 页。
② 中国科学技术协会编:《中国科学技术专家传略 农学编 养殖卷 2》,中国农业出版社 1999 年版,第 56—60 页。

在家乡苏州,他对家蚕良种繁育学科有较深的造诣,在教育、科研、蚕种生产上做出了贡献,特别是新中国成立以后,他的才智得到了充分发挥,成为国内蚕业界公认的家蚕良种繁育权威之一。

中国现代蚕业教育家、栽桑学专家陆辉俭(江苏无锡人),1929 年留学日本,1933 年毕业于日本高等蚕丝学校。回国后一直从事蚕业教育和科学研究工作,先后任江苏省原蚕种制造所、中国蚕丝公司技师、苏州蚕桑专科学校副教授、教授、江苏省蚕桑学会副理事长、中国农业科学院蚕业研究所学术委员会顾问等职。陆辉俭从 20 世纪 50 年代就开始进行湖桑扦插繁殖新技术的研究,在 80 年代初取得了进展,"湖桑绿枝土钵扦插育苗"新技术研究获得成功,达到了实用化程度,该项成果已于 1985 年 1 月通过技术鉴定。他在调查研究的基础上提出的丰产桑园群体结构理论,在生产上也有较大的参考价值。陆辉俭在桑树栽培方面有较深的造诣,曾参加编写《桑树栽培附病虫害防治学》《中国桑树栽培学》《桑树栽培及育种学》。[1]

蚕种学家殷秋松(江苏武进人)1934—1936 年在日本上田高等蚕丝专门学校学习。回国后,任浒墅关(位于苏州)大有蚕种场技师、总技师,兼任江苏省立蚕丝专科学校讲师、副教授。1953 年调入该校后,历任副教授、养蚕科主任。他长期从事"蚕种学""蚕病防治学"等课程的教学工作,教学质量高,理论联系实际,深入浅出,条理清晰,深得学生好评。曾当选为第五、第六届苏州市人大代表。殷秋松致力于原蚕种繁育、蚕种制造和改进工作,在蚕种学方面造诣颇深。50 年代选育出春用蚕种新品种浒蚕 1 号、浒蚕 2 号,并曾在江苏、山西、湖北、安徽等省推广。编著出版《最新蚕种学》《蚕种制造》《蚕的病理学》《养蚕指导技术手册》《蚕种制造技术手册》等十余种蚕业书籍,并参加编著出版《中国养蚕学》,负责修订出版全国中等农业学校教科书《蚕的病虫害防治学》等。在浒墅关大有蚕种场工作期间,他创办了大有高级养蚕讲习所(属中专性质),为大有蚕种场培养了一批技术骨干,对大有蚕种场的

① 中国农业百科全书总编辑委员会蚕业卷编辑委员会编:《中国农业百科全书 蚕业卷》,中国农业出版社 1987 年版,第 113 页。

科技工作颇有建树。①

上述三位江苏育蚕专业留学生,主要在江苏苏州服务,他们一方面从事教育工作,培养育蚕专业人才,使之后继有人、发扬光大,另一方面,他们重视科研,不断培育新的蚕种,使之在增产创收方面有了新的突破。

三、返乡教书育人

南京国民政府时期的江苏归国留学生,大多数都曾在高校从事过一线教学。同时,由于其丰富的学识及开阔的学术视野,他们在从事一线教学的同时,还会从事教育行政工作,并结合国外所学与教学实践,在国内高校创建新的学科专业、编写新的教材,在高等教育领域做出了应有的贡献,尤其在服务本省、回馈乡梓方面贡献良多。

1. 从事一线教学

南京国民政府时期,许多江苏留学生归国后在江苏本省从事一线教学工作。比如,食品工业科学家和工程技术专家秦含章(江苏无锡人)1931—1936 年留学比利时国立圣布律农学研究院、布鲁塞尔大学植物学院,1936—1937 年留学德国柏林大学,回国后,1937—1949 年间曾任江苏省立教育学院副教授,讲授有机化学、土壤学及肥料学,在1948—1949 年间兼任无锡江南大学教授及农产加工系主任,主讲土壤学及农产制造学。② 电子学专家陆钟祚(江苏苏州人)1945—1946 年在美国密歇根大学研究院深造并获科学硕士学位。回国后,1948 年夏任中央大学电机系副教授,讲授无线电技术、无线电设计、微波技术等课程,直至新中国成立以后任南京大学电机系副教授。1952 年院系调整后任南京工学院无线电系教授兼系副主任。1958 年南京工学院与中国科学院电子学研究所合作,在南京工学院成立高校第一个电子学研究室,陆钟祚任室主任。1962 年任南京工学院电子工程系主任,同年经高等教育部批准设立电子学研究室,他兼任室主任。1977 年任南京

---

① 中国丝绸协会、中国国际名人研究院编:《奉献在丝绸》,中国纺织出版社 1994 年版,第 205 页。
② 《中国科学家辞典》编委会编:《中国科学家辞典 现代第 3 分册》,山东科学技术出版社 1984 年版,第 337—339 页。

工学院电子学研究所所长,1982 年被国务院批准为第一批博士生导师。1985 年起任东南大学(原南京工学院)电子工程系名誉主任和电子学研究所名誉所长。[①] 水利学家沙玉清(江苏江阴人)1935—1936 年留学德国汉诺佛工科大学专修河工专业,归国后曾任南京国立中央大学土木系教授兼系主任、南京工学院土木系教授,1953 年任华东水利学院(位于南京,后改名为河海大学)农田水利系教授。[②] 环境科学家胡家骏(江苏苏州人)1946 年获美国麻省理工学院卫生工程硕士学位,归国后曾任中央大学、南京大学、南京工学院土木系副教授。[③] 上述这些留学生在中央大学、金陵大学、南京大学、南京工学院、东南大学等高校从事教育教学工作。虽然这些学校在当时是国立大学,但由于这些学校位于江苏省内,为江苏地方的教育发展及社会发展培育了大量的专业人才,是江苏社会发展得以良性循环的重要因素之一。

事实上,当时全国教师的流动性非常频繁,大多数留学生归国后不会永远在同一个学校任教,江苏归国留学生也是如此。在此以列表形式呈现部分江苏留学生归国后在江苏及其他地方的任教情况,见下表:

表 3-21　南京国民政府时期部分江苏留学生归国后任教情况表

姓名	籍贯	留学经历	归国后任教经历
吴福元[①]	江苏常熟	1946—1947 年留学美国哥伦比亚大学研究院,获心理学硕士学位	1948 年在南京中央大学心理学系任教,后任上海师范大学教育科学研究所教授、教育心理教研室主任
赵俊欣[②]	江苏镇江	1936—1937 年留学法国巴黎大学并获法学博士学位	归国后曾任重庆大学商学院、南京大学外文系教授,长期从事法语言文学的教学、科研工作
唐庆永[③]	江苏太仓	1928—1930 年留学美国俄亥俄州立大学、哥伦比亚大学并获经济学硕士学位	1931 年归国后在上海交通大学任货币银行学教授,后历任杭州之江大学、苏州东吴大学、上海光华大学教授

① 宋立志编:《名校精英　南京大学　中山大学》,京华出版社 2010 年版,第 70—71 页。
② 薛仲良主编:《人民教师文库　江阴百年留学史略》,人民日报出版社 2007 年版,第 154—156 页。
③ 陈世明主编:《中国当代教育名人大辞典》,陕西师范大学出版社 1994 年版,第 1166 页。

322

姓名	籍贯	留学经历	归国后任教经历
陆传纹④	江苏昆山	1930—1933年在法国巴黎国立高等美术学院、1933—1935年在比利时皇家美术学院深造	1936年回国，历任苏州美术专科学校、武昌艺术专科学校、同济大学等校教授
唐亮⑤	江苏吴江	1927—1929年留学美国芝加哥艺术学院、纽约波斯顿大学学习美术，后又到法国巴黎国立高等美术学院深造两年	1933年学成回国，到苏州美术专科学校任油画教师，后又赴北平艺术专门学校出任西画系教授
黄觉寺⑥	江苏青浦	1934年留学法国巴黎高等美术学校	历任苏州美术专科学校教务主任兼教授、苏州美术专科学校沪校教务主任、无锡苏南文教学院美术系教授、中央美术学院华东分院教授
张梦白⑦	江苏常州	1948—1949年留学美国哥伦比亚大学研究院并获硕士学位	曾任东吴大学、江苏师范学院、苏州铁道师范学院、苏州大学历史学教授
沙玉彦⑧	江苏江阴	1934—1938年留学德国马丁路德大学并获哲学博士学位	归国后相继执教于昆明云南大学（1938—1942）、中央大学（1942—1949）、南京东南大学（1949—1952）和南京工学院（1952—1961）
夏资德⑨	江苏南汇	1935—1937年留学英国伦敦大学政治经济学院攻读经济史	曾任国立四川大学、中央大学、复旦大学教授和江南大学教授
宋德芳⑩	江苏苏州	1934—1938年留学德国马尔堡大学自然研究院获博士学位	1941年起任中央大学、上海大学、南通学院等校教授，讲授微生物学等课程

资料来源：①张德龙主编：《上海高等教育系统教授录》，华东师范大学出版社1988年版，第70页；②⑦《江苏省高等学校教授录》编委会编：《江苏省高等学校教授录》，南京大学出版社1989年版，第60、81页；③中共太仓市委宣传部、太仓市哲学社会科学界联合会编：《唐文治》，西泠印社出版社2008年版，第99—100页；④王桢禄主编：《当代昆山人才录》，昆山亭林出版社1996年版，第73页；⑤陈建军、徐志东编：《远山——徐志摩佚作集》，商务印书馆2018年版，第371页；⑥孙元：《走进孙佩苍 相见在历史》，沈阳出版社2018年版，第185页；⑧《江苏省高等学校教授录》编委会编：《江苏省高等学校教授录》，南京大学出版社1989年版，第100—101页；⑨⑩周川主编：《中国近现代高等教育人物辞典》，福建教育出版社2018年版，第507、312页。

表 3 - 21 中多位江苏留学生归国后在不同学校任教,这种现象在民国时期属正常现象。有些教育家在不同学校不同专业采用不同的教学方法,以适应不同学校的风格及专业特点需求。比如,化学教育家顾翼东院士(江苏苏州人)1924—1925 年留学美国芝加哥大学,1933—1935 年再次留学芝加哥大学并获哲学博士学位。回国后,1938—1952年间,曾任上海交通大学物理化学教授、上海震旦女子文理学院化学系教授及系主任、上海医学院院长、上海大同大学物理化学教授。1942—1952 年任东吴大学理学院院长。1952 年全国高等学校院系调整后,一直在复旦大学任教授。顾翼东长期活跃在教学与科研岗位上,1926—1937 年,他在东吴大学主要从事教学工作,每年除讲授两门课程外,还从事科学研究工作。其教学特点是重在启发,注意针对性,根据不同的学生制定不同的教学内容。例如在交通大学、东吴大学、大同大学和震旦女子文理学院四所不同性质的学校讲授物理化学时,曾采用不同的讲课提纲。他认为在交通大学授课应注重推理;在东吴大学应注重讲应用,要多联系实际;在大同大学应注重公式推导及演算。[①] 强烈的针对性体现了他深厚的理论基础与灵活的教学艺术。

留学生归国后回到大学母校任教,这种现象在江苏留学生中比比皆是。比如,昆虫教育家陆近仁(江苏常熟人)1934—1936 年留学美国康奈尔大学并获博士学位,1936 年回国后重返母校东吴大学任教,讲授昆虫学、寄生虫学以及显微技术等课程。他在教学之余,结合苏州水乡特点,开展水生生物学研究,包括黄天荡水生动植物调查、河虾人工养殖研究,等等。[②] 费青(江苏吴江人)1929 年于东吴大学法律学院毕业,1935—1938 年留学德国柏林大学攻读法律哲学,归国后,曾任东吴大学法律系主任。[③] 事实上,当时很多从东吴大学法学院毕业的出国留学生都回到东吴大学法学院任教,这与其专业性特征有关,也有一定的情感因素在其中。

江苏留学生归国后为江苏及全社会的发展培养了大批专业人才。

---

① 宋立志编:《名校精英 上海交通大学》,京华出版社 2010 年版,第 79 页。
② 金善宝主编:《中国现代农学家传 第 2 卷》,湖南科学技术出版社 1989 年版,第 133—136 页。
③ 田士永:《中国法学教育研究 2020 第 3 辑》,中国政法大学出版社 2021 年版,第 219 页。

以个例来看,教育家时钧院士(江苏常熟人)1935—1936 年留学美国缅因大学、麻省理工学院并获工学硕士学位。1937 年回国后在中央工专、兵工大学、重庆大学、中央大学等校任教,受聘教授时年仅 27 岁,有"娃娃教授"的美誉。新中国成立后,时钧以满腔热情投入化工教育事业中,他先后出任南京大学化工系主任、南京工学院化工系主任,执教数十年,培育英才无数,学生中有 10 人当选中科院院士,获高级职称者数以百计。他荣获了"全国化工有重大贡献的优秀专家"称号,首批享受政府特殊津贴,2009 当选为"新中国成立以来感动江苏人物"。① 像时钧院士这样为江苏培育大量人才的归国留学生还有很多,因篇幅关系不再赘述。

2. 从事教育行政

归国留学生由于其学识渊博、经验丰富、视野开阔,受到师生、领导的信赖,因而在从事一线教学的同时,很多人也担任一定的教育行政工作,如系主任、院长、校长之类的领导职务。比如,法学教育家孙晓楼(江苏无锡人),从美国留学回国后,先后担任东吴大学文学院教授(1929—1931 年),东吴大学法学院教授兼副教务长(1933—1939 年)②,朝阳学院院长(1941—1945 年)②;钱清廉(江苏昆山人),1933 年留学英国并获得法学博士学位,归国后历任无锡江南大学秘书长,中央大学教授、法学院院长及法律系主任等职③;作曲家吴伯超(江苏武进人)1931 年赴比利时留学,1936 年回国后,在上海国立音乐专科学校任教,1942 至 1947 年任南京国立音乐学院院长④;教育家钱钟韩院士(江苏无锡人)1933 年留学英国伦敦大学帝国理工学院,新中国成立后,历任南京大学工学院院长(1949—1952 年),南京工学院(今东南大学)副院长、院长、名誉院长、自动化研究所所长(1952—1988),还曾任东南大学名誉校长,他致力于教育改革,提倡并实施科研教学相结合,培养了一大批优秀人才⑤。有些留学生在一个学校长期担任领导职务,如中国第

① 陈新主编:《科学的旗帜 感动中国的 100 位爱国科学家》,花山文艺出版社 2010 年版,第 106—107 页。
② 李晓明、张成敏主编:《东吴法学先贤文录(刑事法学卷)》,中国政法大学出版社 2015 年版,第 242 页。
③ 王桢禄主编:《当代昆山人才录》,昆山亭林出版社 1996 年版,第 136 页。
④ 本辞典编写组:《中国近代人名大辞典》,中国国际广播出版社 1989 年版,第 295 页。
⑤ 宋林飞主编:《江苏历代名人词典》,江苏人民出版社 2019 年版,第 456 页。

二位女大学校长吴贻芳(江苏泰兴人),1928 年从美国密歇根大学获得生物学博士学位后回国,受聘于母校金陵女子大学,先后主校 23 年之久,其对江苏的教育发展和社会贡献可谓功莫大焉。上述多位江苏归国留学生在各自学校担任系主任、学院院长、学校校长等行政职务,肩负起学校的组织和领导责任,带领学院、学校沿着正确的方向发展。

江苏留学生除了在本省从事行政职务之外,在其他省市从事教育行政工作的也很多。比如,史绍熙(江苏宜兴人)1945—1949 年留学英国曼彻斯特大学并获博士学位,1951 年回国任天津大学教授兼教研室主任、系主任,1979 年任副校长,1986 年任校长[1];杨士林(江苏苏州人)1949—1951 年留学丹麦哥本哈根理工大学,1951 年任教于浙江大学,历任教授、化工系副主任、化学系主任、科研处处长、教务长、副校长、校长、校学术委员会主任等职[2];钱伟长院士(江苏无锡人)1940—1942 年留学加拿大多伦多大学并获博士学位,1952—1957 年任清华大学教务长、副校长,1983 年起任上海工业大学校长、上海大学校长[3];夏坚白院士(江苏常熟人)1939 年从欧洲回国,曾任同济大学教授、教务长、校长,并兼任中央大学教授,新中国成立后,历任同济大学副校长,武汉测绘学院副院长、院长[4];唐敖庆院士(江苏宜兴人)1950 年留美回国后任北京大学教授,1952 年任东北人民大学(吉林大学前身)教授、副校长,1978 年任吉林大学校长[5];顾毓琇(江苏无锡人)留美归国后多次掌管高校,1931 年任中央大学工学院院长,1932—1937 年任清华大学工学院院长,1940 年起兼任国立音乐学院首任院长,1944—1945 年担任国立中央大学校长,1947 年起担任国立政治大学校长。[6] 可以说,江苏籍归国留学生既是江苏培育的人才也属于国家培育的人才,他们归国后无论是在本省还是在他省服务,都为中国的教育发展付出了心血和

① 周川主编:《中国近现代高等教育人物辞典》,福建教育出版社 2018 年版,第 94 页。
② 浙江省科学技术协会志编纂委员会编:《浙江省科学技术协会志》,方志出版社 1999 年版,第 457—458 页。
③ [苏]IO. A. 赫拉莫夫著、梁宝洪编译:《世界物理学家词典》,湖南教育出版社 1988 年版,第 299 页。
④ 宋德慈等主编:《二十世纪中华爱国名人辞典》,吉林大学出版社 1990 年版,第 408 页。
⑤ 宋林飞主编:《江苏历代名人词典》,江苏人民出版社 2019 年版,第 477 页。
⑥ 南京市档案馆编:《民国珍档 民国名人户籍》,南京市档案馆 2013 年版,第 249 页。

汗水。

3. 创建新学科与新专业

上文提及的多位江苏留学生,在任教的同时,创建了新的学科与专业。比如化学工程学家时钧院士(江苏常熟人),新中国成立后先后出任南京大学化工系主任、南京工学院化工系主任,其间受命创建我国第一个硅酸盐专业,培养出了我国第一代水泥专业毕业生,为我国无机非金属材料专业的发展做出了重要贡献;钱钟韩院士(江苏无锡人)归国后主要在江苏本省从事教育工作,长期从事热物理学和热工仪表自动化教学研究,他创建了机电结合的动力工程学科;宋德芳(江苏苏州人)1934—1938 年留学德国马尔堡大学并获博士学位,回国后,1941 年起任中央大学、上海大学、南通学院等校教授,讲授微生物学等课程,1953年任上海水产学院教授、微生物教研组主任,创建了微生物学科。另外,著名微波物理学家鲍家善(江苏苏州人)1940—1943 年留学美国并获华盛顿大学物理系博士学位,1946 年回国任南开大学物理系教授,1949 年起,在中央大学及以后改名南京大学的物理系任教授,先后创办南京大学磁学、无线电专业。[1] 程开甲院士(江苏吴江人)1946—1949年留学英国爱丁堡大学并获博士学位,1950 年回国到浙江大学任教,1952 年调到南京大学物理系,全身心地投入金属物理教研室的筹建和金属物理专业的建设。他编写金属物理和固体物理等教材,亲自上课讲授。南京大学物理系成为最早建立金属物理专业的少数院校之一。为培养我国原子能研究人才的需要,1958—1960 年期间,程开甲再一次改变专业,与施士元一起在南京大学创建核物理教研室。1960—1962 年期间仍兼任南京大学教授,为南京大学核物理专业的建立做了大量工作。[2] 著名气象学家、气象教育家徐尔灏(江苏江阴人)1945—1948 年留学英国皇家科学研究院,1949 年后历任南京大学气象系教授、天气动力教研室主任、动力气象研究室主任、大气物理教研室主任、气象系主任、南京大学校务委员,1958 年他领导创建的南京大学大气物理专业为全国首创。20 世纪 60 年代以来,他在南京大学气象系陆续

---

① 张德龙主编:《上海高等教育系统教授录》,华东师范大学出版社 1988 年版,第 202 页。
② 宋立志主编:《名校精英 南京大学》,远方出版社 2005 年版,第 49—52 页。

提出、建立并开拓一系列新兴学科领域,如高层大气物理、大气探测、雷达气象、污染气象、大气化学等,培养了人才,提供了成果,在教学科研方面均达到了很高的水平,做出了卓越贡献。[①] 李海晨(江苏江阴人)1937—1939 年在德国柏林大学地理研究所进修,回国后历任重庆复旦大学、中央大学、浙江大学史地系教授。新中国成立后一直在南京大学地理系任教,为创办全国大学地理系中最早的地图学专业做出了特殊贡献。1956 年前后,他敏锐地看到国家建设进入一个新阶段,需要一大批具有较好地理学基础的地图学人才为祖国建设服务,于是他建议教育部在南京大学地理系建立具有地理特色的地图学专业,并获准于1957 年正式招生。专业初创阶段,师资不足、教材缺乏,困难很多,他带头翻译与编写教学大纲、安排教学计划、组织教师试讲,等等,事必躬亲,使地图学专业建设逐步走上正轨。[②]

上述涉及的江苏留学生主要是在江苏本省创建新的学科与专业,事实上,江苏留学生在外省从事教育教学时也创建了许多新的学科专业。比如,吴大琨(江苏苏州人)1935—1936 年留学日本东京东亚高等专门学校,回国后曾任东吴大学文理学院经济系副教授、山东大学历史系教授,1957 年调任中国人民大学经济系教授,曾任世界经济教研室主任,主持创建世界经济专业,确立了世界经济学的学科体系,并编写教学大纲和教材,为国家培养了第一批世界经济专业的人才。1987 年主持建立中国人民大学太平洋经济研究所并兼任所长。1988 年国际经济系成立,吴大琨被聘为名誉系主任。[③] 生物化学与分子生物学家沈同(江苏吴江人)1936—1939 年留学美国康奈尔大学并获哲学博士学位,回国后,曾任西南联合大学生物学系教授,清华大学生物系教授,协和医学院、北京大学农学院兼职教授,1952 年院系调整到北京大学生物系,历任生物学系教授、博士生导师、生理化学教研室主任。1953年,他和同事们率先在北大创建了生物化学专门组,开展生物化学的教

① 《中国科学家辞典》编委会:《中国科学家辞典 现代第 4 分册》,山东科学技术出版社 1985 年版,第357—359 页。
② 胡毓钜主编:《中国地图学年鉴 1990》,中国地图出版社 1991 年版,第 164 页。
③ 李峰:《苏州通史 人物卷 下》,苏州大学出版社 2019 年版,第 449—152 页。

学和科研。1956年他主持组建了我国综合性大学的第一个生物化学专业和教研室。沈同长期担任生化教研室主任,精心组织教学和科研,使生化教研室成为高校理科培养生物化学高级人才的最早和最大的基地之一,1981年成为国家认定的最早的生物化学硕士点及博士点之一。[①]

由上述多位江苏留学生的贡献可以看出,他们或在江苏本省或在外省从事教育教学的同时,依据自己的学术专长,在本领域创建新的学科与专业,弥补了所在学校甚至是全国性的专业不足,为江苏本省也为全国培养了许多专业人才,这种取国外所长补国内所短的做法正是大多数归国留学生学以致用、留学报国的典型特征。

4. 编写新教材

教材是教师和学生据以进行教学活动的材料,是教师传授知识的主要媒体,它负载着知识信息的一切手段和材料。一本优秀的教材,对教师和学生的意义都是非同小可的。上文提及的多位江苏留学生,都在编写新教材方面有突出贡献。比如,程开甲院士在南京大学物理系任教期间,全身心地投入金属物理教研室的筹建和金属物理专业的建设。他编写金属物理和固体物理等教材,亲自上课讲授。1959年出版的《固体物理学》,是国内第一本固体物理方面的教材,对于我国固体物理的教学与科研起了重要作用。同时,程开甲竭力倡导把当时理论物理学的新成果、新方法,应用于固体物理学。教育家沈同主持编写了高等学校教材《生物化学》,第一版于1988年获教委高校优秀教材一等奖,先后8次印刷,已经列入《中国优秀科技图书要览》;第二版于1997年获教育部科技进步(教材)二等奖。该书影响了生物化学界整整一代人。李海晨(江苏江阴人)在南京大学地理系任教期间,正式出版的教材、专著就有20多种,其中1984年出版的《专题地图与地图集编制》是其多年来教学实践的总结,1987—1988年先后被评为全国测绘系统优秀教材、南京大学优秀教材。其他如《地图学》《地形图读法》《地图学简明教程》等,在高等学校也有较大影响。此外,水利科学家张书农(江苏

---

① 李佩主编:《学在康大　志在中华　康奈尔大学的中国校友》,社会科学文献出版社1999年版,第63—65页。

宝应人)1937—1940年留学德国柏林科技大学,抗战胜利后任南京中央大学教授、水利系主任,新中国成立后,历任南京大学教授、水利系主任,华东水利学院教授、副教务长,河海大学教授、环境水利研究所所长,南京水利科学研究所副所长,河海大学环境科学与工程学院教授。著有《治河工程学(上下册)》《河渠水力学》《河流动力学》《环境水力学》等教材。[①]

四、返乡治病救人

南京国民政府时期,江苏留学生在国外学习医学专业的依然很多,他们归国后或从事医学教育以培育医学专业人才,或服务于全国各地医院以救死扶伤,还有不少人两者兼而有之,既在医学院校从事医学教育,也在各种医院救治病人。这两种职业也是大多数江苏医学留学生的主要职业。

1. 培育医学专才

这一时期有不少江苏留学生归国后在江苏本省从事医学教育与研究工作。比如,陶国泰(江苏无锡人),1948—1949年在美国加利福尼亚大学精神学研究所重点攻读儿童精神病学,新中国刚成立他就毅然回国。从1953年起,卫生部和民政部等在南京举办精神科医师进修班、精神科师资培训班、儿童精神病学医师进修班、儿童心理卫生医师培训班等,均由他担任主要导师,学员近300人,分布在全国各地。1984年,他首先创立我国第一所南京儿童心理卫生研究中心,1986年该中心被世界卫生组织命名为世界卫生组织儿童心理卫生科研和培训合作中心,1988年被卫生部指定为中国儿童心理卫生指导中心,均由他担任所长和主任。由他担任主要负责人的世界卫生组织合作课题,1989年完成了"精神发育迟滞5个地区流行病学调查",获得江苏省卫生厅科技一等奖。南京大学聘他为医学院顾问,南京医学院聘他为兼职教授。他被国内外学术专家称为中国儿童精神病学的奠基人和带路人。他还主编了我国第一本《精神病学》教科书(1960年出版),编写高

① 河海大学《水利大辞典》编辑修订委员会编:《水利大辞典》,上海辞书出版社2015年版,第517页。

等医药院校教材《精神医学》。他被评为有突出贡献的专家,享受政府特殊津贴。①

解剖学家潘铭紫(江苏苏州人),1931 年左右留学美国明尼苏达大学医学院。从 1941 年起在成都、南京任国立中央大学医学院解剖学科主任、教授。新中国成立后继续担任南京医学院解剖学科主任、教授。1951 年医学院划归军队建制,先后更名为第二军医学院、第五军医大学,他继续担任原职。1954 年 8 月,第四、第五军医大学合并为第四军医大学,他再次担任原职。他从事人体解剖学教学、科研工作长达半个多世纪,孜孜不倦地为我国培养了大批医务人才。在全国解放初期,他主办的"人体解剖学高级师资班",为我国蓬勃发展的医学院校输送了师资骨干,他的学生中有不少已成为成绩卓著的专家学者。他多年从事"体质人类学"的研究工作,成为中国人体质人类学科学研究工作的奠基者和开拓者之一,为我国解剖学的发展做出了贡献。② 如陶国泰、潘铭紫这样归国后主要在江苏从事医学教育与医学研究的留学生还有很多,在此不再赘述。

江苏留学生归国后在外省从事医学教育的也有很多。比如,谢毓晋(江苏苏州人)1937 年留学德国富来堡大学医学院并获医学博士学位,归国后,曾任同济大学医学院、上海医学院教授,同济大学医学院微生物学研究所所长兼医学院院长等职③;俞焕文(江苏太仓人)1937 年留学美国约翰·霍普金斯大学公共卫生学院并获硕士学位,归国后曾任中央大学医学院公共卫生系主任、教授,新中国成立后任同济大学医学院流行病学教授④;王季午(江苏苏州人)1935—1941 年留学美国杜兰大学医学院并获医学博士学位,归国后曾任贵阳医学院教授,浙江大学医学院教授、院长,新中国成立后,历任浙江医学院副院长,浙江医科大学校长、名誉校长,他毕生致力于医学教育和科学研究,培养了几代

① 金铮主编:《20 世纪中国医学首创者大辞典》,黑龙江人民出版社 1994 年版,第 411 页。
② 金铮主编:《20 世纪中国医学首创者大辞典》,黑龙江人民出版社 1994 年版,第 497—498 页。
③《中国科学家辞典》编委会编:《中国科学家辞典 现代第 5 分册》,山东科学技术出版社 1986 年版,第 513—515 页。
④ 吴孟超、吴在德主编:《百年医学同济人》,同济大学出版社 2009 年版,第 279 页。

医药卫生科技人才①；张其楷（江苏南通人）1937年赴德国明斯德大学药学院留学并获自然科学博士学位，1940年回国后，曾任同济大学、浙江大学教授②；徐荫祥（江苏吴县人）1941年在美国费城坦伯尔医学院进修，回国后一直在母校协和医学院工作，1948年起任协和医学院教授，1962年起为北京第二医学院教授，他在建设我国耳鼻喉科学技术队伍、提高中青年技术骨干的专业水平、普及耳鼻喉科医学知识等方面做出了贡献。③

江苏这些医学专业留学生，将国外所学的专业知识通过教育的形式，代代传承与发展。他们既是江苏也是全国医学专业人才，为江苏和全国培育医学专才方面做出了一定贡献。

2. 从医治病救人

这一时期的江苏医学留学生，归国后在江苏本省的各地医院任职，在治病救人的医生职责中表现非凡。以个例来看，外科学家陈明斋（江苏苏州人）1948—1949年在美国芝加哥大学医学院、梅奥医院、纽约市立医院、宾州费城各大医院进修。1950年回国后，任苏州市第一人民医院外科主任，1956年兼任副院长；1957—1960年任苏州医学院附属第一医院副院长；1960年1月任苏州医学院附属第二医院院长；1964年5月调回苏州医学院附属第一医院任副院长。他专长胃肠外科学研究，在国内最早提倡高选迷切治疗十二指肠溃疡，最早应用并推广耻骨韧带修补巨大腹股沟疝和股疝。20世纪50年代初，首次撰文向国内介绍腹股沟癌和股癌的麦克凡氏耻骨韧带缝合术。1957年提出对血吸虫病的结肠梗阻进行内科杀虫加外科手术切除的综合治疗措施得到了推广应用；确立了血吸虫病性大肠肉芽肿和大肠癌之间的因果关系，为国内外所公认。④ 俞起华（江苏苏州人）1932年与1937年两次赴日本东京医科大学进修小儿科临床，新中国成立前在苏州市开业，新中国成

① 朱德明编：《杭州医药文化图谱》，浙江古籍出版社2013年版，第161页。
② 张予一等主编：《中国科学技术人物辞典》，科学技术文献出版社1992年版，第425页。
③《中国科学家辞典》编委会编：《中国科学家辞典　现代》，山东科学技术出版社1982年版，第362—363页。
④《江苏省高等学校教授录》编委会编：《江苏省高等学校教授录》，南京大学出版社1989年版，第324页。

立后任苏州市第二人民医院小儿科主任医师、中华医学会苏州分会儿科理事。他在长期临床实践中,对婴幼儿的疾病治疗和抢救积累了丰富的经验。如改进婴幼儿末梢皮下静脉输液方法的成功,明显提高了对患儿失水、酸中毒的抢救成功率;应用成人血清(特别是母体血清)治疗婴幼儿百日咳取得了满意的疗效等。曾获得国家卫生部颁发的先进个人荣誉证书和"医药卫生技术革命先锋"奖章。① 张熙尧(江苏宜兴人)1932—1935 年在德国耶拿大学医科深造并获医学博士学位,1936年在奥地利维也纳大学病院工作。回国后任南京鼓楼医院主任医师、无锡县立医院院长兼内儿科主任医师。② 我国著名放射医学专家陈王善继(江苏上海人)经苏州博习医院资助出国留学,1947 年 1 月赴美国纽约大学医学院放射诊断班学习并在纽约市立总医院放射科进修放射学。1948 年 9 月学成回国,任苏州博习医院放射科主任、苏州博习医院副院长兼内科主任;1949 年 1 月起任苏州博习医院院长。1954 年起,他先后任苏州市第一人民医院院长,苏州医学院附属第一医院院长兼内科、放射科主任,兼任苏州医士学校、卫生学校校长,1978—1983 年任苏州医学院副院长、院长。③ 这些江苏留学生归国后主要在江苏本省从医,并多次担任副院长、院长之职及医学院副院长、院长之职,可见他们的医学技术与医德水平之高。

归国后在外省从医的江苏留学生也很多,而且在治病救人方面也都表现不凡。比如,儿科专家孟广均(江苏铜山县人)1935 年留学奥地利维也纳医学院并获医学博士学位,1946 年回国后任广州国立中山大学医学院教授和小儿科主任,新中国成立后任北京儿童医院科学研究室副主任,在临床上有很深的造诣。经他治过病的儿童的家长,称之为"药到病除的孟博士"。④ 再如眼科专家赵东生(江苏镇江人)1944 年从德国回国后,在上海自己开了一段时间诊所,1946 年任职于公济医院即今上海市第一人民医院,根据学习、工作的心得经验,编写了中国第

---

① 周治华主编:《当代苏州人才录》,上海三联书店 1999 年版,第 182 页。
② 赵永良、张海保主编:《无锡名人辞典 三编》,上海科学技术文献出版社 1994 年版,第 85 页。
③ 顾钢、王馨荣:《苏州医学院简史 历程》,苏州大学出版社 2010 年版,第 85—86 页。
④ 董献吉编:《徐州历代人物》,徐州市地方志办公室 1987 年版,第 237—238 页。

一本《眼科手术学》(1953 年出版)。他是我国眼底病外科的先驱,视网膜脱离手术和研究的创始者和奠基人,号称"东方一只眼"的国内外著名眼科专家,上海市第一人民医院眼科创始人。他在临床上不断追求创新,20 世纪 50 年代初,视网膜脱离在我国还是比较复杂、难以治疗的病症,检查和手术的要求都很高,国外的治愈率也只有 60% 左右。他不断改进巩膜缩短术,这项技术把治愈率提高到了 75%,甚至 80%,后来在临床上普遍得到应用。这之后,他又创造了"裂孔直接定位法"。70 年代提出临床膜分级法,也比美国提出的早两三年。这项检查方法,在 1982 年通过鉴定获卫生部乙级成果奖,被眼科界称为"赵氏膜形成分级法"。[①]

在医学研究与实践中做出重要贡献的还有很多,其中张涤生院士、朱既明院士、诸福棠院士在医学领域的贡献尤为突出。

整形外科学专家张涤生院士(江苏无锡人),1946 年赴美国费城宾夕法尼亚大学学习整形外科,1948 年归国后,曾任上海交通大学医学院终身教授、上海交通大学医学院附属第九人民医院院长、上海市整复外科研究所所长。他是中国整形外科和修复重建外科的奠基人,卓越的医学家、教育家、科学家。在 20 世纪 60 年代,和国际同步开展显微外科的动物实验,成功进行皮瓣的游离移植,为国内第一人,后于 1973 年应用于临床得到成功。他应用烘绑疗法治疗丝虫病后遗症肢体象皮肿,开创了中国淋巴医学新专业;在 1976 年开展了中国首例颅面畸形矫正手术,掀开了中国颅面外科新篇章。他在临床上开展了许多国内外首创性疑难手术,如应用肠段移植修复食道闭塞、大网膜移植治疗头皮缺损、跖趾关节移植治疗颞颌关节强直、胸骨裂心脏外露手术。特别是他发明应用前臂皮瓣进行一期阴茎再造手术,被国际上誉为"张氏阴茎再造术"。张涤生为提高国际整复外科学术水平做出了许多突出的贡献,先后获得国家级、部级及上海市科技成果一、二、三等奖共 28 项,发明奖 1 项,并获得上海市劳动模范、上海市医学荣誉奖、何梁何利科技进步奖和工程院光华科技奖等。[②]

病毒学家朱既明院士(江苏宜兴人)1945—1948 年留学英国剑桥

① 伊华、马学强主编:《先贤与城市记忆 口述历史专辑 1》,中西书局 2014 年版,第 286—297 页。
② 周学东:《中国口腔医学年鉴 2015》,四川科学技术出版社 2016 年版,第 260 页。

大学并获博士学位。1950 年归国后,历任中央生物制品研究所主任技师、第二研究室主任兼检定科长,卫生部长春生物制品研究所副所长兼病毒研究室主任,中国科学院病毒学研究所副所长、所长。多年从事微生物学、病毒学及生物制品研究,为中国医学病毒学研究事业和病毒防治做出贡献。先后获国家科技进步一等奖、二等奖,国家自然科学三等奖,卫生部科技进步一等奖,何梁何利科技进步医学奖等。1980 年当选为中国科学院学部委员(院士),1985 年当选为英国皇家科学院院士。①

儿科专家诸福棠院士(江苏无锡人)1931—1933 年留学美国哈佛大学医学院。1933 年回国后任协和医学院讲师、儿科教授、儿科主任。1945 年任国立北京大学医学院儿科教授兼科主任。1946 年兼任北京医学院儿科教授。除了任教之外,还于 1942 年创办北平儿童医院并任院长,1955 年任北京第二儿童医院院长,1958 年任中国医学科学院儿科研究所所长,1979 年任北京市儿童医院院长。1988 年其主编的新版第四版《实用儿科学》获全国优秀科技图书一等奖。诸福棠创建了儿童医院和儿科研究所,培养了大批儿科人才。1953 年获北京市劳动模范称号,1977 年获北京市科技大会奖,1978 年被评为先进工作者(全国科学大会),1987 年获全国少年儿童先进工作者奖,1990 年获第五届中国福利会妇幼事业"樟树奖"。②

上述江苏医学专业留学生,归国后或在本省或在外省从事治病救人的医学工作及医学研究工作,他们将研究成果运用于医学实践,取得了非凡的成绩,有的还当选为院士。他们在医学方面取得的成就,既是个人荣耀和江苏的荣耀,也是全国人民的福利。

---

① 宋林飞主编:《江苏历代名人词典》,江苏人民出版社 2019 年版,第 489—490 页。
② 周川主编:《中国近现代高等教育人物辞典》,福建教育出版社 2018 年版,第 557 页。

结　语

　　留学现象虽然历史悠久,但严格意义上的出国留学是进入近代以后才有的事情。从鸦片战争之后较早走出国门的江苏上海人颜永京1854年被圣公会送往美国留学开始,至洋务运动时期官派幼童留美使留学活动由个人行为发展到政府行为,再至清末的留学大潮出现,直至民国时期潮涨潮落、赓续不绝。这期间江苏的留学活动一直非常活跃,留学人数居于全国前列。作为一个经济文化发达、地理位置优越的沿海省份,在留学教育方面,既有全国各省共有的普遍性特征,也有其自身的独特性。

一、江苏省的留学政策以中央政策法规为基准

　　晚清时期的留学政策,从甲午战后的鼓励留学到20世纪初期的奖励留学,再到清末新政后期的限制留学,其历史演变与社会变迁息息相关。甲午战败,对于国人来说无异于晴天霹雳,上自中央朝廷下自平民百姓,无不为之震撼。接踵而至的维新变法、义和团运动、庚子事变、《辛丑条约》签订、瓜分中国的狂潮等一系列事件,使清政府危在旦夕。为挽救大厦将倾的时局,清政府不得不发起新政改革以徐图自救。为培养更多的新政人才,清政府支持并鼓励青年学子出国留学,在科举制被废除之后,清政府更以奖励出身的方式鼓励更多人出国留学。归国留学生的良好待遇使很多人将出国留学当作另一种形式的科举,如此,形成了留学大潮,甚至出现浑水摸鱼、泥沙俱下的现象,造成良莠不齐的结果。为提高留学质量,清政府只好在留学资格方面提出一些限制。

但由于当时无论是中国还是外国,都没有采取有效的措施,事实上大多数限制都流于形式"限"而不"止",所以留学质量难以保证,尤其是留日学生更是如此。晚清政府的留学政策直接影响着地方各省的留学态势。虽然地方各省在留学方案上或许有稍微变化,但在总体政策方面依然以清廷中央政府决策为依据,江苏也不例外。

北洋政府时期的公费留学政策以地方省派为中心,根据《各省官费留学生缺额选补规程》,中央对地方各省每年公派留学规定了具体名额,经费由各省划拨,一般情况下不允许超额。同时,北洋政府时期也曾颁布多个留学管理方案,加强对留学生的管理,总体而言,对自费留学是采取鼓励政策,通过审核材料获取留学证书即可出国留学。南京国民政府前期基本沿袭北洋政府时期的做法,公费留学仍以地方省派为中心,中央以监督和指导为主,自费留学仍采取留学证书制度。江苏省为加强对留学生的管理,相继颁布了一些留学管理办法,如1913年颁布了《江苏省费派遣留学欧美日本学生规程》与《江苏省费留学日本学生经费方法令》,1929年颁布了《派遣出洋员生大纲》与《江苏省选补留日官费生及津贴生暂行办法》,1932年颁布了《选派留学欧美官费生暂行办法》与《江苏省留学国外毕业学生实习规程》等。但在全面抗战时期,国民政府为统筹抗战进而实现"抗战建国"之目标,在留学教育方面实行限制留学政策,不仅限制出国,也让国外留学生尽早归国服务。太平洋战争爆发后,国际环境有所好转,国民政府从培养战后建国人才考虑,开始提倡出国留学,但对留学办法却采取"统制"措施,无论公费还是自费留学都由政府统一组织管理,取消了地方各省的选派权,开创了自费留学全国统考制度。这一举措在南京国民政府的后期得以延续。如此,自1938年至1949年间,地方各省基本没有留学生选派权。民国时期的留学政策对包括江苏省在内的地方各省影响很大。北洋政府时期的名额限定政策,使得江苏省即使经济富足、文化先进也无法多派留学生;南京国民政府前期以地方省派为中心,这一时期江苏以公费方式派遣了几批公费留学生,以津贴费方式补助了一些在外留学者;而在全面抗战时期和南京国民政府后期,因国民政府的限制留学政策和统制留学的做法,使得江苏省丧失了留学生的选派权,在留学教育管理方面几无任何举措。可以说,江苏省的留学政策以中央政策为基准,在此前提下做一些留学生管理方面的完善措施。

二、江苏留学活动与时事变迁、政府决策密切相联

晚清时期江苏省的留学活动,既有全国留学教育的普遍性,也有江苏经济文化大省的特殊性。自洋务运动时期开始,中国规模较大的留学活动,主要包括 19 世纪 70 年代留美幼童的派遣、19 世纪 70—80 年代军事留欧生的派遣、20 世纪初期庚款留美生的派遣以及各省公自费留日学生的派遣。从 1872—1875 年间派遣的 120 名留美幼童的籍贯可以发现,江苏籍共有 22 人,在全国各省份中仅次于广东省。在 1909—1911 年所选派的三批庚款留美生 180 人中,江苏籍有 65 人,占到总数的 36%。可见,在清末公费留美活动中,江苏籍留学生所占比例在全国位居前列。从留欧学生来看,洋务运动时期所选派的 80 余名军事留学生多来自福建省,其他各省名额很少,江苏也仅有马建忠一名。清末留欧人数在留日大潮的裹挟下也越来越多,但由于留学国家多而分散,再加上公自费留学同时进行,因而很难集中统计,仅以江苏留学欧洲人数较多的国家英、法、德、比四国来看,江苏留学人数远多于其他各省,居于全国前列。再从留日学生来看,清末新政时期,随着留日人数的不断增多,江苏留日人数也在显著增多,1903 年有 100 多人,至 1906 年已超过了 558 人。江苏省的经济文化及地理位置优势,使其在清末留学大潮中得到凸显,如当时位于上海的南洋公学,从 1898 年到 1905 年初共资派了 47 名留学生,其中江苏籍就有 25 名,占总数的一半还多。

北洋政府时期的留学活动,规模较大的有持续进行的庚款留美活动、留法勤工俭学活动、20 世纪 20 年代后期的国共合作选派的留苏活动,此外还有地方各省的公费留学与自费留学活动。在庚款留美活动中,1912—1929 年间共派遣庚款留美生 1130 人,其中江苏籍就有 209 人,占总数的 18.50%,位居全国第一;在一战后的留法勤工俭学潮中,从 1919 年初到 1920 年底,先后共有 20 批 1800 多人到达法国,其中江苏赴法勤工俭学人员有 86 人,虽不算最多,但也不算少;在 20 年代后

期发起的留苏活动中,也有一些江苏籍留学生。此外,通过江苏省费留学和自费留学的人数也比较多。南京国民政府时期较大规模的留学活动,一是庚款留学活动。从 1933 年至 1943 年,共举办六届庚款留美考试,共录取 142 人,其中江苏籍有 43 人,约占总数的三分之一;从 1933 年至 1946 年,共举办九届庚款留英考试,共录取 194 人,其中江苏籍 63 人,占总数的三分之一还多。此外,庚款留法、留比、留日活动中,江苏籍留学生依然占据着相当大的比重。二是奖学金公费留学考试。1944 年底举行的奖学金公费留学考试共录取 209 名,其中有姓名可考者至少有 48 名来自江苏省;战后 1946 年举行的第二届奖学金公费留学考试共录取 148 人,其中有名可考者至少 30 人。三是自费留学考试。1943 年底举行的第一届自费留学考试,共录取 327 人,其中江苏籍人数最多,共 78 人;1946 年举行的第二届自费留学考试,最终领取留学证书出国者 1163 人,其中江苏籍有姓名可考者至少有 143 人。从上述这些数据可以看出,虽然在南京国民政府中后期,江苏省没有留学生选派权,但在各种形式的留学统考中,江苏籍留学生都占有相当大的比重,是其他各省所无法比拟的。从上述江苏省参与的各种形式的留学活动可以看出,无论是自主选派还是全国统筹考选,名额的限定多少与最终选派人数的多寡,都与当时的国内外环境、政府的决策有重要关系。

三、江苏留学生的群体特征既有普遍性又有其特殊性

从留学生的群体特征来看,晚清江苏留学生与其他各省相似,主要留学日本、美国及欧洲的英、法、德、比、俄等国家。从留学国别与人数来看,虽然留日活动较迟,但留学人数却最多,占到总人数的三分之二,这必然与留日大潮的裹挟、中日之间路近费少与文化相近的优势、政府的鼓励与支持等诸多因素是分不开的。其次留学人数较多的国家是欧洲的英国与比利时,这与两国的科技优势相关,也与当时个别人士的强调和宣传是分不开的。留学生所留学的学校与专业因不同国家、不同学校而有明显的区别。总体而言,出国留学以学习先进的科学知识为主要目标,所以晚清时期的江苏留学生仍以留学各国的著名学校为主;相对而言,留日学校更为复杂一些,著名学校与普通学校都有,这与留

日学生本身的文化基础不同有关。在留学专业方面,留美、留欧学生以学习自然科学为较多,而留日学生以学习文类学科较多,尤其是法科与师范类较多,其次留学军事院校的也比较多。从留学经费来看,留学欧、美的公费生较多,自费生多流向日本,这显然与日本路近费少的因素有关,另外,中日文化相近也有利于自费生完成学业,故自费生多选择留学日本。从留学生的性别来看,清末女性留学生多留学日本、美国,留欧女性则很少。从男女比例来看,女性约占留学生总数的十分之一,男性留学生占着绝对多数。从留学生的具体籍贯来看,江苏籍留学生的人数位居全国各省人数的前列,但仅就江苏本省来看,则苏南地区远远多于苏北地区,这明显与经济基础决定上层建筑的理论相关。从全国来看,江苏经济总量位居全国之首,从江苏本省来看,苏南地区经济基础明显优于苏北地区。

北洋政府时期,江苏留学生的群体特征与晚清时期非常相似。从留学国家与人数来看,官费生及津贴生主要留学日、美、英、法、德、比等国,而以留日人数最多,占到总数的三分之二,其次是美国,欧洲各国中以留英人数最多,其他国家差别不是太大。留学学校依然是国外名校为主,总体来看,留学日本、美国的学校相对分散,而留学欧洲各国的学校相对集中。从留学专业来看,留学欧美各国的学生以学习实类学科较多,而留日学生学习文类专业的相对较多。从留学生的费别来看,1903—1929 年江苏公费生共 1855 人,其中留日公费生最多,占总数的60.92%;其次是美国 216 人,占总数的 11.64%;留欧公费生人数占总数的 27.44%。从历年人数来看,江苏公费生人数在 1914 年达到最高。这一时期,江苏自费生人数也出现大幅度上升的现象,但由于缺乏翔实的数据,无法得出精确的结论。从留学生的性别来看,男(1260)女(64)比例约为 20∶1,女性留学生依然很少,而且主要集中在日本、美国。从留学生的籍贯来看,与晚清时期也十分相似,江苏在全国各省中位居前列,仅从江苏本省来看,则苏南地区远多于苏北。

南京国民政府时期,江苏留学生的群体特征随着国内外环境的变化而有所变动。在留学国家方面,在全面抗战之前,留学国家在日、美、英、法、德、比等国家之外,又增添了奥国、加拿大、意大利、瑞典、菲律宾、印度、丹麦、荷兰、波兰等国,但在全面抗战时期则主要是美、英两国。抗战胜利后留学国家又有所扩增,但留学人数仍以美、英两国较多。从总体人数来看,全面抗战之前,南京国民政府每年派遣千人左右,但在抗战时期一共派遣了千余人,江苏省在限制留学政策下,出国留学人数也出现骤减现象。从留学学校来看,全面抗战之前,留学学校与北洋政府时期相似,留学生多留学于国外著名学府;全面抗战时期及抗战胜利后,则多留学于美国、英国著名学校。在留学专业方面,无论是留学哪个国家,都以学习理、工、医、农等实类学科为多,文类专业在自费生中略多于公费生。从留学生的性别来看,南京国民政府前期,江苏女性留学生主要留学于日本,其次是美国;在南京国民政府的中后期,只有少量的女性留学于美国,留学其他国家的则很少见。这一时期留学生的籍贯与前期没有太大的变化,江苏籍留学生在全国仍占据着重要的地位,但苏南与苏北表现极不平衡。

综上可以看出,自晚清至民国时期,江苏留学生的群体特征与全国很多省份都有相似之处,如留学国家由少增多、留学专业逐渐由文类偏向实类学科、留学学校多是国外著名学府、留学生性别比例悬殊等,江苏留学生都有中国留学生普遍存在的特点。但与其他各省相比,江苏留学人数一直占据全国重要比例、江苏留学生的来源在苏南与苏北极不平衡等特点,体现出江苏雄厚的经济基础及南北经济发展不平衡所导致的留学生分布不均的特殊性。

四、留学生在海外的学习与活动具有浓厚的家国情怀

从晚清至民国时期,江苏留学生与大多数中国留学生在海外求学相似,除了正常的专业学习、科学研究之外,还会有一些诸如实习考察、学术交流、参与社团组织、创办报刊等多方面活动,甚至有一些突出的爱国行为。从这些学习与活动中可以透视出晚清民国时期江苏学子浓厚的家国情怀。

在专业学习方面,不同国家、不同学校都有其专业学科特色。大多数江苏留学生选准一个专业,然后不断深入研究,以获得学士、硕士甚至博士学位。但也有不少留学生,学习兴趣广泛,在国外留学期间,涉

猎多个专业方向,成为一专多能型人才。晚清时期的江苏留学生与大多数中国留学生一样,在国外以获得学士学位为主要目的,而在民国时期(包括北洋政府时期和南京国民政府时期)则以获得硕士、博士学位为主要目标。

无论在晚清时期还是民国时期,无论是留学欧美还是留学日本,江苏留学生在海外留学期间总是努力向学、刻苦钻研,从而取得了优异成绩,很多人还获得学业奖学金得以继续攻读研究,也有不少人因学业优秀、成绩突出而获得各种荣誉奖项。比如清末留学美国的施赞元,曾连续两次获得乔治·华盛顿大学医学院的"奥德诺奖";民初留学美国的茅以升,其研究成果被称为"茅氏定律",并因此而获得母校康奈尔大学"斐蒂士"研究奖章;纺织工程专家张文潜在留美期间获得金质奖章;土木工程专家李铿在留美期间提出的结构理论被学校称为 Lee Kung's Law;物理学家王守竞在留学期间所提出的研究公式被后人称为"王氏公式";社会学家吴文藻在留美期间荣获哥伦比亚大学"最近十年内最优秀的外国留学生"称号。在众多的荣誉奖项中,江苏留学生以获得金钥匙奖为最多。学业成绩优秀,不仅为自己争光,也为祖国争得了荣誉。这种既为自己也为祖国争光的精神透露了饱满的爱国情怀。

除了完成专业课程的学习之外,很多江苏留学生在国外也进行科学研究。清末留学生在海外求学,因其文化基础薄弱,在国外的主要任务就是完成学业并能顺利毕业,只有少量留学生进行科学研究并发表科研论文、出版科研专著。民国时期,很多留学生到国外的主要目标是获得硕士、博士学位,这些学位的获得往往和科学研究挂钩,所以在留学期间发表科研论文、出版研究专著也是正常之事。如原子核物理学家程开甲院士在留学期间就发表过5篇论文;土壤微生物学专家陈华癸院士在留英期间单独或领衔发表研究报告4篇;著名物理学家周同庆院士在留学期间先后发表了3篇学术论文;华罗庚院士在英国剑桥大学留学期间发表了多篇论文;生物化学家王德宝院士在美留学期间发表14篇论文;中国内科学专家杨济时留学期间先后发表5篇论文。留学期间发表论文或出版专著,说明其在某一领域的研究已经得到了国外业界的认可,已经走到了该领域的前沿之地。除了科研上的著述之外,也有一些留学生在留学期间甚至会有一些科研发明,如周厚坤在留美期间就发明了中文打字机,被誉为"中国打字机之父";王季同在留英期间发明了转动式变压器并申请了专利,这些都是典型事例。此外,通过科研成果来开展学术交流,也是留学期间非常普遍的事情,通过参加学术交流会或某个学术团体的年会来宣读学术论文,也是展示研究成果、与他人交流学习的很好机会。科研上的收获同样是自身努力的证明,也是为国争光的一种表现。

在留学期间参加社团组织,也是留学生普遍参与的社会活动之一。江苏留学生在此方面也表现得非常积极。不同时期、不同国家的社团组织也有一定的时代感和区域性特点。比如晚清时期,江苏留日学生中很多人都参加了同盟会,这种现象在美国和欧洲就很少见;在民初留学美国的学生中,很多人参加了中国科学社的科学救国活动;在1949年前后,江苏留美学生中又有很多人加入了留美科协的爱国活动;在中国共产党成立初期,有不少江苏留学生在欧洲加入中国共产党,这也成为当时中国留学生爱国活动的时代底色。除此之外,江苏留学生在海外还加入各种类型的中国留学生社团,也有不少留学生因学业优秀而被选入外国的学术研究团体。加入中国留学生的社团组织,是为了更好地互相帮助,也是为更便捷地获取国内信息、了解祖国现状,这对于他们自身的发展和参与国内的爱国活动都有很多益处。而加入外国的学术组织,则可以通过成员身份,获得更多的专业领域信息,了解更多的专业前沿知识,以促进自身的专业成长。

创办报刊与译述书籍也是江苏留学生在海外留学期间的重要活动内容。不同时期、不同区域的留学生,创办报刊和译述书籍也有其不同特点。清末留日学生创办的刊物表现出政治性较强的特点,如江苏留日学生参与创办或主办的刊物《译书汇编》《国民报》《江苏》等杂志都具有明显的反清色彩,刊物所载的翻译文章也都或多或少地体现出政治色彩。而清末江苏留美学生创办的《留美学生年报》(后改为《留美学生季报》)与清末留日学生创办的报刊相比,则少了很多政治性,多了一些民主、科学的进步思想。留欧学生创办的报刊及其刊载的翻译作品,则体现了宣传马克思主义、共产主义的思想特点,如旅欧中国少年共产党的机关刊物《少年》，主旨就是宣传马克思主义、介绍共产国际情况。留苏学生张闻天、秦邦宪等人都曾翻译过一些与宣传共产主义相关的著作。

读书不忘爱国，江苏留学生在海外留学期间除了努力求学、刻苦钻研之外，也曾参与一些明显能体现民族情感的爱国活动，如清末时期在日本参加"拒俄运动"，留日期间参与国内的辛亥革命活动；民国时期，针对日本的侵华活动，海外留学生积极为国内抗战而做宣传、演讲、募捐等活动，为支持共产党的建国大业，也曾默默地做了许多贡献。在反侵略斗争的社会背景下，留学生在海外的爱国活动表现得十分明显，其家国情怀由清末民初的民主革命发展为民族革命，具有典型的时代特征。

从总体来看，江苏留学生在海外的学习与活动，一方面爱国不忘学习，取得了优异的成绩；另一方面，学习不忘爱国，时刻以实际行动来展现他们的爱国情感。学以致用、科学救国与留学报国的思想贯穿于大多数留学生的思想中，其行为轨迹以爱国、救国为出发点，展现了江苏学子浓厚的家国情怀。

五、留学生归国后的反哺乡梓体现了留学报国的光荣传统

晚清民国时期的江苏留学生，归国后利用自身的知识优势，为中国的科技发展和文化进步贡献毕生所学，为江苏的各方面发展做出了卓越贡献。由于篇幅关系，在此仅以江苏籍留学生在江苏本省的贡献为考察中心，以其在政治建设、经济发展、教书育人、救死扶伤等几个方面的贡献来窥豹一斑。

参与爱国民主运动或投身于行政工作。自清末至民国时期，江苏籍留学生归国后或多或少地都参与一些爱国民主运动。如清末时期的归国留学生就有不少参与到辛亥革命的爱国活动中；北洋政府时期的归国留学生也有不少参与到反对袁世凯等北洋军阀的爱国民主运动中；南京国民政府时期，江苏籍归国留学生更是参与到反抗日本侵略、反对国民党反动政权的爱国活动中。他们始终站在正义的、进步的一边，为家乡人民争取民主权利、为自己祖国谋取福祉，这是他们义不容

辞的责任。他们的义无反顾、坚贞不屈、不畏牺牲、勇于斗争的精神正是无数归国留学生的缩影。除了积极参与爱国民主运动之外,他们也积极投身于各种行政工作,有的在外省从政,有的在本省服务,有的为官一方,有的建言献策。总之,为政治良好发展、为社会长治久安而做出自己应有的贡献。

以科学研究推动经济发展。归国留学生最大的优势在于其拥有先进的科学文化知识,这也是他们报效祖国、回馈桑梓的介质和工具。他们利用自身的科研优势,以科研成果来推动社会的发展。如在工业发展上改进、创新技术,使其转化为最先进的生产力,陆法曾、张宝桐、杨简初等人为江苏南京地区、苏州地区的电力发展做出了卓越贡献;张文潜、陆绍云等人在纺织技术方面的改进与创新也有杰出贡献;毛文钟与吴琢之等归国留学生在江苏的交通运输业方面的贡献也很突出。在农业方面,著名的农学家过探先、育蚕学家郑辟疆、害虫防治专家邹树文、水产教育家李东芗等人,他们在促进农业科技进步、培育农业科技人才及增产创收方面都有突出贡献。有的留学生归国后从事于民族实业,在工商业发展方面有显著成就,如实业家童世亨是民间最早"开发浦东"的人;著名的民族企业家穆藕初有"棉纱巨子"之称;色织工业先驱诸文绮归国后建立启明染织厂、永元机器染织厂和大新染厂,还创办联合同行业发展,具有浓厚的造福桑梓的情怀;实业家张新吾归国后利用国外所学,创办了丹凤火柴公司、丹华火柴公司,还创办了多个煤矿。这些实业家在发展实业的同时,也展现了浓厚的爱国情怀和民族气节。上述诸多个案仅是清末江苏留学生中的极少部分。可以想见,民国时期他们在国外所学知识更为高深,归国后利用国外所学不断推动工业科技进步,促进农业增产创收,有效地推动江苏本省和全国的经济发展。

传播新知与培育新人。江苏留学生与大多数留学生一样,以其显著的知识优势,归国后有一半以上都曾从事教育工作,这是由其自身的知识基础所决定的。不同时期的归国留学生所从事的教育职业也有区别。在清末时期,由于国内新式学校教育的缺乏,所以很多留学生在国外完成的是专科教育、本科教育,获得的多是学士学位,归国后也多从事小学教育,或创建新式小学校。而在民国时期,随着国内新教育的发展,留学生在国外多完成硕士学位和博士学位,归国后多在高校从事教育工作,或创建新式高校,或接掌老学校。除了教学工作,从事教育行政工作的也比比皆是。教师的职业注定其传播知识与培育人才的双重功能,而留学生以其国外所学,归国后将其所熟悉的专业知识搬进中国学校,他们创建新的学科专业,编写新的讲义教材,引进新的设备器材,以一己之力引领学校更新,使教育向更高端、更先进的方向发展,同时也培育新的专业人才,以点带线最终带动全面教育发展。江苏留学生归国后多在江苏从事教育教学工作,由于教师的流动性,归国后在他省从事教育工作的也并不罕见。无论在哪里从教,他们都是新知识的传播者和新式人才的培育者。

治病救人与培育专才。中国的中医学源远流长,但外国的西医学也有许多可取之处。晚清民国时期,江苏有不少学生到外国去寻医问道,归国后,或创办医院、开设地方诊所治病救人,或从事医学教育、创办医学院校来培育医学专业人才。他们所学的西医学专业与其他专业的留学生不同之处在于,他们在运用西医学知识来救死扶伤的同时,也注意与中国的传统中医相联结,使二者相辅相成、相得益彰,在救死扶伤、治病救人方面为病人解除痛苦、延长生命做出了杰出贡献。

江苏留学生与大多数中国留学生一样,通过各种途径最终得以走出国门,在国外留学期间刻苦求学、满载而归,归国后又在各行各业兢兢业业、做出杰出贡献。习近平总书记在欧美同学会成立 100 周年庆祝大会上的讲话中曾言:"百余年的留学史是'索我理想之中华'的奋斗史,一批又一批仁人志士出国留学、回国服务,大批归国人员投身中国共产党领导的伟大事业,在中国革命、建设、改革的历史画卷中写下了极为动人和精彩的篇章。""实践证明,广大留学人员不愧为党和人民的宝贵财富,不愧为实现中华民族伟大复兴的有生力量。党、国家、人民为拥有并将更多拥有这样一大批人才而感到骄傲和自豪。"江苏留学史是百余年留学史的一部分,江苏留学生也是近代以来中国优秀留学生中的一分子,他们"弘扬留学报国的光荣传统",在中国的现代化建设中做出了杰出的贡献,作为江苏留学生,他们也为江苏地方的发展立下了汗马功劳。历史不会忘记,百余年来中国留学生们为祖国的发展筚路蓝缕、披荆斩棘;历史同样不会忘记,江苏留学生群体为江苏本省的现代化建设励精图治、鞠躬尽瘁。江苏留学生是江苏人的自豪和骄傲。

附　录

附表 1　江苏留学生当选中国科学院院士情况简表（1955—1999 年）

姓名	生卒年	籍贯	留学经历(时间、国家、科目、学位)	当选时间
王淦昌	1907—1998	江苏常熟	1930—1932 年以江苏官费留学德国柏林大学威廉皇家化学研究所并获博士学位	1955
李方训	1902—1962	江苏仪征	1928—1930 年留学美国西北大学并获化学博士学位	1955
周同庆	1907—1989	江苏昆山	1929—1933 年在美国普林斯顿大学研究院学习并获哲学博士学位	1955
周培源	1902—1993	江苏宜兴	1924—1926 年留学美国芝加哥大学数理系并获硕士学位,1927—1928 年在美国加利福尼亚理工学院学习并获理学博士学位	1955
施汝为	1901—1983	江苏上海	1930—1931 年在美国伊利诺伊大学深造并获硕士学位,1934 年获耶鲁大学哲学博士学位	1955
柳大纲	1904—1991	江苏仪征	1946—1948 年在美国罗切斯特大学研究院学习并获博士学位	1955
胡宁	1916—1997	江苏宿迁	1941—1943 年在美国加州理工学院物理系深造并获博士学位	1955
唐敖庆	1915—2008	江苏宜兴	1946—1949 年留学哥伦比亚大学化学系并获博士学位	1955
袁翰青	1905—1994	江苏南通	1929—1932 年在美国伊利诺伊大学化学系学习并获哲学博士学位	1955

姓名	生卒年	籍贯	留学经历（时间、国家、科目、学位）	当选时间
张青莲	1908—2006	江苏常熟	1934—1936年庚款留学德国柏林大学物理化学系并获哲学博士学位	1955
华罗庚	1910—1985	江苏丹阳	1936年前往英国剑桥大学留学一年	1955
黄鸣龙	1898—1979	江苏扬州	1920—1922年留学瑞士苏黎世大学，1922—1924年留学德国柏林大学并获哲学博士学位	1955
叶企孙	1898—1977	江苏上海	1918—1920年庚款留学美国芝加哥大学物理系并获理学士学位，1920—1923年在哈佛大学研究院学习并获哲学博士学位	1955
钱伟长	1912—2010	江苏无锡	1940年留学加拿大多伦多大学应用数学系，1942年获理学博士学位	1955
钱临照	1906—1999	江苏无锡	1934—1937年庚款留学英国伦敦大学	1955
王学文	1895—1985	江苏徐州	1921—1925年留学日本京都帝国大学经济学部并获学士学位，后入大学部学习，1927年回国	1955
郑万均	1904—1983	江苏徐州	1939年初被派往法国图卢兹大学森林研究所学习，1939年底被授予科学博士学位	1955
诸福棠	1899—1994	江苏无锡	1931—1933年在美国哈佛大学医学院儿科进修	1955
谢家荣	1897—1966	江苏上海	1917年留学美国斯坦福大学地质系，1918年转入威斯康星大学地质系，1920年获硕士学位	1955
戴松恩	1907—1987	江苏常熟	1934—1936年在美国康奈尔大学研究生院研究作物育种和细胞遗传学，获得博士学位	1955
王大珩	1915—2011	江苏苏州	1938年留学英国伦敦帝国理工学院，1941年转入谢菲尔德大学学习，获硕士学位	1955
吴学蔺	1909—1985	江苏武进	1934—1937年留学美国卡内基大学并获硕士学位	1955

姓名	生卒年	籍贯	留学经历(时间、国家、科目、学位)	当选时间
周仁	1892—1973	江苏南京	1910—1915年留学美国康奈尔大学并获硕士学位	1955
周志宏	1897—1991	江苏丹徒	1925年留学美国卡内基理工学院,1926年获硕士学位,1928年获哈佛大学科学博士学位	1955
茅以升	1896—1989	江苏镇江	1916年官费留学美国,1917年获康奈尔大学桥梁专业硕士学位,1919年获卡内基理工学院博士学位	1955
张大煜	1906—1989	江苏江阴	1929年公费留学德国德累斯顿大学学习胶体与表面化学,1933年获工学博士学位	1955
张光斗	1912—2013	江苏常熟	1934—1935年公费留学美国加州大学水利工程专业并获硕士学位,1936年去哈佛大学攻读博士学位,1937年夏在丹佛美国垦务局实习	1955
张德庆	1900—1977	江苏宝山	1925—1926年留学美国普渡大学,获得机械工程硕士学位	1955
黄文熙	1909—2001	江苏吴江	1934年秋入美国依阿华大学,1935年春转至密歇根大学学习力学和水工建筑,1937年初获博士学位	1955
钱令希	1916—2009	江苏无锡	1936年8月—1938年7月在比利时布鲁塞尔自由大学留学,获"最优等工程师"学位	1955
王家楫	1898—1976	江苏奉贤	1925年1月江苏省公费留学美国费城宾夕法尼亚大学动物系,1928年9月获哲学博士学位	1955
李继侗	1897—1961	江苏兴化	1921年公费留学美国耶鲁大学林学研究院,1923年获得硕士学位,1925年获博士学位	1955
孟宪民	1900—1969	江苏武进	1922—1924年留学美国科罗拉多州立矿业学校,1926—1927年留学麻省理工学院并获硕士学位	1955
承淡安	1899—1957	江苏江阴	1934年赴日本学习和考察针灸	1955

姓名	生卒年	籍贯	留学经历(时间、国家、科目、学位)	当选时间
林镕	1903—1981	江苏丹阳	1920—1923年留学法国南锡大学农学院并获得农学学士和农业技师称号;1924—1928年留学法国克孟蒙大学理学院并获得理学硕士学位和国授理学硕士学位;1928—1930年留学法国巴黎大学理学院并获国授理学博士学位	1955
夏坚白	1903—1977	江苏常熟	1934年赴英国伦敦帝国理工学院测量专业学习,1935年赴德国柏林工科大学大地测量系学习,1937年获特许工程师文凭,1939年获该校工学博士学位	1955
孙云铸	1895—1979	江苏高邮	1926—1927年留学德国并获哈勒大学理学博士学位	1955
秦仁昌	1898—1986	江苏武进	1929—1932年在丹麦哥本哈根大学植物学博物馆学习,并曾在英国皇家植物园标本馆和大英自然历史博物馆工作	1955
张景钺	1895—1975	江苏武进	1920年进入美国芝加哥大学植物学系学习,1925年获哲学博士学位	1955
陈桢	1894—1957	江苏邗江	1919年公费赴美留学,先进入康奈尔大学农学系进修,1920年转入哥伦比亚大学动物学系学习,1921年获硕士学位	1955
潘菽	1897—1988	江苏宜兴	1921年留学美国加利福尼亚大学学习教育学,不久转到印第安纳大学学习心理学并获硕士学位,1923年转入芝加哥大学并获博士学位	1955
蔡邦华	1902—1983	江苏溧阳	1927—1928年在日本东京帝国大学农学部深造,1930—1936年先在德国德意志昆虫研究所和柏林动物博物馆学习,后进入慕尼黑大学应用昆虫研究院学习	1955
吕叔湘	1904—1998	江苏丹阳	1936年以江苏省公费留学英国,先后在牛津大学人类学系、伦敦大学图书馆学科学习	1955
陈翰笙	1897—2004	江苏无锡	1915年赴美留学,1920年毕业于波莫纳大学,1921年获芝加哥大学硕士学位,1924年获柏林大学博士学位	1955

姓名	生卒年	籍贯	留学经历(时间、国家、科目、学位)	当选时间
汪德昭	1905—1998	江苏灌云	1933年10月前往欧洲,先在比利时布鲁塞尔大学学习一年法语,1934年10月到法国巴黎大学郎之万实验室做研究,1940年获巴黎大学国家科学博士学位,评议为"最荣誉级"	1957
吴仲华	1917—1992	江苏苏州	1944年公费留学美国麻省理工学院研究生院,学内燃机专业,1947年获科学博士学位	1957
曹本熹	1915—1983	江苏上海	1943—1946年留学英国伦敦帝国学院化工系并获哲学博士学位	1980
陈冠荣	1915—2010	江苏上海	1947年5月—1948年6月留学美国卡内基理工学院化工系并获得化学工程硕士学位	1980
戴安邦	1901—1999	江苏丹徒	1928年留学美国哥伦比亚大学化学系,1929年获硕士学位,1931年获该校博士学位	1980
冯新德	1915—2005	江苏吴江	1946—1948年留学美国印第安纳州诺特丹大学研究院化学系并获哲学博士学位	1980
高怡生	1910—1992	江苏南京	1948—1950年在英国牛津大学进行精细有机合成研究并获博士学位	1980
顾翼东	1903—1996	江苏苏州	1924—1925年留学美国芝加哥大学化学系并获硕士学位,1933年冬—1935年夏再留学芝加哥大学并获哲学博士学位	1980
黄量	1920—2013	江苏上海	1946年赴美国康奈尔大学化学系深造,1949年获有机化学专业博士学位。	1980
嵇汝运	1918—2010	江苏松江	1947年公费到美国NOPCO化学公司的试验室实习,半年后获得中英庚款转入英国伯明翰大学化学系研究,1950年夏获理学博士学位	1980
彭少逸	1917—2017	江苏溧阳	1947年先后在美国阿特拉斯粉末公司及通用染料公司的实验室进修学习	1980

姓名	生卒年	籍贯	留学经历(时间、国家、科目、学位)	当选时间
钱保功	1916—1992	江苏江阴	1947 年 1—9 月在美国某高聚物工厂实习,1947 年 9 月—1949 年 5 月在美国纽约布鲁克林多科理工学院高分子研究生院学习,获化学硕士学位	1980
钱人元	1917—2003	江苏常熟	1943 年到美国加州理工学院化学系学习一个学期,1944—1947 年留学威斯康星大学化学系,1947—1948 年留学依阿华州立大学化学系	1980
时钧	1912—2005	江苏常熟	1935 年 8 月—1936 年 5 月在美国缅因大学造纸专业学习并获工学硕士学位,随后赴麻省理工学院专攻化学工程,1938 年回国	1980
唐有祺	1920—2022	江苏南汇	1946 年进入美国加州理工学院研究生院学习,1950 年 7 月毕业并获博士学位	1980
汪德熙	1913—2006	江苏灌云	1941 年公费留学美国麻省理工学院化工系,1946 年毕业并获科学博士学位	1980
王序	1912—1984	江苏无锡	1936 年 4 月赴奥地利维也纳大学研究植物有机成分,1940 年获博士学位	1980
王葆仁	1907—1986	江苏扬州	1933 年庚款留学英国伦敦大学帝国学院,1935 年获得博士学位	1980
朱亚杰	1914—1997	江苏兴化	1947 年夏公费留学英国曼彻斯特工学院攻读化学工程,1949 年获硕士学位	1980
蔡旭	1911—1985	江苏武进	1945 年 4 月—1946 年 8 月先后在美国明尼苏达农学院、康奈尔大学农学院学习进修	1980
陈华癸	1914—2002	江苏昆山	1936—1939 年留学英国伦敦大学并获哲学博士学位	1980
李竞雄	1913—1997	江苏苏州	1944—1948 年任美国密苏里大学、明尼苏达大学、康奈尔大学研究助理、研究生,1948 年获康奈尔大学博士学位	1980
谈镐生	1916—2005	江苏武进	1946 年留学美国加州理工学院,同年转入康奈尔大学航空研究生院,1949 年获博士学位	1980

姓名	生卒年	籍贯	留学经历(时间、国家、科目、学位)	当选时间
刘建康	1917—2017	江苏吴江	1945年秋到加拿大麦基尔大学研究生院攻读,1947年毕业并获哲学博士学位	1980
唐孝威	1931—	江苏太仓	1956—1959年在苏联杜布纳联合核子所做研究	1980
庄逢甘	1925—2010	江苏常州	1947年赴美国加州理工学院攻读航空工程,1950年获博士学位	1980
章综	1929—2019	江苏宜兴	1959年至1962年在苏联科学院半导体研究所铁氧体、铁电体实验室进修	1980
钮经义	1920—1995	江苏兴化	1948年赴美国德克萨斯大学奥斯汀分校学习,1953年获哲学博士学位	1980
袤维蕃	1912—	江苏无锡	1945—1947年留学美国威斯康星大学研究院,获博士学位	1980
沈善炯	1917—2021	江苏吴江	1947—1950年留学美国加州理工学院研究分子遗传学,获博士学位	1980
施履吉	1917—2010	江苏仪征	1946—1951年先后留学美国哥伦比亚大学植物系、动物系,获哲学博士学位	1980
王德宝	1918—2002	江苏泰兴	1947年初留学美国路易斯安那州立大学,1948年转入华盛顿大学医学院生化系,1949年获硕士学位,1951年获美国西部保留地大学博士学位,1951—1954年在约翰·霍普金斯大学进修	1980
吴旻	1925—2017	江苏常州	1957年冬到苏联医学科学院实验和临床肿瘤研究所病因与发病学系做研究生,1961年获博士学位	1980
徐冠仁	1914—2004	江苏南通	1946—1950年在美国明尼苏达大学研究生院进修,获博士学位	1980
姚鑫	1915—2005	江苏常熟	1946年去英国留学,1949年从英国爱丁堡大学毕业并获哲学博士学位	1980
郑国锠	1914—2012	江苏常熟	1947年底到美国田纳西大学攻读研究生,1948年7月转学威斯康星大学植物系,1950年底获博士学位	1980

姓名	生卒年	籍贯	留学经历(时间、国家、科目、学位)	当选时间
朱既明	1917—1998	江苏宜兴	1945—1948年在英国剑桥大学病理系学习,获哲学博士学位	1980
邹冈	1932—1999	江苏苏州	1979—1982年先后在美国加利福尼亚大学旧金山分校、密歇根大学及耶鲁大学从事研究	1980
邹承鲁	1923—2006	江苏无锡	1947—1951年庚款留学英国剑桥大学,获生物化学博士学位	1980
陈永龄	1910—2004	江苏淮阴	1934—1935年留学英国帝国理工学院土木工程系,1935—1939年留学德国柏林工业大学测量系并获博士学位	1980
董申保	1917—2010	江苏常州	1948年作为中法交换生赴法国巴黎大学学习,后转入克莱蒙非朗大学,1951年2月学成回国	1980
吴汝康	1916—2006	江苏武进	1946—1949年在美国华盛顿大学研究院解剖系学习,1949年获哲学博士学位	1980
业治铮	1918—2003	江苏南京	1946年赴美国路易斯安那州立大学深造,1947年转赴哥伦比亚大学学习,1948年获硕士学位	1980
周明镇	1918—1996	江苏南汇	1947—1948年留学美国迈阿密大学并获硕士学位,1950年获理海大学博士学位	1980
蔡金涛	1908—1996	江苏南通	1934年赴美国华盛顿国立标准局实习精密电磁测量,1935年进入波士顿哈佛大学研究院学习,1936年获得电信工程硕士学位	1980
龚祖同	1904—1986	江苏川沙	1934—1936年在德国柏林技术大学深造,毕业后继续攻读该校工程博士学位	1980
李敏华*	1917—2013	江苏吴县	1944—1945年留学麻省理工学院机械系并获得硕士学位,1948年获博士学位,是麻省理工学院工科第一位女博士	1980
吕保维	1916—2004	江苏常州	1943—1944年留学美国麻省理工学院电机系并获科学硕士学位;1944—1947年留学哈佛大学应用科学学院并获哲学博士学位	1980

姓名	生卒年	籍贯	留学经历(时间、国家、科目、学位)	当选时间
钱钟韩	1911—2002	江苏无锡	1934年赴英国伦敦大学帝国理工学院读研究生,1937年在瑞典ASEA电气公司实习	1980
史绍熙	1916—2000	江苏宜兴	1945—1949年留学英国曼彻斯特大学研究生院,获博士学位	1980
汪闻韶	1919—2007	江苏苏州	1947年赴美留学,1949年获爱荷华大学硕士学位,1952年获伊利诺伊理工学院博士学位	1980
王补宣	1922—2019	江苏无锡	1947年赴美留学,1949年获美国普渡大学机械工程系硕士学位	1980
王守觉	1925—2016	江苏苏州	1957年被派往苏联科学院列宁格勒列别捷夫研究所进修,1958年4月回国	1980
王守武	1919—2014	江苏苏州	1945—1949年留学美国普渡大学,先后获硕士、博士学位	1980
吴良镛	1922	江苏南京	1948—1950年留学美国匡溪艺术学院建筑与城市设计系,获硕士学位	1980
徐芝纶	1911—1999	江苏江都	1935年公费留美,1936年得美国麻省理工学院土木工程硕士学位,1937年又获哈佛大学工程科学硕士学位	1980
杨槱	1917—	江苏句容	1935年留学英国格拉斯哥大学造船系,1940年获一等荣誉学士学位;1944—1945年作为中国海军造船人员赴美服务团成员在美国学习和考察	1980
杨嘉墀	1919—2006	江苏吴江	1947—1949年留学美国哈佛大学工程科学系与应用物理系,获哲学博士学位	1980
叶培大	1915—2011	江苏上海	1945—1946年留学美国哥伦比亚大学研究院,曾在美国国家广播公司和加拿大北方电气公司实习	1980
张煦	1913—2015	江苏无锡	1936—1940年留学美国哈佛大学、麻省理工学院研究生院研究通信工程,1940年获哈佛大学博士学位	1980
支秉彝	1911—1993	江苏泰州	1934年赴德留学,先后就读于德城工业大学和莱比锡大学,1940年获莱比锡大学物理学院自然科学博士学位	1980

姓名	生卒年	籍贯	留学经历(时间、国家、科目、学位)	当选时间
程开甲	1918—2018	江苏苏州	1946—1948年留学英国,获爱丁堡大学哲学博士学位	1980
程民德	1917—1998	江苏苏州	1947年前往美国普林斯顿大学数学系攻读,1949年获博士学位,后留校做博士后研究,1950年回国	1980
吴征铠	1913—2007	江苏扬州	1936—1939年留学英国剑桥大学物理化学研究所,是该所第一个中国研究生	1980
丁大钊	1935—2004	江苏苏州	1956年—1960年在苏联联合原子核研究所高能物理实验室任初级研究员,参加高能物理研究	1991
杨芙清*	1932—	江苏无锡	1957—1959年在苏联科学院计算中心和莫斯科大学数力系学习	1991
姚熹	1935—	江苏武进	1979—1980年在美国宾夕法尼亚州立大学访学,获博士学位;1982—1983年继续在该校做博士后研究	1991
邹世昌	1931—	江苏太仓	1954年赴苏留学,1958年获苏联莫斯科有色金属学院副博士学位	1991
赵仁恺	1923—2010	江苏南京	1958年在苏联参加军用核反应堆设计研究	1991
李德仁	1939—	江苏镇江	1982年赴联邦德国波恩大学进修,1983—1985年在德国斯图加特大学学习并获博士学位	1991
汪品先	1936—	江苏苏州	1955—1960年在苏联莫斯科大学地质系学习	1991
吴传钧	1918—2009	江苏苏州	1945—1948年留学英国利物浦大学并获得哲学博士学位	1991
汤定元	1920—2019	江苏金坛	1948年留学美国明尼苏达大学物理系,同年转入芝加哥大学物理系,1950年获硕士学位	1991
杨立铭	1919—2003	江苏溧水	1946—1948年在英国爱丁堡大学研究院学习并获博士学位,1948—1949年在该校从事博士后研究	1991

姓名	生卒年	籍贯	留学经历(时间、国家、科目、学位)	当选时间
闵乃本	1935—2018	江苏如皋	1982—1984 年在美国犹他大学物理系访学,1986—1987 年留学日本东北大学并获理学博士学位;1990—1991 年任美国阿拉巴马大学访问教授	1991
黄胜年	1932—2009	江苏太仓	1952—1955 年在苏联列宁格勒大学物理系学习	1991
汪尔康	1933—	江苏镇江	1955—1959 年在捷克斯洛伐克科学院极谱研究所学习并获化学副博士学位	1991
陆婉珍*	1924—2015	江苏川沙	1947—1949 年留学美国伊利诺伊大学并获无机化学硕士学位,1951 年获俄亥俄大学化学博士学位,1952—1953 年在西北大学化学系从事博士后研究	1991
陆熙炎	1928—2023	江苏苏州	1981 年赴日本东京工业大学资源化学有机所山本明夫实验室访学	1991
徐僖	1921—2013	江苏南京	1947—1948 年留学美国里海大学化工系并获硕士学位	1991
黄葆同	1921—2005	江苏上海	1947 年到美国德克萨斯农工学院攻读有机学并获硕士学位,后转到纽约布鲁克伦理工学院,1952 年获化学博士学位	1991
蒋锡夔	1926—2017	江苏南京	1948—1952 年留学美国华盛顿大学化学系并获博士学位	1991
谢毓元	1924—2021	江苏苏州	1957—1961 年在苏联科学院天然有机化合物化学研究所学习并获得副博士学位	1991
吴建屏	1934—2012	江苏太仓	1964—1966 年在英国牛津大学生理实验室做研究	1991
姚开泰	1931—	江苏昆山	1983 年到马里兰州美国国立癌症研究所病毒癌变实验室访问进修	1991
翟中和	1930—	江苏溧阳	1951—1956 年在苏联列宁格勒大学学习,1959—1961 年在苏联科学院生物物理研究所进修	1991
严志达	1917—1999	江苏南通	1947—1949 年留学法国斯特拉斯堡大学并获法国国家博士学位	1993

姓名	生卒年	籍贯	留学经历(时间、国家、科目、学位)	当选时间
陈鉴远	1916—1995	江苏淮安	1947—1948年留学美国依阿华大学并获硕士学位,1950年获美国叙拉古大学(今雪城大学)博士学位	1993
殷之文	1919—2006	江苏吴县	1946—1948年留学美国密苏里大学罗拉分校冶金系并获硕士学位,1948—1950年留学伊利诺伊大学并获陶瓷工程学硕士学位	1993
陈颙	1942—	江苏宿迁	1978—1980年在美国加州大学柏克利分校从事核废料处理方面岩石物理学基础研究	1993
章申	1933—2002	江苏常熟	1958—1962年留学苏联莫斯科大学生物土壤系并获生物学副博士学位	1993
方成	1938—	江苏江阴	1980—1982年在法国巴黎天文台做访问学者	1995
李大潜	1937—	江苏南通	1977—1981年在法国巴黎法兰西学院做访问学者	1995
沈学础	1938—	江苏溧阳	1978—1980年在德国马普固体研究所做访问学者	1995
郑厚植	1942—	江苏常州	1979—1981年在西德慕尼黑技术大学物理系做研究;1983—1986年参与中国科学院和美国物理学会关于原子、分子和凝聚态物理合作研究,在美国普林斯顿大学电机工程系做研究	1995
何鸣元	1940—	江苏苏州	1981—1982年在美国西北大学化学系作访学;1983—1984年在得克萨斯大学奥斯汀分校访学	1995
张礼和	1937—	江苏扬州	1981—1983年在美国弗吉尼亚大学化学系访学	1995
徐晓白*	1927—2014	江苏苏州	1980—1982年在美国加州大学柏克莱分校访学	1995
陈竺	1953—	江苏镇江	1984—1989年任法国巴黎第七大学圣·路易医院任血液学研究所博士研究生、博士后	1995

姓名	生卒年	籍贯	留学经历(时间、国家、科目、学位)	当选时间
陈慰峰	1935—2009	江苏盐城	1980—1982年在澳大利亚墨尔本大学医学生物学留学并获哲学博士学位	1995
汪集旸	1935—	江苏吴江	1958—1962年在苏联莫斯科地质勘探学院研究地质矿物学并获副博士学位;1979—1981年历任美国弗吉尼亚理工大学访问教授	1995
冯纯伯	1928—2010	江苏金坛	1955—1958年留学苏联列宁格勒工业大学研究生院并获技术科学副博士学位	1995
朱森元	1930—	江苏溧阳	1953—1957年留学苏联莫斯科汽车机械工程学院;1957—1960年留学苏联莫斯科包曼高等工业学院研究生院并获副博士学位	1995
程耿东	1941—	江苏苏州	1978—1980年在丹麦技术大学固体力学系学习并获博士学位	1995
钱逸泰	1941—2023	江苏无锡	1982—1985年、1989—1990年两次在美国布朗大学访学;1992—1993年在普渡大学做研究	1997
王志新	1953—	江苏金坛	1989—1991年在美国康奈尔大学化学系从事博士后研究	1997
许智宏	1942—	江苏无锡	1979—1980年在英国约翰·依奈斯研究所访学;1980—1981年在英国诺丁汉大学植物系访学	1997
陆士新	1929—2019	江苏盐城	1956—1961年在罗马尼亚布加勒斯特医学院内分泌研究所学习并获得副博士学位	1997
施蕴渝*	1942—	江苏南京	1979—1981年在意大利罗马大学物理化学系访学;1984—1985年、1990年3—9月在荷兰格罗宁根大学物理化学系进行合作研究;1994年到法国巴黎第十一大学进行合作研究;1995年到法国南锡大学进行合作研究	1997
马瑾*	1934—2018	江苏如皋	1958—1962年在苏联科学院大地物理所学习并获副博士学位	1997

姓名	生卒年	籍贯	留学经历(时间、国家、科目、学位)	当选时间
伍小平	1938—	江苏武进	1984—1986年在美国纽约州立大学石溪分校访学;1996年9—12月在英国威尔士卡地夫大学访学	1997
过增元	1936—	江苏无锡	1979—1981在德国慕尼黑工业大学做研究;1988年在法国巴黎中央大学访学;1989年在德国斯图加特大学访学;1993年在美国密歇根州立大学访学;1995年在日本东京大学和索菲亚大学访学	1997
姚建铨	1939—	江苏无锡	1980—1982年在美国斯坦福大学、加利福尼亚大学进修及研究激光技术	1997
王志新	1953—	江苏金坛	1989—1993年先后在美国康奈尔大学和北达科他州立大学做博士后及访问学者	1997
于渌	1937—	江苏镇江	1956—1961年留学苏联国立哈尔科夫大学理论物理专业;1979—1981年在美国哈佛大学和加州大学访学	1999
王迅	1934—	江苏无锡	1980年在美国威斯康星大学密澳基分校做访问教授	1999
严加安	1941—	江苏邗江	1973—1975年在法国斯特拉斯堡大学高等数学研究所进修	1999
杨国桢	1938—	江苏无锡	1983年在美国劳伦斯伯克利国家实验室访学;1984年在哈佛大学应用科学系访学	1999
姚守拙	1936—	江苏松江	1954—1959年在苏联列宁格勒大学化学系学习	1999
蒋有绪	1932—	江苏南京	1957—1959年在苏联科学院森林研究所进修	1999
陆汝钤	1935—	江苏苏州	1959年毕业于德国耶拿大学数学系并获得学士学位	1999
薛禹群	1931—2021	江苏无锡	1982—1984年在美国亚利桑那大学访学	1999

资料来源:留学生名单来自《江苏籍中国科学院院士名单》,江苏年鉴杂志社编辑:《江苏年鉴1999》,江苏年鉴杂志社1999年版,第364—365页。注:带＊为女性。

附表 2　江苏留学生当选中国工程院院士情况简表(1994—1999 年)

姓名	生卒年	籍贯	留学经历(时间、国家、学校、专业、学位)	当选时间
丁衡高	1931—	江苏南京	1957—1961 年在苏联列宁格勒精密机械及光学仪器学院学习并获副博士学位	1994
季国标	1932—2019	江苏无锡	1955—1956 年在民主德国学习人造纤维技术;1965 年被派到英国学习合成纤维生产技术	1994
金怡濂	1929—	江苏常州	1956—1958 年在苏联科学院精密机械与计算机技术研究所进修电子计算机技术	1994
李德仁	1939—	江苏镇江	1982 年赴联邦德国波恩大学进修,1983—1985 年留学德国斯图加特大学并获博士学位	1994
林华	1913—1997	江苏无锡	1954—1956 年奉派到苏联学习,并深入到乌克兰有机化工厂、氮肥厂、俄罗斯合成橡胶厂等车间、工段以及有关科研机构考察、访问	1994
钱七虎	1937—	江苏昆山	1961—1965 年留学苏联莫斯科古比雪夫军事工程学院并获副博士学位	1994
钱易*	1936—	江苏苏州	1981—1983 年在美国康奈尔大学访学,1988—1989 年在荷兰德尔夫特技术大学任访问教授	1994
吴中伟	1918—2000	江苏张家港	1945—1947 年在美国丹佛材料研究所进修	1994
王大珩	1915—2011	江苏苏州	1938 年公费赴英国伦敦帝国理工学院攻读应用光学,1941 年转入英国谢菲尔德大学并获硕士学位	1994
张光斗	1912—	江苏常熟	1934 年赴美留学,1935 年在美国加州大学学习水利工程并获硕士学位,1936 年去哈佛大学学习,1937 年夏在丹佛美国垦务局实习	1994
赵仁恺	1923—2010	江苏南京	1958 年 1 月赴苏联参加军用核反应堆设计研究	1994
周镜	1925—	江苏宜兴	1948—1949 年在美国俄亥俄州立大学土木工程系学习并获硕士学位	1994

姓名	生卒年	籍贯	留学经历(时间、国家、学校、专业、学位)	当选时间
陈厚群	1932—	江苏无锡	1952—1958年在苏联莫斯科动力学院学习	1995
许国志	1919—2001	江苏扬州	1947—1953年留学美国堪萨斯大学数学系并获博士学位,1953年在芝加哥大学气象学系做研究;1954年在马里兰大学做研究	1995
丁传贤	1936—	江苏海门	1983—1985年在美国纽约州立大学石溪分校材料系访学,1994年在日本无机材质所、法国爱兰根大学做访问教授	1995
高鼎三	1914—2002	江苏上海	1947—1951年在美国加利福尼亚大学研究院攻读物理并取得硕士学位,1953年取得该校博士学位	1995
顾健人	1932—2022	江苏苏州	1979—1981年在英国Beatson肿瘤研究所访学,1986—1995年与美国国立卫生研究院长期合作与互访	1995
顾懋祥	1923—1996	江苏太仓	1948—1949年在美国密歇根大学造船与轮机专业学习并获硕士学位	1995
顾夏声	1918—2012	江苏无锡	1946—1948年在美国德州农工大学学习并取得卫生工程科学硕士学位	1995
韩德馨	1918—2009	江苏如皋	1946—1950年留学美国密歇根大学研究院并获地质学硕士学位	1995
侯德原	1912—2003	江苏泰州	1947—1948年在加拿大蒙特利尔贝尔电话公司学习传输工程	1995
侯云德	1929—	江苏武进	1958—1962年在苏联医学科学院病毒学研究所研究病毒学	1995
李庆忠	1930—2022	江苏昆山	1979—1980年在美国埃克森(Exxon)石油公司休斯敦数据处理中心(EDPC)做研究;1988—1989年在美国休斯敦西方地球物理公司任研究员	1995
李正名	1931—2021	江苏苏州	1949—1953年在美国埃斯金大学就读化学专业并获得化学学士学位,1980—1982年在美国国家农业研究中心访学	1995
陆孝彭	1920—2000	江苏常州	1944—1948年在美国密苏里州圣路易斯市麦克唐纳飞机工厂实习,后又到英国格洛斯特飞机公司继续实习,1949年回国	1995

姓名	生卒年	籍贯	留学经历(时间、国家、学校、专业、学位)	当选时间
梅自强	1929—2010	江苏常州	1954—1958年留学苏联莫斯科纺织学院并获得科学技术副博士学位	1995
秦伯益	1932—	江苏无锡	1955—1959年在苏联莫斯科第一医学院学习并获得副博士学位	1995
沙庆林	1930—2020	江苏宜兴	1954—1957年在苏联莫斯科公路学院留学并获得副博士学位	1995
唐孝炎	1932—	江苏太仓	1959—1960年在苏联科学院地球化学与分析化学研究所进修	1995
王震西	1942—	江苏海门	1973—1975年在法国国家科研中心奈尔磁学实验室访学	1995
吴德昌	1927—2018	江苏武进	1956—1957年在苏联学习与放射有关的专业	1995
吴阶平	1917—2011	江苏武进	1947—1948年在美国芝加哥大学进修泌尿外科	1995
吴良镛	1922—	江苏南京	1948—1950年在美国匡溪艺术学院建筑与城市设计系学习并获硕士学位	1995
薛禹胜	1941—	江苏无锡	1985—1987年在比利时列日大学进修并获得博士学位	1995
杨裕生	1932—	江苏南通	1958—1960年在苏联科学院地球化学与分析化学研究所进修	1995
叶铭汉	1925—	江苏上海	1979年在美国普林斯顿大学访学,1981年在犹他大学做访问教授;1989—1990年在日本高能物理学研究所做访问教授;1990—1993年在美国布鲁克海文国家实验室做访问教授	1995
张启先	1925—2002	江苏靖江	1958—1962年赴苏联列宁格勒大学多科性工学院学习并获得技术科学博士学位	1995
周邦新	1935—	江苏吴县	1965—1966年在英国剑桥大学冶金系、纽卡斯尔大学冶金系进修	1995
朱能鸿	1939—	江苏苏州	1991—1993年在位于德国慕尼黑的欧洲南方天文台参加地面光学望远镜研究	1995
庄松林	1940—	江苏溧阳	1979年赴美访学,1982年在美国宾夕法尼亚州立大学电子工程系获得博士学位	1995

姓名	生卒年	籍贯	留学经历(时间、国家、学校、专业、学位)	当选时间
史轶蘩*	1928—2013	江苏溧阳	1981—1983年在美国国立卫生研究院访学	1996
张涤生	1916—2015	江苏无锡	1946年到美国费城宾夕法尼亚大学医学进修学院,学习整形外科,1948年归国	1996
蒋亦元	1928—2020	江苏常州	1957—1959年在苏联师从荣誉院士列多希聂夫教授学习;1982—1983年在美国密歇根大学访学	1997
潘垣	1933—	江苏扬州	1988年在英国、欧洲联合托卡马克JET工作;1990—1992年在美国德克萨斯大学(奥斯汀)聚变研究所做研究	1997
钱清泉	1936—	江苏丹阳	1984—1985年在日本东京大学东芝公司访学	1997
沈倍奋	1943—	江苏昆山	1980—1982年在德国西柏林技术大学生物化学研究所做博士;1988年1—9月在美国NIH访学	1997
童铠	1931—2005	江苏泰州	1955—1959年在苏联列宁格勒电信工程学院电信专业进修并获副博士学位	1997
吴中如	1939—2023	江苏宜兴	1988年在葡萄牙国立土木工程研究院访学	1997
杨胜利	1941—	江苏太仓	1980—1982年在美国加州大学从事博士后研究	1997
陈国良	1934—2011	江苏宜兴	1979—1981年在美国哥伦比亚大学访学,1989—1990年在美国田纳西大学及德国马普研究所研究	1999
李德毅	1944—	江苏泰县	1980—1983年在英国爱丁堡赫瑞—瓦特大学计算机系学习并获得博士学位	1999
柳百成	1933—	江苏常州	1978—1981年相继在美国威斯康星大学学习铸造工程学、在麻省理工学院材料科学与工程学系学习	1999
刘大钧	1926—2016	江苏常州	1955—1959年在苏联莫斯科季米里亚捷夫农学院学习并获副博士学位	1999

姓名	生卒年	籍贯	留学经历(时间、国家、学校、专业、学位)	当选时间
卢锡城	1946—	江苏靖江	1982—1984 年在美国麻省州立大学电气与电子工程系进修计算机专业	1999
潘君骅	1930—	江苏常州	1956—1960 年在苏联科学院列宁格勒普尔科沃天文台学习并获副博士学位	1999
沈家祥	1921—2015	江苏扬州	1945—1949 年留学英国伦敦大学药学院并获得药物化学博士学位	1999
施仲衡	1931—	江苏苏州	1955 年到苏联莫斯科铁道学院攻读地下铁道专业,1959 年获副博士学位	1999
宋湛谦	1942—	江苏苏州	1983—1984 年在美国加利福尼亚大学伯克利分校访学,1996 年作为高级访问学者在美国农业部林产品研究所研究	1999
孙家广	1946—	江苏镇江	1985—1986 年在美国加利福尼亚大学洛杉矶分校访学	1999

资料来源:留学生名单来自《江苏籍中国工程院院士名单》,载于江苏年鉴杂志社编辑:《江苏年鉴1999》,江苏年鉴杂志社 1999 年版,第 366 页。

主要参考文献

一、档案资料

北平市政府社会局档案:《教育部给北平市政府社会局的训令》1935年3月4日,北京市档案馆藏,档号:J002-003-00274-0066。

国民党中央设计局档案,中国第二历史档案馆藏,全宗号:一七一,案卷号:328、329。

国民政府教育部档案,中国第二历史档案馆藏,全宗号:五(2),案卷号:1391。

国民政府教育部档案,中国第二历史档案馆藏,全宗号:五(2),案卷号:1392。

国民政府教育部档案,中国第二历史档案馆藏,全宗号:五(2),案卷号:1393。

国民政府教育部档案,中国第二历史档案馆藏,全宗号:五,案卷号:15395。

国民政府教育部档案,中国第二历史档案馆藏,全宗号:五,案卷号:15343。

国民政府教育部档案,中国第二历史档案馆藏,全宗号:五,案卷号:15322。

重庆卫戍总司令部档案,中国第二历史档案馆藏,全宗号:八〇一,案卷号:507。

中国第二历史档案馆编:《中华民国史档案资料汇编》第五辑 第一编 教育,江苏古籍出版社1994年版。

南京市档案馆编:《民国珍档　民国名人户籍》,南京市档案馆 2013 年版。

二、民国报刊

《东方杂志》1907 年。

《教育杂志》1910 年。

《教育杂志》1912 年。

《留美学生年报》1913 年。

《申报》1927—1939 年。

《安徽教育行政周刊》1929 年。

《教育公报》1930 年。

《教育益闻》1930 年。

《教育部公报》1929 年、1932 年。

《环球中国学生会民国廿三年特刊》1934 年。

《工学院半月刊》1936 年。

三、地方史志

《常熟文史资料辑存　第 13 辑》,政协江苏省常熟市委员会文史资料委员会 1986 年版。

《金坛文史资料　第 5 辑》,政协金坛县委员会文史资料研究委员会 1988 年版。

《扬州史志资料　第 7 辑》,政协江苏省扬州市委员会文史资料委员会 1988 年版。

《扬州史志资料　第 7 辑》,政协江苏省扬州市委员会文史资料委员会 1988 年版。

《南京文史集萃　第一辑》,江苏古籍出版社 1989 年版。

《建湖文史选辑　第 3 辑》,政协建湖县委员会文史资料征集研究委员会 1989 年版。

《宜兴文史资料　第 16 辑》,政协江苏省宜兴市委员会文史资料研究委员会 1989 年版。

《昆山文史　第 8 辑》,政协江苏省昆山市委员会文史征集委员会 1989 年版。

《昆山文史　第 9 辑》,政协江苏省昆山市委员会文史征集委员会 1990

年版。

《徐州文史资料　第 11 辑》,政协江苏省徐州市委员会文史资料委员会
1991 年版。

《泰州文史资料　第 5 辑》,政协江苏省泰州市委员会文史资料研究委员
会 1991 年版。

《松江县志》,上海人民出版社 1991 年版。

《上海市 上海县志》,上海人民出版社 1993 年版。

《静安文史　第 8 辑》,政协上海市静安区文史资料委员会文史资料委员
会 1993 年版。

《赣榆文史资料　第 10 辑》,政协赣榆县文史资料研究委员会 1994 年版。

《吴江文史资料　第 13 辑》,政协吴江市委员会文史资料委员会 1994
年版。

《太仓文史 第 10 辑》,政协江苏省太仓市文史资料委员会 1995 年版。

《江苏文史资料集萃:科技卷》,江苏文史资料编辑部 1995 年版。

《太仓文史 第 12 辑》,政协江苏省太仓市文史资料委员会 1997 年版。

《上海渔业志》,上海社会科学院出版社 1998 年版。

《嘉定文史 第 15 辑》,上海嘉定区政协学习和文史委员会嘉定文史编辑
委员会 1999 年版。

《鼓楼区文物志》,江苏文史资料编辑部 1999 年版。

《上海妇女志》,上海社会科学院出版社 2000 年版。

《常熟文史　第 30 辑》,政协江苏省常熟市委员会学习和文史委员会
2002 年版。

《嘉定县简志》,方志出版社 2008 年版。

《嘉定卫生志》,学林出版社 2011 年版。

《震泽镇志》,方志出版社 2017 年版。

《南翔镇志》,方志出版社 2017 年版。

《历史文化名城名镇名村系列 礼社村(无锡)》,江苏人民出版社 2017
年版。

《旺山村志》,方志出版社 2018 年版。

《镇江小史》,江苏大学出版社 2020 年版。

《无锡旅情》,江苏凤凰文艺出版社 2021 年版。

四、资料集

江苏省公署教育厅编印:《江苏教育近五年间概况》,上海商务印书馆1916年版。

国民政府教育部:《教育法令汇编》,国民政府教育部1933年版。

商务印书馆编《中华民国现行法规大全》,上海商务印书馆1934年版。

留学生考选委员会编:《第一届自费留学生考试报告》,独立出版社1944年版。

刘真主编:《留学教育:中国留学教育史料》,台北"国立"编译馆1980年版。

《第二次中国教育年鉴》,台北文海出版社1986年版。

陈学恂主编:《中国近代教育史教学参考资料 下册》,人民教育出版社1987年版。

《上海文化年鉴1989》,上海人民出版社1989年版。

宋恩荣等主编:《中华民国教育法规选编》,江苏教育出版社1990年版。

陈学恂、田正平编:《中国近代教育史资料汇编·留学教育》,上海教育出版社1991年版。

清华大学校史研究室编:《清华大学史料选编(一)》,清华大学出版社1991年版。

陈学恂、田正平编:《中国近代教育史资料汇编·留学教育》,上海教育出版社2007年版。

殷梦霞、李强选编:《民国教育公报汇编》,国家图书馆出版社2009年版。

王燕来选编:《民国教育统计资料汇编》,国家图书馆出版社2010年版。

王燕来、谷绍军辑:《民国教育统计资料续编》,国家图书馆出版社2012年版。

中国社会科学院近代史研究所编:《民国文献类编 教育卷》,国家图书馆出版社2015年版。

李景文、马小泉主编:《民国教育史料丛刊887 高等教育·留学教育》,大象出版社2015年版。

越生文化主编:《中国近代教育文献丛刊·留学教育卷》,浙江教育出版社2020年版。

五、工具书

中国科学家辞典编委会编:《中国科学家传略辞典 现代第一、二辑》,山东科学技术出版社 1980 年版。

《中国科学家辞典》编委会编:《中国科学家辞典 现代》,山东科学技术出版社 1982 年版。

《中国科学家辞典》编委会编:《中国科学家辞典 现代第 3 分册》,山东科学技术出版社 1984 年版。

《中国科学家辞典》编委会编:《中国科学家辞典 现代第 4 分册》,山东科学技术出版社 1985 年版。

《中国科学家辞典》编委会编:《中国科学家辞典 现代第 5 分册》,山东科学技术出版社 1986 年版。

中国农业百科全书总编辑委员会蚕业卷编辑委员会编:《中国农业百科全书 蚕业卷》,中国农业出版社 1987 年版。

本辞典编写组:《中国近代人名大辞典》,中国国际广播出版社 1989 年版。

郭道扬主编:《会计百科全书》,辽宁人民出版社 1989 年版。

赵永良主编:《无锡名人辞典 首编》,南京大学出版社 1989 年版。

宋德慈等主编:《二十世纪中华爱国名人辞典》,吉林大学出版社 1990 年版。

教育大辞典编纂委员会编:《教育大辞典 第 5 卷 教育心理学》,上海教育出版社 1990 年版。

《无锡词典》编委会编:《无锡词典》,复旦大学出版社 1990 年版。

徐友春主编:《民国人物大辞典》,河北人民出版社 1991 年版。

刘晓东主编:《中国当代经济科学学者辞典》,上海社会科学院出版社 1992 年版。

张予一等主编:《中国科学技术人物辞典》,科学技术文献出版社 1992 年版。

丁守和等主编:《世界当代文化名人辞典》,北京燕山出版社 1992 年版。

赵永良、张海保主编:《无锡名人辞典 三编》,上海科学技术文献出版社 1994 年版。

金铮主编:《20 世纪中国医学首创者大辞典》,黑龙江人民出版社 1994 年版。

陈世明主编:《中国当代教育名人大辞典》,陕西师范大学出版社 1994 年版。

周棉主编:《中国留学生大辞典》,南京大学出版社 1999 年版。

陈玉堂编:《中国近现代人物名号大辞典 续编》,浙江古籍出版社 2001 年版。

唐荣智主编:《世界法学名人词典》,立信会计出版社 2002 年版。

赵永良、蔡增基主编:《百年无锡名人谱》,新华出版社 2005 年版。

蔡鸿源、徐友春主编:《民国会社党派大辞典》,黄山书社 2012 年版。

河海大学《水利大辞典》编辑修订委员会编:《水利大辞典》,上海辞书出版社 2015 年版。

李峰、汤钰林编:《苏州历代人物大辞典》,上海辞书出版社 2016 年版。

周川主编:《中国近现代高等教育人物辞典》,福建教育出版社 2018 年版。

宋林飞主编:《江苏历代名人词典》,江苏人民出版社 2019 年版。

六、年谱、回忆录、文集、人物传记

颜惠庆:《颜惠庆自传》,传记文学社出版 1973 年版。

董献吉编:《徐州历代人物》,徐州市地方志办公室 1987 年版。

张德龙主编:《上海高等教育系统教授录》,华东师范大学出版社 1988 年版。

王恒礼等编:《中国地质人名录》,中国地质大学出版社 1989 年版。

金善宝主编:《中国现代农学家传 第 2 卷》,湖南科学技术出版社 1989 年版。

《江苏省高等学校教授录》编委会编:《江苏省高等学校教授录》,南京大学出版社 1989 年版。

蒋景源主编:《中国民主党派人物录》,华东师范大学出版社 1991 年版。

顾树新、张士朗主编:《南京大学校友英华》,南京大学出版社 1992 年版。

沈根才主编:《中国电力人物志》,水利电力出版社 1992 年版。

中国科学技术协会编:《中国科学技术专家传略 工程技术编》,中国科学技术出版社 1993 年版。

中国科学技术协会编:《中国科学技术专家传略 农学编 作物卷 1》,中国科学技术出版社 1993 年版。

中国科学技术协会编:《中国科学技术专家传略 工程技术编 土木建筑卷

1》,中国科学技术出版社 1994 年版。

吴仲贤编:《吴氏名人录》,四川科学技术出版社 1994 年版。

中国科学技术协会编:《中国科学技术专家传略 工程技术编 冶金卷 1》,中国科学技术出版社 1995 年版。

中国科学技术协会编:《中国科学技术专家传略 工程技术编 交通卷》,中国铁道出版社 1995 年版。

苏东水总主编,苏勇卷主编:《中国管理通鉴 人物卷》,浙江人民出版社 1996 年版。

王桢禄主编:《当代昆山人才录》,昆山亭林出版社 1996 年版。

国务院学位委员会办公室编:《中国社会科学家自述》,上海教育出版社 1997 年版。

沈沛霖口述,沈建中整理:《耆年忆往 沈沛霖回忆录》,江苏文史资料编辑部 1998 年版。

中国科学技术协会编:《中国科学技术专家传略 农学编 养殖卷 2》,中国农业出版社 1999 年版。

周治华主编:《当代苏州人才录》,上海三联书店 1999 年版。

李佩主编:《学在康大 志在中华 康奈尔大学的中国校友》,社会科学文献出版社 1999 年版。

侯曙光主编:《古今人物》,长春出版社 2000 年版。

欧阳世翕主编:《中国混凝土科学一代宗师——吴中伟院士纪念文集》,中国建材工业出版社 2001 年版。

中国科学技术协会编:《中国科学技术专家传略 理学编 物理学卷 2》,中国科学技术出版社 2001 年版。

孙文治主编:《东南大学校友业绩丛书 第 1 卷》,东南大学出版社 2002 年版。

周日新等主编:《航空人物志》,航空工业出版社 2003 年版。

高国强、蔡贵方主编:《吴文化名人谱 无锡编》,黑龙江人民出版社 2003 年版。

刘国铭主编:《中国国民党百年人物全书》上下册,团结出版社 2005 年版。

宋立志主编:《名校精英 南京大学》,远方出版社 2005 年版。

施琳主编:《当代中国著名民族学家百人小传》,中央民族大学出版社 2006 年版。

张玉春主编:《百年暨大人物志》,暨南大学出版社 2006 年版。

费滨海编:《院士春秋 第 2 卷》,东方出版中心 2007 年版。

吕章申主编:《中国近代留法学者传》,紫禁城出版社 2008 年版。

中共太仓市委宣传部、太仓市哲学社会科学界联合会编:《唐文治》,西泠印社出版社 2008 年版。

《科学与人生》编委会编:《科学与人生 厦门大学生命科学学院校友传略》,厦门大学出版社 2008 年版。

包天笑:《钏影楼回忆录》,中国大百科全书出版社 2009 年版。

吴太昌、张卓元、吴敬琏等编著:《影响新中国 60 年经济建设的 100 位经济学家 6》,广东经济出版社 2009 年版。

汪前进、黄艳红主编:《中国科学院人物传(第一卷)》,科学出版社 2010 年版。

中央大学南京校友会、中央大学校友文选编纂委员会编:《南雍骊珠 中央大学名师传略再续》,南京大学出版社 2010 年版。

宋立志编:《名校精英 上海交通大学》,京华出版社 2010 年版。

宋立志编:《名校精英 普林斯顿大学 麻省理工大学》,京华出版社 2010 年版。

宋立志编:《名校精英 浙江大学》,京华出版社 2010 年版。

陈新主编:《科学的旗帜 感动中国的 100 位爱国科学家》,花山文艺出版社 2010 年版。

宋立志编:《名校精英 清华大学 北京大学》,京华出版社 2010 年版。

宋立志编:《名校精英 南京大学 中山大学》,京华出版社 2010 年版。

佘之祥主编:《江苏历代名人录 科技卷》,江苏人民出版社 2011 年版。

周文业等编:《清华名师风采 工科卷》,山东画报出版社 2012 年版。

尹艳秋编:《近现代苏南教育家概览》,苏州大学出版社 2013 年版。

张连红、严海建主编:《民国财经巨擘百人传》,南京出版社 2013 年版。

陈元芳:《中国会计名家传略》,立信会计出版社 2013 年版。

侯祥麟、罗沛霖、师昌绪等口述,王德禄、高颖等整理编辑:《1950 年代归国留美科学家访谈录》,湖南教育出版社 2013 年版。

陆阳著:《唐文治年谱》,上海三联书店 2013 年版。

陆阳、胡杰主编:《胡敦复 胡明复 胡刚复纪念文集》,线装书局 2014 年版。

刘冬冠：《严氏一脉　严孝修》，上海远东出版社 2014 年版。

陆阳、胡杰主编：《胡彬夏文集》，线装书局 2014 年版。

钱焕琦：《吴贻芳——金陵女子大学校长》，中国传媒大学出版社 2014 年版。

刘绍唐主编：《民国人物小传　第 2 册》，上海三联书店 2014 年版。

何晓波主编：《物理学家的故事》，四川大学出版社 2015 年版。

胡玉鸿、庞凌主编：《东吴法学先贤文录：司法制度、法学教育卷》，中国政法大学出版社 2015 年版。

李晓明、张成敏主编：《东吴法学先贤文录（刑事法学卷）》，中国政法大学出版社 2015 年版。

景亚南主编：《浦东早期留学人员选录　1872—1949》，上海大学出版社 2016 年版。

周世青：《江苏铁路百年人物》，中国铁道出版社 2017 年版。

朱东润：《朱东润自传》，华中科技大学出版社 2019 年版。

李峰主编：《苏州通史　人物卷　下》，苏州大学出版社 2019 年版。

汪天云、汪滨编：《浪花礼赞　汪氏现当代名人录》，上海交通大学出版社 2021 年版。

赵贤德：《现代语言学家苏培成》，汕头大学出版社 2021 年版。

七、著作

冯自由：《革命逸史　初集》，中华书局 1981 年版。

汪一驹：《中国知识分子与西方》，梅寅生译，台北久大文化股份有限公司 1991 年版。

留学生丛书编委会：《中国留学史萃》，中国友谊出版公司 1992 年版。

王奇生：《中国留学生的历史轨迹》，湖北教育出版社 1992 年版。

任涛主编：《中国统一战线全书》，国际文化出版公司 1993 年版。

郑名桢编：《留法勤工俭学运动》，山西高校联合出版社 1994 年版。

鲜于浩：《留法勤工俭学运动史稿》，巴蜀书社 1994 年版。

南京市地方志编纂委员会：《南京水利志》，海天出版社 1994 年版。

容闳：《西学东渐记》，中州古籍出版社 1998 年版。

汪稼明总编辑：《老照片　第 7 辑》，山东画报出版社 1998 年版。

秦福祥主编：《上海电子仪表工业志》，上海社会科学院出版社 1999 年版。

虞新华主编:《武进掌故 上》,中国文史出版社 2000 年版。

李喜所、刘集林等:《近代中国的留美教育》,天津古籍出版社 2000 年版。

高春明主编:《上海艺术史》上下册,上海人民美术出版社 2002 年版。

张宪文主编:《金陵大学史》,南京大学出版社 2002 年版。

李滔主编:《中华留学教育史录 1840—1949》,高等教育出版社 2005 年版。

刘晓琴:《中国近代留英教育史》,南开大学出版社 2005 年版。

程新国:《庚款留学百年》,东方出版中心 2005 年版。

赵统:《江阴书院史话》,黄山书社 2005 年版。

谢长法:《中国留学教育史》,山西教育出版社 2006 年版。

姜新、小雨:《江苏留学史稿》,吉林人民出版社 2006 年版。

薛仲良主编:《江阴百年留学史略》,人民日报出版社 2007 年版。

刁振娇:《清末地方议会制度研究》,上海人民出版社 2008 年版。

冉春:《留学教育管理的嬗变》,山东教育出版社 2010 年版。

李喜所主编,元青等:《中国留学通史 民国卷》,广东教育出版社 2010 年版。

顾钢、王馨荣:《苏州医学院简史 历程》,苏州大学出版社 2010 年版。

李喜所主编,刘集林等:《中国留学通史 晚清卷》,广东教育出版社 2010 年版。

东南大学高等教育研究所编:《郭秉文与东南大学》,东南大学出版社 2011 年版。

景为民主编:《南通大学附属医院志》,方志出版社 2011 年版。

张运华:《五邑华侨与中国民族民主革命》,中国华侨出版社 2011 年版。

吴汉全、王中平著:《留学生与近代中国社会变迁》,吉林人民出版社 2012 年版。

徐梁伯、蒋顺兴主编:《江苏通史 晚清卷》,凤凰出版社 2012 年版。

郁乃尧:《我在苏州"逛"历史》,苏州大学出版社 2013 年版。

章开沅、余子侠主编:《中国人留学史 上册》,社会科学文献出版社 2013 年版。

陈加林:《百年徽商与社会变迁——以苏州汪氏家族为例》,上海人民出版社 2014 年版。

张一苇:《神秘的东方贵族　贝聿铭和他的家族》,苏州大学出版社 2014 年版。

尹宗云:《检察风云》,中国检察出版社 2015 年版。

日本法政大学史资料委员会编:《清国留学生法政速成科纪事》,广西师范大学出版社 2015 年版。

要秋霞:《中国空军抗战》,中国民主法制出版社 2015 年版。

徐造成:《印第安纳的中国人》,中山大学出版社 2016 年版。

陆宪良:《笃行》,华东理工大学出版社 2017 年版。

张乃清:《海派乡土文化》,中西书局 2018 年版。

王伟:《中国近代留洋法学博士考 1905—1950》,上海人民出版社 2019 年版。

蒋梦麟等著,简宁编:《心理学的盛宴(珍藏版)》,哈尔滨出版社 2019 年版。

张明观、张慎行、张世光编:《南社社友图像集》,上海人民出版社 2019 年版。

张克非:《中国大学校史研究》,河南人学出版社 2020 年版。

狄霞晨:《博学于文　中外思想学术交汇下的刘师培文论》,广陵书社 2021 年版。

南通市通州区运盐河文化研究课题组:《运盐河》,江苏人民出版社 2021 年版。

姚岚、张少伟主编:《中外园林史》,机械工业出版社 2021 年版。

八、论文

邹彬芳:《上海东亚体专奠基人庞醒跃》,《上海体育史话》1989 年第 3 期。

元青:《民国时期中国留德学生与中德文化交流》,《近代史研究》1997 年第 3 期。

周棉、李冲:《论庚款留学》,《江海学刊》2007 年第 5 期。

魏英秀:《奉贤第一个共产党员金学成》,《上海党史与党建》2011 年第 3 期。

潘越:《中国近代留学比利时研究(1903—1949)》,暨南大学博士论文,2012 年。

蒋晓星:《民国时期的留苏学生》,《世纪风采》2017 年第 12 期。

雷辉志:《莫斯科中山大学往事》,《领导之友》2017 年第 4 期。

宫宏宇:《清末留美乐人考(1900—1910)》,《中国音乐学》2020 年第 4 期。

陶建明:《工科进士实业家季新益》,《钟山风雨》2021 年第 2 期。

后　记

　　本书是江苏省社科基金"江苏文脉研究"专项课题"江苏留学史"的研究成果。在本书即将付梓出版之际，我的内心不是满心欢喜，而是诚惶诚恐、忐忑不安。毕竟白纸黑字，以学术成果的形式呈现在大众面前，因为有自知之明，总觉得底气不足。以本人的学术水平和研究能力，如何能完成"江苏留学史"的研究？对自己的信心不足、对自己能力的怀疑，在研究的过程中时时出现在脑海里。研究框架的反复修改、研究史料的整理分析，前一秒还信心十足，后一秒又自我否定。在课题对我的折磨与我对课题的打磨中螺旋式前进。在此非常感谢各位专家的肯定与不弃！

　　关于江苏留学史的研究，在近代以前江苏基本没有出国留学生，故本书的研究时间以鸦片战争后的近代始作为开端，下限时间，应江苏省社会科学院江苏文脉研究院的要求，以新中国成立之前为主，故对1949年之后的江苏当代留学史的研究未放在本书之内，期望在不久的将来，能再对江苏当代留学史作一个较为系统的研究，以体现近代以来江苏留学史研究的完整性和系统性。在研究体例上，应江苏文脉专项研究的整体模式要求，主要以纵向的时间为顺序，在大的历史背景下呈现江苏留学活动、留学生群体特征、留学生在海外的学习与活动及留学生归国后的贡献情况。关于江苏留学史，可深入拓展研究的内容还有很多，但由于本人的研究水平确实有限，在理论的总结与提升、在史料的挖掘与归纳分析、在研究框架的谋篇布局等方面都还存在许多不足之处，在此敬请专家学者批评指正，如有机会再进一步补充完善。

　　本项研究成果最终能恬作成书,一是站在别人研究成果的基础上,二是得到了众多师友的鼓励、支持和帮助。在项目申报之前,对自己的授课老师姜新老师已经完成的《江苏留学史稿》已多次拜读,并且非常赞叹其研究成果的全面、书写语言的精练到位。姜新老师的研究成果对于我而言,是一个望尘莫及的存在,所以当王卫星教授鼓励我申报"江苏留学史"项目时,我是极不自信的。可以说,没有王卫星老师的一再鼓励和支持,我是既不敢申报项目也没有信心能完成这个项目的。非常感谢王卫星老师的信任、支持和鼓励,您的厚爱我会永远铭记在心! 在本项目的研究过程中,还得到南开大学的元青教授、中国药科大学的周雷鸣教授、中国社会科学院历史理论研究所的徐志民研究员等多位老师的修改建议。虽然由于时间和篇幅关系,本项研究未能尽善尽美,但诸位老师的良好建议对我有莫大启发,无论是对于本项研究还是以后继续在学术道路上前进,都是受益终身。在本项目的研究过程中,还得到了江苏文脉研究院孙钦香老师的多次指导和帮助,也得了江苏师范大学留学生与近代中国研究中心、江苏师范大学教育科学学院多位领导的积极支持和帮助,此外,还得到了江苏师范大学教育科学学院教育史方向的孙镭笑、刘晓云、刘玉楠、陈心怡、曾娇娇、李逸等多位研究生的帮助,他们在史料搜集方面付出了辛勤的汗水,在此一并谨表示诚挚的感谢!

　　本人在近三年来完成不同研究方向的校级课题、省级课题与国家级课题三个项目,虽然辛苦,但有所期待,累且快乐,感谢一直努力的自己!

魏善玲

2024 年 4 月 24 日